Klaus-Peter Jörns
Die neuen Gesichter Gottes

Klaus-Peter Jörns

Die neuen Gesichter Gottes

Was die Menschen heute
wirklich glauben

Verlag C. H. Beck München

Mit Schaubildern
und einem tabellarischen Anhang

ISBN 3 406 42936 X

Umschlagentwurf: Fritz Lüdtke, München
© C.H. Beck'sche Verlagsbuchhandlung (Oscar Beck), München 1997
Printed in Germany
Gedruckt auf säurefreiem, alterungsbeständigem Papier
(hergestellt aus chlorfrei gebleichtem Zellstoff)
Druck und Bindung: Ebner Ulm
Satz Ready Made, Berlin

Claus-Peter Harmert (†) – Dr. Gerhard Maier – Jürgen Willms geb. Kleiner – Dr. Jan Hermelink – Dr. Annette Noller – Wolfram Burckhardt – Carsten Großeholz
meinen Mitarbeitern und meiner Mitarbeiterin
am Lehrstuhl gewidmet

Vorwort

Ein solch umfangreiches Unternehmen wie eine Umfrage läßt sich nur durchführen, wenn viele zusammenarbeiten. Ist sie soweit wie jetzt gediehen, gilt es, Dank zu sagen. An erster Stelle nenne ich die *Studentinnen und Studenten* derjenigen Lehrveranstaltungen am Institut für Religionssoziologie und Gemeindeaufbau der ehemaligen Kirchlichen Hochschule Berlin, in denen wir die Umfrage vorbereitet, durchgeführt und vorläufig ausgewertet haben. Unsere Vorstudie haben *Martin Gaedt, Stefanie Karweick, Jean-Otto Stepf* und *Claus-P. Wagener* ausgearbeitet. An der weiteren Auswertung der im Frühjahr 1993 vorgestellten vorläufigen Ergebnisse waren beteiligt: *Carsten Großeholz, Frank Löwe* und *Holger Sweers*. Umfrage und Auswertung aber wären nicht zustande gekommen, wenn ich nicht *Friedrich Tiemann* als sozialwissenschaftlichen ›Kopiloten‹ und *Carsten Großeholz* als ständigen Gesprächspartner gehabt hätte. Und die Ergebnisse wären auch heute wohl noch nicht vorzeigbar, wenn uns die *Evangelische Kirche in Berlin-Brandenburg* nicht die beiden Pfarrer *Jörg-Michael Lischka* (für einige Monate) und *Albrecht Rademacher* (für mehr als ein Jahr) zur Mitwirkung bei der Auswertung ›ausgeliehen‹ hätte. Ihnen allen danke ich von Herzen für die gute Zusammenarbeit – und für die Freundschaft, die mit einigen daraus erwachsen ist.

Schließlich nenne ich die Mitarbeiterinnen und Mitarbeiter des Umfrageinstitutes INTERSOFIA, die uns Anfängern mit Rat, Geduld und Tat beigestanden haben. Auch ihr Interesse hat uns ermutigt. Der Ev. Kirchengemeinde Gödenroth/Hunsrück, der Katholischen Pfarrgemeinde Beltheim/Hunsrück, den Ev. Kirchengemeinden Berlin-Schlachtensee und Berlin-Wannsee, den zuständigen Mitarbeiterinnen und Mitarbeitern der Schulen, die sich beteiligt haben, sei Dank, weil sie uns bei der Umfrage geholfen haben.

Zum Schluß dieser Aufzählung aber sollen all diejenigen genannt werden, die sich an der Umfrage beteiligt haben. Es war harte Arbeit, alle 133 Fragen und Zusatzfragen zu beantworten.

In ganz anderer, aber auch sehr wirksamer Weise ist die Umfrage von einer Reihe von *Einzelpersönlichkeiten, Firmen und Institutionen* unterstützt worden: zum Teil mit Geldspenden und zum Teil durch die Erstausrüstung unseres Institutes mit Computern und passenden Möbeln. Ich bin sehr dankbar für diese Unterstützung, zumal alle ohne Zögern auf das Projekt eingegangen sind. Ich nenne nach dem Alphabet:

Allianz AG, Berlin – Bayerische Hypobank, Berlin – Beuth-Verlag, Berlin – Horst Bräutigam, Berlin – Herbert Brönner, Berlin – Bruderhilfe, Kassel, und Familienfürsorge, Düsseldorf – Bruderhilfe eV, Kassel – Commerzbank, Berlin – Deutsche Bank, Berlin – Evang. Darlehnsgenossenschaft Kiel – Evang. Kirche in Berlin-Brandenburg – Wolfgang Fiebach, Berlin – Herlitz AG, Berlin – Wolfgang-Michael Görwitz, Berlin – IBM, Berlin – Industrie-Kreditbank Berlin – Klaus Kosakowski, Berlin – Landesbank Berlin – Möbel Hübner, Berlin – Schering AG, Berlin – Vereinigte Evang.-Luth. Kirche in Deutschland, Hannover – Kirchliche Versorgungskasse VERKA, Berlin.

Den Löwenanteil der Auswertungs- und Druckkosten hat das Diakonische Werk der EKD und einen kleineren Anteil die Evang. Kirche der Union getragen.

Die mit diesem Band vorgelegten Ergebnisse der Umfrage im Überblick werden ergänzt durch einen zweiten Band mit Einzelanalysen, der in einem anderen Verlag unter dem Titel »Die soziale Gestalt des Glaubens« (hg. von *Klaus-Peter Jörns* und *Carsten Großeholz*) erscheinen wird.

Schließlich danke ich *Wolfram Burckhardt* von Herzen für die gestalterische Konzeption des Buches.

Berlin, Ostern 1997   Klaus-Peter Jörns

Inhaltsverzeichnis

I. Einleitung 1

1. Zum kulturellen Hintergrund der Umfrage 1
1.1 Das neue Interesse an Religion und Glaube 1
1.2 Neue Stichwörter:
    Globalisierung, Personalisierung, Virtualisierung 2
1.3 Das Postulat: eine Theologie der Religionen und der
    Religiosität 4

2. Zur Entstehung der Umfrage 5
2.1 Zum Titel »Was die Menschen wirklich glauben« 5
2.2 Der Anlaß: Die Erfahrung, daß Theologie und Glaube
    unterschiedlichen Interessen folgen 6
2.3 Wichtige Stationen auf dem Weg zur Umfrage 8

3. Zur theoretischen Basis der Umfrage 11
3.1 Kritische Anknüpfung an ein wissenssoziologisches
    Verständnis von Religion 11
    Sinngebung – eine zentrale Funktion von Religion 11 – Doch Sinn liegt schon in den Lebensbeziehungen selbst 14 – Religion und Glaube zielen auf ein gutes Leben und seine Bewahrung 14 – Heil und bewahrtes Leben sind identisch 15 – Unheil meint alles, was Leben gefährdet oder gar zerstört 17
3.2 Die Quaternität der Lebensbeziehungen als
    theoretische Basis der Umfrage 18
    Die Quaternität der Lebensbeziehungen: Die Wahrnehmungsgestalt von Leben 20 – Die vier Bereiche der Lebensbeziehungen 21 – Bereich I: Die personalen Lebensbeziehungen 22 – Bereich II: Die Beziehungen zur Erde 22 – Bereich III: Die Beziehungen zu Werten und Ordnungen 22 – Bereich IV: Die Beziehungen zur Transzendenz (»Gott«) 23 – Faktoren, die die Quaternität der Lebensbeziehungen in ihrer konkreten Gestalt beeinflussen 24
3.3 Die These, die es zu überprüfen galt 27

4.	Zur Durchführung der Umfrage	28
4.1	Der Fragebogen	28
4.2	Umfragezeitpunkt, Umfragebezirke, Umfrageverfahren . .	30
4.3	Zur Auswertung	32

II. Alte und neue Gesichter »Gottes«: Auf dem Weg zu einer Glaubenstypologie 34

5.	In den Gesichtern »Gottes« sehen Menschen ihre Erwartungen an Gott mit an	34
6.	Die Frage nach einem persönlichen Gott (F1)	38
6.1	Einzelbeobachtungen	39
6.2	Die Lebensformen und der Glaube an den persönlichen Gott	43
6.3	Exkurs: Die besondere Lebensform Familie:	46
6.4	Namen für den persönlichen Gott	48
7.	Die Frage nach überirdischen Wesen oder Mächten (F2)	49
7.1	Einzelbeobachtungen	50
7.2	Namen für die überirdischen Wesen oder Mächte und die besondere Rolle der Engel	52
7.3	Wie verhalten sich der Glaube an einen persönlichen Gott und der Glaube an überirdische Wesen oder Mächte zueinander?	54
8.	Vier Weisen, sich Gott und Transzendenz gegenüber zu verhalten	56
8.1	Aufbau einer Glaubenstypologie	56
8.2	Einzelbeobachtungen zu den vier Typen der Glaubenstypologie	58
	Zu den Gottgläubigen 59 – Zu den Transzendenzgläubigen 60 – Zu den Unentschiedenen 61 – Zu den Atheisten 62	
8.3	Beziehungen zwischen Lebensformen und Glaubenstypen	64
8.4	Beziehungen zwischen Berufstätigkeit und Glaubenstypen	66

III. Die Lebensbeziehungen der Menschen und ihr Glaube (F4-F97) 68

9. Antworten der in irgendeiner Weise Gläubigen auf Fragen nach Gott bzw. überirdischen Wesen oder Mächten (F4 bis F11) 69
9.1 Wesenszüge und Wirkungsbereiche »Gottes« (F4 und F5) 69
9.2 Exkurs: Geborgenheit als zentrale religiöse Zielvorstellung 74
9.3 Was Gott und transzendente Mächte auf der Erde tun können und sollen (F6 und F7) 76
9.4 Wo sind Gott oder transzendente Mächte zu finden, was stellen sich Menschen unter Himmel und Hölle vor? (F8 F10 F11) 80
9.5 Wie und warum Gläubige mit Gott oder transzendenten Mächten Kontakt aufnehmen (F9 und F9a) 87
9.6 Fazit aus Kapitel 8 und 9 94

10. Die personalen Lebensbeziehungen 95
10.1 Beziehungen der Menschen zu sich selbst 96
Zufriedenheit mit dem Leben 96 – Persönlich zu etwas bestimmt? 96 – Ist das persönliche Schicksal einmalig? 97 – Was mich zur Zeit am meisten bedrückt 97 – Kleidung 98 –Die gewünschte Bestattungsart 98 – Was sagt aus, wer ich bin? 100
10.2 Beziehungen zu nahen bzw. wichtigen anderen Menschen . 102
Für einander bestimmt? 105 – Wo zuerst Rat gesucht wird 105 – Hilfsbereitschaft 106 – Der ideale »Typ« 106 – Sozialität des Menschen 107 Glück 107 – Wichtig beim Wohnen 108 – Wichtig im Berufsleben 109 – Wer sagt, was gerecht ist 109 – Die Erfahrung im Leben, die am meisten berührt hat 110 – Feste und Feiertage 117
10.3 Beziehungen zu Tieren 118
Haben auch Tiere eine Seele? 118

11. Lebensbeziehungen der Menschen zur Erde 119
Heimat 119 – Das Verhältnis zur Natur 120 – Die Entstehung des Weltalls 123 – Die Zukunft der Erde 125 – Für die Umwelt noch kämpfen? 126 – Bedeutung von Arbeit 128

12.	Lebensbeziehungen der Menschen zu Werten und Ordnungen	130
12.1	Die Sicht des Menschen und des Lebens	130
	Das Menschenbild 130 – Krankheit und Tod 134 – Sexualität 138 – Das Böse 140 – Seele 142 – Gutes tun und Vorbilder 144 – Vertrauen zu Menschen und »Gott« 145 – Der Sinn des Lebens 146 – Gedanken über unsere Welt 148	
12.2	Ethische und politische Fragen	149
	Ehe 149 – Scheidung 151 – Die Stellung der Frau 153 – Abtreibung 153 – ›Aktive Sterbehilfe‹ 155 – Einstellungen zum Suizid 156 – »Gottes« Mitwirkung bei der Wiedervereinigung und Teilung Deutschlands 157	
13.	Lebensbeziehungen der Menschen zu Gott bzw. zur Transzendenz	158
	Was ist heilig? 159	
13.1	»Gott« und Schicksal, »sein« Verhältnis zur Welt	161
	Schicksal 161 – Horoskope 164 – Telepathie 164 – Schutzengel 165 – Kann Gott sich von der Welt abwenden? 167 – Das weibliche Element in Ihrer Religion? 168	
13.2	Wer ist »Gott« im Nebeneinander der Religionen?	169
	Jesus Christus 175 – Mohammed 176 – Buddha 176	
13.3	Zwei Fragen von zentraler theologischer Bedeutung: Glaube an Erlösung und an ein Leben nach dem Tod ...	177
	Erlösung 177 – Ein anderes bzw. nächstes Leben 181 – Schon einmal gelebt? 187	
13.4	Fragen zur Religionsgemeinschaft, gerichtet an Mitglieder	189
	Kirchliche Trauung für wen? 189 – Verhältnis der Religionsgemeinschaften zur Sexualität 190 – Probleme mit dem Gottesdienst 191 – Erwartungen an eine Religionsgemeinschaft 192	
13.5	Fragen zu Kirchen und Religionsgemeinschaften, gerichtet an alle Befragten	195
	Ist Gott durch die Kirchen unglaubwürdig geworden? 195 – Religiöse Kindererziehung 196	

| IV. | Ergebnisse im Überblick | 199 |

| 14. | Zum theoretischen Ansatz des Buches | 199 |

| 15. | Die neuen Gesichter »Gottes« | 200 |
| 15.1 | Gesichter Gottes, wie sie Gottgläubige sehen | 202 |

Zum Gottesverständnis 203 – Zur Welt als Schöpfung Gottes 205–Zum Menschenbild 205 – Zur Erlösungslehre und zum Auferstehungsglauben 206 – Zu Lebensordnung, Ethik 208 – Fazit 210

15.2	Gesichter »Gottes«, wie sie Transzendenzgläubige sehen	212
15.3	Gesichter »Gottes«, wie sie Unentschiedene sehen	215
15.4	Der säkulare ›Heilige Kosmos‹ der Atheisten	217

16.	Kirchensoziologisch wichtige Tendenzen und Konsequenzen	220
16.1	Gott und die Gläubigen wandeln ihre Gesichter	220
16.2	Den Glaubenstypologien müssen neue Typologien von dem entsprechen, was einst pauschal »Heil« genannt worden ist	221
16.3	Die Bedeutung der personalen Beziehungen muß ernster genommen werden als bisher	223
16.4	Eklektizismus und Synkretismus?	225
16.5	De-Institutionalisierung und Virtualisierung	226

Anhang: Der Fragebogen mit der Grundauszählung für die Basisbezirke und für die Pfarrerinnen und Pfarrer der EKiBB 233
Register der behandelten Fragen des Fragebogens 264
Sachregister 266

I. Einleitung

1. Zum kulturellen Hintergrund der Umfrage

1.1 Das neue Interesse an Religion und Glaube

Religion und Glaube sind wieder interessant geworden. Im Jahr 1992, in dem die Umfrage durchgeführt worden ist, die diesem Buch zugrundeliegt, gab es noch zwei weitere Befragungen zum Thema Religion/Glaube/Kirchenmitgliedschaft: Die Evangelische Kirche in Deutschland (EKD) führte ihre dritte Mitgliederbefragung[1] durch, die seit 1972 alle zehn Jahre veranstaltet wird. Und das Nachrichtenmagazin DER SPIEGEL ließ vom 7.5. bis 24.5.1992 die Deutschen befragen und verkündete im Juni deren »Abschied von Gott«[2]. Auch DER SPIEGEL knüpfte dabei an eine frühere – fünfundzwanzig Jahre zurückliegende – eigene empirische Untersuchung an. Außerdem hat das Thema Jesus seit Jahren wieder einmal Hochkonjunktur, und zwar sowohl in Zeitungen und Zeitschriften als auch auf dem Büchermarkt. Schließlich beschäftigt die Frage nach Wesen und Verbreitung der sogenannten Jugendreligionen und eines neuen Okkultismus die Gemüter.

Es gibt vielfältige Gründe für dieses neue Interesse an Religion und Glaube. Die Kirchen drückt die Tatsache, daß der Mitgliederschwund weiter vorangeht und mittlerweile auch sie zu einem Personalabbau zwingt; da muß intensiver gefragt werden als bisher, um austrittswillige

---

[1] Von Oktober bis Dezember 1992 wurden repräsentativ für die Evangelischen im Westen Deutschlands 1585 und im Osten 370 Kirchenmitglieder befragt sowie repräsentativ für die Konfessionslosen (schon immer Konfessionslose und ehemals Evangelische) 295 Personen im Westen und 559 im Osten. Vorbereitet und durchgeführt wurde die Befragung in Form einer Repräsentativerhebung vom ENIGMA-Institut für Markt- und Sozialforschung, Wiesbaden, sowie von der GFM-GETAS Gesellschaft für Marketing-, Kommunikations- und Sozialforschung, Hamburg. Die Studien- und Planungsgruppe der EKD *Dritte EKD-Umfrage über Kirchenmitgliedschaft* legte 1993 eine erste Auswertung der Daten unter dem Titel »Fremde Heimat Kirche. Ansichten ihrer Mitglieder« vor (Hannover 1993).

[2] »Was glauben die Deutschen?«, DER SPIEGEL Nr. 25 vom 15. Juni 1992. Die Erhebungsunterlagen des EMNID-Institutes Bielefeld verschickte DER SPIEGEL auszugsweise.

Kirchenmitglieder halten bzw. – völlig ungewohnt für sie – neue gewinnen zu können. DER SPIEGEL war ganz offenbar daran interessiert herauszufinden, ob und in welchem Maße sich der Glaube der Deutschen innerhalb eines Vierteljahrhunderts (weiter) von der dogmatischen Norm entfernt hat, wie sie die Katechismen formulieren. Er wollte damit den Hintergrund der zunehmenden Kirchenaustritte beleuchten und zeigen, wie tief die Deutschen bereits in nachchristlicher Zeit leben. Der Büchermarkt wiederum spiegelt ein ganz anders geartetes Interesse der ›Postmoderne‹ oder ›neuen Moderne‹ an religiösen Fragen.

So unterschiedlich diese Motive, sich des Themas Religion und Glaube anzunehmen, auch sind, so sind sie doch im Gefolge der großen Umwälzungen zu verstehen, von denen wir alle betroffen sind. Diese zeichnen sich vor allem dadurch aus, daß sich mit ihnen widersprüchliche Signale verbinden, die es schwer machen, Welt und Leben zu verstehen. Denn da sind auf der einen Seite Krisensignale. Sie gehen seit langem von der Umweltkrise und zunehmend auch von den offenbar unbeherrschbaren ökonomischen Problemen aus, die nun mehr und mehr auch die bislang inselhaft verschont gebliebenen Industriestaaten befallen. Auf der anderen Seite aber hat es bis 1992 in kurzer Folge auch jene friedlichen Umwälzungen gegeben, mit denen kaum jemand wirklich gerechnet hatte: die Vereinigung der deutschen Staaten, die Umwandlung des ehemaligen Ostblocks, das Ende des Apartheidregimes in Südafrika und die ersten Schritte auf dem Weg zu einem Palästinenserstaat. Von diesen Umwälzungen sind Signale ausgegangen, die viele euphorisch gestimmt haben und von Wundern sprechen ließen – und die doch ganz und gar nicht zu den genannten Krisensignalen paßten.

1.2 Neue Stichwörter:
Globalisierung, Personalisierung, Virtualisierung

Zu den Umwälzungen beigetragen haben aber auch die großen Bevölkerungswanderungen und der Massentourisimus sowie die weltweit immer dichter werdende Telekommunikation; ›Globalisierung‹ ist das Stichwort. Auch die damit gekennzeichneten Veränderungen gehen tief. Denn nie zuvor sind so viele Menschen in einem solchen Maß mit fremden Kulturen und Religionen in Berührung gekommen – und zwar unmittelbar, das heißt ohne eine dazwischengeschaltete dogmatische Zensur. Und das alles am Ende eines Jahrtausends, das im Mittelalter begonnen und innerhalb seines letzten Jahrhunderts zwei Weltkriege einschließlich der Shoa und eine sich ständig beschleunigende industrielle Revolution erlebt hat. Das sind Ereignisse, für deren Wahrnehmung und Verarbeitung wirklich hinreichende Kriterien noch fehlen. Nicht zuletzt deswegen wird in vielen Bereichen des Lebens nach ethischer Orientierung gesucht, die diesen Ereignissen und Umwälzungen gerecht zu werden vermag und angemessen bzw. sinnvoll handeln läßt. Die zur Zeit häufig gebrauchte Wendung, dies oder das zu tun, *mache Sinn*, verstehe ich im Kontext dieser Suche nach Sinn[3], die mit den Mitteln des *Homo faber* durchgeführt wird.

Die Thesen von der »Risikogesellschaft« (*Ulrich Beck*) und der »Erlebnisgesellschaft« (*Gerhard Schulze*), von der ›neuen Moderne‹ oder der ›Postmoderne‹, unterstreichen diesen Zusammenhang auf ihre Weise, indem sie Phänomene beschreiben, in die die fortschreitende Individualisierung die einzelnen Menschen geführt hat. Doch auch auf die Individualisierung wird unterschiedlich geantwortet: »Während die Eltern reden, tanzen die Jungen«[4]. Für Sinnsuche und Sinnerfahrung sucht jeder seinen eigenen Weg. Und während die einen den Zwang zu individueller Lebensgestaltung als Last empfinden, gestalten die anderen diese ihnen zugewiesene Rolle so, daß sie sich lustvoll inszenieren – und sei es inmitten von 600.000 anderen, wie bei einer »Love Parade«. Aber immer mehr Menschen erleben jene Last und diese Lust abwechselnd im eigenen Leben. Noch ganz unabsehbar ist, was die ›Virtualisierung‹ von Lebensprozessen für Folgen haben wird, wenn erst einmal jedermann mithilfe seines Computers Leben nach Wunsch, vorbei an allen sozialen Hemmnissen, inszenieren kann. Klar ist jedenfalls, daß sich mit den genannten Umwälzungen auch die Gestalt von Religion bzw. Religiosität gewandelt hat und weiter wandeln wird – sichtbar oder unsichtbar. Auch hierbei wirkt der gesellschaftliche Druck in eine Richtung, die von vielen als Individualisierung oder Privatisierung religiöser Vorstellungen bezeichnet wird. Wir werden sehen, daß der Begriff der Personalisierung die Phänomene besser trifft, die sich beschreiben lassen.

---

[3] Vgl. dazu *Th. W. Adorno*, Negative Dialektik, Frankfurt/M. 1970 (=1966), 367: »Der Begriff des Sinns involviert Objektivität jenseits allen Machens; als gemachter ist er bereits Fiktion, verdoppelt das sei's auch kollektive Subjekt und betrügt es um das, was er zu gewähren scheint.«
[4] Kommentar eines Fernsehreporters bei der Übertragung der Berliner »Love Parade« am 13. Juli 1996.

Vor allem im Blick auf die Gottesbilder wird zur Zeit gerne von einer sogenannten *patchwork religion* gesprochen. Auch hier trifft ein anderer Begriff eher die Entwicklung. Denn es zeigt sich, was uns zuerst einmal noch ganz neu und ungewöhnlich erscheint: eine *Virtualisierung Gottes*. Den genannten Stichwörtern ist gemeinsam, daß sie sich mit einem parallelen Prozeß verbinden, in dem der Einfluß nachläßt, den die institutionalisierten Religionen auf die Gestalt des Glaubens und auf die »Gesichter Gottes« ausüben.

1.3. Das Postulat: eine Theologie der Religionen und der Religiosität

Selbst die Theologie hat das Thema Religion inzwischen wieder entdeckt, obwohl längst noch nicht alle Theologen bereit sind, auch den christlichen Glauben als Religion zu bezeichnen – weil er damit in eine ungeliebte Parallele zu den anderen Religionen käme, in der sie ihn nicht haben wollen. Doch für andere ist die Aufgabe längst überfällig geworden, endlich eine Theologie der Religionen zu entwickeln[5], in der die anderen Religionen nicht nur am Rande, sondern innerhalb des einen göttlichen Handelns mit den Menschen ihren Platz haben. Auch die dogmatisch schwer zu fassende *Religiosität*, die außerhalb und innerhalb der institutionalisierten Religionen lebendig ist, müßte darin einen Ort haben[6].

Als wir unsere Umfrage im SS 1991 und im WS 1991/92 in zwei Seminaren an der damaligen Kirchlichen Hochschule Berlin vorbereiteten, haben alle genannten Motive für ein neues Interesse an Glauben und Religion in die Formulierungen des Fragebogens hineingespielt. Besonders wenn es darum ging, die Zahl der Fragen in Grenzen zu halten und sich zwischen konkurrierenden Fragen und ihren Formulierungen zu entscheiden, kamen oft divergierende Motive und Interessen zutage. Dadurch sind wir aufmerksam geworden auf das Spektrum dessen, was es an Formen von Glaube und Religiosität schon innerhalb unserer eigenen Gruppe gab.

---

[5] Auf dem Weg dahin ist die 1991 gegründete wissenschaftliche Zeitschrift »Dialog der Religionen« (München, später: Gütersloh). Heft 1/1991 trug den Untertitel: »Durchbrüche, Ereignisse, Probleme, Perspektiven der interreligiösen Begegnung«.

[6] Immerhin hat es der Apostel Paulus schon verstanden, denjenigen »Heiden«, die allein aus ihrem Gewissen und ohne Kenntnis der Thora das Rechte tun, Gerechtigkeit und Annahme bei Gott zuzusprechen: Römerbrief 2, 13-16.

2. Zur Entstehung der Umfrage

2.1 Zum Titel »Was die Menschen wirklich glauben«

So wichtig die Frage nach den Gründen für das neue Interesse an Religion und Glaube auch ist – primäre Aufgabe der Umfrage, über die ich berichte, ist es nicht gewesen, solche Gründe und Motive empirisch zu ermitteln. Davon war vielmehr auszugehen. Erfragen wollten wir »Was die Menschen wirklich glauben«. Den Befragten gegenüber haben wir den Titel unserer Umfrage im Fragebogen folgendermaßen erläutert: »Es geht ... nicht darum, Sie zu fragen, ob Sie fromm im Sinne der Lehre einer Kirche oder einer anderen Religionsgemeinschaft sind. Sondern wir wollen herausfinden, was die Menschen wirklich glauben: d.h. was sie in ihrem Denken und Handeln bestimmt, worauf sie hoffen, wie sie die Welt und das Leben, aber auch die Zukunft sehen. Und natürlich interessiert es uns, ob dabei religiöse Dinge eine Rolle spielen.«[7]

Damit ist zuerst einmal gesagt, daß wir einen religionssoziologischen und keinen kirchensoziologischen Ansatz gewählt haben. Religion bzw. Glauben wollten wir nicht auf dem Weg finden, daß wir den Katechismus als Vorgabe für den Fragebogen benutzt hätten, wie es DER SPIEGEL im Grunde getan hat. Dann hätte der Titel der Umfrage lauten müssen ›Welche Sätze des christlichen Dogmas die Menschen *heute noch* glauben‹. Die Parameter für Glauben und Religion wären dann von vornherein durch das christliche Dogma festgelegt worden, mit der Folge, daß andere Formen von Glauben und Religion gar nicht hätten erfaßt werden können. Indem wir das Wort ›wirklich‹ vor ›glauben‹ gesetzt haben, wollten wir deutlich machen, daß es uns gar nicht um das geht, was Menschen nach den dogmatischen Normen von Kirchen und anderen Religionsgemeinschaften glauben *sollten*, sondern um das, was sie wirklich *glauben*.

Außerdem haben wir nicht die Mitglieder einer der Kirchen oder Religionsgemeinschaften befragt, wie es die EKD-Mitgliedschaftsstudien sinnvollerweise – im wesentlichen – tun. Innerhalb des Basisteils der Umfrage haben wir vielmehr diejenigen repräsentativ befragt, die in den ausgewählten Umfragebezirken wohnen, ohne sie vorab nach Zugehörigkeit oder Nichtzugehörigkeit zu Religionsgemeinschaften zu sortieren. Und auch dort, wo wir zusätzlich zur Basisumfrage bestimmte

---

[7] S.1 des Fragebogens.

Gruppen wie die Pfarrerinnen und Pfarrer der Evangelischen Kirche in Berlin-Brandenburg (EKiBB) hinzugenommen haben, haben wir den religionssoziologisch konzipierten Frageansatz nicht verlassen, ihnen also dieselben Fragen gestellt wie allen anderen auch. Lediglich an einigen Stellen haben wir einen »Filter« eingebaut und denen, die sich selbst in spezifischer Weise als gläubig verstehen, Zusatzfragen gestellt. Auf diese Weise ist es dann aber möglich geworden, innerhalb der religionssoziologischen Umfrage eine zweite, kirchensoziologisch auswertbare, unterzubringen.

In der Erläuterung des Umfragetitels haben wir ferner ausdrücken wollen, daß wir ›Glaube‹[8] bzw. ›glauben‹ in zweierlei Weise verstehen: In Anlehnung an den allgemeinen Sprachgebrauch »ich glaube, daß...« kann ›Glauben‹ davon reden, wie Menschen das Leben sehen, in Teilaspekten oder im ganzen, wobei *das* Leben heißt: *ihr* Leben mit anderen in der Welt. ›Glauben‹ bezeichnet aber auch das, was – wiederum dem allgemeinen Sprachgebrauch folgend – mit spezifisch religiösen Dingen zu tun hat; und das sind solche, mit denen sich institutionalisierte Religionen und ihre Theologien ausdrücklich befassen. Da hat das »ich glaube an...« seinen Ort. Die Übergänge zwischen beiden Gebrauchsweisen von ›glauben‹ sind fließend, wie jeder und jede bei sich selbst feststellen kann. Und das hängt nicht zuletzt damit zusammen, daß ›Glauben‹ sowohl den Glaubensakt als auch das Geglaubte meinen kann, wie es etwa in einem Glaubensbekenntnis inhaltlich zusammengefaßt wird[9].

2.2 Der Anlaß: Die Erfahrung, daß Theologie und Glaube unterschiedlichen Interessen folgen

Umfragen fallen nicht vom Himmel, sondern haben einen Anlaß. Die Evangelische Kirche in Deutschland hat das Fragen gelernt, als die Jahre 1969 und 1970 ihr erstmals Austrittszahlen beschert hatten, die sie als alarmierend empfunden hat: »Schon damals wurde die bange Frage laut,

---

[8] Laut Duden sind vom Substantiv die Formen ›Glaube‹ und ›Glauben‹ geläufig, wobei ›Glauben‹ die seltenere Gebrauchsweise darstelle. Theologisch ist keine der beiden Formen vorzuziehen.

[9] Etymologisch hat ›glauben‹ mit ›vertraut sein‹, ›Vertrauen haben‹, ›folgsam sein‹ zu tun: *F.Kluge*, Etymologisches Wörterbuch der deutschen Sprache, 22. A. u. Mithilfe v. *M.Bürgisser* u. *B.Gregor* völlig neu bearb. v. *E.Seebold*, Berlin 1989, 268.

ob der Bestand der evangelischen Kirche gefährdet sei.«[10] Der Impuls zur Umfrage »Was die Menschen wirklich glauben« ist dagegen von einem ganz persönlichen Anlaß in meinem Leben ausgegangen: von den Gesprächen, die ich mit meiner Mutter an ihrem Sterbelager geführt habe. Durch diese Gespräche ist mir klar geworden, wie groß und tief die Kluft ist zwischen dem, womit sich Theologie und Lehre der Kirche auf der einen und der Glaube theologisch uninteressierter Menschen auf der anderen Seite beschäftigen. Die Frage zum Beispiel, ob wir Christen nach unserem Tod die vor uns Gestorbenen wiedersehen werden, findet kein wirkliches Interesse in der evangelischen Theologie und kommt deshalb innerhalb theologischer Lehrbücher und Lehrpraxis so gut wie nicht vor. Umgekehrt sind aber viele alte und sterbende Menschen gerade mit dieser Frage beschäftigt, wie ich auch aus dem Jahrzehnt, in dem ich Pfarrer gewesen bin, weiß. Die beiden Seiten denken und glauben also in ganz gewisser Weise aneinander vorbei und – was noch schlimmer ist – wissen eigentlich nicht viel von einander. Die Kluft zwischen beiden Seiten zu ergründen und sie aufeinander aufmerksam zu machen, ist das erste Ziel der Umfrage geworden.

Auch in anderen Zusammenhängen ist mir die Diskrepanz zwischen kirchlich orientierter Theologie und einem nicht von Theologie geleiteten Glauben immer wieder aufgefallen, freilich ohne daß ich sie und ihre Ursachen wirklich wahr- und also ernst genug genommen hätte. Nicht zuletzt die Freude an der »steilen«, in sich stimmigen Theologie, die alles theologische Reden in Gott begründet sehen will, hat mich daran gehindert. Denn sie schafft einen Abstand zum Menschen gerade dadurch, daß sie von ihm prinzipiell nichts Gutes zu sagen weiß, es sei denn, Gott habe es bewirkt. Und dadurch kann eine so geleitete Theologie nicht einmal wahrnehmen, daß das größte Problem auch der gläubigen Menschen heute nicht mit Luthers Frage nach dem gnädigen Gott ausgedrückt und auch nicht mit der Lehre von der ›Rechtfertigung des Sünders allein aus Gnaden‹ beantwortet werden kann; denn das Hauptproblem der Menschen läuft eher auf die Frage hinaus, wie sie das Leben angesichts all dessen überhaupt bestehen können, was sie täglich von nah und fern wahrnehmen und was es ihnen schwer macht, einen Sinn im Leben zu finden. Die Auswertung der Umfrageergebnisse hat

---

[10] »Fremde Heimat Kirche«, 4. Allerdings scheint mir der Titel, unter dem die erste EKD-Umfrage veranstaltet worden ist (»Wie stabil ist die Kirche? Bestand und Erneuerung«), zu signalisieren, daß damals zwar das Maß kirchlicher Stabilität, nicht aber diese selbst fraglich erschienen ist.

so lange gedauert, weil die mit der Auswertung Beschäftigten selbst erst einmal von vielen vertrauten Mustern Abschied nehmen und sich auf die Denk- und Glaubensvorstellungen einstellen mußten, die aus den Ergebnissen sprechen. Noch genauer gesagt, heißt das: Wir mußten erst einmal akzeptieren, daß die aus den Ergebnissen sprechenden Denk- und Glaubensweisen uns selbst nicht fremd sind, sondern in vielem auch zu dem gehören, was wir selbst *wirklich* glauben.

2.3 Wichtige Stationen auf dem Weg zur Umfrage

Dazu hat sehr geholfen, daß diejenigen Studentinnen und Studenten, die an den Vorbereitungsseminaren teilnahmen, sich gegenseitig ausführlich erzählt haben, was sie glauben und woher ihr Glaube seine Konturen gewonnen hat. Wir haben uns unseren Glauben also zusammen mit unseren Vätern und Müttern im Glauben vorgestellt, und manche haben dabei überhaupt erst entdeckt, wie sehr das Hineinfinden in den eigenen Glauben mit solchen personalen Beziehungen verbunden (gewesen) ist.

In diesem Zusammenhang ist aber auch unsere *Vorstudie* wichtig geworden. Als solche dienten uns die Gebetszettel, die während des Berliner Kirchentages 1989 – natürlich anonym – in der »Halle der Stille« an die Gebetswand geheftet worden waren. Nachdem wir die darin geäußerten Gebetsanliegen aus einer Stichprobe[11] ausgezählt hatten[12], stellten wir fest, daß von 629 Bitten und Danksagungen mehr als 40% die direkten personalen Beziehungen der Menschen betrafen, also Mitglieder der Familie, die Partnerin, den Partner bzw. die Partnerschaft oder einzelne Schicksale aus dem eigenen Lebensumkreis. Die großen Weltprobleme kamen dem gegenüber eher selten vor.

Beides, die Entdeckungen während des Erzählens im Seminar und die Auswertung der Gebetsanliegen, haben uns im Blick auf das Konzept der Umfrage beeinflußt. Denn nun war klar, daß wir ein besonderes Augenmerk auf die personalen Beziehungen würden richten müssen. Da nach aller Erfahrung außerdem davon ausgegangen werden kann, daß Glaubensvermittlung mit den sozialen, ja, mit den personalen

---

[11] Aus der Gesamtzahl von 1573 Gebetszetteln sind 432 losartig gezogen worden. Von diesen ließen sich 10 thematisch nicht auswerten.

[12] Da auf vielen Zetteln Dank und Bitte zugleich enthalten war, übersteigt die Zahl der Danksagungen und Bitten diejenige der Zettel.

Beziehungen verbunden geschieht, in denen Menschen leben, wollten wir möglichst überschaubare Umfragebezirke wählen. Je deutlicher sich die Sozialstruktur einzelner Bezirke fassen lassen würde, um so aussagekräftiger würden Teilergebnisse und Vergleiche zwischen den Bezirken ausfallen. Aber auch die theoretische Basis der Umfrage mußte so gewählt werden, daß diesen Einsichten Rechnung getragen werden konnte. Ihr wird sich deshalb das nächste Kapitel zuwenden.

Zuvor aber muß noch von einer anderen wichtigen Station auf dem Weg zur Umfrage berichtet werden. Seit 1990 habe ich in einem landeskirchlichen Ausschuß mitgewirkt, der sich Gedanken über die Zukunft der *St. Thomas-Kirche* machen sollte. Diese Kirche am Mariannenplatz in Kreuzberg ist eine der größten in Berlin und eine der schwierigsten Erbschaften für die Landeskirche. Unmittelbar an der ehemaligen Berliner Mauer gelegen, hatte sie durch die Teilung der Stadt einen wichtigen Teil ihres Einzugsgebietes im Osten verloren. Sie war gegen Ende des 19. Jahrhunderts vom preußischen Königshaus als geistliches Zentrum der sogenannten *Luisenstadt*[13] konzipiert worden und stand eine Zeit lang in der Welt größter Parochie: 130.000 Gemeindemitglieder gehörten vor dem Ersten Weltkrieg zu ihr[14]. In dem genannten Ausschuß spielte einer der Pfarrer von St. Thomas, *Klaus Duntze*, eine wichtige Rolle. Er war an vielen Initiativen im ehemaligen »SO 36« beteiligt, die vor und nach der Maueröffnung darauf gedrängt haben, daß dieser Stadtteil seinen spezifischen Charakter behält und nicht der Sanierungswelle zum Opfer fällt. Im Rahmen dieser kommunalen Basisarbeit sollte auch St. Thomas eine neue Rolle finden – und die alte Luisenstadt wiederbelebt werden. Mehrere luisenstädtische Gruppen machten sich daran, vor allem kulturell und städtebaulich an die alte Zeit anzuknüpfen. Dabei sollte die Rückgewinnung der Luisenstadt zugleich als Konzept für die Wiederannäherung ihrer einander entfremdeten östlichen und westlichen Teilbezirke dienen: Der östliche gehörte inzwischen zum Bezirk Mitte, der westliche zum Bezirk Kreuzberg.

Bis heute ist für die St. Thomas-Kirche kein Konzept gefunden worden, das sich hätte umsetzen lassen. An Ideen hat es nicht gefehlt, wohl aber an Geld. Die Zahl der evangelischen Gemeindemitglieder ist im Westteil der Luisenstadt auf unter 20% der Bevölkerung innerhalb

---

[13] So benannt zu Ehren der in Berlin besonders beliebten preußischen *Königin Luise*.
[14] Vgl. *K.Duntze*, Stadtentwicklung und Kirchbauprogramme in Berlin im 19. Jahrhundert, in: Ev. Kirche in Berlin-Brandenburg [Berlin-West] u.a. (Hg.), Neue Nutzungen von alten Kirchen. Erstes Berliner Gespräch, Berlin 1988.

der Kirchengemeindegrenzen zurückgegangen; hier leben weit mehr Muslime und Menschen ohne Zugehörigkeit zu einer Religionsgemeinschaft. Im Ostteil ist – mit verursacht durch die gezielte Besiedelung des Grenzgebietes mit Menschen, auf die sich das DDR-Regime meinte verlassen zu können – der Anteil evangelischer Christen noch sehr viel niedriger als im Westteil der Luisenstadt. Gottesdienst hält die St. Thomas-Gemeinde schon seit langem in der »Villa Krause«, einem Gründerzeithaus, in dem der Gottesdienstraum über einem Café liegt, das ein wenig an die alte »Schrippenkirchen«-Tradition anknüpfen möchte[15].

Je intensiver ich mich mit diesem merkwürdigen Gebilde *Luisenstadt* vertraut gemacht habe, umso mehr erschien sie mir geeignet für eine religionssoziologische Umfrage. In beiden Bereichen der Luisenstadt bilden Kirchenmitglieder nur noch eine Minderheit: eine prototypische Situation für eine Großstadt am Ende dieses Jahrtausends, wobei teils gemeinsame, teils sehr unterschiedliche Gründe diesen Minderheitenstatus herbeigeführt haben. Außerdem bot die durch die Ost-West-Grenze zerschnittene Luisenstadt 1992 noch die Chance, von der Wohnbevölkerung her auf beiden Seiten Menschen anzutreffen, die in einer Befragung durch ihr Antwortverhalten über das Ergebnis der unterschiedlichen Entwicklungen authentisch würden Auskunft geben können; denn bis 1992 hatte es so gut wie noch keine Wohnungswechsel hinüber und herüber gegeben. Also fiel die Wahl auf die Luisenstadt als Zentrum der geplanten Umfrage. Da die Luisenstadt aber innerhalb und schon gar außerhalb Berlins so gut wie unbekannt ist, haben wir die Umfragegebiete nach den politischen Bezirken benannt, in denen sie heute liegen: Luisenstadt-West entspricht weitgehend *Kreuzberg*, Luisenstadt-Ost *Mitte*.

---

[15] Vgl. dazu *K.Duntze*, Die ›Schrippenkirche‹ und der Verein ›Dienst an Arbeitslosen‹, in: Schriftenreihe Wedding Bd. 2, Berlin 1991.

3. Zur theoretischen Basis der Umfrage

3.1 Kritische Anknüpfung an ein wissenssoziologisches Verständnis von Religion

Die Absicht, religionssoziologisch anzusetzen und Glauben in möglichst überschaubaren sozialen Kontexten zu erfragen, hat uns bei der Suche nach einem theoretischen Ansatz erst einmal in die Nähe eines wissenssoziologischen Religionsverständnisses geführt, wie es *Thomas Luckmann* in seinem 1991 erstmals in deutscher Sprache erschienenen und mit einem ausführlichen Nachwort versehenen Buch »Die unsichtbare Religion«[16] vorgelegt hat. Es eignet sich gut als Paradigma, denn es umspannt zum einen in seiner eigenen Entstehungsgeschichte eine große Strecke der Religionssoziologie nach dem Zweiten Weltkrieg, und zum anderen vertritt es ein wissenssoziologisches Religionsverständnis konsequent und von den eigenen Prämissen her überzeugend.

Sinngebung – eine zentrale Funktion von Religion

Für unsere Umfrage liefert Luckmanns Schrift von ihrem Ansatz her aber auch eine gute Anknüpfungsmöglichkeit. Denn mit ›glauben‹ bzw. ›Glauben‹ können, vom einzelnen Menschen aus gesehen, beide sozialen Erscheinungsformen von Religion zur Sprache gebracht werden, die Luckmann unterschieden hat. Er beschreibt eine *unspezifische* Form, die aus dem komplementären Geschehen von Sozialisation und Individuation hervorgeht und die in die subjektive Aneignung einer »Weltansicht«[17] mündet; sie stellt Menschen das Sinnreservoir zur Verfügung, das sie brauchen, um das Leben deuten und um handeln zu können. Dieser unspezifischen ordnet er eine *spezifische* soziale Erscheinungsform von Religion zu, die er mit einem besonderen Sinnbereich *innerhalb* der Weltansicht verbindet: »Dieser Bereich enthält Symbole, die eine wesentliche, ›strukturelle‹ Eigenschaft der ganzen Weltansicht wi-

---

[16] Das Vorwort von *H.Knoblauch* führt nicht nur in das Buch, sondern auch in das Werk *Th.Luckmann*s und seine Bedeutung für die Religionssoziologie ein. »Die unsichtbare Religion« stellt die deutsche Übersetzung des bereits 1967 in New York erschienenen »The Invisible Religion« dar, das seinerseits auf dem 1963 in Freiburg i.Br. erschienenen Büchlein »Das Problem der Religion in der modernen Gesellschaft« aufbaute.

[17] Die unsichtbare Religion, 89.

derspiegeln: ihre innere Bedeutungshierarchie.«[18] Dafür verwendet Luckmann auch die Begriffe »heiliger Wirklichkeitsbereich«[19] und »Heiliger Kosmos«. Damit will er ausdrücken, daß sie die gegenüber der profanen Wirklichkeit transzendente »Sinnschicht« darstellen; aus ihr werden die in der Alltagskommunikation benötigten Sinnelemente abgeleitet: »Diese Schicht kann deshalb zu Recht als Heiliger Kosmos bezeichnet werden. Die Symbole, die für die Wirklichkeit des Heiligen Kosmos stehen, können religiöse Repräsentationen genannt werden, weil sie auf eine jeweils spezifische und komprimierte Weise die religiöse Funktion der Weltansicht als Ganzes erfüllen. Hatten wir ... die ganze Weltansicht als universale und unspezifische Sozialform der Religion definiert, so läßt sich die Konstellation religiöser Repräsentationen, die ein *Heiliges Universum* ausbilden, als eine *spezifische, historische Sozialform der Religion* bezeichnen.«[20] Diese letztgenannte, spezifische Form von Religion zu vermitteln, ist die natürliche Aufgabe der institutionalisierten Religionen, während sich unspezifische Sozialformen von Religion in jedem Sozialisationsprozeß vermitteln.

In Luckmanns Verständnis von Religion geht es um Sinngebung und sinngeleitete (bzw. moralische) Handlungsorientierung für die alltäglichen Lebensvollzüge[21]. Das ist in der Tat ein zentraler Aspekt von Religion. Und in der neueren theologischen Debatte über Religion hat *Falk Wagner* einen Zusammenhang zwischen der »Geltung der christlichen Religion« und »ihrer Anerkennung durch das individuelle Be-

---

[18] AaO 93.
[19] AaO 96.
[20] AaO 98f. – »Zusammenfassend können wir sagen, daß Sprache, rituelle Akte und Ikonen der Artikulation des Heiligen Kosmos dienen. Die bekanntesten Beispiele für solche objektivierten Artikulationen sind heilige Kalender, heilige Orte, rituelle Inszenierungen der sakralen Tradition sozialer Gruppierungen oder der Rituale, in denen dem Lebenslauf des einzelnen ein sakraler Sinn verliehen wird. Andere Ausprägungen des Heiligen Kosmos sind die thematisch schon sehr eng gefaßten Verdichtungen kritischer Probleme des einzelnen Lebens in Gestalt von Tänzen, Epen und Dramen. Die Verkörperungen des Heiligen Kosmos ... versehen das einzelne Leben aus eigener Kraft mit Sinn.« (97f.)
[21] In einer Formulierung, die uns Menschen sehr von außen betrachtet, heißt es im Nachwort 1991 (aaO 165): »Es ist nach wie vor meine Ansicht, daß die grundlegende Funktion der ›Religion‹ darin besteht, Mitglieder einer natürlichen Gattung in Handelnde innerhalb einer geschichtlich entstandenen gesellschaftlichen Ordnung zu verwandeln. Religion findet sich überall dort, wo aus dem Verhalten der Gattungsmitglieder moralisch beurteilbare Handlungen werden, wo ein Selbst sich in einer Welt findet, die von anderen Wesen bevölkert ist, mit welchen, für welche und gegen welche es in moralisch beurteilbarer Weise handelt.«

wußtsein« herausgestrichen: »Denn fragt man, was die Privatisierung der Religion für deren Darstellung und Vermittlung bedeutet, so ist zu antworten, daß die Religion nicht unbesehen mit ihrer gesellschaftlich allgemeinen Anerkennung rechnen kann; zu ihrer Geltung bedarf sie vielmehr der freien Anerkennung durch die Individuen, für die Religion Privatsache ist.« ›Anerkennung‹ schließt dann »wissende Aneignung«[22] ein. In Anlehnung an den Begriff ›Wissenssoziologie‹ kann man hier von einem *wissenstheologischen* Verständnis von Religion sprechen.

1991 hat Luckmann als Präzisierung seines früheren Transzendenz-Verständnisses eine »Typologie von ›Transzendenz‹-Erfahrungen« vorgelegt[23]. In jeder der drei Stufen dieser Typologie geht es bei Transzendenz nicht um ein vom Menschen unabhängiges Gegenüber, sondern um einen Bereich, in den »der Mensch den Alltag transzendiert«; wohin, und »wie er diese Transzendenzen deutet und in Symbolen und Ritualen zu begreifen und zu bewältigen sucht«, sei »Sache der geschichtlichen Gesellschaftlichkeit des menschlichen Daseins, dieser ursprünglichen ›anthropologischen‹ Transzendenz des ›Biologischen‹, mit

---

[22] *F. Wagner*, Was ist Religion? Studien zu ihrem Begriff und zum Thema in Geschichte und Gegenwart, Gütersloh 1986, 528f. Das »Wissen um die positive, also historisch bedingte Verfaßtheit der Religion muß auch für die Darstellung des religiösen Bewußtseins und seiner inhaltlichen Bestimmtheit leitend sein. Sonach sind die theologischen Versuche zur Erfassung der Religion und des sie tragenden religiösen Bewußtseins von vornherein an der Gestalt des christlich-religiösen Bewußtseins orientiert ... Fragt man nach der besonderen Verfaßtheit des christlich-religiösen Bewußtseins, so muß man sich an dessen Selbstaussagen halten. Sie zeigen, daß das religiöse Bewußtsein die Gestalt eines unmittelbar-gegenständlichen Bewußtseins repräsentiert; als solches ist es Wissen von etwas ... Die Grundaussage dieses Bewußtseins kommt in der Formel ›Ich glaube an ...‹ zum Ausdruck. Sie besagt, daß der subjektive Glaubensvollzug (›Ich glaube‹) und der Gegenstand des Glaubens (›an...‹), fides qua und fides quae creditur, eine unmittelbare Einheit bilden...Das religiöse Bewußtsein« sagt aus, »daß es wisse, woran es glaubt.« Aufgabe der *Theologie* sei es, das religiöse Bewußtsein vor seinen Aporien zu bewahren, indem sie über seine Konstitution nachdenkt und es im Absoluten begründet verankert. Denn es könnte – religionskritisch gesehen – sonst ja auch sein, »daß das religiöse Bewußtsein einem als Erlösung oder Gnade vorgestellten Inhalt vertraut, den es selber produziert hat.« (aaO 546)

[23] AaO 166-171. *Luckmann* unterscheidet ›kleine‹, ›mittlere‹ und ›große‹ Transzendenzen, wobei die ›großen‹ etwas meinen, »was überhaupt nur als Verweis auf eine andere, außeralltägliche und als solche nicht erfahrbare Wirklichkeit erfaßt wird« (168) – in Schlaf und Traum, im »Stillstand unseres gewohnten tätigen Bewußtsein« (169).

anderen Worten, der Vorgegebenheit einer sozialen Konstruktion der Wirklichkeit, einer solchen und einer ›anderen‹, einer alltäglichen und einer außeralltäglichen.«[24]

Doch Sinn liegt schon in den Lebensbeziehungen selbst

Das wissenssoziologische und wissenstheologische Verständnis reicht aber nicht aus, um die empirisch faßbaren Erscheinungen von Religion in den Blick zu bekommen. Denn über das religiöse Bewußtsein hinaus, das sagt, »daß es wisse, woran es glaubt«, in dem also Glaubensakt und Glaubensinhalt zusammengesehen werden, hat Glauben zu allen Zeiten in ganz elementarer und allgemeiner Weise mit den Lebensbeziehungen der Menschen zu tun, und zwar ohne die Sinnfrage ausdrücklich zu thematisieren oder gar zu beantworten. *Vielmehr ist Sinn den Lebensbeziehungen selbst immanent.* »Leben, das Sinn hätte, fragte nicht danach; vor der Frage flüchtet er.«[25] Zu den Lebensbeziehungen gehört – für Gläubige – die Gottesbeziehung, aber zu ihnen gehören genauso die Beziehungen zu den Mitmenschen und zu der übrigen Schöpfung. Ja, geht man von den religiösen Überlieferungen der Griechen, Juden und Christen aus, so haben – gemessen an der Menge des nicht-lehrhaften Stoffes – die Beziehungen zu den Mitmenschen und zur übrigen Schöpfung durchaus ein Übergewicht. Davon zeugen die griechischen Mythen wie auch die erzählenden Partien der Bibel, allen voran das Erste Buch Mose (Genesis). Und trotzdem geschieht alles *coram Deo*, im Angesicht Gottes.

Religion und Glaube zielen auf ein gutes Leben und seine Bewahrung

Noch ein weiterer Aspekt von Religion kommt in der wissenssoziologischen – und zumeist auch in der wissenstheologischen – Perspektive nicht in den Blick: In der elementaren Ebene von Glauben geht es primär nicht um das, woran bzw. was ich glaube – Glaubensbekenntnisse sind überaus seltene, eher bruchstückhafte Einsprengsel in der Bibel und gehen immer schon auf einen theologisch reflektierten, kultischen Gebrauch zurück. Sondern es geht zuerst um das eigene Leben[26]: um

---

[24] AaO 170.
[25] *Th. W. Adorno*, Negative Dialektik, Frankfurt/M. 1970 (=1966), 367.
[26] Vgl. den Bezug auf die eigene Geburt als Heilserfahrung: Ps 22,10f.; 119,73; 138,8; Jer 2,27 u.ö. und in Personennamen wie *Elkana* (»El hat [mich] geschaffen«: 1. Sam 1,1ff.) und *Benajahu* (»Jahwe hat [mich] gebaut«: 2. Sam 8,18).

die konkrete Art und Weise, in der Menschen in allen ihren Lebensbeziehungen und durch alle ihre Lebensbeziehungen leben. Noch genauer gesagt, geht es darum, wie das Leben, das Menschen in den genannten Lebensbeziehungen haben, *gut* gelebt und gegen seine Gefährdungen geschützt, also bewahrt werden kann. So gesehen, gehören wohl die Fluchformeln zum Urgestein von Religion (vgl. 5. Mose 27, 11-26)[27]. Sie nennen in elementarer Sprache scharf konturiert, was als lebensgefährdend gilt. Dahinter steht Lebenserfahrung bzw. Weisheit und ihre kulttheologische, oft auch in der Rechtsprechung begründete Sanktionierung.

Das wissenstheologische Verständnis von Religion folgt dem allgemeinen theologischen Interesse, richtige, und das heißt: wahre und angemessene, Aussagen vor allem über Gott machen zu können, und plaziert auch Religion ganz und gar in den Bereich von Wissen. In diesem Sinn wird ›Bewußtsein‹ verwendet. In dem dieser Umfrage zugrundeliegenden Verständnis von Religion geht es eher darum, Menschen in ihrer lebensweltlichen Existenz zu sehen und dabei zu fragen, welche Funktion die einzelnen Lebensbeziehungen – einschließlich der Gottesbeziehung – im Blick auf das eine Ziel haben, gut zu leben und dieses Leben bewahren zu können.

Heil und bewahrtes Leben sind identisch

Zu der These, daß Heil und bewahrtes Leben identisch sind, haben mich Beobachtungen an jener griechischen Wortgruppe geführt, die im Deutschen die Bedeutung ›bewahren‹, ›retten‹ hat[28]. Ich habe sie gewählt, weil die religiös so zentralen Begriffe des ›Retters‹ und ›Heilandes‹ im Griechischen zu dieser Wortfamilie gehören. Das Verb meint in klassisch-griechischer Literatur: jemanden vor ›natürlichen‹ Gefahren und Nöten ›bewahren‹, aus ihnen ›retten‹, und zwar vor dem Tode, vor bzw. aus einer Tod bedeutenden Lage und vor bzw. aus Krankheit. Aber es heißt auch ›in gutem Zustand bewahren‹, und passivisch: ›bewahrt werden‹, ›gedeihen‹. Doch das Verb kann in der frühen christlichen Literatur auch eine ›übernatürliche‹ Dimension von Rettung und Bewahrung meinen:

---

[27] Segenssprüche treten wohl erst später hinzu (vgl. 5. Mose 28). In der Bergpredigt Jesu sind in der lukanischen Fassung auch Segens- und Fluchsprüche – hier normalerweise Seligpreisungen und Weherufe genannt – dicht nebeneinander überliefert (Lukas 6, 20-26). Sie sollen freilich nun das Leben bewahren helfen, das die Jüngerinnen und Jünger in der neuen Gemeinschaft mit Jesus finden.

[28] Es geht um *sodsein*. Ich folge dabei dem Lexikon *Bauer-Aland*, Wörterbuch zum Neuen Testament, 6. Auflage Berlin 1988, 1591-1593.

vor dem ewigen Tode, vor dem ewigen Gericht, vor Sünde als einer Macht, die in den Tod führt; und positiv gebraucht heißt es dann: das ›messianische Heil gewähren‹, ›zum Heil führen‹. Rettung und Bewahrung können dabei von Gott bzw. Christus als Subjekt ausgehen, aber auch von Menschen, die das göttliche Heil vermitteln, und schließlich auch vom Glauben selbst. Auf allen Ebenen geht es um Lebensbewahrung, so daß ›Heil‹ und ›Leben‹ einander vertreten können bzw. dasselbe meinen. Wir lernen aus dieser Übersicht: *›Heil‹ ist bewahrtes Leben, Heilserfahrung ist die Erfahrung, daß Leben bewahrt bzw. gerettet worden ist.* Auch die im Glauben angenommene Bewahrungs- und Rettungszusage kann als Heilserfahrung erlebt werden.

Oft wird in demselben Zusammenhang auch die Wortgruppe ›erlösen‹, ›Erlösung‹ gebraucht und von ›Vollendung‹ gesprochen. Dabei meldet sich die Erfahrung zu Wort, daß das Leben als unvollständig, ungerecht und widersprüchlich empfunden wird, vor allem aber die bittere Einsicht, daß es uns nicht gelingt, das Gute, das wir – eigentlich sogar für alle – wollen, auch zu tun. Rettung und Erlösung können auch in dem Sinn zusammen gemeint sein, daß die Rettung des Lebens in ein kommendes Reich Gottes hinein mit ›Vollendung‹ verbunden gedacht wird. Paulus spricht einmal davon, daß wir Christus »gleichgestaltet werden« sollen (Römerbrief 8,29). Damit ist gemeint, daß für die gesamte leidende und »seufzende« Schöpfung das Leiden nicht das Letzte sein wird, sondern daß sie – wie Christus, durch Auferstehung – in eine ungetrübte Gemeinschaft mit Gott gelangen wird. *›Erlösung‹ und ›Vollendung‹ gehören also zu jenem Heilshandeln, in dem das Leben bewahrt wird.*

Wenn dabei an das kommende, ewige Leben gedacht wird, dann meint Rettung allerdings gerade nicht die Bewahrung des leiblichen Lebens in dieser irdischen Existenz. Denn das im Neuen Testament von den Christen gemeinte messianische Heil ist in der »Nachfolge«, das heißt auf dem Weg des gekreuzigten und auferstandenen Jesus, nur durch den Tod hindurch zu bewahren. Bewahrung vor dem Tod heißt dann entsprechend: Rettung vor dem ewigen Tod[29] durch Bewahrung ins ewige Leben. Festzuhalten aber ist: *›Heil‹ ist auch hier mit Leben identisch*, und zwar unabhängig davon, ob der Horizont im Natürlichen haften bleibt oder ins Übernatürliche reicht. Und Heil manifestiert sich in der Vielfalt der Lebensbeziehungen, die ein Mensch hat[30], ein-

---

[29] Auch dafür kann die Wendung ›Erlösung vom ewigen Tod‹ (als Verhängnis) gebraucht werden.
[30] Daß Heil und Leben zusammen gesehen werden müssen, wenn es um die Wort-

schließlich der Gottesbeziehung. Wenn in uns überlieferten Erzählungen die Gottesbeziehung dominiert, so muß allerdings durch historische Kritik jeweils ermittelt werden, ob diese Dominanz bereits zum Urgestein einer Geschichte gehört oder ihr erst durch theologische Redaktion beigegeben worden ist, etwa weil sie als Beispielerzählung für irgendeinen Glaubensaspekt erschienen und tradiert worden ist[31].

Der hier ausführlicher behandelte griechische Sprachgebrauch steht nun aber ganz und gar nicht für sich da. Im Spiegel des Griechischen entdecken wir leicht, daß auch im Deutschen ›retten‹ und ›bewahren‹, ja, auch ›erlösen‹ sowohl auf natürliche Gefährdungen bezogen gebraucht werden können als auch auf übernatürliche. Wenngleich sich die Anwendungsmöglichkeiten inzwischen weit ausdifferenziert haben – alles mögliche kann ›gerettet‹ und ›bewahrt‹ werden –, so taucht gerade ›Rettung‹ doch immer noch in markanten Begriffen auf, die die alte Gleichsetzung von Lebensbewahrung und Rettung festhalten[32]. Und auch im gottesdienstlich-liturgischen Bereich wird der Sprachgebrauch heute noch weitgehend von den alten Bedeutungen geprägt.

Unheil meint alles, was Leben gefährdet oder gar zerstört

Von dem gewonnenen Verständnis von *Heil* her kann nun auch Näheres dazu gesagt werden, wie *Unheil* zu verstehen ist. Auf eine einfache Aussage gebracht, läßt sich formulieren: *Unheil ist alles das, wovor Leben gerettet und bewahrt werden soll, weil es Leben gefährdet oder gar zerstört.* Folgen wir dem bisherigen Gedankengang, so meint Leben genauer das

---

gruppe *sodsein* geht, zeigt sich auch und gerade in dem bei *Bauer-Aland* referierten Gebrauch des Wortes *soter*: dieser Titel wird für Götter (vor allem Asklepios!), aber auch für Menschen verwendet, die sich um andere Menschen verdient gemacht haben – und wohl deshalb taucht der Titel auch in der Selbstdarstellung von Herrschern auf, die als Wohltäter gefeiert werden (wollen). Auch hier aber geht es immer um das Leben der Menschen, das die *soteres* bewahrt oder angenehmer gestaltet haben.

[31] So habe ich zeigen können, daß in der Kain-und-Abel-Geschichte Gott deshalb wohlgefällig auf das Opfer Abels sieht, weil dieser ein Schlachtopfer vollzieht; dahinter steht die Absicht der priesterlichen Redaktion des Alten Testaments, Israel – nachdem der zweite Tempel gebaut worden war – wieder auf das Blutopfer im Tempel zu verpflichten. Kain dagegen opfert Feldfrüchte und wird deshalb verworfen; vgl. K.-P.Jörns (Hg.), Von Adam und Eva bis Samuel. Frauen und Männer in der Bibel I (DaW 61), Göttingen 1993, 29-39 (»Kain und Abel«).

[32] Vgl. Deutsche Lebensrettungsgesellschaft, Rettungswagen bzw. -dienst, Retter in der Not usw.

Sein in Lebensbeziehungen, wie ich sie in 3.2 beschreiben werde. Und wenn Sinn dem Sein in Lebensbeziehungen selbst immanent ist, so bedeutet Unheil, daß diese Lebensbeziehungen gefährdet oder zerstört werden. Was so theoretisch klingt, läßt sich leicht verdeutlichen: Wenn die Beziehung zu einem anderen Menschen, der uns viel bedeutet, gefährdet oder zerstört wird, so kann dabei nicht nur diese Beziehung, sondern der Sinn des Lebens – und damit das Leben selbst – auf dem Spiel stehen. Ähnliches kann für die Gefährdung oder den Verlust der Gesundheit gelten und das damit drohende Lebensende – jedenfalls dann, wenn sich alle Lebenserwartung auf dieses irdische Leben richtet. Und in wieder einer anderen Weise können der Sinn des bisherigen Lebens und damit des Lebens selbst gefährdet sein, wenn Menschen aus ihrer Heimat entwurzelt werden oder auf andere Weise erleben müssen, wie Werte, die ihnen (das) Leben sinnvoll, lebenswert gemacht haben, zerbrechen. Auch hierzu ist der Sprachgebrauch von ›retten‹ und ›Leben bewahren‹ hilfreich, weil er zu zeigen vermag, wie sich nicht nur das Verständnis von *Heil*[33], sondern dazu komplementär auch von *Unheil* innerhalb der Kulturgeschichte wandelt.

Innerhalb und außerhalb der Religionsgeschichte ist Unheil auf die genannte Weise mit Leben verbunden. Und selbst da, wo religiöse Systeme göttliche Strafen für Menschen vorsehen, die sich gegenüber göttlichen Regeln bzw. Geboten ungehorsam verhalten haben, betreffen diese Strafen Lebensbeziehungen, indem sie diese unterbrechen oder zumindest beeinträchtigen.

3.2 Die Quaternität der Lebensbeziehungen als theoretische Basis der Umfrage

Lebensbewahrung hat mit den Beziehungen zu tun, in denen wir leben. Und schon im Zusammenhang der Lebensbeziehungen von Religion zu sprechen, ist sinnvoll, weil nicht erst die im Bewußtsein vollzogene Sinngebung für alle Bereiche des Lebens, sondern bereits die Bewahrung des Lebens in der Vielfalt der Lebensbeziehungen das elementare und vitale Thema ist, das wir in den religiösen Überlieferungen antreffen. Das ist so, weil die Verletzlichkeit, ja tödliche Bedrohung des Lebens für Individuen und soziale Gruppen gilt und die grundstürzende Erfahrung ist, die Menschen beim Erwachsenwerden lernen. Darum

---

[33] Einen Teilaspekt beschreibt *B.Lang / C. McDannell*, Der Himmel. Eine Kulturgeschichte des ewigen Lebens (es 1586), Frankfurt/M. 1990.

fragen einzelne Menschen und soziale Gruppen seit je nach Hilfe oder Helfern, die die jeweils eigenen Möglichkeiten der Bewahrung, Rettung oder Erlösung übersteigen. Der theologische Satz, daß alles Heil von außerhalb unserer selbst kommt, spricht prinzipiell dieselbe Erkenntnis aus, auch wenn er zumeist nur auf Gott als Helfer bzw. Retter bezogen gebraucht wird. Er trifft aber auch die anthropologische Grundgegebenheit, daß wir Menschen sowohl untereinander als auch im Verhältnis zur übrigen Schöpfung aneinander gewiesen und aufeinander angewiesen sind[34].

Darum ist das bisher Gesagte zu erweitern: Jede Bemühung um Lebensbewahrung hat eine elementar-religiöse Dimension: das Sichausstrecken des einzelnen Menschen – und auch der sich als Einheit verstehenden sozialen Gruppe – über die eigenen Grenzen hinaus mit dem Ziel, das Leben durch Hilfe von ›extra nos‹ bewahren zu können. Weil ›Leben bewahren‹ dabei in der schon angesprochenen Vielschichtigkeit verstanden wird, gehören Heil und Heilung in der Bibel und vielen anderen religiösen Überlieferungen zusammen[35]. Außerdem stammt – um das wissenssoziologische Religionsverständnis von Thomas Luckmann einzubeziehen – der sinngebende ›Heilige Kosmos‹ für Menschen, die eine Gottesbeziehung haben, natürlich aus ihr. Nirgends wird dies so dicht ausgesagt wie in der dritten Bitte des Vaterunser »Dein Wille geschehe, wie im Himmel, so auf Erden«. Es ist also zu ergänzen: Heil und Heilung gehören mit Sinngebung zusammen.

Im prinzipiellen Unterschied zum Luckmann'schen Religionsverständnis wendet sich die gläubige Hoffnung auf Bewahrung des Lebens »hier und dann« und Sinngebung an ein transzendentes Gegenüber, das angesprochen werden und über die Bereitstellung eines Sinnreservoirs hinaus selbst handeln kann – zugunsten oder auch zuungunsten der Menschen. Eine Religionstheorie, die die sozialen Erscheinungsformen wirklich erfassen und nicht in ein allein wissenssoziologisches oder

---

[34] Diese Aussage deckt sich nur in einem Teil mit *Schleiermachers* Rede vom schlechthinnigen Abhängigkeitsgefühl des Menschen als religiösem Indiz: In meiner reziproken Formulierung sind wir Menschen Objekt *und* Subjekt des Angewiesenseins, also auch diejenigen, von denen andere abhängig sind, um leben zu können. – Im übrigen weise ich auf *M.Bubers* Grundgedanken »Das Ich wird am Du« hin.

[35] Der griechische Gott *Asklepios* ist dafür der Prototyp, im Mittelalter hat *Jesus Christus* den Hoheitstitel »Christus medicus«. Diese Zusammengehörigkeit von Heil und Heilung schließt ein, daß Menschen einander – wie *Luther* es einmal formuliert hat – zu Christussen werden können.

-theologisches Konzept einebnen will, muß unter den Lebensbeziehungen ausdrücklich eine solche Gottesbeziehung einräumen. Ja, sie muß damit rechnen, daß die Intensität dieser Beziehung Auswirkungen auf die anderen Lebensbeziehungen hat oder zumindest haben kann.

Die Quaternität der Lebensbeziehungen: Die Wahrnehmungsgestalt von Leben

Leben heißt: in Beziehung sein. Im Geflecht der Lebensbeziehungen korrespondieren alle wesentlichen Perspektiven unserer Existenz. Denn wenn Menschen zu anderen Menschen, zur Erde und zu Tieren, zu Werten und zu Gott bzw. zu einem ›Heiligen Kosmos‹ in Beziehung leben, müssen diese Größen aufeinander bezogen gedacht und geglaubt werden können. *Wie* sie korrespondieren, hängt von den verbundenen Beziehungsgrößen ab und kennzeichnet die besondere Art des Beziehungsgeflechts. Eine hinreichende religionssoziologische Theorie muß deshalb für die tatsächlich vorhandene Vielfalt der Lebensbeziehungen zu Menschen und Tieren, Erde, Wertordnungen und Gott bzw. ›Heiligem Kosmos‹ offen sein. Es gibt gute Gründe, von einer solchen *Vierzahl (Quaternität[36]) der Lebensbeziehungen auszugehen*[37]. Sie gilt für Individuen und soziale Gruppen, sofern diese sich als Einheit bzw. Ganzheit empfinden.

Leben, *das* Leben, wird im Geflecht dieser Quaternität der Lebensbeziehungen gelebt und erlebt. Dabei zeigt sich jedem Individuum und jeder sozialen Gruppe trotz aller denkbaren überindividuellen Gemeinsamkeiten eine eigene Gestalt von Leben *(mein, unser* Leben). Denn zu jedem der vier Bereiche gehören ja keine abstrakten Größen, sondern reale Menschen, die übrige Schöpfung im eigenen Umfeld und durch Menschen vermittelte Werte und Gottesvorstellungen. Alles, womit Individuen und soziale Gruppen durch Lebensbeziehungen verbunden

---

[36] Der Begriff steht in keinem direkten Zusammenhang mit seiner Verwendung bei C. G. Jung.

[37] Biblisch lassen sich zwei Grundtypen der Lebensbeziehungen ausmachen: Vor der Vertreibung aus dem Paradies gibt es drei Bereiche: die personalen Beziehungen zu Gott, Menschen und Tieren (sie bekommen alle Namen)(I), die Beziehung zur Erde (II) und die Beziehung zu Werten bzw. Normen, die in der Gestalt des Verbots auftritt, von dem Baum in der Mitte des Gartens zu essen (III). Nachparadiesisch tritt die Gottesbeziehung aus dem ersten Bereich heraus und wird ein eigener (IV).

sind, wird nicht in irgendeiner Objektivität wahrgenommen, sondern immer nur in der aus der Beziehung hervorgehenden »*Wahrnehmungsgestalt*«, in der sich Wahrnehmende und Wahrgenommenes im jeweiligen soziokulturellen Kontext und am jeweiligen Ort miteinander verbinden. *Viktor von Weizsäcker*s »Gestaltkreis«[38] hat das angemessene Denkmodell für diesen Wahrnehmungsvorgang bereitgestellt. In der von ihm herausgearbeiteten »Einheit von Wahrnehmen und Bewegen« hat die soziale Dimension des Lebens ihren Platz, insofern ja Bewegung mit der kommunikativen Wahrnehmung des und der Anderen und mit der ständigen Veränderung der Beziehungen in vielfältiger Weise verbunden ist.

Ich verstehe die Theorie von der Quaternität der Lebensbeziehungen auch als einen Beitrag zur Lösung des oft angesprochenen Problems, wie wir *Glauben elementarisieren* können.

Die vier Bereiche der Lebensbeziehungen

In vier voneinander unterscheidbaren Bereichen gestalten sich die Lebensbeziehungen der Menschen als die Wahrnehmungsgestalt von Leben: Es handelt sich um die personalen Beziehungen (I), die Beziehungen zur Erde (II), zu Werten und Ordnungen (III) und die Beziehungen zur Transzendenz (»Gott«) (IV). Sie richten sich, vom einzelnen Menschen bzw. einer sozialen Gruppe ausgehend, innerhalb der unterscheidbaren Lebensbeziehungen auf Bezugsgrößen. Individuen und Gemeinschaften leben trotz dieser Unterscheidbarkeit grundsätzlich in der Erfahrung eines Ganzen, das dann ›mein‹ bzw. ›unser Leben‹, aber auch ›meine‹ bzw. ›unsere Welt‹ heißen kann. Unsere Sprache ist die Agentin, die bewußte und unbewußte Erfahrungen in den einzelnen Lebensbereichen nach individueller Syntax und Semantik miteinander verknüpft. Damit ist auch gesagt, daß die Bereiche der Quaternität in der Theorie zwar unterschieden, im Leben aber nicht streng gegeneinander abgegrenzt werden können[39].

---

[38] *V.v.Weizsäcker*, Der Gestaltkreis. Theorie der Einheit von Wahrnehmen und Bewegen. Mit einer Einführung von *R. Denker* (stw 18), Frankfurt/M. 1973. Die Ausgabe in den Gesammelten Schriften (Bd. 4) ist leider noch nicht erschienen.

[39] Das Phänomen Arbeit werde ich zwar generell Bereich II zuordnen, doch kann sich die Bedeutung von Arbeit sowohl aus den am Arbeitsplatz bestehenden personalen Beziehungen herleiten als auch aus der Werteebene, wie der häufig zu hörende Satz »Arbeit ist der Sinn des Lebens« nahelegt.

Bereich I: Die personalen Lebensbeziehungen

Leben beginnt in der Beziehung zu den Eltern oder denen, die diese Rolle übernehmen; der Begriff ›primäre Bezugspersonen‹ spricht von der Bedeutung dieser Beziehungen. Außer den Eltern und anderen primären Bezugspersonen gehört die ganze Blutsverwandtschaft dazu: die Familie, der Clan, die Sippe und in gewisser Weise auch das Volk. Doch nicht nur die Blutsverwandten, auch die anderen Verwandten sowie alle Wahlverwandten gehören in den Bereich der personalen Lebensbeziehungen hinein: die Freunde und Freundinnen, Partnerinnen und Partner und andere nahestehende Menschen.

Es soll nicht übersehen werden, daß auch *Haustiere*, mit Eigennamen benannt, in gewisser Weise zu den personalen Lebensbeziehungen von Menschen gehören können.

Bereich II: Die Beziehungen zur Erde

Wieder vom Lebensanfang ausgehend, ist der Geburtsort der Ort, an dem die konkrete Beziehung zur Erde beginnt. Und um sie geht es letztlich in diesem Bereich der Quaternität. Auch sie wird von niemandem als ganze wahrgenommen, sondern immer nur aufgrund der konkreten Beziehungen, die wir zu ihr durch unsere Lebenswege gewinnen. Insofern prägen vor allem jene Orte, an denen wir geboren und aufgewachsen sind, unser Bild von der Erde nachhaltig. »Orte« meint dabei Ortschaften wie auch Landschaften – einschließlich des meteorologischen Himmels, wie er sich darüber in jeweils typischer Weise zeigt. Im weitesten Sinn, als unser aller Umgebung, kann auch der Kosmos hierher gerechnet werden.

Aber zu den Beziehungen zur Erde gehören seit alters auch bestimmte Weisen, in denen die Erde bearbeitet wird (oder auch: worden ist), bzw. in denen Menschen ihrer Arbeit nachgehen – oder nicht nachgehen können, weil es keine gibt. Und mit der Arbeit hängt unsere Ernährung zusammen.

Bereich III: Die Beziehungen zu Werten und Ordnungen

In diesen Bereich der Quaternität der Lebensbeziehungen gehört alles, was mit Sitte und Brauch, Recht und Ordnung auf allen Ebenen, mit Kult und mit Sinn als Kulturprodukt und dann mittelbar auch mit den jeweils dazugehörenden Institutionen zu tun hat. Aus dem Luckmann'schen Konzept ist hier vergleichsweise die jeweilige »Weltansicht« zu nennen, die sich Individuen und soziale Gruppen erworben haben. Regiert wird dieser Bereich von Werten und Wertehierarchien, aus denen individual- und sozialethische Normen abgeleitet werden, die in Ordnungen Gestalt annehmen. Philosophie und Theologie treten als Begründer, Pädagogik, Psychologie, Soziologie, Politik und Religionsgemeinschaften als Agenten der Werteordnungen auf. Glaubensbekenntnisse, Katechismen, Kirchenordnungen haben in diesem Bereich ihren »Sitz im Leben«.

Bereich IV: Die Beziehungen zur Transzendenz (»Gott«)

»Transzendent« ist zuerst einmal vom Leben in den Bereichen I bis III her gedacht: Das, was diese Bereiche übersteigt, was also außerhalb der eigenen Verfügbarkeit von Individuen und sozialen Gruppen angesiedelt ist. Nach dem Verständnis aller Offenbarungsreligionen ist dies Gott. Gemeint sein kann damit aber auch ein geglaubter nicht-personaler göttlicher oder heiliger Geist.

In diesen Bereich gehört auch die Vorstellung von einem objektivvorgegebenen ›Sinn des Lebens‹ als philosophischer Setzung und das Konstrukt eines säkularen ›Heiligen Kosmos‹ beziehungsweise Kosmos von Werten, obwohl damit kein ansprechbares Gegenüber zur Welt verbunden ist.

Die Zusammenstellung der beiden Gruppen von transzendenten Beziehungsgrößen rechtfertigt sich zum einen von der transzendenten Lokalisierung *extra nos* her. Zum anderen aber hängt sie mit der Funktion zusammen, die die genannten Größen gegenüber der jeweiligen Gestalt der Lebensbeziehungen nach den Bereichen I bis III ausüben können: Sie können ihnen im Rang einer letztbegründenden Autorität gegenüberstehen. Von dieser Funktion her ist es aber auch möglich und sattsam bekannte Praxis, daß als »letzte Werte« ausgegebene Wertvorstellungen gewissermaßen in einen selbstgeheiligten Himmel projiziert werden, um von dort aus autoritär-normenbildend und -begründend benutzt werden zu können.

Und damit sind wir an einem Punkt angelangt, der nun doch dazu nötigt, *Religion* von *Religiosität* zu unterscheiden. Denn ich halte es nicht für sinnvoll, den Unterschied zwischen Religion und Religiosität gerade dort zu verwischen, wo er am gravierendsten auftritt: da, wo die einen ein transzendentes Gegenüber glauben, das weder Setzung noch Konstrukt noch Projektion ist, sondern *wirkliches Subjekt*, und wo die anderen ein subjekthaftes Gegenüber *nicht* kennen, weil sie unsere Welt als in sich geschlossen ansehen. Entsprechend sind dann aber auch *zwei Gestalten* unterscheidbar, die die Quaternität der Lebensbeziehungen – trotz bestehender Übereinstimmung in der formalen Struktur – haben kann: Je nachdem, ob sich die transzendenten Lebensbeziehungen auf ein subjekthaftes Gegenüber oder auf ein Konstrukt bzw. das Produkt religiöser Bedürfnisse[40] richten, haben wir es mit Religion oder Religiosität zu tun. Diese Unterscheidung ist sprachlich im Blick auf das Adverb bzw. Adjektiv ›religiös‹ nicht durchzuführen, weil sich ›religiös‹ genauso auf Religion wie auf Religiosität beziehen kann und im allgemeinen Sprachgebrauch auch bezieht. ›Religiös‹ bezieht sich auf alles religiöse Gefühl, Bedürfnis, Verhalten, Ritual etc., wie es sich innerhalb der Quaternität der Lebensbeziehungen als soziologisch faßbarer Wahrnehmungsgestalt des Lebens abbildet. Die Unterscheidung kommt erst durch die Bezugsgröße zustande, auf die sich das religiöse Gefühl, Bedürfnis, Verhalten, Ritual etc. richtet. Da sich eine soziologisch ansetzende Religionstheorie ausschließlich auf diese sozialen Erscheinungsformen von Religion bezieht, ist sie – im Unterschied zu einem theologischen Ansatz, wie ich ihn vertrete – an der Unterscheidung von Religion und Religiosität zumeist nicht interessiert.

Faktoren, die die Quaternität der Lebensbeziehungen in ihrer konkreten Gestalt beeinflussen

Obwohl die vier Bereiche gleichrangig nebeneinander stehen, ist es doch keinesfalls so, daß sie in stets gleichem Maß – gewissermaßen wohlproportioniert nach einer Viertelparität – unser Leben ausmachten. Vielmehr ist es so, daß innerhalb unserer täglich bewußt und unbewußt sich vollziehenden Kommunikationsprozesse jeweils eine oder zwei die anderen dominieren. Auch das geschieht nicht nach konstanter innerer Parität, sondern innerhalb einer *Syntax*, die es erlaubt, die einzelnen Bereiche mehr oder minder hypotaktisch oder parataktisch miteinander zu verbinden – bis hin zu dem Extrem, daß eine der Lebensbeziehungen alle anderen in sich aufnimmt. Aussagen, die jemanden oder auch etwas mit Prädikationen wie »Du bist.../ Das ist mein ein und alles«; »Du

---

[40] G. Simmel, Die Religion, in: GA 10 (stw 810), Frankfurt/M. 1995, 46, sagt, die menschlichen Bedürfnisse (»nach der Ergänzung des fragmentarischen Daseins« etc.) nähren »die transzendenten Vorstellungen: der Hunger des Menschen ist ihre Nahrung.« Simmel versteht seine Argumentation in dieser Abhandlung selbst teils als soziologisch, teils als psychologisch und bemerkt ausdrücklich, »daß die *Realität* der religiösen Gegenstände, jenseits ihrer menschlich-seelischen Bewußtheit und Bedeutung, hier überhaupt nicht berührt« werde (51). Es ist schade, daß solch wissenschaftstheoretisch notwendige Selbstbegrenzung heute selten zu lesen ist.

bist.../ Das ist mein Leben« bzw. »meine Welt« verbinden, verdeutlichen diese extreme Lebenswahrnehmung annähernd. Aber auch Ideologien können, wie die »Blut und Boden«-Parole im Dritten Reich zu verdeutlichen vermag, einzelne Bereiche absolutsetzen: Da sind die Bereiche I und II zum »Lebensraum« verbunden und zugleich als letzter Wert (III) gesetzt worden, den der zur Letztbegründung (»Vorsehung«, IV) projizierte Herrschaftsanspruch nach Belieben sanktioniert und mit allen Mitteln als legitim durchzusetzen versucht hat. Im Alltag, das heißt im Leben außerhalb extremer Bedingungen, aber ist es so, daß sich die Syntax den Kommunikationsprozessen und den dabei vor sich gehenden Übergängen von Bereich zu Bereich anpaßt. Auf folgende Faktoren, die die konkrete Gestalt der Lebensbeziehungen beeinflussen, ist besonders hinzuweisen:

Wandel in der Zeit

Die Syntax der Lebensbeziehungen wandelt sich mit den Zeitläuften. An dieser Stelle kommen die Faktoren *Zeit* und *Geschichte* hinein. Der Wandel betrifft auch die Semantik oder erlebte Qualität der einzelnen Elemente in den Bereichen der Quaternität.

Krisen am Anfang und Ende

Änderungen, die durch den Wandel und von Gefühlen begleitet geschehen, stellen Krisen dar. Sie sind mit Anfang und Ende von Lebensbeziehungen verbunden und werden an Punkten, die gemeinschaftsöffentlich geschehen, mit *rites de passage* begleitet: bei Hochzeit, Geburt und Tod. Rituell nicht begleitete Krisen wie Ortswechsel, Scheidung, Glaubensverlust greifen aber genauso tief in die Syntax und den Bestand der dadurch verbundenen Elemente ein.

Wahrnehmung mit Sinnen und Gefühlen

Die konkrete Gestalt unserer Lebensbeziehungen nehmen wir mit allen Sinnen und Gefühlen wahr. Da wir in den Lebensbeziehungen das Leben selbst wahrnehmen, gibt es eine Grundangst davor, daß Lebensbeziehungen, in denen wir leben, verlorengehen, beschädigt oder zerstört werden könnten (vgl. Johannes 16,33a). Und wir reagieren mit Schmerz und Trauer, wenn etwas derartiges geschieht. Das Pendant zur Grundangst ist die Hoffnung, daß Lebensbeziehungen bewahrt, verbessert oder auch – nach Beschädigung und Verlust – wieder hergestellt werden bzw. neu zustande kommen. Glück ist im wunschlosen Erleben von Beziehungen, die ich als mein Leben erkenne und annehme.

Verlust

Der Verlust einer der Lebensbeziehungen wird von unserer Sprache zumeist so ausgedrückt, daß die Wahrnehmungsgestalt des Lebens als Beziehungsgeflecht dabei konkret zur Sprache kommt. Beispielhaft nenne ich die mit *-los* gebildeten Wörter wie *beziehungslos, besitzlos, arbeitslos, wertlos, gottlos*. Ich kann den Sachverhalt auch so ausdrücken, daß ich *Paul Watzlawick*s Axiom »Man kann nicht nicht kommunizieren«[41] abwandle und sage: *Man kann nicht nicht in Beziehung sein.* Der Verlust einer Beziehung wird immer noch von der verlorenen Beziehung her definiert.

Kulturelles Gedächtnis

Eine Kultur hält im »kulturellen Gedächtnis« die spezifische Art und Weise fest, wie die Lebensbeziehungen zu gestalten und zu pflegen sind. »Es reicht in der Regel – alle Untersuchungen der Oral History scheinen das zu bestätigen – nicht weiter zurück als 80 bis (allerhöchstens) 100 Jahre, also die biblischen 3-4 Generationen und das lateinische saeculum.«[42] In den Lebensbedingungen der sogenannten multikulturellen Gesellschaften steht allerdings außerhalb des offiziellen Bildungskanons kaum noch ein »Gedächtnis« zur Verfügung, das *einer* Kultur und deren wertegebundener Syntax zuzuordnen wäre – und zwar weder im Blick auf den Fundus eines Saeculums noch im Blick auf die Geschlossenheit eines Kulturkreises noch hinsichtlich der früher von diesem »Gedächtnis« ausgeübten Verbindlichkeit. *Oral history* bestimmt zwar auch heute noch das Verhalten, aber verbindet sich, vor allem was Sitten und Gebräuche angeht, eher mit den *stories* noch lebender Figuren, die als nachahmenswerte Vorbilder erscheinen, oder mit Ansichten unter Verwandten und Wahlverwandten. Auf diese Weise entsteht etwas, was ich in Abwandlung der kulturtheoretischen Gedächtnis- bzw. Erinnerungs-These als *multikulturelle Kurzzeitgedächtnisse* bezeichnen möchte, die im Blick auf die Quaternität der Lebensbeziehungen zum Teil schnell wechselnde Syntaxmodelle liefern.

---

[41] *P. Watzlawick, J.H. Beavin, D.D. Jackson*, Menschliche Kommunikation. Formen, Störungen, Paradoxien, Bern ⁸1990 (=1969), 50ff.

[42] *J. Assmann*, Kollektives Gedächtnis und kulturelle Identität, in: *J. Assmann* u. *T. Hölscher* (Hg.), Kultur und Gedächtnis (stw 724), Frankfurt/M. 1988, 11. Mittlerweile bevorzugen A. und J. Assmann und andere statt *Gedächtnis* den Begriff *Erinnerung*: *A. Assmann, D. Harth* (Hg.), Mnemosyne. Formen und Funktionen der kulturellen Erinnerung (FW 10724), Frankfurt/M. 1991.

Entwürfe

Auch Literatur und gestaltende Kunst greifen in das System der Lebensbeziehungen ein. Sie setzen Leser und Betrachter mit Wahrnehmungsgestalten von Leben in Beziehung, die zum Vorschein kommen, wenn eine unentdeckte Dimension von Wirklichkeit aufgedeckt bzw. die Wirklichkeit auf sie hin transparent gemacht wird. Ähnlich, aber generell mit dem Anspruch auf politische Konsequenz, schafft der philosophische Weltentwurf als »Experimentum Mundi«[43] eine offene Welt, die transparent bleibt auf die aus Träumen und Phantasie vor uns hin entworfenen Utopien.

Virtuelle Lebensbeziehungen

Schließlich ist zu beachten, daß alles Reale, wozu wir Lebensbeziehungen unterhalten, sowohl *durch* ein Medium als auch *im* Medium angesprochen, also im Erleben auch ersetzt werden kann. Visuelle und akustische »Bilder« reproduzieren und produzieren zugleich immer schon Welt bzw. Wirklichkeit. Das gilt für alle Lebensbeziehungen und alle Medien der Phantasie, also nicht nur für diejenigen, die elektronisch generiert werden können.

3.3 Die These, die es zu überprüfen galt

Aus der Theorie von der Quaternität der Lebensbeziehungen als Wahrnehmungsgestalt des Lebens leitet sich nun auch die *These* ab, die es mit der Umfrage zu überprüfen galt. Sie lautet:
- Die konkrete Gestalt des Bereiches IV der Quaternität – Beziehungen zur Transzendenz (»Gott«) – beeinflußt die konkrete Gestalt der personalen Beziehungen, der Beziehungen zur Erde und derjenigen zu Werten und Ordnungen (I-III). Umgekehrt kann die These auch besagen, daß sich die Gestalt der Bereiche I bis III auf die Gestalt des Bereiches IV auswirkt.

Die in der These enthaltene Korrespondenz von Lebenssituation und Transzendenzbeziehung schließt eine weitere These ein:
- Das transzendente Gegenüber (»Gott«) hat ein mit der Lebenssituation verbundenes »Gesicht«. Es ist deshalb davon auszugehen, daß sich die »Gesichter« jenes transzendenten Gegenübers im Laufe einer

---

[43] So der Titel des letzten Buches von *E.Bloch*: Experimentum Mundi. Frage, Kategorien des Herausbringens, Praxis (GA 15), Frankfurt/M. 1975.

Biographie ändern oder ändern können und daß in Abhängigkeit von differenten soziokulturellen Lebensbedingungen der Gläubigen Unterschiede auftreten.

Trifft die These einschließlich ihrer Unterthese gar nicht oder nur für bestimmte Bezugsgrößen der einzelnen Bereiche der Quaternität zu und für andere nicht, muß nach Erklärungen dafür gesucht werden.

4. Zur Durchführung der Umfrage

4.1 Der Fragebogen

Der Plan zur Umfrage ließ sich erst realisieren, als ich einen sozialwissenschaftlichen Partner – sowie die vorne genannten Geldgeber – gefunden hatte. Der Sozialwissenschaftler *Friedrich Tiemann* ließ sich erfreulicherweise für das Projekt begeistern, so daß wir in den Vorbereitungsseminaren zusammenarbeiten konnten. In ihnen ist der Fragebogen gemeinsam entwickelt worden. Wir haben in einem ersten Schritt die Quaternitätstheorie ausführlich und im Kontext anderer religionssoziologischer Konzeptionen diskutiert. Dabei sind auch die unter 3.2.3 genannten Faktoren zur Sprache gekommen und daraufhin befragt worden, ob sie zu einer Erweiterung oder anderen Modifikation des Vierersystems selbst zwingen. Nachdem diese Fragen im oben dokumentierten Sinn beantwortet worden waren, haben wir vier Gruppen gebildet, die jeweils einen Lebensbeziehungsbereich intensiv durchdenken und Fragen formulieren sollten, die in diesen Bereich zielen. Jede Gruppe hatte zusätzlich den Auftrag, diese Fragen im eigenen Lebensumkreis daraufhin zu erproben, ob sie das Gemeinte herausbringen helfen, und gegebenenfalls zu überarbeiten. Entsprechend ist auch mit den Antwortvorgaben verfahren worden. Im Bezirk Mitte (Luisenstadt-Ost) haben wir den Fragebogenentwurf im »Luisenstädtischen Kulturverein« auf seine Verständlichkeit hin getestet, wobei man dort keinen Hehl daraus machte, daß die Kulturarbeit unter marxistischen Vorzeichen geschah. Gerade dieses ausführliche Gespräch hat uns an manchen Punkten umdenken und umformulieren lassen, in der Hoffnung, nun mit unseren Fragen und Antwortvorgaben besser verstanden zu werden.

Vor F10 haben wir den Hinweis eingefügt, daß »wir im folgenden überall da, wo ein persönlicher Gott oder überirdische Wesen und Mächte gemeint sind, von ›Gott‹ (in Anführungszeichen)« sprechen.

Der Grund für diese Entscheidung ist folgender: Vom einzelnen wie von der sozialen Gruppe aus gesehen, kann das Verb ›glauben‹ ein religiös unspezifisches Denken und Meinen, aber auch den Glauben an einen persönlichen transzendenten Gott ansprechen. Weil es zwischen Denken und Glauben vielerlei Übergänge und Abhängigkeiten gibt, haben wir den Begriff im Titel der Umfrage verwendet. Und auch in der Auswertung verwende ich diesen Begriff vorrangig vor *Religion*.

Um die notwendige Differenzierung des Sprachgebrauchs nun aber trotzdem nicht zu verwischen, sondern auch innerhalb des Fragebogens anzeigen zu können, haben wir bei Fragen und Antwortvorgaben, die sich auf eine traditionelle religiöse Dimension des jeweiligen Themas beziehen, diese Dimension ausdrücklich benannt und von »Gott« gesprochen. Indem wir dieses Wort nach F9 grundsätzlich in Anführungszeichen gesetzt haben, haben wir zu erkennen geben wollen, daß wir keine konfessionell festgelegte Gottesvorstellung, sondern mit »Gott« ein transzendentes Gegenüber zu uns Menschen meinen, das jeder nach seinem Glauben füllen kann. Außerdem haben wir mit F2 *Glauben Sie, daß es überirdische Wesen oder Mächte gibt?* die Möglichkeit eingeräumt, den Glauben an nicht-personhaft gedachte, transzendente Wesen oder Mächte auszudrücken. Die Offenheit, die der Fragebogen an diesem Punkt eingeräumt hat, hat sich bewährt, da die gewonnenen Daten zum Beispiel zeigen, daß selbst ein Teil der Pfarrerinnen und Pfarrer ohne einen persönlichen Gott auskommt.

Die Reihenfolge der Fragen hat mit Überlegungen zu tun, die kurz dargestellt werden sollen:

Beginnen wollten wir nicht mit Fragen zur Person, sondern ohne Umschweife mit der Frage nach dem Glauben an einen *persönlichen Gott* (F1) bzw. an *überirdische Wesen und Mächte* (F2). Auch F4-11 sind an diejenigen gerichtet, die F1 und 2 nicht verneint haben, gehören also zu Bereich IV.

Statistische Fragen zur Person (F 12-14 21 24 24a 44b) wurden an vier sinnvoll erscheinenden Stellen eingefügt.

Insgesamt hatten wir vier, durch die Vorschaltung von F1-11 dann de facto fünf Blöcke vorgesehen: F1-11 (IV), F15-40 (I), F41-68 (II), F69-77 (III), F78-97 (IV). Doch es ergab sich die Notwendigkeit, auch innerhalb dieser Blöcke Fragen aus anderen Bereichen – zum Teil aus Kontrollgründen – einzufügen.

Zusatz- bzw. Filterfragen mußten aufgenommen werden, um bestimmte Gruppen – vor allem Christen (F16a 58a) und Gläubige bzw. Mitglieder von Religionsgemeinschaften generell (F24b 24.1 25 25a 33a

34a 54a 65 73a 77a 82b 86a 91-97) – ansprechen zu können, oder um Antworten weiter differenzieren zu können (zum Beispiel F15a 23a).

Die allermeisten Fragen sind als *geschlossene* Fragen konzipiert worden, weil wir von vornherein wußten, daß wir nur in ausgewählten Bezirken mit Interviewerinnen und Interviewern arbeiten konnten und sonst auf den Postweg bzw. auf Verteiler angewiesen waren. Außerdem durfte die Auswertung unsere Kräfte nicht übersteigen. Um dennoch die Möglichkeit zur freien Äußerung einzuräumen, haben wir sehr häufig unter die Antwortvorgaben eine freie Antwortmöglichkeit gereiht und einige Fragen *offen* gestaltet: F25a 35 37 38 43 51 75-Zusatz 79-81 83 87.

4.2 Umfragezeitpunkt, Umfragebezirke, Umfrageverfahren

Die Umfrage hat im *Juni 1992* stattgefunden. Die Devise für unsere Umfrage lautete, möglichst überschaubare Bezirke auszuwählen, um Zusammenhänge zwischen sozialen Gegebenheiten und dem herauszufinden, was die Menschen wirklich glauben.

Im Zentrum der Umfrage stand die Luisenstadt. Der westliche Teil, politisch zu Berlin-Kreuzberg gehörend, ist unser Umfragebezirk Kreuzberg (Krbg)[44], der östliche, der zu Berlin-Mitte gehört, der Umfragebezirk Mitte. Die Situation drei Jahre nach der Maueröffnung ließ erwarten, daß wir unmittelbar an der alten Nahtstelle noch einen Ost-West-Vergleich zustande bekommen würden. Er wird ausführlich im Band 2 der Umfrageauswertung behandelt.

Um einen westlich-bürgerlichen Bereich dabei zu haben, nahmen wir Berlin-Wannsee (Wan) hinzu. In diesen drei Bezirken haben wir eine repräsentative[45] Umfrage durchgeführt.

---

[44] Wenn die Kurzform, mit der ein Bezirk in Graphiken und Tabellen zitiert wird, von der Vollform abweicht, gebe ich in Klammern das jeweilige Kürzel an.

[45] Die Zusammensetzung unserer Stichproben und der Wohnbevölkerung ist jeweils verglichen und das Verhältnis als angemessen befunden worden. Lediglich in Wannsee haben wir einen zu großen Anteil an jungen und einen zu kleinen Anteil an älteren und alten Menschen erreicht – weil unsere Interviewer nicht in die vielen Altenheime gelangt sind, die zu Wannsee gehören. Trotzdem läßt sich auch mit dieser Stichprobe leben, da die Altenheimbewohnerinnen und -bewohner nur zu einem kleinen Teil aus Wannsee selbst stammen. Die konfessionelle Verteilung in unserem größten Umfragebezirk Kreuzberg liegt nahe an der amtlich ermittelten Verteilung (Zahlen dafür in Klammern): Evangelische 32% (33%), Katholiken 12% (10%); lediglich bei den Religionslosen 40% (25%) haben wir einen höheren Anteil erreicht.

Um die städtischen Umfragebezirke mit ländlichen und um zugleich katholisch-traditionelle und evangelisch-traditionelle Landbevölkerung untereinander vergleichen zu können, haben wir zwei unterschiedlich geprägte Dorfgemeinden im Hunsrück (Rheinland-Pfalz) hinzugenommen und alle Einwohner ab 16 Jahren um Mitarbeit gebeten: das überwiegend katholische Beltheim (HuK) und das überwiegend evangelische Gödenroth[46] (HuE). Diesen Teil der Umfrage behandeln wir wie die repräsentative Umfrage. Leider haben wir keinen ländlichen Bezirk im Osten gefunden; es hat uns einfach an Beziehungen – und vielleicht auch an Phantasie – gefehlt.

Um innerhalb unserer Hauptumfragegebiete eine bestimmte Alters- und Bildungsschicht direkt anzusprechen, die man als die zukünftigen Trend-Leader ansehen kann, haben wir die *12. Klassen der Gymnasien* um Mitarbeit gebeten, die mit den fünf genannten Bezirken zusammengehören. Auch dadurch konnten wir auf zwei Ebenen Vergleiche ziehen: zwischen den Schulen untereinander und – wegen der zum Teil sehr kleinen Fragebogenzahl nur mit Einschränkungen – auch zwischen den Gymnasiasten und der dazugehörigen Stichprobe. Wir erhielten ausgefüllte Fragebögen aus 12. Klassen von drei Gymnasien in Kreuzberg und Wannsee: Schulen Berlin-West (SBW – zu Kreuzberg und Wannsee), aus zwei Gymnasien in Mitte: Schulen Berlin-Ost (SBO – zu Berlin-Mitte) und aus dem Gymnasium in Simmern/Hunsrück: Schule Simmern (SSim – zu den Hunsrück-Dörfern).

Schließlich haben wir an die religionssoziologische Umfrage noch einen *kirchensoziologisch* besonders interessanten Teil angefügt und die Pfarrerinnen und Pfarrer der Evangelischen Kirche in Berlin-Brandenburg befragt. Da es 1992 noch getrennte Poststellen für die Kirchenregionen Berlin-West und Ost der Evangelischen Kirche in Berlin-Brandenburg (EKiBB) gab, konnten wir sie auch als zwei Umfragebezirke behandeln: Pfarrer und Pfarrerinnen West (PfW) sowie Pfarrer und Pfarrerinnen Ost (PfO). Auch zu ihnen haben wir die junge Generation als Vergleichsgruppe stellen wollen und Theologiestudierende an der ehemaligen Kirchlichen Hochschule Berlin sowie an der Humboldt-

---

[46] Zur Ev. Kirchengemeinde Gödenroth gehören auch die Orte Heyweiler und Hollnich. – Die Befragung fand schriftlich statt, in jeden Haushalt kamen Fragebögen. Die Auswahl, die durch den Rücklauf zustande kam, entspricht weitgehend den demographischen Verteilungen, die die amtliche Statistik der Verbandsgemeinde Kastellaun erwarten ließ.

Universität zu Berlin[47] (ThSt) befragt. Eine gesonderte Untersuchung auch dieses Teils der Umfrage wird Band 2 bringen.

Da die EKiBB in Berlin das Evang. Gymnasium zum Grauen Kloster unterhält, haben wir auch hier die 12. Klassen befragt: Schüler und Schülerinnen des Grauen Klosters (SGK). Um auf der Ebene der Gymnasiasten einen interkonfessionellen Vergleich machen zu können, haben wir auch die 12. Klassen des Berliner Canisius-Kollegs um Beteiligung gebeten: Schülerinnen und Schüler des Canisius-Kollegs (SCan).

Zufällig fanden am 14. Juni 1992 in der EKiBB Gemeindekirchenratswahlen statt. So haben wir die Gelegenheit genutzt und in den Evang. Kirchengemeinden Wannsee und Schlachtensee (beide im Berliner Südwesten) die Gemeindekirchenrats-Wählerinnen und -Wähler in Schlachtensee (GKRS) und Wannsee (GKRW) in die Umfrage einbezogen. So hatten wir auch zwei Gruppen von »Gemeindenahen« mit dabei.

Durch einen persönlichen Kontakt haben wir auch aus zwei Gymnasien in Wolfsburg Fragebögen bekommen: Schülerinnen und Schüler Wolfsburg (SWob), obwohl wir in Wolfsburg sonst nicht gefragt haben. Aber wir dachten, es könnte ganz interessant sein, Gymnasiasten aus der »Autostadt« in den Schulvergleich einzubeziehen. In Band 2 werden die Voten der Schülerinnen und Schüler gesondert untersucht werden.

4.3 Zur Auswertung

Bei den folgenden Auswertungen gehen wir selten von der Gesamtzahl der 1924 ausgefüllten Fragebögen (N = 1924) aus. Wenn wir eine zusammenfassende Aussage machen wollen, stützen wir uns in der Regel auf die *Basisbezirke* Kreuzberg, Mitte, Wannsee und die beiden Hunsrückdörfer (N = 1133), Abweichungen von dieser Regel werden vermerkt. Dasselbe gilt für die *Graphiken*.

Um *Ost-West-Unterschiede* herauszufinden, stellen wir die Bezirke Kreuzberg und Mitte sowie die Pfarrerschaft im Westen und Osten und die Schulen in West- und Ost-Berlin einander gegenüber, und zwar jeweils für sich, da die statistischen Gruppen über den eigenen Rahmen hinaus nicht unmittelbar vergleichbar sind. *Konfessionelle Unterschiede*

---

[47] Zum Zeitpunkt der Umfrage war das ehemalige Sprachenkonvikt in der Borsigstraße in Ost-Berlin bereits in die Theol. Fakultät der Humboldt-Universität zu Berlin integriert.

erfassen wir beim Vergleich des katholischen mit dem evangelischen Hunsrückdorf sowie des Canisius-Kollegs mit dem Gymnasium zum Grauen Kloster.

Von *statistisch auffälligen* Ergebnissen sprechen wir, wenn die tatsächlichen Ergebnisse von – aufgrund einer hypothetischen Gleichverteilung – erwarteten Ergebnissen mit einem Wert von +/- 2 der sog. *Standard-Residuen* und mehr abweichen. Erreicht der Wert +/- 3,5 und mehr, sprechen wir von *statistisch hoch auffälligen* Daten, ab +/- 5 von *höchst auffälligen* Daten. Diese Angaben treten oft neben Prozentzahlen und werden durch * = *auffällig*, ** = *hoch auffällig*, *** = *höchst auffällig* symbolisiert.

Wo wir Prozentwerte mitteilen, die sich auf den Durchschnitt innerhalb der jeweils befragten Basis (N) und nicht auf einzelne Gruppen beziehen, stellen wir dem Prozentwert das Symbol ∅ voran.

Um unabhängig von der Auswertung einen Überblick zu vermitteln, enthält der Anhang eine Zusammenstellung der Ergebnisse in Prozentwerten zu allen Variablen aus den Basisbezirken (N = 1133), ergänzt um die beiden kirchensoziologisch besonders interessanten Umfragebezirke der Pfarrerinnen und Pfarrer im Westen und Osten der Evangelischen Kirche in Berlin-Brandenburg. Band 2 der Auswertung (»Die soziale Gestalt des Glaubens«) wird eine Übersicht mit Prozentwerten zu allen Umfragebezirken und Variablen enthalten.

II. Alte und neue Gesichter »Gottes«: Auf dem Weg zu einer Glaubenstypologie

5. In den Gesichtern Gottes sehen Menschen ihre Erwartungen an Gott mit an

Gott hat Gesichter. Was damit gemeint ist, läßt sich am besten mit einem Hinweis auf das althebräische Wort für ›Angesicht‹ bzw. ›Gesicht‹ verständlich machen. Das althebräische Wort *panîm* stellt ein Pluraletantum dar und kommt von dem Verb *pnh* her, das ›sich (jemandem) zuwenden‹ heißt. »Im ›Angesicht‹ als den *panîm*, den ›Hinwendungen‹ des Menschen sind seine Kommunikationsorgane versammelt«[1], die man wahrnimmt, wenn man sich einen orientalisch gekleideten Menschen als Gegenüber vorstellt und von den Händen absieht. Augen, Ohren, Nase und Mund, aber auch die Mimik, verstärkt durch die jeweilige Kopfhaltung oder -bewegung genauso wie durch die Eigenart der Sprache und des Sprechens, seines Atmens und Atems – all dies ist es, womit wir kommunizieren, wenn wir von ›Angesicht zu Angesicht‹ reden. Jedes Gesicht eines Menschen prägt sich uns mit Gesichtszügen ein, die wir in der Kommunikation mit ihm als charakteristisch für ihn selbst kennengelernt haben. Wir haben ihn in Erinnerung, wie er sich uns zumeist ›zugewendet‹ hat. Denn in der Erinnerung unterscheiden wir zwischen dem Angesicht eines Menschen und ihm selbst nicht.

Dabei erinnern wir, wenn wir das Gesicht eines Menschen erinnern, immer mehrere typische Gesichtsausdrücke von ihm: Wie ein Mensch aussieht, ja, *ist*, wenn er lacht, weint, liest, ißt, schläft, nachdenkt und so weiter. Ganz besonders prägend aber bleibt für das innere Bild, das wir von jemandem haben, wir er oder sie sich uns freundlich oder zornig, in Liebe oder Haß ›zugewandt‹ hat. All diese Gesichter hat ein Mensch, sie machen dann auch im singularischen Sprachgebrauch *sein* Gesicht aus. Und zwar *für uns*. Andere können das anders sehen und erlebt haben. Doch wenn mehrere einen Menschen sehr gut kennen, stimmen sie zumeist auch in Aussagen über das Gesicht dieses Menschen überein. Denn das Gesicht eines Menschen ist nichts anderes als dessen ›Wahrnehmungsgestalt‹, die sich uns aus dem Umgang mit ihm

---

[1] *H.W. Wolff*, Anthropologie des Alten Testaments, München 1973, 116.

gebildet hat. Das aber heißt auch, daß in dem Gesicht eines Menschen immer auch etwas von uns selbst und von der Art und Weise enthalten ist, wie wir uns ihm bzw. ihr zugewandt haben. *Die Gesichter spiegeln also die Beziehung mit, die wir zu einem Menschen haben und die sie oder er zu uns hat.*
Ganz entsprechend verhält es sich auch mit den *Gesichtern Gottes*. In ihnen sehen wir nicht ein gewissermaßen offizielles Bildnis, wie es Kult-Statuen zumeist vermitteln wollen. Sondern in den Gesichtern Gottes sehen wir immer zugleich die Geschichte Gottes mit Menschen, wie sie uns überliefert worden ist, und die Geschichte unserer eigenen Erfahrungen mit Gott bzw. unsere eigene Beziehung zu Gott. Die aber haben wiederum mit den Erwartungen zu tun, die wir an Gott hatten und haben.

Doch wenn wir so von den Erfahrungen mit Gott bzw. von einer Beziehung zu Gott reden, müssen wir uns vor zwei Fehlschlüssen hüten: a) Diese Gotteserfahrungen ereignen sich nicht prinzipiell unmittelbar zwischen Gott und Menschen. Diese Art von Gottesbeziehung gibt es auch, doch sie ist eher eine Ausnahme, wie wir sie aus Theophanien und im Abendland aus mystischen und pietistischen Zeugnissen kennen. b) Im allgemeinen manifestieren sich Gotteserfahrungen auch nicht in großen, politisch greifbaren Linien geschichtlicher Entwicklungen, wie der Begriff ›Heilsgeschichte‹ nahezulegen scheint. Denn in solch einer Charakterisierung drückt sich immer schon eine rückblickende theologische Bewertung von Geschichte aus. Unsere Überlieferungen zeigen vielmehr, daß die Geschichte Gottes mit Menschen bzw. die Erfahrungen von Menschen mit Gott zuerst einmal Ereignisse und Erfahrungen meinen, die im Geflecht derjenigen sozialen Beziehungen erlebt werden, die das Leben von Familien und anderen Gruppen nun einmal ausmachen. Dazu gehören die Beziehungen der Menschen untereinander in Familie und Ort, dazu gehören aber auch diejenigen Erfahrungen, die in Kriegs- und anderen Ausnahmezeiten gemacht werden und die in die personalen Beziehungen der Menschen und ihr Leben am Ort eingreifen. Von der Geschichte Gottes mit *den* Menschen zu reden, hat nur Sinn, wenn dabei beachtet wird, daß es dabei zuallererst um *mittelbare* Gotteserfahrungen einzelner (Gruppen) geht, die mit der Bewahrung oder Rettung des eigenen Lebens verbunden sind.

Was das heißt, kann ein in den älteren Schichten des Alten Testaments begegnender *Gottesname* verdeutlichen. Jakob beruft sich im Streit mit Laban darauf, daß ihm »der Schrecken Isaaks«, seines Vaters, zu seinem Recht verholfen habe (1. Mose 31,42); bei ihm schwört er (V. 53). Und auch wo den Israeliten gegenüber davon die Rede ist, daß Gott

Jahwe »seinen Schrecken vor euch her sendet« (2. Mose 23,27f; 5. Mose 2,25 u.ö.), geht es darum, daß er zugunsten Israels in eine kriegerische Auseinandersetzung mit anderen Stämmen und Völkern eingreift. Im familiären wie im ethnischen Rahmen handelt Jahwe *mittelbar* mit den einzelnen Menschen, indem er die *unmittelbaren* Lebensgrundlagen sichert und so *das* Leben rettet und bewahrt. Der Gottesname »Schrecken des Isaak« umschreibt dabei die Wahrnehmungsgestalt des Gottes, den Isaak und seine Feinde erlebt haben: das ›Tremendum‹.

Es ist religionsgeschichtlich und religionssoziologisch interessant, was im Blick auf die *Namengebung* für Menschen im Übergang von der vorstaatlichen Zeit bis in die Königszeit Israels hinein beobachtet worden ist[2]: »Das Erstaunliche ist ... , daß die prädikativen Elemente der theophoren Namen so gut wie keinen Bezug auf die für die Jahwereligion so konstitutiven Ereignisse wie Exodus, Sinai, ›Landnahme‹ oder Befreiungskriege erkennen lassen. Wohl begegnen hier vielfach Verben der Rettung und Befreiung« (144), aber sie haben nichts mit diesem Themenkreis zu tun. »Daraus kann man nur den Schluß ziehen, daß die zentralen religiösen Erfahrungen Israels für das religiöse Leben der israelitischen Familien lange Zeit keine entscheidende Bedeutung haben. Hier hatte man seinen eigenen Schatz religiöser Erfahrungen, Erfahrungen göttlichen Segens, göttlichen Schutzes und göttlicher Rettung, die man schon immer mit seinen Familiengöttern gemacht hatte; auch dort, wo Jahwe in die israelitischen Personennamen einrückte, fügte er dieser familiären Symbolwelt nichts wesentlich Neues hinzu« (145). Das gleiche Bild findet sich in den ›individuellen Klagepsalmen‹, die also nicht von Rettung erzählen, sondern Unglück beklagen und Hilfe suchen: »Eine scheinbar so naheliegende Argumentationsfigur wie ›Du hast doch Israel aus Ägypten befreit, so rette auch mich aus meiner Not!‹ o.ä. kommt nicht vor. Statt dessen beruft sich der einzelne in seiner Not auf Erfahrungen göttlichen Beistands und Schutzes in seinem eigenen Leben. Seine Vertrauensbeziehung zu Gott beruht gar nicht auf der Geschichte Israels, sondern auf seiner Geburt, d.h. seiner Erschaffung durch Gott ... Die Gottesbeziehung des einzelnen ... ist tief

---

[2] *R.Albertz*, Religionsgeschichte Israels in alttestamentlicher Zeit. Erster und zweiter Teilband, Göttingen 1992. Die folgenden Seitenzahlen im Text beziehen sich auf dieses Buch. – Vgl. im übrigen auch den Art. Name / Namengebung, in: Theol. Realenzyklopädie 23 (1994), III. Biblisch (749-754: *R.Liwak*), IV. Kirchengeschichtlich, V. Praktisch-theologisch (754-760: *Chr.Grethlein*), sowie den Art. šem, in: Theol. Wörterbuch zum Alten Testament VIII, 122ff., bes. 143ff. (*F.V.Reiterer / H.-J.Fabry*).

im Kreatürlichen, in der Schöpfung verankert und deshalb auf die geschichtlichen Gotteserfahrungen Israels gar nicht angewiesen.« (146) 400 Jahre hat es gedauert, bis sich Jahwe überhaupt »auf der Familienebene eindeutig durchsetzte« (147) und die Götternamen *El, Baal* etc. als Bestandteile von Personennamen verdrängte. Dazu paßt, daß auch später im christlichen Bereich selbst Bischöfe »an heidnische Götter erinnernde Namen« behielten, »wie die Synodalakten bis weit ins 4.Jh. zeigen.« Hierin äußert sich aber kein »erstaunliches Desinteresse an Personennamen (v. Harnack)«[3], sondern eben das Festhalten an alten religiösen Traditionen im familiären Bereich, wie wir es auch im Alten Testament feststellen können. Mögen die Theologen die geschichtliche Entwicklung im Rahmen heilstheologischer Konzepte so oder so gedeutet haben: *Im familiären Rahmen* – und dahin gehören die Personennamen – blieben die primären Gesichter Gottes in den erwähnten Zeiten offenbar für sehr, sehr lange Zeit an Erfahrungen gebunden, die sich auf die kreatürliche und primäre Beziehungsebene beziehen[4] und auch schon mit den jeweiligen Vorgänger-Gottheiten gemacht worden sind. Diese Erfahrungen betreffen die Sicherung des Lebens in den personalen und lokalen Lebensbeziehungen und sind offenbar von einer *theologieresistenten Religiosität*[5].

Nun muß das alles heute nicht mehr genauso sein wie früher. Und trotzdem bin ich so ausführlich auf diese Fakten eingegangen, weil sie von vornherein aufmerksam machen sollen auf ein Phänomen, das uns in der Auswertung der Umfragedaten häufig beschäftigen wird: Aussagen über Gott und Glauben haben mit den Lebensverhältnissen der Menschen und mit Traditionen zu tun, die diese Lebensverhältnisse und ihre Interpretation geprägt haben. Deshalb fügen sich uns empirisch erhebbare Daten *von sich aus nicht* in irgendwelche theologischen Konzepte, die dem Interpreten wichtig sind. Glaubensaussagen sprechen aus eigenen, existenzbezogenen Erfahrungen und stellen keine beziehungslosen Thesen zu religiösen Fragen dar. Deshalb müssen wir damit rech-

---

[3] *Chr.Grethlein*, aaO 755.
[4] 1. Sam 1 erzählt ausführlich, wie intensiv Hanna um einen Sohn zu Gott gebetet und ihm gedankt hat, als sie ihn geboren hatte. In seinem Namen kommt Jahwe nicht vor, sondern El: *Samu-el*.
[5] Was die Namengebung angeht, so ist noch zu beachten, daß der Name Maria – als Zweitname auch bei Männern – in vielen Sprachgebieten begegnet, während der Name Jesus als Personenname im Deutschen – anders als im Spanischen etwa – gar nicht vorkommt.

nen, daß der in den Gesichtern Gottes zur Sprache kommende, auf der personalen und lokalen Beziehungsebene tradierte Erfahrungshintergrund auch die Lebensverhältnisse, aus denen jemand kommt bzw. in denen jemand lebt, mit zur Sprache bringt, sei es zustimmend oder ablehnend. Darum werden wir dieses soziale Beziehungsgefüge, so gut es geht, bei der Interpretation von Daten mit berücksichtigen. Denn hier finden wir Hinweise auf die *soziale Gestalt des Glaubens.*

Die Umfrage beginnt mit zwei Fragen, die ins Zentrum des Themas führen und auch sehr gut angenommen worden sind. Sie stellen die Weichen für die Auswertung der Antworten im Rest des Fragebogens, weil sie Auskunft darüber geben, ob die Befragten *glauben, daß es einen persönlichen Gott gibt* (F1) bzw. *daß es überirdische Wesen oder Mächte gibt* (F2). Weil sie die Beziehung der Befragten zu einer göttlichen bzw. überirdischen Transzendenz ansprechen, müssen wir mit ihrer Hilfe versuchen, die mit der Umfrage erhaltenen Daten zu ordnen. Das heißt, wir müssen versuchen, die unterschiedlichen Wahrnehmungsgestalten Gottes bzw. transzendenter Wesen oder Mächte und auch atheistische Positionen, die weder eine göttliche noch eine sonstwie geartete überirdische Transzendenz anerkennen, mit Hilfe der Antworten auf F1 und F2 nach Typen zu unterscheiden und diese Typen dann im Laufe der Umfrageauswertung näher zu beschreiben.

6. Die Frage nach einem persönlichen Gott (F1)

Die Frageformulierung *Glauben Sie, daß es einen persönlichen Gott gibt?*[6] drückt aus, daß wir nach einem Gott gefragt haben, der ein persönliches – und das heißt auch: ansprechbares – Gegenüber ist und zu dem Gläubige als Personen eine Beziehung haben können. Der »persönliche Gott« ist also eine Beziehungsgröße in dem schon behandelten Sinn und spiegelt auch das Selbstverständnis der Glaubenden. *Nicht* gefragt haben wir also nach dem Glauben an eine theologisch-dogmatisch klar konturierte Gottesvorstellung.

Graphik 1 stellt F1 für alle Bezirke (N = 1924) dar (ohne *Keine Angabe*):

---

[6] Fragen oder Antwortvorgaben bzw. Variablen des Fragebogens werden kursiv und ohne Anführungszeichen zitiert.

Die Frage nach einem persönlichen Gott (F1)

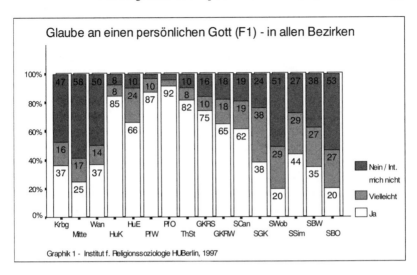

Graphik 1 - Institut f. Religionssoziologie HUBerlin, 1997

6.1 Einzelbeobachtungen

Die Frage ist sehr gut angenommen worden: Von der Möglichkeit, keine Angabe zu machen, haben nur 6% von N=1924 bzw. 5% von N=1133 Gebrauch gemacht. Das ist eine wichtige Basis für die ganze Umfrage.

Ja: ∅ 38% in den Basisbezirken sagen *Ja*. Bei den *Ja*-Stimmen allein haben die Schüler aus der »Autostadt« Wolfsburg den niedrigsten Wert; die Stichproben Mitte und Gymnasiasten aus diesem Gebiet liegen nahe beieinander; das gilt auch für Wannsee, Kreuzberg und die Schüler aus Berlin-West. Als einzige Schule kommt Canisius über 60% und liegt dichtauf mit dem evangelischen Dorf und den Gemeindenahen aus Wannsee, während das katholische Dorf wie die Theologengruppen zwischen 80 und 90% Zustimmung liegt.

Vielleicht: ∅ 15% in den Basisbezirken sagen *Vielleicht*. Auffällig hoch ist der Anteil der *Vielleicht*-Voten bei den Schulen und in Gödenroth.

Ja + Vielleicht: Nehmen wir – weil sie den persönlichen Gott nicht gänzlich infragestellen – *Ja*- und *Vielleicht*-Voten zusammen, so erreichen die Pfarrer im Westen und Osten über 90%, die Hunsrückdörfer und Theologiestudierenden knapp unter 90%; die Gruppen der Gemeindenahen und der Konfessionsschüler liegen um 80%, die Schule Simmern nahe 70% und in West-Berlin bei 60%. Der Rest erreicht keine 50%, Mitte hat den tiefsten Wert.

Nein: Bei den *ablehnenden* Voten – wir nehmen *Nein* und *Interessiert mich nicht* zusammen – zeigen sich spiegelbildliche Ergebnisse. In den

Basisbezirken sind es ⌀ 44%[7]. Mitte ist an der Spitze, während Kreuzberg, Wannsee und die öffentlichen Berliner Schulen zu je ca. 50% negativ votieren. Die beiden Landbezirke, die Pfarrer und Pfarrerinnen sowie die Gemeindenahen liegen nahe, die Konfessionsschüler und -schülerinnen relativ nahe beieinander. Eigenständig votieren die Theologiestudierenden neben den Pfarrern und Pfarrerinnen sowie die Schulen in Simmern/Hunsrück und Berlin-West.

Der *West-Ost-Unterschied* innerhalb der Luisenstadt beträgt knapp 10%, auf der Ebene der Schüler ist er größer, wobei die Voten insgesamt auf höherem Niveau liegen.

Die Hunsrückdörfer zeigen wie die Konfessionsschulen einen offenbar *konfessionstypischen Unterschied* im Innenverhältnis von *Ja*- und *Vielleicht*-Voten bei annähernd gleichem Gesamtergebnis. Im katholischen Bereich fallen die Antworten entschiedener, im evangelischen skeptischer aus.

Was die *Religions- und Konfessionszugehörigkeit* und das Ergebnis zu F1 angeht, so ergibt sich folgendes Bild:

Basisbezirke N = 1133	*Ja*	*Vielleicht*	*Nein*	*Keine Angabe*
397 (35%) Evangelische[8]	54%	19%	24%	3%
186 (16%) Katholiken[9]	65%	14%	20%	1%
436 (39%) Religionslose[10]	13%	13%	72%	2%

Die Übersicht zeigt zum einen, daß der bereits beim Vergleich der Hunsrückdörfer und der Konfessionsschulen zutage getretene konfessionstypische Unterschied in der Relation von *Ja*- und *Vielleicht*-Voten auch für die ganze Basisstichprobe gilt: Die Katholiken haben einen 10% höheren Anteil an *Ja*-Voten, die Protestanten (landes- und freikirchliche zusam-

---

[7] In der 1991 im Zusammenhang mit der »Allgemeinen Bevölkerungsumfrage der Sozialwissenschaften« (ALLBUS) durchgeführten Sondererhebung sagten in den alten Bundesländern (N = 1260) 66,9% und in den neuen Bundesländern 24,4% *Ich glaube an Gott*; 33% bzw. 75,6% sagten *Ich glaube nicht an Gott* (ZA-Information 30, 63).

[8] 1992 betrug der Anteil der Evangelisch-Landeskirchlichen in Deutschland 36% der Bevölkerung, in Berlin 30%.

[9] Der Anteil der Katholiken an der deutschen Bevölkerung betrug 1992 35%, in Berlin 10%.

[10] Der Anteil der Religionslosen in Berlin wird vom Statistischen Landesamt nicht erfaßt.

men) haben einen höheren Anteil an *Vielleicht-* und an *Nein-*Voten. Eine nüchterne Beurteilung des sich bei den Protestanten abzeichnenden Bildes – nur etwas mehr als die Hälfte eindeutige *Ja*-Voten und ein Viertel *Nein*-Stimmen zum Glauben an einen persönlichen Gott – führt zu der Einsicht, daß sich hier ein deutlicher innerer Bruch mit der Tradition vollzieht. Denn wenn irgend etwas die Protestanten ausgezeichnet hat, dann eine ›Reichsunmittelbarkeit‹ im Gottesverhältnis. Natürlich gibt es noch deutliche Unterschiede zwischen den Bezirken: *Ja* und *Nein* zum persönlichen Gott unter den Protestanten liegen in Kreuzberg bei 52% zu 27%, in Mitte bei 60% zu 15% und im evangelischen Dorf Hunsrück bei 64% zu 8%. Aber ein Bezirk wie Wannsee, mit wenig bodenständiger Bevölkerung, hat bereits eine Relation von 38% *Ja-* zu 49% *Nein-*Voten und dokumentiert den angesprochenen Bruch überdeutlich.

Ähnlich brüchig ist die Einstellung der *Katholiken* nur in Kreuzberg zum persönlichen Gott: da stehen 45% *Ja-* 39% *Nein-*Voten gegenüber. Innerhalb unserer Stichprobe gleichen die traditioneller glaubenden Katholiken in Mitte und im katholischen Beltheim das Bild aus.

Auch unter den *Religionslosen* findet der Glaube an den persönlichen Gott noch eine kleine Anhängerschaft: 13% *Ja-* und 13% *Vielleicht-*Voten.

Der *Stadt-Land-Unterschied* wirkt sich im Blick auf die größere Entschiedenheit der Katholiken also nicht aus. Wohl aber ist er statistisch *hoch auffällig* zwischen unseren drei Stadtbezirken und den beiden Dorfbezirken. Doch er wird fast aufgehoben, wenn man die *Ja-* und *Vielleicht-*Voten der Dorfbezirke einerseits und die Gruppen der Gemeindenahen sowie der Konfessionsschüler andererseits nebeneinander stellt.

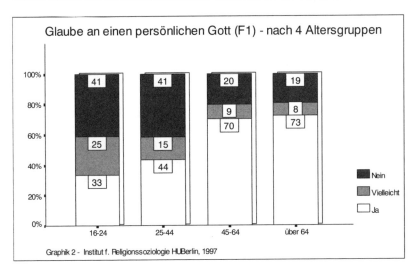

Graphik 2 - Institut f. Religionssoziologie HUBerlin, 1997

Bei der *Altersverteilung* in den Basisbezirken fällt auf: In den Gruppen 16-24 und 25-44 Jahre dominieren die *Nein*-Voten, der Anteil der *Vielleicht*-Voten liegt relativ hoch, die *Ja*-Stimmen sind entsprechend niedrig. Bei den älteren Befragten ist die hohe Zahl der *Ja*-Voten statistisch ähnlich *hoch auffällig* wie die niedrige Zahl ihrer *Nein*-Voten. Abweichend von diesem Gesamtbild aus den Basisbezirken dominiert in Mitte auch bei den beiden Gruppen der älteren Menschen der Prozentsatz der *Nein*-Voten. Das ist ein Indiz für eine andere religiöse Gesamtsituation.

Ein *Unterschied der Geschlechter* ist im Blick auf F1 innerhalb der Basis-Stichprobe deutlich zu erkennen:

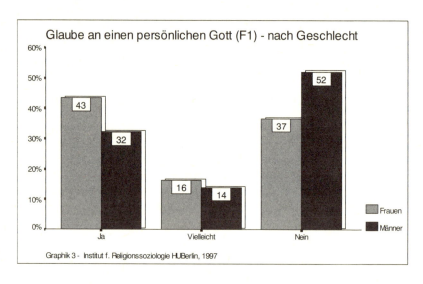

Diese Graphik verdeckt allerdings, daß sich erhebliche Unterschiede zwischen den Bezirken erkennen lassen. Während sich in Kreuzberg bei *Frauen* noch *Ja*- und *Nein*-Stimmen die Waage halten, überwiegt in Mitte und Wannsee bereits deutlich das *Nein*; und bei *Männern* haben die *Nein*-Voten in allen drei genannten Bezirken über 50% und in Mitte sogar über 60%. Der *Stadt-Land-Unterschied* wird sehr deutlich, wenn man die Ergebnisse der Dörfer daneben stellt: dort verblaßt der Geschlechter-Unterschied erheblich. Hier zeigt sich, daß das soziokulturelle Umfeld andere Prägungen aufheben kann.

Die besonderen *kirchlichen Gruppen* müssen an dieser Stelle auch betrachtet werden. Daß ihre Voten insgesamt auf einem sehr hohen Niveau liegen, war zu erwarten. Auch hier gibt es aber keine Einheitlichkeit: 4 (von 127) Pfarrerinnen und Pfarrern im Westen und 6 (von 146) im Osten sagen *Nein* zum persönlichen Gott, unter den Theologiestudierenden (ThSt) sind es aber schon 6 von 71. Die Gemeindenahen in Schlachtensee haben bei den Frauen 10% und bei den Männern 22% *Nein*-Stimmen, in Wannsee sind es 15% bzw. 19%. Betrachten wir diese Angaben neben denen aus den Basisbezirken, so zeigt sich eine absteigende Linie von den Pfarrern zu den Gemeindenahen und – besonders deutlich dann – zu den übrigen Gemeindemitgliedern, was die Zustimmung zum persönlichen Gott angeht. Bei den Gemeindemitgliedern auf dem Land sind die Daten allerdings ungefähr denen der Gemeindenahen in der Stadt zu vergleichen.

6.2 Die Lebensformen und der Glaube an den persönlichen Gott

Die Lebensbeziehungen als einen mitbestimmenden Faktor können wir aufgrund der Differenziertheit unserer Umfragebezirke mehrfach festmachen:

Elternhaus: Bei den Konfessionsschulen können wir – auch aufgrund der Aufnahmebedingungen – von einem sog. ›christlichen Elternhaus‹ und seinem Einfluß ausgehen: 80% bzw. 76% *Ja*- und *Vielleicht*-Voten sind im Vergleich mit den anderen Schulen sehr hoch.

Umgebung: Die Schülerinnen und Schüler des Gymnasiums Simmern zeigen eine deutliche Nähe zu den Voten der beiden Hunsrückdörfer[11], obwohl natürlich nur ein kleiner Teil von ihnen da herkommt. Auch die jungen Menschen zwischen 16 und 24 Jahren aus den Stadt- und Landbezirken der Basisstichprobe votieren jeweils in deutlicher Anlehnung an die Umgebung: in Kreuzberg 39%, Wannsee 39%, Beltheim 60% und in Gödenroth 67%. Nur in Mitte paßt der Wert der Jugendlichen (72% *Ja* und *Vielleicht*) ganz und gar nicht zum Umfeld (Mitte 40 %). Ursache dafür ist, daß wir unter diesen Jugendlichen für Berlin-Mitte ungewöhnlich viele Kirchenmitglieder angetroffen haben[12]. Darauf weist auch, daß die Gymnasiasten im selben Gebiet nur mit 46% positiv votieren.

---

[11] Die beiden Hunsrück-Gemeinden können natürlich nicht statistisch-repräsentativ, wohl aber exemplarisch für das Einzugsgebiet des Gymnasiums Simmern stehen.

[12] Von 23 Jugendlichen, die mit Ja oder Vielleicht votiert haben, sind 11 Kirchenmitglieder.

Nahestehende: Über F21 können wir herausfinden, ob es in der Verwandtschaft oder Bekanntschaft der Antwortenden gläubige Menschen gibt. Die Daten zeigen, daß Jugendliche, die hier *Nein* sagen, auch in F1 eher negativ votieren. Jugendliche, die Gläubige in ihrer nahen Umgebung haben, votieren dagegen eher positiv in F1- außer im Bereich von Mitte, Wannsee und den Ostberliner Schulen, wo offenbar der Gesamttrend stärker ist.

Lebensformen: Den Beziehungsaspekt haben wir auch im Zusammenhang der Frage untersucht, ob jemand ein *Familien-Typ* (als Mann, Frau, Kind oder sonst als Verwandter in einer Familie lebend), ein *Partner-Typ* (ohne Kinder mit jemandem zusammenlebend) oder ein *Single* (allein lebend) ist. Und da zeigt Graphik 4 folgendes Bild:

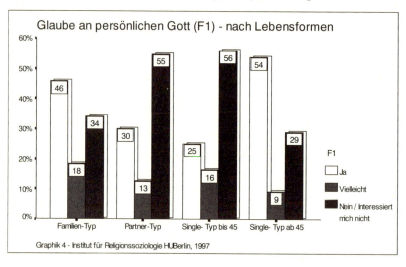

Graphik 4 - Institut für Religionssoziologie HUBerlin, 1997

Hoch auffällig sind die hohen *Ja-* und niedrigen *Nein-*Voten beim Familientyp und bei den – dem Familientyp nahestehenden – älteren Singles, sowie umgekehrt die niedrigen *Ja-* und hohen *Nein-*Voten beim Partnertyp und (noch etwas stärker) bei jüngeren Singles. Das Bild ist deutlich konturiert und lädt dazu ein zu sagen: *Der Glaube an den persönlichen Gott hat in der Familie und vor allem bei den älteren Alleinlebenden* – unter ihnen vielen Witwen und Witwern – *noch einen relativ festen Platz*. Bei den Partner-Typen und bei den jüngeren Alleinlebenden dagegen überwiegt die Ablehnung dieser Gottesvorstellung, und das gilt besonders für die Männer unter ihnen.

Haustiere: Eine besondere Gruppe sind diejenigen, die in Hausgemeinschaft mit Tieren leben (F17): Sie stimmen mehrheitlich in F1 mit

Ja. Bei denen, die keine Haustiere haben, ändert sich das Bild total: Da liegen die *Nein*-Voten um 12 % höher als die *Ja*-Voten. Es sieht so aus, als wenn die Hausgemeinschaft mit Tieren – über den Schöpfungsglauben? – mit einer größeren Offenheit für den Glauben an einen persönlichen Gott einhergeht.

Arbeit: Ein wichtiger Aspekt der Lebensbeziehungen ist mit *Arbeit* oder *Arbeitslosigkeit* verbunden. Das zeigt sich auch an den Auswirkungen auf die Voten zu F1. Stellen wir die Berufstätigen und die Arbeitslosen nebeneinander, so zeigt die Analyse, daß die Berufstätigen *hoch auffällig* eher für *Ja* als für *Nein* votieren und die Arbeitslosen wiederum *hoch auffällig* eher für *Nein* als *Ja*[13].

Gottesbeziehung: Noch eine weitere analytische Beobachtung soll das Bild ergänzen. Wir haben aus unterschiedlichen Fragen diejenigen Antwortvorgaben als (statistische) Gruppe zusammengestellt, die den Glauben an Gott auf diese oder jene Weise als wichtig für die Befragten bezeichnen (F26.6; 27.4; 28.4; 90.8). Diesmal haben wir alle Bezirke der Umfrage (N=1924) mit einbezogen. Verständlicherweise votieren von den 806 dieser Gruppe 86% in F1 mit *Ja*. Aus den verhältnismäßig wenigen *Vielleicht*- (8%) und *Nein*- (6%) Voten ist zu erschließen, daß diejenigen, die ihre Gottesbeziehung als wichtig bezeichnen, im allgemeinen den »persönlichen« Gott als ihr Gegenüber glauben.

Personale Beziehungen insgesamt und der Glaube an den persönlichen Gott: Welche Bedeutung die personalen Beziehungen insgesamt für den Glauben an einen persönlichen Gott haben, hat uns eine weitere Analyse gezeigt: Nimmt man diejenigen als Gruppe zusammen, die häufig Kontakte zu Verwandten (F18) und Freunden (F19) haben, zufrieden mit ihrem Freundeskreis (F19a) und hier auch hilfsbereit (F20.3) sowie mit ihrem Leben insgesamt zufrieden sind (F30), so zeigt sich in dieser Gruppe: Ihre Zustimmung zum Glauben an den persönlichen Gott liegt 6% höher als bei denen, die in allen genannten Fragen negativ votieren. Wieder spielen die Verwandtenkontakte eine besondere Rolle: Nur bei denen, die häufig Kontakte zu Verwandten haben, überwiegt das *Ja* das *Nein* zum persönlichen Gott (leicht). Zufriedenheit oder Unzufriedenheit mit dem eigenen Freundeskreis wirkt sich dagegen so gut wie nicht auf den Glauben an den persönlichen Gott aus.

Ganz anders steht es mit der *Zufriedenheit oder Unzufriedenheit mit dem Leben* insgesamt (F30): Sagen von den Zufriedenen insgesamt 42%

---

[13] S. auch in Kap. 11 »Die Bedeutung von Arbeit«, u. S. 128ff.

Ja, 15% *Vielleicht* und 43% *Nein* in F1, so votieren bei den Unzufriedenen nur 26% mit *Ja*, 21% mit *Vielleicht* und 53% mit *Nein*. Beziehen wir die anderen Ergebnisse dieses Abschnitts mit ein, so zeigt *der Glaube an den persönlichen Gott eine stabile Korrelation zu den personalen Lebensbeziehungen unterschiedlichster Art*. Da Menschen in den Gesichtern Gottes ihre Erwartungen an Gott mit ansehen, und da das Personsein mit den Beziehungen zu tun hat, in denen wir zugleich Ich und (für andere) Du sind, ist der persönliche Gott selbst jemand, mit dem dieses Personsein in einer transzendenten Dimension verbunden und gelebt werden kann. Anders ausgedrückt: Er ist die transzendente, göttliche *Person*, auf die sich das Interesse an der Bewahrung des eigenen, *persönlichen* Lebens in der Gottesbeziehung bzw. im Glauben richtet.

6.3 Exkurs: Die besondere Lebensform Familie:

Die weiter oben gemachten Aussagen zum Familien-Typ und zu den älteren Singles gelten nicht unter allen Umständen und müssen deshalb spezifiziert werden. Denn auch hier kann die Umgebung eine Wirkung haben, die die genannten Zusammenhänge abbaut oder gar aufhebt – offenbar, weil andere Zusammenhänge wichtiger sind. So nähern sich in Kreuzberg die weiblichen den männlichen Partnertypen im Blick auf ihre Voten zu F1 deutlich an: Einfluß des Lebensstils in Kreuzberg? In Mitte aber ändert sich das Bild total, insofern in Familien Lebende die Prozentwerte 24% *Ja* / 14% *Vielleicht* / 62% *Nein* und die älteren Singles die Prozentwerte 21% *Ja* / 8% *Vielleicht* / 63% *Nein* aufweisen. Wieder ist zu sehen, daß das *Lebensumfeld dominant* ist. Bei einer zusammenfassenden Aussage muß deshalb berücksichtigt werden, daß die Familie für die zum Familien-Typ und zu den älteren Singles (darunter viele Witwen und Witwer!) Gehörenden eine Bedeutung hat, die auch unabhängig vom Gottglauben auftritt. Der Glaube an den persönlichen Gott ist also nicht konstitutiv für die Bedeutung der Institution Familie, er kann sich aber mit ihr verbünden. Konstitutiv für die Bedeutung der Familie ist ihre *gesellschaftliche* Funktion.

Diese These läßt sich gut überprüfen, da wir in F16.1 die Aussage *Die Ehe ist die Keimzelle der Familie und darum für die Gesellschaft wichtig* angeboten haben. *Es zeigt sich*: Von denen, die die traditionellen Wertvorstellungen von F16.1 unterstützen, teilen 57% auch den Glauben an den persönlichen Gott. Und von diesen wiederum gehören 52% zum Familien-Typ und 23% zu den älteren Singles – zusammen also

gut drei Viertel. Doch die Analyse zeigt auch, daß unter denen, die F16.1 unterstützen und *Nein* zum persönlichen Gott sagen (28%), auch 51% zum Familientyp und fast 10% zu den älteren Singles gehören. Und umgekehrt sagen von denen, die Ehe und Familie nicht für die Gesellschaft wichtig finden, nur 26% *Ja* zum persönlichen Gott. Und von denen gehören 38% zum Familientyp und 10% zu den älteren Singles. In dieser Gruppe überwiegen diejenigen *hoch auffällig*, die *Nein* zum persönlichen Gott sagen, wobei in dieser Gruppe nur ein Viertel zum Familien-Typ gehört. Ich schließe daraus auf folgende *These*:
- Die Familie ist bedeutend, weil sie für das Leben der Gesellschaft wichtig ist. Als Wertegarant kann der Glaube an einen persönlichen Gott in diesem Zusammenhang genauso wichtig sein wie ein anderer ›Heiliger Kosmos‹, der die (Ehe und) Familie stützt.

Warum die Familie so wichtig ist, läßt sich auch mit der Quaternitätstheorie erklären: Die Familie als Lebenszusammenhang gewährt denjenigen, die zu ihr gehören, personale Beziehungen (I), Teilhabe am gemeinsamen Besitz und Einkommen und oft auch an Wohnmöglichkeit (II), sowie ein gewisses Maß an Wertekonsens (III) für die Lebensgestaltung. Gerade die – nicht nur, aber besonders in Ostdeutschland – so bedeutsamen Werte *Geborgenheit, Sicherheit* und *Kontinuität*[14] lassen sich mit der Familie als institutionellem Rückhalt gut verbinden, und zwar unabhängig von Religionszugehörigkeit oder Religionslosigkeit. Ferner kann eine Rolle spielen, daß die Familie sogar eine eigene Art ›Eschatologie‹ (IV) zu bieten hat: *das Weiterleben in unseren Kindern und Enkeln*[15]. Mit allen vier Lebensbeziehungsbereichen zusammen

---

[14] Vgl. E. *Neubert*, »gründlich ausgetrieben«. Eine Studie zum Profil und zur psychosozialen, kulturellen und religiösen Situation von Konfessionslosigkeit in Ostdeutschland und den Voraussetzungen kirchlicher Arbeit (Mission) (begegnungen 13), Berlin 1996. Neubert findet in ihnen die »für die ostdeutsche Mentalität konstitutiven Werte« und nennt sie »Folgen der Entmündigung im politischen und sozialen Organisationssystem der DDR« (7 vgl. 16ff.). Von meinem Religionsverständnis wie von den Ergebnissen der Umfrage unter Pfarrern her halte ich diese Kennzeichnung für sehr einseitig negativ.

[15] Die so formulierte Anwortmöglichkeit auf die Frage, wie sich diejenigen den Weg in ein anderes Leben denken, die an ein solches Leben glauben (F77a), ist jedenfalls von den zum Familientyp zu rechnenden Befragten nach dem Glauben an eine unsterbliche Seele (23%) bereits an zweiter Stelle (19%) und noch vor der Auferweckung der Toten (13%) genannt worden! Die beiden priorisierten »Wege« in ein anderes bzw. nächstes Leben passen allerdings ganz und gar nicht zur christlichen Theologie, die darin eine sogenannte »natürliche Theologie« wirksam sieht, die der Offenbarung nicht bedarf.

eignet der *Familie*, wenn sie selber ideologisiert oder in den Dienst einer Ideologie gestellt wird, im Sinne einer theologisch wertfreien Religionssoziologie durchaus religiöse Qualität.

6.4 Namen für den persönlichen Gott (F1a)

Die Namen, die für den persönlichen Gott verwendet werden, sind die traditionellen: ∅ 40% sagen *Gott*, ∅ 13% *Vater* und ∅ 12% *Jesus Christus*. Alle anderen angebotenen Namen wurden nicht angenommen[16]. Für *Guter Geist* haben sich knapp ∅ 4% ausgesprochen – offenbar spricht nicht viel für einen solchen Gottesnamen in unseren Breiten. Aber die Gottesanrede *Geist / Heiliger Geist* ist ja auch im christlichen Gottesdienst äußerst selten gebräuchlich, schon gar nicht aber als Hauptname Gottes[17].

Überrascht haben uns die niedrigen Prozentsätze für *Vater* und *Jesus Christus*. Ganz offenbar wird *Gott* nicht nur als Gattungsbezeichnung, sondern ganz überwiegend auch als *Eigenname* verwendet. Vielleicht hätten wir noch *Lieber Gott* vorgeben sollen? Eine spezifisch christlich-dogmatische Prägung hat der bevorzugte Gottesname jedenfalls nicht.

Der Name *Gott* wird übrigens von Frauen *hoch auffällig* und die Namen *Vater* und *Jesus Christus* werden *auffällig* häufiger von Frauen als von Männern verwendet – der Traditionsstrom läuft an dieser Stelle zu zwei Dritteln über Frauen.

Im *kirchensoziologischen* Rahmen zeigt sich folgendes Bild: *Gott* wird von den Pfarrern, Pfarrerinnen und Theologiestudierenden in Ost und West sowie von den Befragten im Hunsrück zu 80-90% als Gottesname genannt; bei den Gemeindenahen sind es noch drei Viertel. Bei *Vater* zeigt sich schon ein sehr differenziertes Bild: Verwenden die Pfarrer-West und die Theologiestudierenden zu zwei Dritteln und die Pfarrer-Ost zu vier Fünfteln diese Bezeichnung, so sinkt die Verwendung des *Vater*-Namens im Hunsrück und bei den Gemeindenahen auf einen Bereich zwischen einem Viertel und einem Drittel ab. Ähnlich ist es bei *Jesus Christus*: Nur die Pfarrer-Ost kommen hier auf über 70%; die Pfarrer-West liegen bei 54% und alle anderen im engeren Sinne christ-

---

[16] Deshalb ist es auch nicht nötig, nach »integrativen« Wortgebilden für Gott und Göttin zu suchen.

[17] Ich sehe es heute aber trotzdem als einen Fehler an, daß wir den zur Trinität gehörenden Gottesnamen »Heiliger Geist« nicht angeboten haben.

lichen Gruppen liegen zwischen 32 und 44%. Auch in diesem Rahmen ist *Gott* also der weitaus am häufigsten verwendete Name. Im Blick auf die anderen Gruppen zeigt sich bis hin zur »Luisenstadt« und Wannsee eine steil abfallende Kurve. Das *hoch auffällig* starke Votum der östlichen Pfarrer und Pfarrerinnen für den Gottesnamen *Jesus Christus* verdient besondere Aufmerksamkeit, insofern hier der christologische Aspekt der Trinität betont wird.

7. Die Frage nach überirdischen Wesen oder Mächten (F2)

In fast allen religiösen Überlieferungen – die jüdischen und christlichen eingeschlossen – gibt es nicht nur andere Götter und Göttinnen, sondern auch andere überirdische Wesen oder Mächte, die teils in Konkurrenz zu den offiziellen Göttern und Göttinnen auftreten, teilweise aber auch mit ihnen kooperieren. So war es notwendig, nicht nur nach einem persönlichen Gott, sondern auch nach solchen transzendenten Wesen oder Mächten zu fragen (F2) und festzustellen, ob überhaupt und, wenn ja, in welcher Weise die von uns Befragten Gott mit jenen Wesen oder Mächten verbinden.

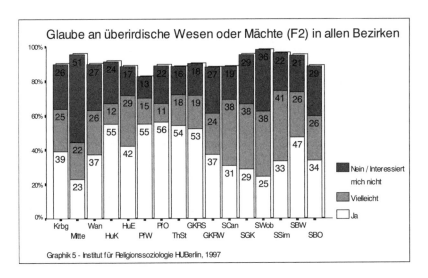

Graphik 5 - Institut für Religionssoziologie HUBerlin, 1997

7.1 Einzelbeobachtungen

Auch F2 ist gut angenommen worden (nur 7% ohne Antwort). In den *Basisbezirken* sagen ⌀ 37% *Ja*, ⌀ 24% *Vielleicht* und ⌀ 33% *Nein*[18]. Das bedeutet gegenüber den Ergebnissen von F1 eine erhebliche Veränderung: Während der Anteil der *Ja*-Voten ungefähr gleich bleibt, steigt der Anteil der *Vielleicht*-Voten um 8% und der Anteil der *Nein*-Voten sinkt um 11%: Gegenüber dem Glauben an überirdische Wesen oder Mächte besteht also eine größere Offenheit; diese Glaubensmöglichkeit wird seltener ausgeschlossen als der Glaube an einen persönlichen Gott.

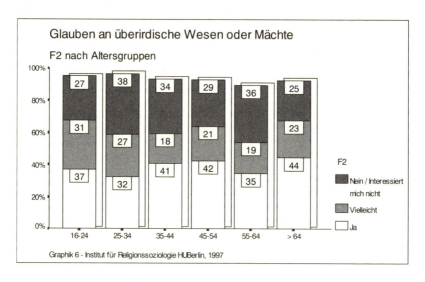

Noch ein anderer Zusammenhang fällt auf: Diejenigen Gruppen, die in F1 hohe *Ja*-Werte haben, haben in F2 zumeist einen deutlich höheren Anteil an *Vielleicht*- und *Nein*-Voten. Das deutet auf unterschiedliche Glaubensausprägungen hin. In Kreuzberg erreicht die Säule aus *Ja* und *Vielleicht* zu F2 immerhin fast zwei Drittel der Voten (gegenüber knapp 40% zu F1)! Da hat sich das multikulturelle und multireligiöse Klima im ehemaligen »SO 36« offenbar genauso ausgewirkt wie die gemischtkulturelle Situation in einer Reihe von Schulen.

---

[18] In der Auswertung haben wir *Interessiert mich nicht* und *Nein* zusammengefaßt.

In der *Altersverteilung* (Graphik 6) ergibt sich folgendes Bild: Bei den *Ja*-Voten liegen die Gruppen 16-24 Jahre knapp unter 40%, die Altersgruppen 35-44 und 45-54 Jahre über 40%, die über 64jährigen kommen gar auf 44%. Die *Vielleicht*-Voten stammen zu 31% aus der jüngsten Altersgruppe, dicht gefolgt von der nächsten (25-34 Jahre). *Nein* sagt mit 38% am häufigsten die Gruppe 25-34 Jahre, nahe dahinter liegt die Gruppe 55-64 Jahre. Am seltensten, mit jeweils mehr als einem Viertel der Voten, sagen die Jüngsten und die Ältesten *Nein*.

Sehen wir uns die Altersverteilung in der Basisumfrage noch nach Bezirken differenziert an, so zeigt sich: In Kreuzberg, Mitte und Wannsee kommen (gut) zwei Drittel der *Ja*-Voten von den 16- bis 44-jährigen, in den Hunsrückdörfern sind es für dieselbe Altersgruppe gut die Hälfte. *Vielleicht* sagen in dieser Altersgruppe in den drei städtischen Bezirken jeweils drei Viertel, im evangelischen Gödenroth zwei Drittel der Befragten. Das katholische Beltheim liegt darunter, da hier überhaupt viel seltener *Vielleicht* gesagt wird. Mit anderen Worten: *Der Glaube an überirdische Wesen und Mächte ist vor allem eine Sache der jungen und jüngeren Menschen.*

Außerhalb der Basisbezirke haben die Theologengruppen *Ja*-Werte, die dicht beieinander, gut über 50% liegen. Ergänzen wir – weil dadurch diese Glaubensart ja nicht ausgeschlossen wird – die *Vielleicht*-Sagenden, so ergeben sich für die genannten Bezirke Zweidrittelvoten. Aber auch bei den Schulen ergeben sich auf diese Weise Voten zwischen 63 und 74% – von den Schulen in Mitte abgesehen, wo es bei 60% bleibt. Freilich verschiebt sich das Binnenverhältnis zwischen *Ja* und *Vielleicht* in den genannten Bezirken erheblich.

Im Blick auf die *Geschlechterverteilung* finden wir: Die *Ja*-Voten kommen eher von Frauen (41%*) als von Männern (33%*), die *Nein*-Voten eher von Männern (38%**) als von Frauen (28%**). Auch bei den *Vielleicht*-Voten gibt es ein leichtes Übergewicht der Frauen (25%) gegenüber den Männern (23%). Auch hier läuft der Traditionsstrom also eher über Frauen.

Einen *konfessionellen* Unterschied können wir vor allem zwischen den Hunsrückdörfern ausmachen: die katholisch Geprägten haben mehr *Ja*- und weniger *Vielleicht*-Voten als die evangelisch Geprägten; zwischen den Konfessionsschulen tritt er dagegen nicht so ausgeprägt auf.

Ein *Ost-West-Unterschied* ist deutlich zwischen Kreuzberg und Mitte sowie ebenfalls, wenn auch auf anderem Niveau, zwischen den dazugehörigen Gymnasien auszumachen: Die *Nein*-Voten sind in den östlichen Bezirken jeweils wesentlich höher als in den westlichen.

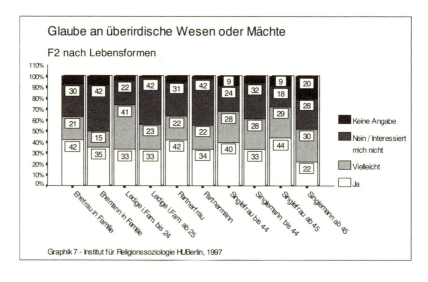

Graphik 7 - Institut für Religionssoziologie HUBerlin, 1997

Die *Lebensformen* sind in Verbindung mit dem Geschlechterunterschied und den Altersgruppen von erkennbarem Einfluß auf die *Ja*-Voten zu F2. Bei den *Vielleicht*-Voten haben wir ein Übergewicht bei den jüngeren wie den älteren Single-Typen, und zwar unabhängig vom Geschlecht. Bei den *Nein*-Voten stehen an der Spitze mit je 42% die Ehemänner, die in Familien lebenden älteren Ledigen und die Partnermänner. Auch hier zeigen sich gegenüber F1 deutliche Unterschiede: Die zum Familien-Typ und zu den über 44jährigen Singles gehören, dominieren nicht bei den *Ja*-Voten, sondern die höchste Zustimmungsquote kommt hier von Ehefrauen, Partnerfrauen sowie jüngeren und älteren alleinlebenden Frauen. Das heißt, daß es *keine besondere Beziehung zwischen dem Glauben an überirdische Wesen oder Mächte und der Lebensform Familie* gibt. Insbesondere scheint den Ehemännern hier kein Stabilisierungsfaktor vorzuliegen.

7.2 Namen für die überirdischen Wesen oder Mächte und die besondere Rolle der Engel (F2a)

Die für die überirdischen Wesen oder Mächte angebotenen Namen sind folgendermaßen angenommen worden: In den Basisbezirken haben folgende Namen ⌀ 5% und mehr Zustimmung erhalten: *Geister* (6%), *Engel* (12%), *Schicksal* (15%) und *Energien* (17%). Bei allen positiven Nennungen haben Frauen ein Übergewicht. Das gilt auch für die Angabe, daß *Namen nichts sagen, sondern nur erzählte Erfahrungen* (7%). Nur bei den eigenen Angaben (5%) überwiegen die Männer.

Der Blick auf die Voten von den Theologengruppen zu den Namen zeigt, daß die in der Bibel vorkommenden *Geister* (12-14%), *Dämonen* (13-20%) und vor allem *Engel* (34% Theologiestudierende, 45% Pfarrer-Ost, 50% Pfarrer-West) bevorzugt angekreuzt werden; aber auch für den *kosmischen Geist* (1-5%), *Energien* (10-12%) und *übersinnliche Kräfte* (12-23%) finden sich noch nennenswerte Prozentsätze. Für das Erzählen von *Erfahrungen* (13-22%) sowie für eigene Angaben (6-20%) kommen differenzierte Voten hinzu.

Das starke Votum der Theologengruppen für *Engel* steht in einem klaren Kontrast zum Votum für *Engel* in den Basisbezirken. Nichttheologen sehen in Engeln sehr viel seltener als Theologen so etwas wie wesenhafte Wirkungen einer ausdrücklich transzendenten Macht. Mit Engeln haben sie aber trotzdem zu tun, und zwar in Gestalt der *Schutzengel*. Nach ihnen haben wir in F95 gefragt. Zu unserem Erstaunen sagen in den Basisbezirken 38% und innerhalb der Gesamtumfrage 42% *Ja* zur Existenz von Schutzengeln. Graphik 8 zeigt, wie sich die Voten der Frauen und Männer zu den vier Antwortmöglichkeiten prozentual zueinander verhalten: Es sind auch hier vor allem Frauen, über die der Traditionsstrom läuft.

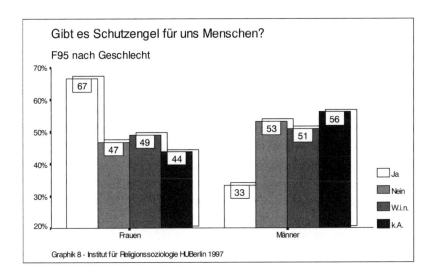

Fazit: Die wichtigsten Ergebnisse aus den Einzelbeobachtungen zu F2 zeigen einerseits, daß der Glaube an überirdische Wesen oder Mächte nicht gleichzusetzen ist mit dem Glauben an den persönlichen Gott: Hier gelten keine Personalnamen, sondern eher so etwas wie Klassen oder Kategorien von Wesen oder Mächten, deren Wirken offenbar als glaubwürdig erscheint oder auch erfahren worden ist. Daß bei den Theologen und Theologinnen die *Engel* Spitzenreiter sind, ist nicht verwunderlich, eher, daß sie sich auch dem Sprachgebrauch *Energien* und *übersinnliche Kräfte* nicht prinzipiell verschließen.

7.3 Wie verhalten sich der Glaube an einen persönlichen Gott und der Glaube an überirdische Wesen oder Mächte zueinander?

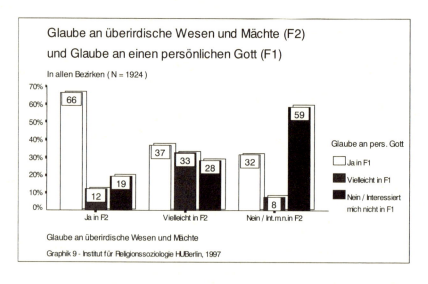

Das Votum der Theologinnen und Theologen deutet darauf hin, daß *sie* die überirdischen Wesen und Mächte in einer inneren Beziehung zum persönlichen Gott sehen. Dieses Phänomen legt es nahe, näher zu untersuchen, ob das bei anderen auch so ist, bzw. wie sich der Glaube an einen persönlichen Gott und der Glaube an überirdische Wesen oder Mächte zueinander verhalten. Eine Analyse des Antwortverhaltens in F1 und F2 in der Gesamtumfrage weist auch außerhalb der Theologenschaft eine innere Relation zwischen diesen beiden Glaubensformen aus: Diejenigen, die in F2 *Ja, Vielleicht* oder *Nein* sagen, votieren mit *höchster Auffälligkeit* auch in F1 mit diesen Voten. Bezogen auf die *Ja*-Voten aus der Gesamtumfrage (N=1924) heißt das: Von 783 Befragten, die zu F2 *Ja* sagen, sagen 520 (=66%) auch *Ja* in F1. Doch auf der anderer Seite gibt es auch von den 555, die zu F2 *Nein* sagen, immerhin 175 (=32%), die in F1 *Ja sagen,* die also beide Glaubensarten miteinander verbinden können. Und diese Gruppe paßt ganz und gar nicht zu dem Bild, das wir bei den erklärten Christen feststellen können. Das Bild ist also *uneinheitlich*. Denn es gibt *zwei Gruppen*, die deutlich unterschieden werden müssen:

Es gibt *eine* Gruppe von Menschen, die den persönlichen Gott und überirdische Wesen oder Mächte miteinander verbinden können. Das läßt sich so interpretieren, daß jene Wesen und Mächte *Wirkweisen* des geglaubten Gottes darstellen, also gewissermaßen *Medien*, durch die die Beziehung zwischen Gott und Menschen und umgekehrt aufrecht erhalten wird. Ob dabei nun von Engeln oder Energien geredet wird: Es sind Medien, die der Vorstellungskraft der Glaubenden entgegenkommen, weil sie zugleich an der göttlichen und menschlichen Welt Anteil haben. Religionstypologisch gehören sie aber zum »alten Gesicht« Gottes, wie wir es in der Bibel und anderen Schriften belegt finden, und sie werden daher zu Recht in diesem Kapitel behandelt.

Doch es gibt eine *andere* Gruppe, die jene Wesen oder Mächte völlig unabhängig vom Glauben an einen persönlichen Gott glaubt, in ihnen also *keine abhängigen, sondern selbständige Größen* sieht. Ihnen zeigen jene Wesen oder Mächte deshalb nicht einfach ein anderes Gesicht des alten Gottes, sondern sie stellen selbst – um es vorsichtig zu formulieren – so etwas wie einen anderen »Gottes«typ dar.

Doch sage ich in diesem Zusammenhang »Gott«, so meine ich damit transzendente – eben »überirdische« – Wesen und Mächte. Da nun aber sehr viele zu diesen Wesen und Mächten gerade nicht *Gott* sagen wollen – zumal *Gott* ja nicht nur Kategorie, sondern auch Name ist –, empfiehlt es sich nicht, diesen Sprachgebrauch uneingeschränkt aufrechtzuerhalten, sondern »Gott« immer dann in Anführungszeichen zu setzen, wenn dieses Wort die angesprochenen unterschiedlichen Gottesvorstellungen gemeinsam ansprechen soll.

Darüber hinaus aber müssen wir versuchen, den unterschiedlichen »Gottes«vorstellungen dadurch gerecht zu werden, daß wir auf einer übergeordneten Ebene eine *Typologie* entwerfen, die die Voten aus F1 und F2 verbindet. Doch damit verlassen wir das Kapitel.

8. Vier Weisen, sich Gott und Transzendenz gegenüber zu verhalten

Eine Typologisierung der aus F1 und F2 gewonnenen Vorstellungen auf einer übergeordneten Ebene wäre problematisch, wenn wir sie auf der üblichen »Gottes«ebene ansiedeln wollten. Denn damit kämen wir in die Versuchung, die zu unterschiedlichen Klassen gehörenden Größen »Gott« und »überirdische Wesen oder Mächte« zu behandeln, als gehörten sie zu *einer* Klasse. Zwar haben sie den gemeinsamen Klassifikator »transzendente Größe«, aber das Element des Persönlichen gehört ausschließlich zur Gottesvorstellung nach F1. Um hier eine Verwischung zu vermeiden, müssen wir den Versuch aufgeben, die transzendenten Größen in einer Typologie unterzubringen. Statt dessen müssen wir *von den Menschen ausgehen und nicht »Gottes«typen, sondern Weisen typologisieren lernen, wie Menschen sich Gott und/oder transzendenten Mächten gegenüber verhalten*. Wir setzen also an bei dem, was die Menschen wirklich *glauben*, bei den religiösen Realitäten. Und dafür können die Antworten zu F1 und F2 erst einmal als Ausgangspunkt dienen.

8.1 Aufbau einer Glaubenstypologie

Im theoretischen Teil der Einleitung habe ich herausgestellt, daß es bei Glauben um *Beziehungsaussagen* geht: Das Wesen eines Glaubens läßt sich zuerst durch diese Beziehungsaussagen charakterisieren. Selbst jemand, der sich nicht als gläubig versteht, hat eine bestimmte Einstellung Gott und Transzendenz gegenüber und damit auch eine (Negativ-)Beziehung. Unser Datenmaterial legt es nahe, daß wir vier Typen von Gläubigkeit[19] bzw. Nicht-Gläubigkeit oder *vier Weisen, sich Gott und Transzendenz gegenüber zu verhalten*, unterscheiden:

- Eine erste Gruppe ist durch den Glauben an einen persönlichen Gott als Gegenüber (*Ja* in F1) charakterisiert. Da sprechen wir von *Gottgläubigen*, ganz unabhängig davon, wie sie in F2 votiert haben.
- Eine zweite Gruppe ist zum einen dadurch gekennzeichnet, daß sie in F2 *Ja* sagt, und zum anderen dadurch, daß sie in F1 nicht *Ja*, wohl

---

[19] Die Begriffe ›Gläubigkeit‹, ›Gläubige‹ usw. haben, wenn sie absolut gebraucht werden, zwar etwas an sich, was manche an ›Kirchgänger‹ oder dergleichen erinnert. Wir nehmen hier aber nur die in den Fragen F1 und F2 enthaltene Frage danach, »was die Menschen wirklich glauben«, auf.

aber *Vielleicht* oder *Nein* sagt. Da sprechen wir von *Transzendenzgläubigen*. Denn sie glauben an transzendente Wesen oder Mächte, aber nicht ausdrücklich an einen persönlichen Gott.
– Eine dritte Gruppe kann sich weder in F1 noch in F2 zu einem positiven Votum entscheiden und sagt zu beiden oder wenigstens zu einer dieser Fragen *Vielleicht*. Zur jeweils anderen kann dann auch *Nein* gesagt oder keine Antwort gegeben werden. Wir nennen sie die *Unentschiedenen*. Denn sie wollen sich einerseits nicht positiv festlegen, schließen aber andererseits zumindest den einen oder bzw. und den anderen der bisher genannten Glaubenstypen für sich nicht aus.
– Die vierte Gruppe sagt sowohl in F1 als auch in F2 *Nein*; wir nennen sie, weil sie jeder Form von transzendentem Wesen oder transzendenter Macht eine ausdrückliche Absage erteilen, *Atheisten*.

Verteilt auf alle Bezirke bzw. Gruppen der Umfrage ergibt sich folgende Übersicht:

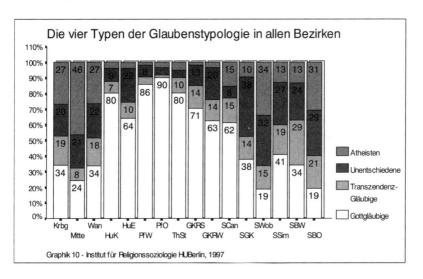

Graphik 10 - Institut für Religionssoziologie HUBerlin, 1997

Die Verteilung der vier Typen zeigt oberhalb des aus F1 bekannten Sockels der Gottgläubigen ein verändertes Bild: Die Gruppen der Transzendenzgläubigen und der Unentschiedenen füllen nämlich nicht etwa nur den Bereich aus, der in F1 durch die *Vielleicht*-Voten zum persönlichen Gott gekennzeichnet ist; sondern sie reichen – von den beiden Pfarrer-Gruppen abgesehen – nun auch weit in jenen Bereich hinein, in dem in F1 die *Nein*-Voten das Profil bestimmen. Dadurch wird deutlich ausgedrückt, daß diejenigen, die in F1 *Nein* sagen, nicht pauschal als Transzendenz-Bestreiter zu identifizieren sind. Oder anders ausgedrückt: Das Potential an Religiosität, wie wir es mit den vier Gruppen insgesamt zu fassen bekommen, wird nicht hinreichend sensibel differenziert, wenn man eine Gruppierung allein an *Ja* oder *Nein* zum Glauben an einen persönlichen Gott binden wollte. Bei allen weiteren Auswertungen gehen wir von diesen vier Weisen, sich zu Gott und Transzendenz zu verhalten, aus. Und alle weiteren Fragen folgen ja auch auf die beiden »Gretchenfragen« am Anfang.

8.2 Einzelbeobachtungen zu den vier Typen der Glaubenstypologie

Sehen wir nun wieder auf die Basisumfrage, so lassen sich noch einige wichtige Einzelheiten nennen, die uns helfen, die vier Typen näher kennenzulernen.

Zum einen ist es wichtig zu beachten, aus welchen *Bezirken* die Voten der einzelnen Glaubenstypen prozentual kommen. Dazu hilft Graphik 11:

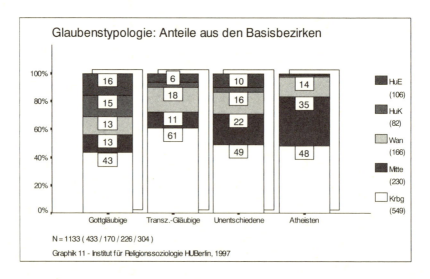

Graphik 11 - Institut für Religionssoziologie HUBerlin, 1997

Graphik 11 macht unter anderem deutlich, daß der Umfragebezirk Kreuzberg bei allen Glaubenstypen aufgrund der Zahl der ausgefüllten Fragebögen die größten Anteile hat, bei den Transzendenzgläubigen fast zwei Drittel. Mitte ist sowohl bei den Gott- als auch bei den Transzendenzgläubigen unterrepräsentiert, dafür aber an den Unentschiedenen mit knapp einem Viertel und an den Atheisten mit mehr als einem Drittel beteiligt. Die in Wannsee mit der Umfrage Erreichten verteilen sich relativ gleichmäßig über alle Gruppen, wobei ein leichtes Übergewicht zu denjenigen Glaubenstypen neigt, die zwischen den strikten Alternativen Gottgläubigkeit und Transzendenzbestreitung liegen. Die Graphik zeigt auch, daß die ländlichen Bezirke in der Gruppe der Atheisten so gut wie nicht vorkommen, bei den Gottgläubigen zusammen aber immerhin fast ein Drittel ausmachen.

Zu den Gottgläubigen

433 bzw. ∅ 39% der Befragten gehören zu diesem Glaubenstyp[20].

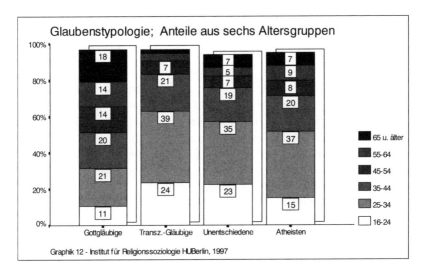

Wie Graphik 12[21] zeigt, ist die *Altersverteilung* bei den Gottgläubigen ausgesprochen gleichmäßig. Das ist aber im statistischen Sinn – und das

---

[20] DER SPIEGEL nennt 1992 aus der Gesamtheit der in Ost (N = 587) und West (N = 2216) Befragten eine 50prozentige Zustimmung zur »Existenz von Gott«; im Osten waren es 24%, im Westen 56% (Tabelle 34, hg. EMNID-Institut Bielefeld).

[21] In ihr sind die 4% (von 1133) ausgeblendet, die keine Altersangabe gemacht haben. – Vgl. auch noch die nächste Graphik, die die Glaubenstypen direkt den Altersgruppen zuordnet, um die Relationen auch aus der anderen Perspektive sehen zu können.

heißt: verglichen mit der Altersverteilung innerhalb der Basisumfrage[22] – eher *auffällig*: Das gilt für die 11%** in der jüngsten Altersgruppe genauso wie für die 21%*** zwischen 25 und 34 Jahren. Unauffällig sind die 20% der 35-44jährigen, also die mittleren Jahrgänge. Die jeweils 14%** der 45-54jährigen und der 55-64jährigen sind statistisch bereits *hoch auffällige* Werte. Am *auffälligsten* hoch sind jedoch die 18%*** derjenigen Gottgläubigen, die 65 Jahre und älter sind. Im Überblick über die Altersgruppen nehmen die Gottgläubigen also mit wachsendem Alter prozentual deutlich zu (vgl. Graphik 13).

Die 25-34jährigen bilden in allen nicht-gottgläubigen Glaubenstypen einen relativ gleichgroßen Stamm, während die 35-44jährigen in allen Glaubenstypen ungefähr 20% ausmachen. Die jüngste Altersgruppe neigt tendenziell eher der Transzendenzgläubigkeit und Unentschiedenheit als den Extrempositionen Gottgläubigkeit bzw. Atheismus zu.

65%*** der Katholiken, 59%* der antwortenden Nichtchristlich-Gläubigen, 54%** der Evangelischen und immerhin auch noch 13%*** der Religionslosen gehören zu den Gottgläubigen.

Im Blick auf die Lebensformen ist *auffällig* hoch die Zustimmung der Ehefrauen und Ehemänner sowie der älteren alleinlebenden Frauen zu diesem Glaubenstyp. Bei den Partnertypen und jungen Singles sind dagegen Männer wie Frauen deutlich unterrepräsentiert.

Innerhalb der Basisbezirke wählen Frauen diesen Glaubenstyp generell eher (44%) als Männer (32%). In der Gruppe der Gottgläubigen selbst stellen Frauen 61%* und Männer 39%*.

Da die Gottgläubigen in F1 mit *Ja* geantwortet haben, gelten für sie im übrigen alle Charakteristika, die ich in Kap. 6 zum Glauben an den *persönlichen Gott* zusammengetragen habe.

Zu den Transzendenzgläubigen

170 bzw. ∅ 15 % aus den Basisbezirken gehören zu diesem Glaubenstyp[23].

---

[22] In den Basisbezirken allgemein sind die 16-34jährigen seltener (**) und die über 44jährigen häufiger (**) vertreten.

[23] Obwohl es sehr problematisch ist, das in der Umfrage des SPIEGEL erfragte singularische, Personcharakter signalisierende »höhere Wesen«, das als Alternative zu »Gott« angeboten worden ist, mit den in F2 angesprochenen *überirdischen Wesen oder Mächten* zu vergleichen, soll doch darauf hingewiesen werden, daß sich laut SPIEGEL im Osten 10% und im Westen 17%, zusammengerechnet 16%, für dieses »höhere Wesen« ausgesprochen haben.

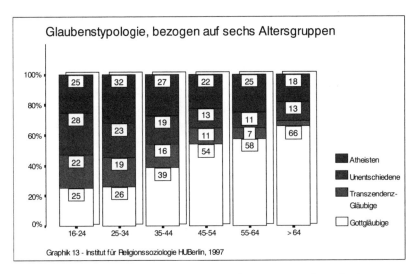

Graphik 13 - Institut für Religionssoziologie HUBerlin, 1997

In der *Altersaufteilung* gehören 39%* der Transzendenzgläubigen zu den 25-34jährigen, die nächstgrößere Gruppe sind die 16-24jährigen (24%*). Die 45-54jährigen (7%) und die 55-64jährigen (4%*) bringen es zusammen nur auf 11% ! Bei den über 64jährigen kommt diese Glaubensform noch seltener (2%*) vor. Hier geht der Trend – wie die zweite Graphik zur Altersrelation zeigt – also deutlich zu den jüngeren Jahrgängen, die mit der Vorstellung von einem persönlichen Gott offenbar Schwierigkeiten haben. Das wirkt sich auf das »Profil« der Gesamtumfrage (s. Graphik 10) aus: Bei den Schülerinnen und Schülern sowie in Kreuzberg und Wannsee, wo der Anteil der Jüngeren unter den Befragten größer als in anderen Bezirken ist, finden sich auch nennenswerte Anteile von Transzendenzgläubigen.

Wie Graphik 14 zeigt, gehören 20% der Nichtchristlich-Gläubigen, 16% der Religionslosen, 15% der Evangelischen und 13% der Katholiken zu diesem Glaubenstyp.

Unter den Frauen, die diesen Glaubenstyp vertreten, überwiegen mit 40% die jungen Partnertypen.

Frauen und Männer sind im übrigen innerhalb der Basisumfrage insgesamt gleich häufig vertreten (je 15%). Von den Transzendenzgläubigen als Gruppe sind 53% Frauen und 47% Männer.

Zu den Unentschiedenen

226 bzw. Ø 20% in den Basisbezirken sind Unentschiedene. Vom *Alter* her zeigt sich ein ähnliches Bild wie bei den Transzendenz-

gläubigen: Die stärkste Gruppe sind mit 35% die 25-34jährigen, was statistisch genauso unauffällig ist wie die Prozentsätze in den Altersgruppen 35-44 (19%) und 45-54 Jahre (7%). *Auffällig* hoch sind die 23%* der 16-24jährigen und *auffällig* niedrig die 5%* der 55-64jährigen. Der Prozentsatz der über 64jährigen ist noch nicht auffällig (7%).

Bemerkenswert ist, daß in Kreuzberg 44% dieses Typs zwischen 25 und 34 Jahre alt sind, gefolgt von der Gruppe der noch jüngeren Jahrgänge, die ein Viertel stellen.

21% der Religionslosen, 20% der Evangelischen, 14% der Katholiken und 10% der Nichtchristlich-Gläubigen gehören zu den im Glauben Unentschiedenen (s. Graphik 14).

Von den Lebensformen her sind Ehemänner und -frauen hier eher selten anzutreffen, häufiger dagegen junge und ältere Singlemänner.

Männer und Frauen votieren innerhalb der Basisbezirke insgesamt auch hier mit je ca. 20% gleich häufig. In der Gruppe der Unentschiedenen selbst finden sich 54% Frauen und 46% Männer.

Nirgendwo können wir genau ausmachen, ob die Unentschiedenheit als Rest einer früher einmal vorhandenen Glaubenseinstellung oder aber als Neuanfang oder als feste Position zu verstehen ist. Graphik 2 gibt aber zu erkennen, daß der Anteil derer, die zu F1 *Vielleicht* gesagt haben, wächst, je jünger die Befragten sind. Und deren Neigung, auch in F2 *Vielleicht* zu sagen, ist besonders stark ausgeprägt[24]. Innerhalb der Gesamtumfrage deutet aber das Nebeneinander der konfessionsverschiedenen Bezirke im Hunsrück einerseits und bei den Konfessionsschulen andererseits darauf hin, daß es eine gewisse Neigung der Evangelischen zu so etwas wie einer kritischen Distanz gegenüber der Tradition gibt, die sich häufiger als bei Katholiken in einem *Vielleicht* äußert.

Zu den Atheisten

Innerhalb der Basisbezirke gehören diesem Typ 304 bzw. ⌀ 27% an (in Mitte sind es allerdings 46% und in den dortigen Gymnasien 32%). In den Altersgruppen gibt es keine statistischen Auffälligkeiten. Es überwiegen mit 37% die 25-34jährigen, gefolgt von den 35-44jährigen, die 20% stellen, und den 16-24jährigen mit 15%. Die über 44jährigen stellen zusammen nur ein Viertel.

50%*** der Religionslosen, 11%*** der Evangelischen, 10%* der Nichtchristlich-Gläubigen und 8%*** der Katholiken gehören zu den

---

[24] Vgl. dazu Graphik 9.

Atheisten (s. Graphik 14). Also ungefähr ein Zehntel derer, die sich einer Religionsgemeinschaft zugeordnet haben, erweisen sich selbst durch die Angaben zu F1 und F2 als Atheisten. Männer (33%) gehören innerhalb der Basisbezirke eher zu diesem Typ als Frauen (21%). Spitzenreiter sind die männlichen Partnertypen. Nimmt man die Atheisten als (statistische) Gruppe, so sind 42%* von ihnen weiblich und 58%* männlich. Das Übergewicht der Männer ist eklatant und nur in diesem »Gläubigkeits«typ zu finden.

Vielleicht erscheint es manchem merkwürdig, wenn ich die Atheisten in eine *Glaubens*typologie mit einordne. Ich halte diese Einordnung für gerechtfertigt, weil die ausdrückliche Absage an Gott bzw. an überirdische Wesen oder Mächte religionssoziologisch gesehen denselben Rang hat wie die Zusage an Gott oder solche Wesen oder Mächte. Und folgt man *Thomas Luckmann*, steht auch die Wertordnung der Atheisten in Relation zu einer Art von ›Heiligem Kosmos‹, obwohl er von ihnen nicht religiös interpretiert wird. Darum werde ich die Atheisten als eine eigene Gruppe neben den anderen, die die Glaubenstypologie zusammenstellt, bei der Auswertung des Umfragematerials behandeln. Nur da, wo mithilfe eines »Filters« ausdrücklich *Gläubige* angesprochen waren, werden Atheisten nicht berücksichtigt, auch wenn sie geantwortet haben.

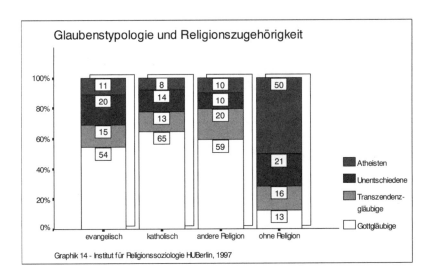

Graphik 14 - Institut für Religionssoziologie HUBerlin, 1997

Nachzutragen ist an dieser Stelle noch, daß die Atheisten in F3 Gelegenheit hatten, die Glaubenseinstellungen anderer Menschen zu bewerten. Nur 368 Befragte haben sich an dieser Stelle klar geäußert. Rund ein Drittel davon meint, Glaube basiere auf *Erfindungen von Religionsstiftern*. Das Urteil, Glaube sei *wissenschaftlich widerlegt*, fällen weniger Befragte; von diesen stammt fast die Hälfte aus Mitte: Wirkung wohl des »wissenschaftlichen Marxismus« und seiner Religionstheorie. Obwohl eigentlich dieselbe Gruppe angesprochen war, sagen in F3a dann doch 696 Befragte, daß sie es akzeptieren, *daß andere Menschen aus ihrem Glauben Halt und Hilfe im Leben haben*.

8.3 Beziehungen zwischen Lebensformen und Glaubenstypen

Wie Lebensformen bzw. Lebenssituationen und Glaubenstypen korrelieren, ist eine spannende Frage, die uns bei der Auswertung häufig beschäftigen wird. Die Graphiken 15 und 16 können exemplarisch veranschaulichen, warum. Sie sagen zugleich etwas über die Anteile der Männer und Frauen an Lebensformen und Glaubenstypen aus.

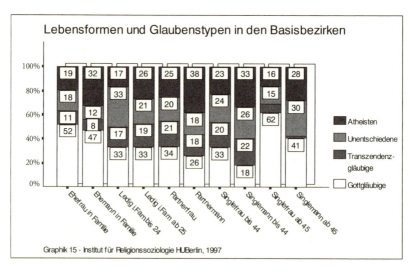

Graphik 15 - Institut für Religionssoziologie HUBerlin, 1997

Um den *Ost-West-Unterschied* mit ins Bild zu bekommen, präsentiere ich dieselbe Graphik noch einmal, aber ausschließlich auf der Basis der in Berlin-Mitte (Luisenstadt-Ost) ausgefüllten Fragebögen:

Vier Weisen, sich Gott und Transzendenz gegenüber zu verhalten 65

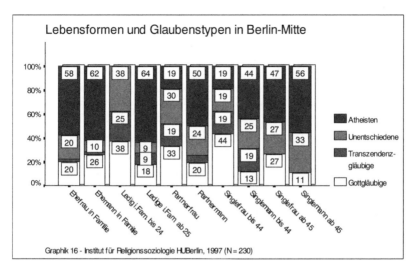

Graphik 16 - Institut für Religionssoziologie HUBerlin, 1997 (N = 230)

Die Unterschiede zwischen den Ergebnissen in den Basisbezirken insgesamt und in Mitte sprechen eine deutliche Sprache[25]. Nimmt man die drei Typen von Gläubigen zusammen, so zeigen zwar beide Graphiken, daß der Anteil der Frauen höher ist als derjenige der Männer, aber das Niveau ist – von Ausnahmen abgesehen – in Berlin-Mitte deutlich niedriger, vor allem bei den Ehefrauen und -männern und den älteren Alleinlebenden und besonders im Blick auf den Anteil der Gottgläubigen. Zugenommen haben die Anteile der Unentschiedenen und – bei jungen Ledigen in Familien, Partnerfrauen und jungen alleinlebenden Frauen – der Typ der Transzendenzgläubigkeit[26]; vor allem aber ist der Anteil der Atheisten erheblich gestiegen.

Die Graphik ist an diesem Punkt bemerkenswert: Sie zeigt, daß die Lebensform »Ehefrau / Ehemann in einer Familie lebend«, die im allgemeinen stark mit Gottgläubigkeit korreliert, in Mitte eher mit einer atheistischen Haltung zusammengeht. Denn in Mitte haben wir unter den Votierenden immerhin 53% Verheiratete – fast so viele wie bei den Kirchennahen in Schlachtensee (56%) und annähernd doppelt so viele wie in Kreuzberg (29%), wo der Anteil der Gottgläubigen insgesamt 10% höher ist als in Mitte (34%/24%). Anders ausgedrückt: *Nicht die Lebensform, sondern der »Glaubenstyp« erweist sich hier als dominant.*

---

[25] Diese Unterschiede sagen auf ihre Weise auch etwas aus über Hintergründe der nach wie vor bestehenden Verständigungsschwierigkeiten zwischen Ost und West.
[26] Bei den Alleinlebenden ab 45 Jahren kommt Transzendenzgläubigkeit allerdings in Mitte gar nicht vor.

8.4 Beziehungen zwischen Berufstätigkeit und Glaubenstypen

Innerhalb der Basisbezirke haben wir 1992 bei den antwortenden Befragten durch F44b einen Arbeitslosenanteil von insgesamt 7% angetroffen. Die Hälfte war berufstätig, 43% waren nicht berufstätig, also Schüler, Hausfrauen, Rentner etc. Die höchste Beschäftigungsquote lag in Mitte, die höchste Arbeitslosenquote in Kreuzberg.

Gemessen an der Durchschnittszahl von 7% liegt der Anteil der Arbeitslosen bei den Gottgläubigen und Transzendenzgläubigen jeweils bei ca. 4%; bei den Unentschiedenen und Atheisten haben wir je 10% Arbeitslose gefunden. Anders betrachtet, votieren »gottgläubig« 25% der Arbeitslosen und »atheistisch« 37%. Nun sind die absoluten Zahlen aber nicht so groß, als daß wir weitgehende Schlüsse daraus ziehen könnten, und es ist schwer, eine Abhängigkeit in dieser oder jener Richtung zu begründen. Erlaubt ist aber zu sagen, daß der Satz »Not lehrt beten« in diesem Zusammenhang so einfach offenbar nicht stimmt – sofern Arbeitslosigkeit als Not empfunden wird. In der Graphik 17 sind die Arbeitslosen in den Prozentsätzen der nicht-berufstätigen Männer und Frauen enthalten. 40% der Arbeitslosen (in absoluten Zahlen: 29 von 73) gehören zum Typ der Atheisten.

Graphik 17 gibt eine Übersicht darüber, wie sich die Gruppen jeweils im Blick auf Berufstätigkeit oder Nicht-Berufstätigkeit der Befragten zusammensetzen. Dabei wird ein Schnitt zwischen Jüngeren und Älteren bis 44 bzw. ab 45 Jahren gemacht.

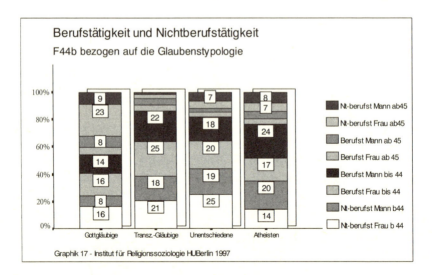

Graphik 17 - Institut für Religionssoziologie HUBerlin 1997

Bei den *Gottgläubigen* gehören 24% der Jüngeren – das ist der niedrigste Wert innerhalb der Typologie – und 32% der Älteren, zusammen also 56%, zu denen, die nicht berufstätig sind. Hoch auffällig im statistischen Sinn (8%**) ist dabei die niedrige Zahl der jüngeren Männer und höchst auffällig die große Zahl der älteren Frauen (23%***); in keinem anderen Typ sonst erreicht diese Gruppe ein Viertel. Berufstätig sind insgesamt 44%.

Von den *Transzendenzgläubigen* gehören 39% der Jüngeren und nur 5%* der Älteren – das ist der niedrigste Wert innerhalb der Typologie – zu den Nicht-Berufstätigen. Die Transzendenzgläubigen haben mit 56% die höchste Zahl an Berufstätigen – worin sich auch die Alterszusammensetzung widerspiegelt (drei Viertel von ihnen sind zwischen 16 und 44!). Der Anteil der berufstätigen jüngeren Frauen ist besonders hervorzuheben (25%*).

Unter den *Unentschiedenen* gehören 44% der Jüngeren – das ist der höchste Anteil innerhalb der Glaubenstypologie – und 12% der Älteren zu den Nicht-Berufstätigen. Statistisch auffällig ist dabei ein großer Anteil jüngerer Frauen (25%*) und ein kleinerer Anteil älterer Frauen (5%*). Berufstätig sind bei den Unentschiedenen 44%.

Von den *Atheisten* sind 34% der Jüngeren und 15% der Älteren nicht berufstätig. Statistisch auffällig ist dabei die verhältnismäßig große Zahl an jüngeren Männern (20%*) und eine verhältnismäßig kleine Zahl von älteren Frauen (7%*). Berufstätig sind 51% – das ist der zweithöchste Wert innerhalb der Typologie. Mit 24%* stellt dabei nur die verhältnismäßig große Gruppe der jüngeren berufstätigen Männer eine statistische Auffälligkeit dar.

Zusammenfassend läßt sich sagen, daß die Gruppen der Berufs- bzw. Erwerbstätigen – die innerhalb der Typologie immerhin auch zwischen 41% und 56% schwanken! – bei den einzelnen Gläubigkeitstypen unterschiedlich »umgeben« werden: Bei den Gottgläubigen ist der Anteil der jüngeren Nichtberufstätigen wesentlich kleiner als der Anteil der älteren Nichtberufstätigen, bei den anderen Gläubigkeitstypen ist es umgekehrt: da überwiegt der Anteil der jüngeren bei weitem den Anteil der älteren Nichtberufstätigen.

III. Die Lebensbeziehungen der Menschen und ihr Glaube

In den folgenden Kapiteln werden nun die einzelnen Fragen des Fragebogens ausgewertet[1]. Dazu sind einige einleitende Bemerkungen nötig. Im Einleitungsteil habe ich die Annahme begründet, daß wir unser Leben in einer *Quaternität von Lebensbeziehungen* wahrnehmen und gestalten (3.2). Der Fragebogen ist entsprechend strukturiert worden, insofern seine thematische Gliederung jenen vier Bereichen der Lebensbeziehungen folgt, auch wenn diese Bereiche aus mehreren Gründen im Fragebogen nicht scharf von einander abgrenzt worden sind. Die vorgegebene Struktur prägt nun auch die thematische Gliederung der weiteren Auswertung (F4 - F11 und F15 - F97)[2], zumal sich die These, die es mit der Umfrage zu überprüfen galt (3.3), auf dieselbe Annahme bezieht, daß die Wahrnehmungsgestalt von Leben in jener Quaternität unserer Lebensbeziehungen elementarisiert werden kann. Es geht in Teil III des Buches deshalb um die personalen Beziehungen, die Beziehungen zur Erde, zu Werten und Ordnungen und zur Transzendenz (»Gott«). Und jedesmal wird zu fragen sein, ob die Beziehungen zur Transzendenz bzw. »Gott« und die übrigen Lebensbeziehungen der Menschen einander gegenseitig beeinflussen.

Ich benutze für die Vorstellungen und Assoziationen der so oder so gläubigen Menschen im folgenden einheitlich den Begriff *Gesichter »Gottes«*, obwohl bei den Transzendenzgläubigen und zum Teil auch bei den Unentschiedenen mit diesem Glauben *keine personalen* Gottesvorstellungen verbunden sind. Entscheidend ist bei der Rede von den *Gesichtern »Gottes«*, daß sich in den »Gesichtern«, die wir wahrnehmen, immer zugleich das wahrgenommene Gegenüber und die eigenen Erwartungen und Vorstellungen verbinden. Die wahrgenommenen *Gesichter »Gottes«* sind die jeweiligen *Wahrnehmungsgestalten* Gottes bzw. überirdischer Wesen oder Mächte, wie sie sich *in den Menschen* gebildet haben, und geben keinesfalls nur die Konturen einer traditionell-christ-

---

[1] Das Register im Anhang erlaubt es, die einzelnen Fragen aufzufinden, wenn man sie nach der Abfolge im Fragebogen sucht.
[2] F12-14 werden implizit behandelt, da es dabei um Angaben zu Familienstand, Lebensform, Alter und Geschlecht geht.

lich geprägten Gotteslehre wieder. Unserem empirischen Ansatz folgend, gehe ich nun einmal von den Vorstellungen der Menschen und nicht von theologischen Systemen aus. Mit anderen Worten: In diesem Teil des Buches werden alle Fragen zuerst einmal aus der Perspektive der Glaubenstypen beantwortet, die wir in der Typologie unterschieden haben. Andere Analyseverfahren kommen ergänzend hinzu. Um Mißverständnisse zu vermeiden, betone ich noch einmal, daß alle nicht näher gekennzeichneten Angaben für die Basisbezirke (Kreuzberg, Mitte, Wannsee und den Hunsrückdörfern Beltheim und Gödenroth) mit N = 1133 gelten. Abweichungen von dieser Regel werden in Text und Graphiken gekennzeichnet.

Ich beginne mit den zum Bereich IV – Beziehungen zur Transzendenz bzw. »Gott« – gehörenden Fragen F1 bis F11. Denn zum einen hat auch der Fragebogen damit begonnen, und zum anderen sind diese Fragen ausschließlich an Gläubige gerichtet worden, stellen also einen Sonderteil dar. Am Ende der Auswertung werde ich den Bereich IV dann im Rahmen der vollständig angewendeten Glaubenstypologie behandeln.

9. Antworten von Gläubigen auf Fragen nach Gott bzw. überirdischen Wesen oder Mächten (F4 bis F11)

In einer ganzen Reihe von Fragen haben wir Vorstellungen angesprochen, die Menschen von Gott oder eben von den geglaubten transzendenten Wesen oder Mächten haben[3].

9.1 Wesenszüge und Wirkungsbereiche »Gottes« (F4 und F5)

In zehn Reihen konnten in F4 Eigenschaften Gottes bzw. der geglaubten Wesen oder Mächte mit Tendenzaussagen (*eher* ...) oder bivalenten Äußerungen (*beides zugleich*) bzw. Stimmenthaltung zu den angebotenen Alternativen gekennzeichnet werden. Die Eigenschaften betrafen

---

[3] Atheisten waren in diesen »Filterfragen« nicht angesprochen. Gleichwohl haben manche von ihnen hier geantwortet. Die in der Auswertung vermerkten statistischen Auffälligkeiten beziehen sich auf alle Antworten.

zum einen Wesenszüge (*streng / liebevoll; gütig-vergebend / rächend; zerstörerisch / schöpferisch; väterlich / mütterlich; allmächtig / ohnmächtig; sexfeindlich / sexfreundlich; für die Armen da / für die Reichen da*) und zum anderen Wirkungen, die auf Menschen ausgehen (*tröstend-nah / unbeteiligt-fern; einengend / befreiend; ängstigend / beruhigend*).

Und in F5 sind Begriffe angeboten worden, die mit Gott oder anderen transzendenten Wesen und Mächten in Verbindung gebracht werden konnten. Im weiteren Sinn befassen sich *Was die Welt im Innersten zusammenhält, Geborgenheit, Natur, Lebenserhaltung* und *Rettung aus Not und Gefahr* mit dem Thema *Bewahrung des Lebens und seiner Grundlagen*. Eine andere Gruppe von Begriffen hat mit der *Lebensgestaltung und -verantwortung* zu tun: *Wegweisung, Gebote / Moral, Sündenvergebung* und *Jüngstes Gericht*. *Irdische Macht*, in der Theologie zu Unrecht als Nebenthema behandelt, steht etwas für sich, genauso wie *Heil*, das jeder der beiden Gruppen zugeordnet werden kann. Geschlechtsspezifisch sind die Variablen *Geborgenheit* und *Wegweisung* beantwortet worden, insofern ihnen Frauen *auffällig* häufiger zustimmen als Männer.

Antworten von Gottgläubigen

Die Gottgläubigen nennen Gott in F4 mehrheitlich *streng und liebevoll zugleich* (35%***) oder *liebevoll* (31%***), *gütig-vergebend* (58%***), *schöpferisch* (57%***), *väterlich und mütterlich zugleich* (42%***) oder *väterlich* (21%***), *allmächtig* (55%***), *zugleich für Arme und Reiche da* (50%***), *wissen nicht,* ob er sexfreundlich oder sexfeindlich ist (25%), oder entscheiden sich für *sexfreundlich* (23%***). Was Gottes Wirkung angeht, empfinden sie Gott als *tröstend-nah* (45%***), *befreiend* (40%***) und *beruhigend* (50%***). Es gibt aber auch eine Gruppe unter den Gottgläubigen, die Gott als *einengend und befreiend zugleich* (20%**) empfindet, und eine andere kleinere, die Gott *ängstigend und beruhigend zugleich* (17%*) nennt.

Das Gesicht Gottes, das die Gottgläubigen nach F4 vor sich haben, ist – von menschlichen Wertigkeiten her gesehen – also *ausgesprochen positiv, den Menschen liebevoll zugewandt*, und die Glaubenden hoffen auf *schöpferische Energie*. Die Beziehung zu diesem Gott wirkt *tröstend, befreiend und beruhigend*. Es legt sich nahe, hier die Rede von einem schöpferisch-aktiven ›lieben Gott‹ substantiiert zu finden. Daneben zeigt sich zwar auch jene andere Linie, die *streng, einengend* und *ängstigend* als Wesenszüge bzw. Wirkungen Gottes ausdrücklich betont – und offenbar auch akzeptiert. Diese Linie ist freilich, vom Gewicht der Voten her, eher eine Nebenlinie – und dennoch unter dogmatischen Gesichtspunkten diejenige, die den traditionellen Glauben am ehesten festhält. Denn es gibt ja – um mit *Luther* zu sprechen – in Bibel und Theologie nicht nur den ›nahen‹, freundlichen Gott, sondern auch den ›fernen‹ oder ›verborgenen‹ Gott, dessen Handeln unbegreiflich ist.

So ist es überraschend, daß die *Theologen und Theologinnen* unter den Gottgläubigen der Tendenz nach kaum anders als die übrigen Befragten antworten und sich mit Mehrheit für *eher liebevoll* und nur mit ca. einem Drittel für *streng und liebevoll zugleich* entscheiden; die Tendenz, den positiven Wert *beruhigend* zu betonen, ist noch ausgeprägter. Das Gegensatzpaar *einengend / befreiend* schließlich existiert für die Theologen faktisch so gut wie nicht, da sie mit über 80% für *befreiend* votieren. In allen drei Antwortreihen liegen die Voten der Pfarrer-Ost an der Spitze. Ich deute diese Voten so: Die Pfarrerinnen und Pfarrer predigen nicht nur, sondern sie hören auch als Gläubige die gepredigte Botschaft. Und ihr Votum sagt, welches Gesicht Gottes *ihrem* Glauben – einschließlich ihrer Erwartungen an Gott – entspricht. Die für viele bedeutsame »Theologie der Befreiung« zeigt dabei ihre Spuren. Offenbar machen die Theologinnen und Theologen mit ihrem Glauben aber auch andere Erfahrungen als nichttheologische Gläubige, die z.B. eine einengende Wirkung Gottes auf ihr Leben zu kennen scheinen; dafür sprechen jedenfalls die Voten in den Basisbezirken und den dazugehörenden Gymnasien, insofern hier *einengend und befreiend zugleich* bis zu 31% (Canisius-Kolleg) Zustimmung erhalten hat.

Nehmen wir hinzu, wie die *Lebensformen* sich in F4 auswirken, so weist der Familien-Typ in seinem Antwortverhalten generell die größte Nähe zu den Gottgläubigen auf.

Unter den Wirkungsfeldern Gottes nach F5 steht für die Gottgläubigen die *Bewahrung des Lebens und seiner Grundlagen* und die damit verbundene seelische Wirkung voran: In der Reihenfolge *Geborgenheit*, *Natur*, *Was die Welt im Innersten zusammenhält*, *Rettung aus Not und Gefahr* und *Lebenserhaltung* haben wir Zustimmungsquoten zwischen 45%*** und 30%*** der Gottgläubigen registriert. Auch im Blick auf die zweite Gruppe von Begriffen, die die *Lebensgestaltung und -verantwortung* betreffen, sind noch Zustimmungsquoten zwischen 41%*** (für *Wegweisung*) und 24%*** zu finden. Diesen niedrigsten Wert hat dabei *Jüngstes Gericht* erhalten; die anderen Begriffe finden gut ein Drittel der Voten. *Heil* (21%***) und *Irdische Macht* fallen deutlich ab.

So festigen sich die Konturen des aus den Antworten zu F4 und F5 gezeichneten Gesichtes Gottes, wie es die Gottgläubigen sehen: *Gottes liebevolle und schöpferische Zugewandtheit zu den Menschen dient der Bewahrung des Lebens und seiner Grundlagen* und gibt Weisung für die Lebensgestaltung und -verantwortung. *Geborgenheit* ist das Stichwort, mit dem die tröstende, befreiende und beruhigende Wirkung dieses Gottglaubens zusammengefaßt werden kann.

Sündenvergebung ist in diesem Zusammenhang ein Faktor, die *Gerichtsvorstellung* tritt dagegen deutlich zurück. Das liegt auch daran, daß Frauen eher als Männer für diesen Glauben einstehen und daß von ihnen die Gerichtsvorstellung weniger akzeptiert wird. Ferner ist zu beachten, daß die Werte für Sündenvergebung sehr viel niedriger ausfallen würden, wenn wir nur die Stadtbezirke berücksichtigt hätten. Der Vergleich mit den Hunsrück-Bezirken weist nämlich aus, daß die Städter diesen Begriff fast zur Hälfte weniger angekreuzt haben als die Menschen auf dem Land.

Hätten wir die *Theologinnen und Theologen* hier mit bewertet, wären die Werte für *Geborgenheit* (s. den Exkurs 9.2), *Wegweisung* und *Sündenvergebung* weit höher ausgefallen. Merkwürdig schwach votieren diese Gruppen bei *Gebote / Moral* (ca. 32%) und vor allem bei *Jüngstes Gericht*: die Pfarrer liegen bei 34% und die Theologiestudierenden bei nur 23%! *Dadurch wird belegt, daß die Gerichtsvorstellung innerhalb der Erlösungslehre und Eschatologie nur noch eine untergeordnete Rolle spielt.*

Antworten von Transzendenzgläubigen

Die Transzendenzgläubigen haben in F4 in fünf der Reihen *weiß nicht* am häufigsten angekreuzt. Offenbar ist die verwendete Nomenklatur nicht dicht genug an ihren Vorstellungen, da sie – das ist zuzugestehen – weitgehend von einem personalen transzendenten Gegenüber geprägt ist. Klare Präferenzen gibt es aber trotzdem für *gütig-vergebend*, *schöpferisch* und die Wirkung *beruhigend* sowie dafür, daß Gott *für Arme und Reiche zugleich da* ist. Bei der Frage, ob »Gott« eher *tröstend-nah* oder *unbeteiligt-fern* oder *beides zugleich* ist, überrascht, daß alle drei Antwortalternativen zwischen 14 und 19% der Voten erhalten haben, wobei *unbeteiligt-fern* mit 19%*** sogar knapp vor *tröstend-nah und unbeteiligt-fern zugleich* liegt. Angesichts des übrigen Antwortverhaltens ist es schwer zu sagen, ob in diesem Ergebnis ein Votum gegen das personale Element in der traditionellen Gottesvorstellung zu sehen ist. Die Typologie der Lebensformen zeigt, daß der Partnertyp prozentual am ehesten für die Eigenschaft *unbeteiligt-fern* gestimmt hat.

Das Votum der Transzendenzgläubigen weicht im Blick auf *schöpferisch / zerstörerisch* von der allgemeinen Tendenz (∅ 32%) nur leicht ab:

schöpferisch erhält zwar ein starkes Votum (35%), aber doch mit wenig Stimmen im Vergleich zu den Gottgläubigen. *Zerstörerisch und schöpferisch zugleich* erhält nur in dieser Gruppe 20%*. Das in F5 dominante Wirkungsfeld der transzendenten Mächte ist die *Natur* (56%***). Auch die übrigen Begriffe, die zur Gruppe *Bewahrung des Lebens und seiner Grundlagen* sowie der damit verbundenen seelischen Wirkung gehören, finden Zuspruch, wenn auch mit unterschiedlicher Stärke. Ganz schlecht angenommen wird aber im Verhältnis zu den Gottgläubigen die Variable *Rettung aus Not und Gefahr* (14%), weil sie eine personhafte Größe voraussetzt, die in Lebensprozesse aktuell eingreifen kann. Die andere Gruppe von Begriffen, die mit *Lebensgestaltung und -verantwortung* zu tun hat, wird kaum akzeptiert: *Wegweisung* hat mit 19% noch Bedeutung, alle anderen nicht mehr.

Insgesamt zeichnen sich aus den Antworten der Transzendenzgläubigen Konturen eines Gesichtes ab, zu dem das Wort »Gott« im Grunde nicht mehr paßt, weil dieses Wort mit der personalen Dimension verbunden ist. Im nachhinein bedauere ich es, daß wir im Fragebogen kaum wirklich spezifische Antwortvorgaben für diesen Gläubigkeitstyp angeboten haben. Aber wir haben ihn im Grunde ja auch erst aus den gewonnenen Daten kennengelernt. Wesentlich am Transzendenzglauben ist das Gewicht, das auf der vergebenden Güte und der beruhigenden Wirkung liegt. *»Natur« ist das Stichwort, das alles integriert. Die Macht des Transzendenten ist ambivalent, personale Kategorien passen nicht mehr.*

Antworten von Unentschiedenen

Die Unentschiedenen kreuzen in F4 in sechs Reihen vorzugsweise *weiß nicht* an. In allen zehn Reihen sind die Voten an dieser Stelle *hoch auffällig* stark ausgefallen. In zwei Reihen (*streng / liebevoll*; *für die Armen und die Reichen da*) bevorzugen sie *beides zugleich*. Ein klares Votum geben sie für *schöpferisch* (23%*) und für *beruhigend* (20%*) ab, allerdings beide Male mit auffällig wenig Stimmen. Da *gütig-vergebend* immerhin auch noch 20%* Zustimmung erhält, sind die Konturen des von den Unentschiedenen gesehenen Gesichtes »Gottes« demjenigen verwandt, das die Transzendenzgläubigen vor sich haben. Allerdings zeigen sie mit dem Votum für *streng und liebevoll zugleich* (20%) sowie dadurch, daß *unbeteiligt-fern* (10%) schwächer angenommen wird, keine vordergründig antipersonale Tendenz.

Besonders die in Familien lebenden Ledigen bis 24 Jahren (39%), die allein lebenden Frauen bis 44 Jahren (32%) und ab 45 Jahren (31%) kommen, was die Lebensformen angeht, bei den Unentschiedenen als einzige auf Werte über 30% hinsichtlich der Wirkung *beruhigend* in F4. In F5 kreuzen *Geborgenheit* mit Zustimmungswerten über 30% nur Ehefrauen (34%*) und in Familien lebende Ledige über 24 Jahren (37%*) an.

In F5 votieren die Unentschiedenen in vielem wie die Transzendenzgläubigen: Auch sie setzen *Natur* konkurrenzlos an die Spitze (mit 39%, also auf niedrigerem Niveau), gefolgt von *Was die Welt im Innersten zusammenhält* (16%*), und bevorzugen die Gruppe, die mit der *Bewahrung des Lebens und seiner Grundlagen* zu tun hat. Typisch sind im übrigen die vielen Stimmenthaltungen, die im statistischen Sinn mehrfach *hoch auffällig* erscheinen.

Das Gesamtbild hat wenig klare Konturen. Noch deutlicher als bei den Transzendenzgläubigen ist *von einer dogmatischen Prägung* dieses Glaubens im christlichen Sinn *so gut wie nichts zu finden*. Die eigentlich religiöse Dimension hängt offenbar mit der Ambivalenz vieler Voten zusammen, in der sich aber sicher auch die eigene Unentschiedenheit spiegelt. *Das eigentliche Gegenüber scheint die Natur zu sein.*

9.2 Exkurs: Geborgenheit als zentrale religiöse Zielvorstellung

Innerhalb und außerhalb der Glaubenstypologie spielt der Begriff *Geborgenheit* als Begriff, der mit Gott bzw. Transzendenz in Verbindung gebracht wird, eine wichtige Rolle.

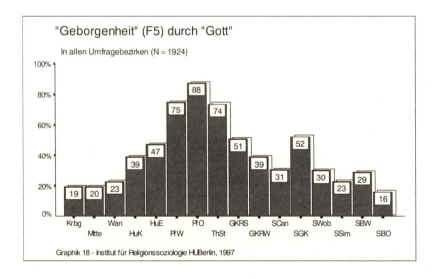

Graphik 18 - Institut für Religionssoziologie HUBerlin, 1997

Innerhalb der *Gesamtstichprobe* (N = 1924) kommt *Geborgenheit* bei F5 selten in den Stadt-Bezirken Kreuzberg, Mitte und Wannsee sowie in den Schulen in Simmern und Berlin-Ost vor. In den ländlichen Bezirken der Basisumfrage ist die Zustimmung deutlich höher, wobei der evangelische Bezirk stärker votiert als der katholische. Dieser Unterschied zeigt sich auch zwischen den kirchlichen Gymnasien. Auch die Gruppe der Gemeindenahen in Berlin-Schlachtensee votiert so deutlich für *Geborgenheit*, daß auch dort eine evangelische Besonderheit zum Vorschein kommen könnte. Der Eindruck wird verstärkt, wenn wir die Voten der Theologinnen und Theologen betrachten, wobei die Pfarrer im Osten den Spitzenwert haben. Der Schluß scheint unumgänglich, daß Geborgenheit eine Vorstellung ist, die eine besondere Nähe zur evangelischen Theologie und den von ihr geprägten Gläubigen hat. Das bestätigt der Konfessionsvergleich unter allen Befragten, wonach Evangelische 17%** häufiger für Geborgenheit votieren als Katholiken.

Was die *Lebensformen* angeht, so zeigen in den Basisbezirken die in Familien lebenden Eheleute und Ledigen die höchsten Zustimmungswerte, gefolgt von den Alleinlebenden ab 45 Jahren. Am seltensten (unter 20% Zustimmung) kreuzen Partnermänner und Alleinlebende unter 45 Jahren Geborgenheit als Begriff an, den sie mit »Gott« verbinden. Berufstätige bringen Geborgenheit eher mit Gott bzw. Transzendenz in Verbindung als Nicht-Berufstätige, und Frauen eher als Männer. Bei den Altersgruppen sind *hoch auffällig* die Akzeptanz von 45-64jährigen und die Zurückhaltung von jungen Menschen zwischen 16 und 24 Jahren.

Aus diesen Analysedaten läßt sich nicht einfach eine Summe ziehen. Aber es läßt sich sagen, daß die Gruppen, die Geborgenheit mit Gott bzw. Transzendenz verbinden, ganz offenbar von Erfahrungen her denken, die sie in der Gottes- bzw. Transzendenzbeziehung gemacht haben. Denn Geborgenheit meint nun einmal eine Wirkung, die sich einstellt, wenn jemand von einem oder einer anderen geborgen wird. Dabei steht nicht die Aussage über das Wesen des oder der Bergenden im Vordergrund, sondern es geht um die *Beziehung selbst* zu ihm bzw. ihr. Und mit aller gebotenen Vorsicht läßt sich dann weiter erschließen, daß bestimmte Menschen bzw. Gruppen eher als andere auch im religiösen Bereich eine Beziehung haben und brauchen, die Geborgenheit vermittelt. Dann ist Glaube jedenfalls weit davon entfernt, als etwas beschrieben werden zu können, das primär mit Inhalten zu tun hätte. Wiederum mit der gebotenen Vorsicht kann man angesichts der gesunkenen Bedeutung von »Heil« erwägen, *ob – zumindest bei den Evangelischen –*

Geborgenheit an die Stelle von Heil getreten ist als alle religiösen Erwartungen und Wirkungen des Glaubens bündelnder Begriff[4].

9.3 Was Gott und transzendente Mächte auf der Erde tun können und sollen (F6 und F7)

F6 und F7 wollten herausfinden, was Gott bzw. transzendente Wesen und Mächte *auf der Erde* tun *können* und tun *sollen*. Die Antwortvorgaben in F6 boten erst einmal mit *Nichts* und *Alles* zwei grundsätzliche Alternativen an, erlaubten dann aber auch zu fragen, ob die Handlungsmöglichkeiten als durch bestimmte Faktoren eingeschränkt bzw. bedingt geglaubt werden. Die Vorgabe *Direkt eingreifen* unterstreicht im Grunde die Aussage *Alles*. Auch *Dort handeln, wo wir Menschen mit unseren Möglichkeiten am Ende sind* stellt eine solche Unterstreichung dar, wobei der Handlungsspielraum der göttlichen bzw. transzendenten Macht an den menschlichen Grenzen verdeutlicht wird. Die Variable *Nur über Menschen eingreifen* bindet das Handeln instrumental an menschliches Handeln. *Nur dort handeln, wo Menschen es zulassen* schränkt demgegenüber noch einmal erheblich ein, indem es den Handlungsspielraum der göttlichen bzw. transzendenten Macht von menschlicher Zulassung abhängig macht.

Während F6 mit seinen formal als Kann-Aussagen formulierten Antwortvorgaben indirekt auch schon Aussagen darüber gemacht hat, wie die göttlichen bzw. transzendenten Mächte handeln *sollen*, ist diese Soll-Struktur in F7 ganz ausdrücklich gegeben. Nur *Soll(en) sich aus allem raushalten* steht als prinzipiell verneinende Aussage den anderen gegenüber, ist aber von keinem der vier Typen unserer Typologie mit nennenswerten Voten bedacht worden (knapp ⌀ 3%) und bleibt deshalb außer Betracht. Während *Dafür sorgen, daß die Welt bestehen bleibt* auf den Erhalt der Welt als Rahmenbedingung des Lebens zielt, wollen *Für Gerechtigkeit sorgen, Menschen verändern, Die Welt verbessern*, daß Gott bzw. die transzendenten Mächte das Leben besser bzw. gut machen, indem sie für Gerechtigkeit sorgen bzw. die – als verbesserungsfähig gedachten – Menschen, ja, die Welt verbessernd verändern. Andere Blickrichtungen sind mit den beiden verbleibenden Vorgaben verbunden. Die Antwortvorgabe *Mir gegen meine Feinde helfen* engt die Soll-

---

[4] In der EKD-Studie »Fremde Heimat Kirche« tritt an die Stelle von ›Geborgenheit‹ in vielem der Begriff ›Heimat‹.

Erwartungen ganz privat darauf ein, einen göttlichen bzw. transzendenten Helfer gegen die eigenen Feinde zu haben. *Dem Leben Sinn geben* dagegen weitet die erhoffte Funktion auf den Sinn-Horizont aus, ohne etwas darüber zu sagen, ob Welt und Leben zugleich verändert werden sollen: Das Soll heißt »Dem Leben Sinn geben«. Dabei wird davon ausgegangen, daß das Leben aus sich selbst keinen erkennbaren Sinn hervorbringt[5].

Innerhalb der Basisumfrage wird dieses Soll, was die *Lebensformen* angeht, vor allem von denen unterstützt, die zum *Familien-Typ* gehören: 54% von ihnen suchen Sinngebung, 52% den Erhalt der Welt und 50% Gottes Handeln für Gerechtigkeit.

Antworten von Gottgläubigen

Die Gottgläubigen priorisieren in F6 mit 36%*** die Antwort *Alles*. Außerhalb der Basisumfrage wird dieser Wert nur von Theologengruppen und den Gemeindenahen in Berlin-Schlachtensee übertroffen. Ganz offenbar aber meint die Antwort *Alles* aber dann doch nicht, daß Gott im Sinne einer Beliebigkeit wirklich alles kann[6]. Denn obwohl mehrere Antworten angekreuzt werden konnten, sagen nur 14%** der Gottgläubigen, daß Gott *direkt eingreifen* kann. Auch in den Theologengruppen (20 bis 26%) und bei den Kirchennahen in Berlin-Schlachtensee (16%) kommen hier keine Werte zustande, die denen zur Vorgabe *Alles* entsprächen. Wenn man allerdings in der Antwort, die Gottes Handeln instrumental an menschliches Handeln bindet (16%), eine alternative Ergänzung zu einem direkten Eingreifen sieht, dann ergeben sich für diese beiden Handlungswege zusammen 30%. Ungefähr so viele Gottgläubige glauben auch, daß Gott *handeln kann, wo der Menschen Möglichkeiten am Ende sind* (28%***).

Interessant ist, daß 27% der Gottgläubigen Gottes Handeln von der Zulassung der Menschen abhängig machen. Die Frage, ob das etwa dieselben sind, die von Gott *Alles* erwarten, führt zu folgender (stimmiger) Antwort: Nur 22 (=10%) von denen, die innerhalb der ganzen Basisumfrage Gottes Handeln *Alles* zutrauen, knüpfen diese Omnipotenzaussage an die Bedingung, daß Menschen dieses Handeln zulassen. Von ihnen gehören nur 4% zu den Gottgläubigen. Da diese 27%

---

[5] Wie der »Sinn des Lebens« innerhalb der Umfrage ansatzweise elementarisiert worden ist, werden wir im Zusammenhang mit F90 behandeln.

[6] Die größte Skepsis gegenüber einem omnipotenten Gott haben übrigens Schüler: Wolfsburg 4%, Berlin-Ost 8%.

aber auch nicht mit denen identisch sind, die *Nichts* angekreuzt haben, bedeutet das Votum von einem Viertel der Gottgläubigen etwas anderes als eine herabsetzende Einschränkung der Macht Gottes. Sie können auch sagen wollen, daß der Unglaube verhindert, was Gott getan haben will, daß sie, die Ankreuzenden selbst, aber bereit sind, für ihren Gottesglauben handelnd einzustehen.

Graphik 19 - Institut für Religionssoziologie HUBerlin, 1997

Die Gottgläubigen erwarten von Gott (nach F7) zuallererst Sinngebung für das Leben (52,2%***), fast gleichauf damit, daß er für Gerechtigkeit sorgt (52,0%***). Etwas mehr als 37%*** erwarten von Gottes Handeln den Fortbestand der Welt. Die inneren Zusammenhänge zwischen den drei Größen sind intensiv: Diejenigen, die durch Gott Gerechtigkeit suchen, erwarten zum Beispiel von ihm auch zu 45% den Bestand der Welt und zu 56% Sinngebung für das Leben. Den Wunsch nach einer positiven Veränderung von Welt (24%**)) und Menschen (26%***) haben deutlich weniger Gottgläubige: ca. ein Viertel. Die Hoffnung, Gott gegen die eigenen Feinde als Helfer zu bekommen, äußern nur 7%*.

Aus F6 und F7 zusammen ergibt sich folgendes Bild von den Erwartungen, die Gottgläubige an Gottes Handeln richten: *Sinngebung und Sorge für Gerechtigkeit* ist das, was Gottgläubige zuerst von Gott erwarten. Der *Fortbestand der Welt* ist Rahmenbedingung dafür. Dabei ist es von untergeordneter Bedeutung, ob Gott diese Ziele durch direktes Eingreifen erreicht oder durch Menschen als seine Instrumente. Auch der Wunsch, daß Welt und Menschen geändert bzw. verbessert werden, korrespondiert der Erwartung, daß Gott die Welt erhält.

Antworten von Transzendenzgläubigen

Die Transzendenzgläubigen sagen in F6 zu einem nennenswerten Prozentsatz (17%), daß die transzendenten Mächte oder Wesen, denen sie sich gegenüber wissen, auf der Erde *nichts* tun können. Wesentlich weniger als bei den Gottgläubigen haben bei *Alles* ein Kreuz gemacht (24%). Entsprechend weniger denken auch daran, daß jene Mächte oder Wesen *direkt* (10%) oder *(nur) über Menschen* (9%) in das irdische Geschehen *eingreifen* bzw. *da handeln können, wo Menschen mit ihren Möglichkeiten am Ende sind* (12%). 21% binden Handlungsmöglichkeiten transzendenter Mächte daran, daß *Menschen solches Handeln zulassen*. Insgesamt deuten diese Zahlen darauf hin, daß die zu diesem Glaubenstyp gehörende Absage an die Vorstellung von einem persönlichen Gott dazu führt, daß nun auch der Gedanke in den Hintergrund tritt, es gehe bei dem Gegenüber um eine Gestalt, die – Herrschern ähnlich – in das irdische Geschehen (von außen) eingreift.

In keiner Gruppe der Glaubenstypologie ist so häufig in F6 von der Möglichkeit Gebrauch gemacht worden, zur Frage *eigene Angaben* zu machen, wie von den Transzendenzgläubigen: 16%***! Auch in F7 ist die Zahl derer, die eigene Angaben machen, ungewöhnlich hoch: 17%**. Auffällig im statistischen Sinne ist sonst nur noch das relativ niedrige Votum zu der Erwartung, die geglaubten Mächte oder Wesen sollten *für Gerechtigkeit sorgen* (18%*), wie Graphik 19 veranschaulicht. Entsprechend dem zentralen Stichwort der Transzendenzgläubigen – *Natur* – wird am häufigsten die Hoffnung geäußert, daß *die Welt* durch transzendente Hilfe *bestehen bleibt* (27%). Aber die Erwartung, von dorther *dem Leben Sinn geben* zu können (knapp 27%), liegt fast gleichauf. Einen *verändernden Einfluß auf Menschen* (22%) und *Welt* (14%) erwarten deutlich weniger als bei den Gottgläubigen, und auf *Hilfe gegen die eigenen Feinde* hoffen ganze 4 von 170 Befragten.

Insgesamt zeigen die Ergebnisse aus F6 und F7, daß der relativ hohe Prozentsatz an Zustimmung zu der Meinung, daß transzendente Wesen und Mächte auf der Erde nichts tun können, die Erwartungen an das irgendwie eingreifende Handeln der geglaubten Wesen und Mächte auch erheblich eingeschränkt hat. Das gilt qualitativ und quantitativ, insofern wir nicht nur niedrigere Prozentwerte haben, sondern auch erkennen müssen, daß die Struktur dieses Glaubens nicht identisch ist mit derjenigen, die den Glauben an einen persönlich gedachten Gott kennzeichnet. Dieses Ergebnis paßt sehr gut zu unserer Feststellung, daß das Wesentliche am Transzendenzglauben des von uns beschriebenen Typs das Gewicht ist, das auf der *vergebenden Güte* und *beruhigen-*

den Wirkung liegt, die dieser Glaube vermittelt. Ebenfalls wirkt sich aus, daß die transzendenten Mächte eher ambivalente Züge tragen, also auch nicht so einfach mit eindeutig erscheinenden Wertvorstellungen korrelieren.

Antworten von Unentschiedenen
Die Unentschiedenen votieren in F6 von den drei Glaubenstypen am stärksten für *Nichts* (19%) und sehr selten für *Alles* (9%**). Sie priorisieren die Aussage, »Gott« könne *nur dort handeln, wo Menschen es zulassen* (20%), und votieren auch stärker als die Transzendenzgläubigen für die Aussage, »Gott« könne *nur über Menschen eingreifen*. In F7 erwarten sie von »Gott« zuallererst *Sorge um den Bestand der Welt* (35%*) und um *Gerechtigkeit* (29%); erst an dritter Stelle wird erwartet, daß »er« *dem Leben Sinn gibt* (26%).

Das Bild ist gespalten, sieht man die großen Erwartungen und das begrenzte Zutrauen an. Oder so: Was der hier antwortende Teil der Unentschiedenen von »Gott« erwartet, erwartet er eigentlich von den Menschen bzw. in einer direkten Kooperation von »Gott« und Menschen. Mag sein, daß in dem starken Votum für die Aussage, daß »Gott« *nichts* kann, Resignation steckt bzw. eine Skepsis, die mit Blick auf die erwiesene Ungerechtigkeit in der Welt und die Bedrohtheit der Erde »Gott« allein nicht viel zutraut.

9.4 Wo sind Gott oder transzendente Mächte zu finden, was stellen sich Menschen unter Himmel und Hölle vor? (F8 F10 F11)

Die drei Fragen können zusammen behandelt werden, da sie nah verwandte Themen in Variationen behandeln.

Gott im Himmel, der Teufel in der Hölle (F10 und F11)
Nach den Zusammenhängen innerhalb der christlichen Theologie haben *Gott*, *Himmel* und *Hölle* auf ganz bestimmte Weise miteinander zu tun: Wie die Anrede des Vaterunser lehrt, ist Gott im Himmel. Dabei ist zu beachten, daß jenes Sein Gottes im Himmel zwar auch eine gewisse Raumvorstellung nach altem Weltbild enthält, primär aber eine Zuordnung meint, einen Herrschaftsbereich: Himmel ist da, wo Gottes Name geheiligt wird und sein Wille geschieht, kurz: wo sein Reich ist. Es ist unverkennbar, daß das Szenario bestimmt wird von Bildern, die weltliche Reiche und Herrscher und ihr Hofstaat geprägt haben. Doch

weil es bei Himmel um einen Herrschaftsbereich geht, konnte der Sprachgebrauch in der Theologie auch festgehalten werden, als das Weltbild mit der räumlichen Anordnung von Oberhalb-der-Erde = Himmel und Unterhalb-der-Erde = Hölle zerbrach.

Ähnlich verhält es sich mit *Hölle* als dem Herrschaftsbereich des Satans, der widergöttlichen Macht. Wobei allerdings nach christlicher Theologie Gott bzw. Christus im Jüngsten Gericht darüber entscheidet, wer wie lange im Herrschaftsbereich Satans sein und leiden muß. Dabei ist die frühe Theologie davon ausgegangen, daß der Eintritt in Himmel oder Hölle mit dem Tod geschieht. Im Laufe der Theologie- und Frömmigkeitsgeschichte ist vor allem Himmel auch zu *einer ›mobilen‹ Größe geworden, die mit Gott mitgeht.*

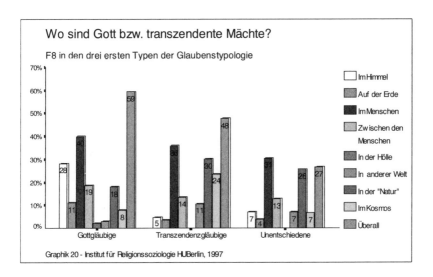

Graphik 20 zeigt, daß nur die Gottgläubigen mit einem größeren Anteil an der gewohnten Zuordnung von Gott und Himmel festhalten. Und Graphik 21 ergänzt das Bild: In F10 spricht ein ungefähr gleich großer Prozentsatz von ihnen vom Himmel als dem *Wohnsitz Gottes* und davon, daß man dorthin *erst nach dem Tod* gelangen kann. Die Gruppen stellen gut ein Viertel der Gottgläubigen dar, ihre Voten sind im statistischen Vergleich der Glaubenstypen allesamt *höchst auffällig.*

Die Gruppen überschneiden sich untereinander wie folgt: Die Variablen *Gott im Himmel* und *Himmel Wohnsitz Gottes* zu zwei Dritteln, *Gott im Himmel* und *In den Himmel erst nach dem Tod* zur Hälfte.

Daß es sich bei dieser Glaubensvorstellung um etwas handelt, was mit der personalen Dimension Gottes zu tun hat, geht auch aus der zweiten Variablen in F10 hervor: Nur die Gottgläubigen verbinden Himmel mit einem Zustand, in dem sie *mit Gott im Reinen sind.* Allerdings kann hier schon nicht mehr ausgeschlossen werden, daß es sich um jenen ›portablen‹ Himmel handelt, den Gott mit sich bringt, wo immer er zu Menschen oder ein Mensch zu ihm in Beziehung tritt.

In der Hölle will so gut wie niemand Gott unterbringen, *auf der Erde* finden ihn 11%** der Gottgläubigen. Bei den anderen beiden Glaubenstypen spielen diese Variablen gar keine Rolle.

F10 und F11 zeigen nun aber, daß die Rede von lokalisierbaren Größen Himmel und Hölle jeweils von einem Drittel der Transzendenzgläubigen und Unentschiedenen deutlich zurückgewiesen wird, während nur eine kleine Minderheit der Gottgläubigen bei *Himmel ... bzw. Hölle gibt es nicht* ihr Kreuz gemacht hat. Statistisch ist das ein *höchst auffällig* niedriges Ergebnis – und doch verständlich, weil jeweils ca. ein Viertel der Gottgläubigen Himmel und Hölle mit *höchst auffälligen* Voten als Wohnsitze Gottes bzw. des Satans sehen[7].

Gott im Menschen und zwischen den Menschen

Die in F8 von den Unentschiedenen am häufigsten und von den Gott- und Transzendenzgläubigen am zweithäufigsten angekreuzte Variable ist *Im Menschen (Körper, Bewußtsein, Seele).* Das (unerwartet) hohe Votum der Gottgläubigen (40%**) deutet darauf hin, daß es in diesem Glaubenstyp zwei Gruppen gibt: eine traditionelle, die Gott im *Himmel* sieht, und eine deutlich stärkere, die Gott im Menschen findet. Beide Sichtweisen lassen sich biblisch und theologisch begründen. Darüber, daß »Gott« im *Menschen (Körper, Bewußtsein, Seele)* zu finden ist, ließe sich offenbar am ehesten eine Verständigung zwischen den Glaubenstypen erreichen – und eine Erklärung dafür, daß in allen Glaubenstypen mit der Möglichkeit gerechnet wird, daß Gott bzw. transzendente Mächte durch Menschen wirksam sind.

Zwischen den Menschen wirksam ist von allen Gruppen zurückhaltender angenommen worden – vielleicht, weil hier der Eindruck entstehen konnte, Gott bzw. jene Mächte verflüchtigten sich in der menschlichen

---

[7] In der SPIEGEL-Umfrage von 1992 sagen 24% aller Befragten im Westen, daß es einen Strafort Hölle nach dem Tode gibt, während 74% *Nein* dazu sagen (Tabelle 79).

Beziehungs- und Handlungsebene. Den höchsten Anteil haben hier die Gottgläubigen.

Gott bzw. transzendente Mächte in der Natur, im Kosmos, überall

Ihrem Selbstverständnis nach setzen die Transzendenzgläubigen (30%**) und die Unentschiedenen (26%*) einen kräftigen Akzent auf die Aussage, Gott bzw. die transzendenten Mächte oder Wesen seien *in der Natur* zu finden. Diese Antwort liegt den Gottgläubigen nicht so sehr. Den *Kosmos* bevorzugen verständlicherweise die Transzendenzgläubigen innerhalb der Glaubenstypologie (24%***). *Überall* wissen die Gottgläubigen Gott mit dem Votum von 59%***, die Transzendenzgläubigen folgen mit fast 50%*, wohingegen die Unentschiedenen nur zu gut einem Viertel diese Vorgabe angekreuzt haben (27%*). Bei den Unentschiedenen ist zu erkennen, daß sie mit dem Votum für *Im Menschen* bereits ihren eigenen Akzent gesetzt haben. Bei den Transzendenzgläubigen kann man davon ausgehen, daß sich die Voten für *Kosmos* und *Überall* sachlich zwar ergänzen, aber nur 15% von ihnen beides angekreuzt haben, mithin zumeist jeweils auch etwas anderes meinen. Bei den Gottgläubigen korrespondiert das *Überall* sachlich der Omnipotenzaussage *Alles* in F6.

Die Frage, ob *Konfessionsunterschiede* bei den Voten eine Rolle spielen, muß differenziert beantwortet werden: Unter den Gottgläubigen sagen ein klein wenig mehr Katholiken als Evangelische (Diff.: 3%), daß Gott *in der Natur* zu finden sei. Unter den Transzendenzgläubigen und Unentschiedenen stimmen die Evangelischen (mit Diff. 5% bzw. 6%) eher für diese Aussage. Im Blick auf *Kosmos* stimmen die Evangelischen, im Blick auf *Überall* die Katholiken eher zu, wobei sich diese Rangfolge bei den Unentschiedenen jeweils wieder umkehrt. Die Differenzen zwischen beiden Konfessionen betragen zu meist aber nur ca. 5%.

Himmel und Hölle

In F10 stehen die Antwortvorgaben *Wohnsitz Gottes* und *Bereich, wohin wir erst nach dem Tod kommen können* in einer geläufigen Verbindung: Da ist *Himmel* etwas Transzendent-Räumliches und theologisch etwas Eschatologisches, das für das Leben nach dem Tod noch aussteht. Parallel dazu bilden die ersten beiden Variablen in F11 einen Zusammenhang im Blick auf *Hölle*.

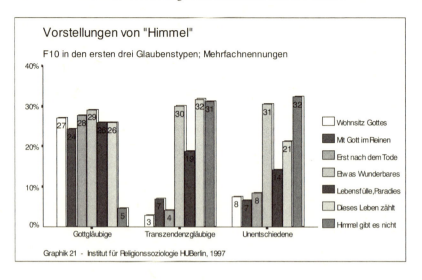

Graphik 21 - Institut für Religionssoziologie HUBerlin, 1997

Jeweils die letzte Variable in beiden Fragen bestreitet, daß es diese besonderen Bereiche überhaupt gibt. Graphik 21 zeigt noch drastischer als Graphik 22, wie sich hier Gottgläubige einerseits und Transzendenzgläubige und Unentschiedene andererseits diametral gegenüberstehen. Sofern Atheisten diese Fragen beantwortet haben, sagen sie fast einhellig bei beiden Variablen *Gibt es nicht*.

Doch es ist hoch interessant, daß sich alle drei Glaubenstypen wieder deutlich näher kommen in der Aussage, Gott habe *nicht mit einem Himmel, sondern mit diesem Leben zu tun*. Immerhin ein Viertel der Gottgläubigen, ein Drittel der Transzendenzgläubigen und ein Fünftel der Unentschiedenen votieren so. Die nähere Analyse zeigt, daß sich die Absage an einen besonderen Bereich *Himmel* nur bei den Gottgläubigen zu 50% mit der Zusage an dieses Leben überschneidet – bei allerdings sehr kleinen absoluten Zahlen. Bei den beiden anderen Glaubenstypen liegt die Schnittmenge nur bei 21% bzw. 16% – was auf zwei grundverschiedene Gruppierungen deutet.

Eine andere Gruppe bilden diejenigen Variablen, die *Himmel* und *Hölle* jeweils mit Erfahrungen verbinden, die Menschen machen können und dann *metaphorisch* mit den alten religiösen Begriffen belegen, und zwar im Guten (*etwas Wunderbares im Leben*; *die Fülle des Lebens, so etwas wie Paradies*) wie im Bösen (*Schreckliches*). Im Blick auf *Himmel* verbinden die Gottgläubigen und die Unentschiedenen mit einer Schnittmenge von je 44% und die Transzendenzgläubigen von 75% die beiden positiven Erfahrungsmöglichkeiten. *Fülle des Lebens, so etwas wie*

Paradies wird von 30% der Gottgläubigen mit jenem Himmel verbunden, in den man erst nach dem Tod kommen kann. Da gibt sich eine eigene Gruppierung zu erkennen.

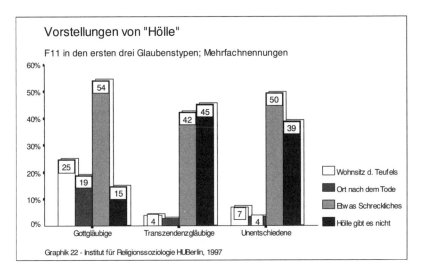

Graphik 22 - Institut für Religionssoziologie HUBerlin, 1997

Besonders auffällig ist, daß der metaphorische Gebrauch von *Hölle* (*Schreckliches*) noch wesentlich ausgeprägter ist als bei den entsprechenden Variablen in F10: um 50% liegen die Voten in allen drei Glaubenstypen. Dazu paßt, daß *Hölle* selbst bei den Gottgläubigen nur noch mit 19%*** als räumlich-zeitlicher Bereich nach dem Tod angenommen worden ist und von den beiden anderen Glaubenstypen so gut wie überhaupt nicht, sowie auch, daß unter den Gottgläubigen der Anteil derjenigen, die *Hölle* als einen besonderen Bereich bestreiten, dreifach höher ist als im Blick auf *Himmel*. Wenn wir uns daran erinnern, wie verhältnismäßig selten in F5 *Jüngstes Gericht* mit »Gott« in Verbindung gebracht worden ist, so läßt sich der Schluß ziehen, *daß die Hölle als Strafort nach dem Leben kaum noch Glauben findet.*

Das Votum von einem Viertel der Gottgläubigen, Hölle sei der Wohnsitz des Teufels, und dasjenige von etwas mehr als einem Viertel desselben Glaubenstyps, Himmel sei der Wohnsitz Gottes, stellt sich, auf die *Konfessionen* verteilt, so dar: Bei den Evangelischen innerhalb der Basisbezirke liegt die Schnittmenge bei 80%, bei den Katholiken bei 77%; das heißt, diese Voten haben einen gemeinsamen dogmatischen Hintergrund. Doch das ändert nichts daran, daß die Zahl derer, die Himmel und Hölle als Wohnsitze Gottes bzw. des Teufels ansehen, eine Minderheit selbst unter den Gottgläubigen darstellen. Die höchsten Voten für diesen Glauben innerhalb der Bezirke stammen aus dem katholischen Dorf Beltheim (37% bzw. 38%).

Die *Theologengruppen* bleiben unter 30% im Blick auf den Himmel und zwischen 16% (Pfarrer-Ost) und 7% (Theologiestudierende) im Blick auf die Hölle als jeweiligen Wohnsitz von Gott bzw. Satan. Überraschend ist, daß aus ihren Reihen andererseits die höchsten Voten dafür kommen, Hölle als gleichnishaften Ausdruck für etwas Schreckliches zu nehmen (Pfarrer-West 83%, Pfarrer-Ost 80%; vgl. Theologiestudierende 66%, Gemeindenahe 76-78%). Da anzunehmen ist, daß Pfarrer so predigen, wie sie hier votieren, kann man die Voten der Theologiestudierenden und Gemeindemitglieder auch als Antwort auf die Predigt verstehen. Für den evangelischen Bereich ist hier nicht nur ein Einbruch, sondern ein Abbruch gegenüber dem traditionellen Verständnis von Hölle zu finden. Was dieser Abbruch für das theologisch-dogmatische System bedeutet, soll hier nur mit einer Frage angedeutet werden: Kann *Himmel*, wenn es keine *Hölle* mehr daneben gibt, als eine eigene theologisch-eschatologische Größe für sich stehen?

Bei der Suche nach einer Antwort helfen ein wenig die Voten hinsichtlich des *Himmels* weiter. Denn da ist das Bild differenzierter. Als *gleichnishaften Ausdruck für etwas Wunderbares im Leben* wollen *Himmel* nur zwischen 30 und 38% festschreiben. 70% der Pfarrer-West und 60% der Pfarrer-Ost sehen aber im Himmel die *Fülle des Lebens, so etwas wie Paradies*. Theoretisch kann damit sowohl der eschatologische, *erst nach dem Tod* kommende Himmel als auch der metaphorische Himmel *hier* angesprochen worden sein. Die Analyse zeigt aber, daß sich bei den Theologen und Theologinnen nur kleine Schnittmengen zwischen den Variablen *In den Himmel kommen wir erst nach dem Tod* und *Himmel meint die Fülle des Lebens ...* ergeben: Die Werte bewegen sich zwischen 11 und 17%. Damit votieren sie übrigens nicht anders als die von uns erreichte Bevölkerung in den repräsentativ befragten drei Berliner Umfragebezirken Mitte, Kreuzberg, Wannsee, wo wir als Mittel eine Schnittmenge von 14% finden können. Da es sich bei F10 um eine Frage gehandelt hat, die mehrere Antworten nebeneinander zuließ, ist aus diesem Ergebnis der Schluß zu ziehen, daß die jeweils außerhalb der Schnittmenge liegenden – wesentlich höheren – Prozentsätze zu zwei vom Glauben her unverbundenen Gruppierungen gehören.

»Schneidet« man die »Mengen« derer, die innerhalb der Basisumfrage beide Begriffe, Himmel und Hölle, ausdrücklich als *gleichnishafte* Ausdrücke ansehen, so finden wir bei *Frauen* (47%) und *Männern* (52%)

keinen sehr großen Unterschied. Und auch die *Lebensformen* haben nur insofern einen Einfluß, als die Singles bis 44 (45%) und ab 45 Jahren (42%) ca. 10% niedrigere Werte aufweisen als Familien- (51%) und Partnertypen (52%). Das erklärt sich zum Teil daher, daß der Familientyp dem Traditionsstrom besonders nahesteht. Mit der gebotenen Zurückhaltung läßt sich aber vor allem sagen, daß die – wenn auch kleinen – Differenzen ausdrücken, wie die generell größere Skepsis der Männer und jüngeren Singles dahin tendiert, Himmel und Hölle nur noch als metaphorische Größe, also nicht-religiös, zu interpretieren.

Fazit: Am Ende dieses Abschnitts bleibt festzuhalten, *daß eine Hölle als gesonderter Bereich, als eschatologisch-futurischer Strafort, kaum noch Glauben findet*. Ganz offenbar sind die Erfahrungen des Schrecklichen in diesem Leben, die alltäglich über die unterschiedlichsten Medien vermittelt und selbst erlebt werden, von einer Art, daß sie den alten Begriff weitestgehend füllen. Eine zusätzliche außerirdische Hölle kann sich nur noch eine Minderheit der Glaubenden vorstellen.

Doch auch im Blick auf den *Himmel* haben wir zwei Generationen von Gottgläubigen vor uns, und zwar innerhalb wie außerhalb der Theologenschaft: Für die weitaus kleinere Gruppe ist Himmel im engeren Sinn noch eine Größe, die erst nach dem Tod erreicht werden kann. Die meisten Gottgläubigen aber sehen Himmel mit Gott in dem Sinn verbunden, *daß er da ist, wo (die) Fülle des Lebens zu finden, etwas Wunderbares zu erleben, oder mit anderen Worten: Gott gegenwärtig erfahrbar ist*. Die Transzendenzgläubigen und Unentschiedenen teilen, jedenfalls sofern sie mit transzendenten Mächten oder dem geglaubten Gesicht »Gottes« keine vorwiegend personale Dimension verbinden, jene Vorstellungen von Himmel und Hölle, die mit den im Leben gemachten Erfahrungen verbunden werden können.

Ich vermute, daß der Rückgang der alten Himmelsvorstellung damit zu tun hat, daß das alte Himmels(thron)szenario, in dem sich weltliche Modelle von Hofhaltung und Herrschaft widerspiegelten, als nicht mehr glaubwürdig abgelehnt wird. Und ganz offenbar brauchen die gläubigen Menschen mehr *Himmel hier, in diesem Leben*.

9.5 Wie und warum Gläubige mit Gott oder transzendenten Mächten Kontakt aufnehmen (F9 und F9a)

F9 und F9a sind die einzigen Fragen innerhalb von F1 bis F11, in denen es um eine aktive Rolle der Befragten innerhalb ihrer Glaubenspraxis

88 Die Lebensbeziehungen der Menschen und ihr Glaube

geht. Das heißt, wir befinden uns in einem noch sensibleren Bereich als bisher, und die Schwierigkeit, angekreuzte Antwortvorgaben richtig zu »lesen« und – es waren wieder mehrere Antworten möglich – einander zuzuordnen, nimmt zu. Trotzdem ist eine Typisierung der Antworten sinnvoll. Ich unterscheide:

a) eine als *Rede oder Ruf* (still oder artikuliert) gestaltete Form der Kontaktaufnahme (A); dazu gehören die Variablen
 – *im persönlichen Gespräch,*
 – *in Stoßgebeten,*
 – *im Gebet (Dank, Klage, Bitte, Lobpreis),*
 – *im Kult einer Gemeinschaft von Gläubigen,*
b) das *Sein in der Natur* als bewußte Kontaktaufnahme (B); dazu gehört die Variable
 – *in der ›Natur‹,*
c) *Meditation* als Akt der Kontaktaufnahme (C); dazu gehört die Variable
 – *in der Meditation,*
d) eine *durch Magie oder okkulte Praktiken* gesteuerte Kontaktaufnahme (D); dazu gehört die Variable
 – *durch Magie oder okkulte Praktiken;*
e) hinzu kommen Kontakterfahrungen *inaktiver* Art (E); dazu gehört die Variable
 – *in Träumen und Visionen.*

Bei der letztgenannten Form des Kontaktes mit Gott bzw. transzendenten Mächten geht es um eine inaktive, erscheinungsähnliche Form des Kontaktes, bei dem die Träumenden oder Visionäre sich nach eigener Erfahrung überwiegend als Empfangende verstehen. Insofern fällt die letzte Variable etwas aus dem Rahmen. Gleichwohl schließen Träume und Visionen nicht aus, daß Wesentliches darin gesagt wird. Deshalb kann sich diese Kontaktart durchaus mit den unterschiedlichen Formen von (aktiver) Kontaktaufnahme verbinden.

Graphik 23 zeigt trotz der Dichte, die durch die große Zahl der Variablen bedingt ist, schon auf den ersten Blick: Die aktive Kontaktaufnahme zu Gott oder transzendenten Mächten gehört vor allem zur Praxis der Gottgläubigen[8] und – schon sehr viel weniger – der Transzendenzgläubigen[9]. Die Unentschiedenen, die am häufigsten bei F9 das

---

[8] Nur 4%*** gaben an, keinen Kontakt zu Gott zu haben.
[9] 21% der Transzendenzgläubigen haben das »Nein« angekreuzt.

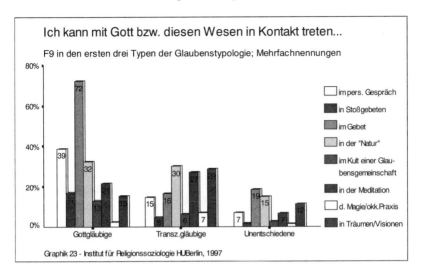

Nein angekreuzt haben (32%***), suchen vergleichsweise selten Kontakt. An dieser Stelle muß daran erinnert werden, daß die Transzendenzgläubigen und Unentschiedenen in ihren Reihen zwar auch eine beachtliche Zahl Evangelische (36% / 39%) und Katholiken (16% / 13%) haben, aber vor allem große Anteile von Religionslosen (42% / 45%)[10]. Umgekehrt bezeichnen sich unter den Gottgläubigen (nur) 13% als religionslos. Daraus ist erst einmal generell zu schließen, daß Kontaktlosigkeit in der hier angesprochenen Dimension und Religionslosigkeit korrelieren.

Außerhalb der Basisbezirke sind folgende Ergebnisse besonders auffällig: Das Gebet ist auch unter den Gymnasiasten keinesfalls ausgestorben: Die Skala reicht von 57% (Graues Kloster) über 39% (Canisius) bis zu immerhin noch 21% bei den Schülern in Ost-Berlin. Umgekehrt ist bei den Gymnasiasten so gut wie keine Berührung mit magischen oder okkulten Praktiken zu finden.

F9a hat nach den Motiven bzw. Gründen für eine aktive Kontaktaufnahme gefragt. Die drei möglichen Nennungen ergeben durch Summierung die Basis von Graphik 24. In der Auswertung werden F9 und F9a zusammengefaßt und nur die ersten drei Glaubenstypen berücksichtigt.

---

[10] Unter den Atheisten gibt es 20% Christen und 78% Religionslose.

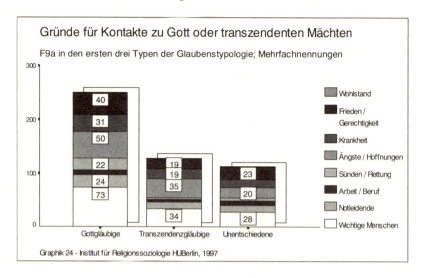

Graphik 24 - Institut für Religionssoziologie HUBerlin, 1997

Antworten von Gottgläubigen

(Formen der Kontaktaufnahme) Die Gottgläubigen bevorzugen bei ihren Kontakten zu Gott das *Gebet,* also den Gott gegenüber ausgesprochenen Dank oder Lobpreis, die Klage, Bitte usw. 72%*** von ihnen wählen diesen Weg[11]. Wer betet, wählt aber auch gerne andere zur Gruppe A gehörende Kontaktformen. Das zeigen die folgenden prozentualen Anteile: Von denen, die *Gespräche mit Gott* führen (39% dieses Glaubenstyps), gehören 77%, von denen, die *Stoßgebete* sprechen (17%), gehören 81%, und von denen, die *im Gottesdienst bzw. Kult beten* (13%), gehören 91% zu den Betern. Dieser Prozentsatz derer, die angeben, im Gottesdienst zu beten, spiegelt zugleich auf realistische Weise die Zahl derjenigen, die – in welchen Intervallen auch immer – sich am Gottesdienst beteiligen.

Doch die Gottgläubigen beschränken sich keinesfalls auf diese Kontaktform A. Denn 32%*** von ihnen suchen Gott *in der Natur* (B), und von diesen bezeichnen sich zwei Drittel auch als Beter. 22%** gehen den Weg der *Meditation* (C), und auch davon sind zwei Drittel Beter. *Magischer oder okkulter Praktiken* (D) bedient sich nur eine kleine Minderheit: 11 der 433 Gottgläubigen in der Basisumfrage, das sind noch nicht einmal 3%. *Träume und Visionen* (E) haben 15%, und zu

---

[11] Der Std.Res.-Wert 13,4 sagt aus, wie ungewöhnlich dieser Prozentsatz innerhalb der Glaubenstypologie ist

ihnen gehören 58% Beter. Nur 18 Gottgläubige haben *eigene Angaben* gemacht; 16 haben gesagt, daß sie *keinen Kontakt* zu Gott haben.

Außerhalb der Basisumfrage überraschen die hohen Voten der Theologinnen und Theologen (Pfarrer 93-94%, Theologiestudierende 85%) und der Gemeindenahen (in Schlachtensee 78%, in Wannsee 63%) für das Gebet nicht. Die Gemeindenahen haben allerdings keine größere Nähe zum Gebet als die Gottgläubigen in der Basisumfrage (72%).

(Gründe für die Kontaktaufnahme) Drei Viertel aller Gottgläubigen, die Kontakt zu Gott aufnehmen, geht es dabei um *Menschen, die ihnen wichtig sind*. Erst an zweiter Stelle stehen die eigenen *Ängste und Hoffnungen*, die die Hälfte aller Gebete und anderen Kontakte zu Gott begründen. An dritter Stelle steht die – den Blick auf die Welt ausweitende – *Sorge um Frieden und Gerechtigkeit in der Welt*, die 40% zur Kontaktaufnahme mit Gott drängt. An vierter Stelle folgen mit 31% Bitten, die mit der Überwindung von *Krankheit* zu tun haben. Unterhalb der 30%-Ebene folgen dann die Sorge um *Notleidende* in aller Welt, Probleme, die mit *Arbeit und Beruf* zu tun haben, und mit deutlichem Abstand taucht gegen Ende der Skala ein Motiv auf, das auch nach reformatorischem Verständnis sehr viel weiter, ja, ganz vorn hätte erscheinen müssen: das Bekenntnis der eigenen *Sünde* und die Hoffnung auf *Rettung* (im Jüngsten Gericht). Die niedrigsten Werte messen wir allerdings für den *Wohlstand* als Kontaktmotiv.

Zusammenfassend läßt sich sagen, daß das Gebet unter den Gottgläubigen keinesfalls ›aus der Mode gekommen‹ ist. Es ist erstaunlich ›modern‹ – wie ja auch die Schülervoten zeigen! – und verbindet sich mit unterschiedlichen anderen Wegen, Kontakt zu Gott aufzunehmen. Der von der Theologie eher geringgeschätzte Weg, Gott in der Natur zu suchen, ist immerhin ein von einem Drittel der Gottgläubigen gegangener Weg. Daß 66 von 433 in Träumen und Visionen Gotteserfahrungen machen, ist für mich überraschend; aber vielleicht spiegelt sich in dieser Überraschung auch nur das erschreckende Maß, in dem Fachleute für Theologie und Religion wie ich auf schriftliche Zeugnisse aus Bibel, Kirchen- und Religionsgeschichte fixiert sind.

Bei den *Motiven* stehen diejenigen klar im Vordergrund, die mit den personalen Lebensbeziehungen zu tun haben. Die nächste Stelle nehmen diejenigen Lebensbeziehungen ein, die die Lebensverhältnisse der Menschen auch außerhalb des eigenen Blickfeldes betreffen. Der so geringe Anteil, den eigene Sünden und eigene Rettung der Beter an den Gründen für das Reden mit Gott haben, spricht davon, *daß sie ihr Verhältnis zu Gott nicht durch ein mögliches Schuldgefühl oder Sünden-*

92   Die Lebensbeziehungen der Menschen und ihr Glaube

bewußtsein belastet fühlen. Dafür kann es zwei Erklärungen geben: Entweder haben selbst die Gottgläubigen kein Sündenbewußtsein im traditionellen Sinn mehr; oder aber Rettung von Sünden ist deshalb kein Thema mehr für das Gespräch mit Gott, weil Erlösung bzw. Rettung als bereits geschehen geglaubt werden, so daß dieses Thema für die eigene Existenz »erledigt« ist.

Daß so wenige angeben, die Themen *Arbeit / Beruf* und *Wohlstand* im Gebet oder sonstwie vor Gott zu bringen, drückt wohl aus, daß sie *Gott hier nicht als zuständig* ansehen. Umgekehrt aber legt die Zuständigkeitsüberlegung nahe zu sagen, daß Gott von den Gottgläubigen zuallererst als zuständig angesehen wird für das persönliche Wohlergehen von einzelnen sowie für ein gerechtes und friedliches Zusammenleben der Menschen auf der Erde. Es sind also die Bereiche I und III aus der Quaternität der Lebensbeziehungen, für die Gott als kompetenter Helfer der Menschen angesprochen wird. ›Heil‹ *oder* ›Unheil‹ *elementarisieren sich primär in diesen Bereichen des Lebens. Das mit der Sünden- und Erlösungsthematik verbundene Verständnis von* ›Heil‹ *und* ›Unheil‹ *ist demgegenüber marginal geworden.*

Eine Übersicht über alle Bezirke, also außerhalb der Glaubenstypologie, kann das gewonnene Ergebnis noch unterstreichen (Graphik 25):

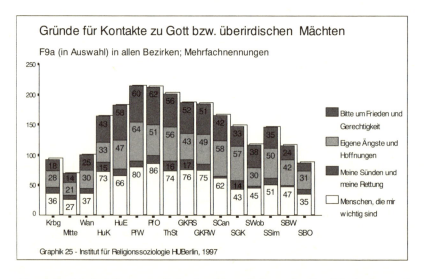

Graphik 25 belehrt nämlich darüber, daß auch die Kirchen- und Gemeindenahen die genannten Tendenzen in allen Punkten mittragen, auch wenn sie, wie im übrigen die Menschen in den Hunsrückdörfern und die Gymnasiasten auch, diejenigen Kontaktgründe häufiger nennen, die Menschen und Welt – nicht aber Sünde und Rettung betreffen.

Antworten von Transzendenzgläubigen

(*Formen der Kontaktaufnahme*) Graphik 23 hat gezeigt, daß die Transzendenzgläubigen den Kontakt zu den geglaubten transzendenten Mächten oder Wesen am ehesten *in der Natur* suchen (30%*), also zum Typ B gehören. An der zweiten Stelle stehen nun bereits die eher passiven Kontakte des Typs E *in Träumen und Visionen* (29%***). Und an dritter Stelle wird eine *meditative Praxis* (27%**) gewählt, um Kontakte zur Transzendenz herzustellen. Das *Gebet* (17%**) und das *persönliche Gespräch* (15%) spielen eine eher geringe, *Stoßgebet, kultisch-liturgisches Gebet* (alle Typ A) und *magische oder okkulte Praktiken* (D) so gut wie keine Rolle. Bei all diesen Angaben darf nicht vergessen werden, daß die absoluten Zahlen eher niedrig sind, was die Reichweite der Aussagen einschränkt.

Mit denen, die *in der Natur* Kontakte zu einer transzendenten Macht suchen (B), gehen am häufigsten diejenigen zusammen, die *in Träumen und Visionen* Kontakte haben (E; 43%), und diejenigen, die *Meditation* betreiben (C; 50%). Diese Kontaktformen bilden offenbar den spezifischen Kontakttyp der Transzendenzgläubigen; bei ihnen spielen die Rede- und Rufformen (A) eine untergeordnete Rolle.

(*Gründe für die Kontaktaufnahme*) Abgesehen davon, daß die Prozentanteile insgesamt halb so hoch liegen wie bei den Gottgläubigen, gibt es bei den Gründen für eine Kontaktaufnahme mit einer transzendenten Macht zuerst einmal keine großen Unterschiede. Auch die Transzendenzgläubigen nennen an erster und zweiter Stelle – wenn auch in umgekehrter Reihenfolge – *wichtige Menschen* (34%) und eigene *Ängste und Hoffnungen* (35%). *Krankheitsprobleme* sowie die Sorge um *Frieden und Gerechtigkeit in der Welt* folgen mit je 19% – bei nun kleinen absoluten Zahlen. Der Rest spielt nur noch eine Nebenrolle.

Zusammenfassend zeigt sich folgendes Bild: Daß so wenig Gründe für eine Kontaktaufnahme mit transzendenten Mächten angekreuzt worden sind, rührt daher, daß das *Gebet* bei den Transzendenzgläubigen selbst eine andere, prozentual geringere Rolle spielt als bei den Gottgläubigen. Da aber, wo die Kontaktaufnahme – in welcher Form auch immer – »Fürbitt«-Charakter hat, geht es auch diesem Glaubenstyp zuerst um die *personalen* Lebensbeziehungen sowie um die Lebensverhältnisse auf der Erde. Es kann aber gut sein, so will ich einräumen, daß wir diesem Glaubenstyp nicht ausreichend die Antwortvorgaben angeboten haben, die ihm entsprochen hätten, weil wir diesen Glaubenstyp erst durch die Umfrageergebnisse richtig kennengelernt haben.

Antworten von Unentschiedenen

(*Formen der Kontaktaufnahme*) Wie Graphik 23 zu erkennen gegeben hat, sind die Prozentwerte bei den Unentschiedenen noch einmal deutlich niedriger; das heißt aber auch, daß wir es zumeist mit kleinen absoluten Zahlen zu tun haben. Hier wirkt sich der Faktor *Religionslosigkeit*, auf den ich unter 9.5 bereits zu sprechen gekommen bin, besonders stark aus. Nennenswert sind nur die 19%** für das *Gebet* (A) und die 15%, die für das Kontaktaufnehmen *in der Natur* (B) votiert haben. Sieht man sich die in den vorausgegangenen Abschnitten behandelten Ergebnisse an, so bewegen sich die Unentschiedenen so ziemlich genau in der Mitte: Mit den Gottgläubigen und den Transzendenzgläubigen haben die Unentschiedenen die von diesen Glaubenstypen priorisierten Wege, Kontakte aufzunehmen, als eigene Priorität gemeinsam, wenn auch auf deutlich niedrigerem Niveau.

(*Gründe für die Kontaktaufnahme*) Wo die Kontaktaufnahmen der Unentschiedenen – in den Redeformen – Fürbitt-Charakter haben, geht es zuerst und mit deutlichem Abstand um *wichtige Menschen* in der Umgebung: 28% sind hier verzeichnet. An zweiter und dritter Stelle geht es um *Frieden und Gerechtigkeit in der Welt* (23%) und um die eigenen *Hoffnungen und Ängste* (20%). *Krankheitsprobleme* (16%) und die Sorge um *Notleidende* folgen (12%) mit schon sehr kleinen Zahlen.

Zusammenfassend ist festzustellen, daß sich in den niedrigen absoluten Zahlen der gegenüber dem Gebet distanzierte Faktor Religionslosigkeit kräftig auswirkt. In den Formen der Kontaktaufnahme mischen sich die Prioritäten der Gott- und der Transzendenzgläubigen. Bei den Motiven stehen auch hier die personalen Lebensbeziehungen und die Sorge um die Lebensumstände auf der Erde an erster Stelle. Mit aller gebotenen Vorsicht kann wohl unterstellt werden, daß die geringen absoluten Zahlen der im Glauben Unentschiedenen auch ausdrücken, daß sie Kontakte zu Gott oder transzendenten Mächten weniger brauchen als diejenigen, die zu anderen Glaubenstypen gehören.

9.6 Fazit aus Kapitel 8 und 9

Ein Fazit aus den Kapiteln 8 und 9 läßt sich in Verbindung mit der These ziehen, die der SPIEGEL 1992 mit seinem Titel »Abschied von

Gott« aufgestellt hatte. Jenen Abschied diagnostizierte SPIEGEL-Redakteur *Werner Harenberg*, weil die im Sommer 1992 bei einer Umfrage gewonnenen Daten zeigten, daß die Zustimmung zu Glaubenssätzen, wie sie Katechismen enthalten, zwischen 1967 und 1992 zum Teil erheblich zurückgegangen war. Wie sich aufgrund unserer Untersuchung ergibt, kann von einem »Abschied von Gott« aber nicht gesprochen werden. *Die Entwicklung, die sich vollzieht, deutet eher darauf hin, daß sich die Gesichter Gottes wandeln.* Da dieser Wandel eindeutig zu Lasten des dogmatisch konturierten *persönlichen Gottes* geht – wir werden im weiteren Gang der Auswertung noch Belege genug dafür finden –, ist es angemessener zu sagen, daß sich ein *Abschied von der traditionellen Dogmatik bzw. Gotteslehre* vollzieht.

Dieses Ergebnis wird auch die nun folgende Auswertung der übrigen Fragen des Fragebogens bestätigen. Dabei gehe ich so vor, daß ich die Fragen und darin angesprochenen Themen nach den vier Bereichen der Quaternität der Lebensbeziehungen gliedere.

10. Die personalen Lebensbeziehungen

Zum ersten Bereich der Quaternität der Lebensbeziehungen gehören Beziehungen, die einzelne Menschen zu anderen haben. Doch auch das, was Menschen sagen, wenn sie über sich selbst nachdenken (vgl. etwa F30 F71), wird hier zur Sprache kommen, weil es das Personsein der Menschen im Kern betrifft. Die mit den Fragen zur Person (F12 bis F14) gewonnenen Daten werden in die Auswertung einbezogen.

Bereits unsere *Voruntersuchung* hatte ergeben, welch große Bedeutung die Beziehungen zu nahen bzw. wichtigen Menschen für die meisten haben: Die Gebetszettel, die wir aus der »Halle der Stille« vom Kirchentag 1989 in Berlin haben auswerten können, betrafen zu 41% die direkten persönlichen Beziehungen der Menschen. Dabei ging es den Betern – soweit erkennbar – um Menschen innerhalb von Familie, Partnerschaft oder Freundschaft und um andere Einzelschicksale. Die anderen Bereiche der Quaternität der Lebensbeziehungen waren folgendermaßen vertreten: Beziehungen zur Erde (II): 7%, zu Werten und Ordnungen (III): 17%, zu Gott (IV): 35%.

10.1 Beziehungen der Menschen zu sich selbst

Zufriedenheit mit dem Leben

Ob ein Mensch mit seinem Leben zufrieden ist oder nicht, ist eine entscheidende Frage – für ihn selbst genauso wie für diejenigen, mit denen er umgeht. Das ist eine einfache Wahrheit. Die Umfrage zeigt, daß Zufriedenheit oder Unzufriedenheit mit dem (eigenen) Leben (F30) in Verbindung steht damit, ob ein Mensch regelmäßig Kontakte zu anderen hat oder nicht. Differenzen zwischen den Typen der Glaubenstypologie betreffen nicht die Freundeskontakte (F19) und deren Bewertung (F19a). Sie treten aber deutlich zutage im Blick auf die Zufriedenheit mit dem Leben (F30), die Bereitschaft, anderen Menschen Zeit und Hilfe anzubieten, wenn diese Probleme haben (F20.3), sowie im Blick auf regelmäßige Kontakte zu Verwandten (F18). Bei den *Verwandtenkontakten* bestätigt sich die – wenn auch nicht immer dominante[12] – Nähe zwischen Gottgläubigkeit und Familientyp.

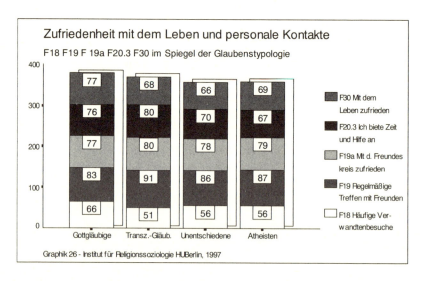

Graphik 26 - Institut für Religionssoziologie HUBerlin, 1997

Persönlich zu etwas bestimmt?

In der Antwort auf die Frage, *ob jemand sich persönlich zu etwas bestimmt weiß* (F71), zeigen sich ebenfalls deutlich Unterschiede innerhalb der Glaubenstypologie. In den Basisbezirken insgesamt sagen ⌀ 19% *Ja*,

---

[12] S. Graphik 15 zur Korrelation zwischen Lebensformen und Glaubenstypen.

35% *Nein*, 35% *Weiß ich nicht*; das entspricht annähernd auch den Prozentwerten der Transzendenzgläubigen (19% *Ja* / 32% *Nein* / 40% *w.i.n.*). Davon weichen deutlich die Prozentwerte der anderen ab: bei den Gottgläubigen sind es 32%***/19%***/36%, bei den Unentschiedenen 10%*/35%/46%* und bei den Atheisten 7%***/60%***/22%**. Hier kann man vielleicht noch nachwirken sehen, daß nach lutherischem Verständnis *jeder* Beruf mit *Berufung* durch Gott zu tun hat. Denn die Zusatzfrage (F71a: *Von wem bestimmt?*) klärt darüber auf, daß von denjenigen, die sich zu etwas bestimmt fühlen, zwei Drittel zu den Gottgläubigen gehören, und von diesen wiederum 67% *Gott* als denjenigen nennen[13], von dem die Bestimmung ausgeht. Es verwundert deshalb nicht, daß außerhalb der Basisbezirke einzig die *Theologinnen und Theologen* mehrheitlich *Ja* zu dieser Frage gesagt haben. *Das Bewußtsein, persönlich zu etwas bestimmt zu sein, korreliert also in besonderer Weise mit dem Glauben an einen persönlichen Gott.*

Ist das persönliche Schicksal einmalig?

Anders sieht das Bild bei F72 aus: *Ihr persönliches Schicksal* sehen gut ein Drittel aus allen Typengruppen (Ø 36%) *als einmalig* an. Lediglich unter denen, die dies verneinen, weisen die Atheisten 7% mehr als der Durchschnitt (28%) auf. Das *persönliche Schicksal* – der Ausdruck wird ja oft verwendet, wenn es um ein schweres Los geht – ist im Bewußtsein der Menschen offenbar etwas anderes als eine persönliche *Bestimmung zu* etwas, mit der im allgemeinen ja etwas Wichtiges oder gar »Höheres« gemeint ist. Und eine solche Bestimmung können vor allem die Menschen in den beiden Hunsrückbezirken nicht für sich sehen.

Was mich zur Zeit am meisten bedrückt

Auch in dem, *was einen Menschen (zur Zeit am meisten) bedrückt* (F36), kommt viel von seiner Selbstbefindlichkeit heraus. Alle vier Typen sind ungefähr gleich stark und auf hohem Prozentniveau von der *Umweltzerstörung* beeindruckt (Ø 58%). Ebenfalls fast gleich stark ist die Bedrückung, die für alle von *Unrecht und Unfrieden* in der Welt ausgeht (Ø 55%). Auffallend ist, daß Atheisten (27%*) eher und Gottgläubige (11%**) seltener als die anderen[14] (Ø 19%) von ihrer *finanziellen Lage*

---

[13] Ungefähr die Hälfte derer, die sich zu etwas bestimmt wissen, meinen auch, diese Bestimmung in ihrem Leben teilweise verwirklichen zu können (F71b).
[14] Gottgläubige sind auch von ihrer *beruflichen Lage* weniger als die anderen bedrückt.

bedrückt werden. Umgekehrt sorgen sich Gottgläubige (19%*) deutlich eher als Atheisten (9%*) um ihre *Gesundheit* – ein Faktum, das schwer zu erklären ist, außer man wollte sagen, die äußere und die innere Situation stünden in einer umgekehrt proportionalen Beziehung zueinander, so daß dann, wenn die äußere Situation problemlos ist, die Beschäftigung mit inneren Problemen zunimmt, und umgekehrt. Außerdem ist aber zu bedenken, daß die Gottgläubigen ab der Altersgruppe der 35-44jährigen in den Basisbezirken ein Übergewicht haben, mithin hier auch altersbedingte Faktoren hineinspielen können.

Kleidung

Kleidung wird von allen Gläubigkeitstypen in ungefähr gleicher Weise als Ausdruck des Selbstgefühls (*In der Kleidung drücke ich aus, wer ich bin* – F46) verstanden (∅ 29%). Auch die andere Aussage in F46 *Mit meiner Kleidung will ich anderen und mir selbst gefallen* (∅ 45%; keine Differenz innerhalb der Glaubenstypologie) betont das Selbstverständnis, wendet den Blick allerdings auch schon hinüber zu den anderen Menschen (s. Abschnitt 10.2).

Die gewünschte Bestattungsart

Schließlich läßt sich die Frage danach, *wie jemand einmal bestattet werden möchte* (F53), mit dem Selbstverständnis dieses Menschen einschließlich seiner Glaubensbeziehung in Verbindung bringen. Und hier zeigen sich wieder große Differenzen:

Abgesehen von den großen Differenzen in der Wahl der Bestattungsart fällt auf, daß die Gottgläubigen den kleinsten Anteil derer haben, die sich noch nicht festlegen wollen. Die Menschen auf dem Lande und die kirchennahen Gruppen wählen die Erdbestattung im übrigen mit großen Mehrheiten. Sie denken insofern traditionsgebunden und erdebezogen. In den Stadtbezirken wird die Erdbestattung nur noch in Kreuzberg von einem Drittel gewählt. In Mitte und Wannsee werden dagegen bereits Feuer- und Seebestattung zusammen jeweils von fast 40% der Antwortenden bevorzugt. *Die traditionelle Bestattungsart, die Erdbestattung, korreliert also auch hier ersichtlich mit der traditionellen Gottgläubigkeit*: Wo diese zurückgeht bzw. -gegangen ist, nehmen die anderen Bestattungsformen zu. Von den *Frauen* wählen 40% die Erd- und 24% die Feuerbestattung; bei den *Männern* betragen die Prozentwerte 30% bzw. 22% – das heißt auch: sie lassen die Frage häufiger (34%) als Frauen (26%) offen.

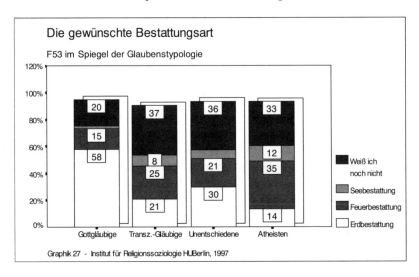

Graphik 27 - Institut für Religionssoziologie HUBerlin, 1997

Noch drastischer werden die Unterschiede zwischen den Gläubigkeitstypen in der Zusatzfrage F53a, die danach fragt, ob jemand ein *Grab mit seinem Namen* oder eine ›*anonyme Bestattung*‹ haben möchte. 85%** der Gottgläubigen, 53%* der Transzendenzgläubigen, 70% der Unentschiedenen und 45%** der Atheisten wollen ein *Grab mit Namen*. Hier entscheiden sich die Unentschiedenen also eher wie die Gottgläubigen und die Transzendenzgläubigen wie die Atheisten. Umgekehrt lauten die Prozentwerte für ein *anonymes Grab* in derselben Reihenfolge: 8%** / 19% / 14% / 50%***. Das heißt, daß sich hier die Atheisten deutlich absetzen. Noch nicht festlegen wollen sich hier 7%** / 28%** / 16% / 26%*. *Frauen* wollen eher ein Grab mit Namen als Männer (71% / 64%), *Männer* eher ein anonymes Grab als Frauen (19% / 14%). In den Bezirken findet die ›anonyme Bestattung‹ in Wannsee mit 27% die höchste Zustimmung. Auf dem Land (über 90%), bei den Kirchen- und Gemeindenahen, Konfessionsschülern (über 80%) und selbst bei den anderen Schülern (69 bis 78%) wird die Erdbestattung noch unangefochten bevorzugt. Auch hier gibt sich also eher eine Korrelation zwischen traditioneller Gottgläubigkeit und einem mit Namen gekennzeichneten Grab zu erkennen. Es liegt nahe, daß sich in der Betonung des Namens das *personale Element* ausdrückt, das zum traditionellen Glauben an den persönlichen Gott hinzugehört. Mag sein, daß dieses Element *auch* dafür sorgt, daß die Gottgläubigen eine Bestattungsform wählen, bei der der mit der Personalität der menschlichen Existenz eng verbundene Leib als Leichnam erhalten und bestattet wird.

Was sagt aus, wer ich bin?

Schließlich haben wir in F27 eine Frage gestellt, deren Antworten wesentliches über das Selbstverständnis der Befragten auszusagen vermögen: *Wenn jemand wissen möchte, wer Sie sind, was muß er / sie dann unbedingt von Ihnen wissen?* Die Antwortvorgaben ließen es zu, die persönliche Identität durch die Beziehung zu inneren und äußeren Größen bzw. Werten auszudrücken; von der Möglichkeit zu einer offenen Antwort ist dagegen selten Gebrauch gemacht worden. Den Überblick über die Ergebnisse, der die fünf Nennungen summiert und prozentual umrechnet, zeigt Graphik 28:

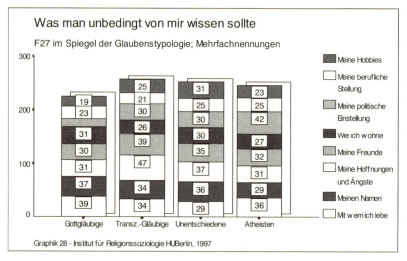

Die Identität hängt – wenn man der Reihenfolge der Durchschnittswerte in den Basisbezirken folgt – vor allem mit diesen acht Variablen zusammen, deren Häufigkeiten in Graphik 28 noch einmal auf die Glaubenstypologie aufgeteilt worden sind. ›Wer ich bin‹, hat dann vor allem mit den personalen Beziehungen zu *Lebenspartnern und -partnerinnen* (Ø 35%), *Freundinnen und Freunden* (Ø 33%)[15], *Hoffnungen und Ängsten* (Ø 34%), dem *Namen* (Ø 34%), der Art des *Wohnens* (Ø 29%[16]), der *politischen Einstellung* (Ø 28%), der *beruflichen Stellung*

---

[15] Das Lebensalter spielt hier eine wichtige Rolle; generell gilt: je älter die Menschen, desto bedeutender sind die Lebensgefährten, je jünger, desto bedeutender die Freundschaften.

[16] In den Hunsrückbezirken einschließlich des Gymnasiums Simmern hat das Wohnen eine große Bedeutung: in keinem anderen Umfragebezirk sind für diese

(Ø 24%) und den *Hobbies* (Ø 24%) zu tun. *Welchen Glauben ich habe* folgt erst an 10. Stelle (Ø 15%) – außer bei den Theologengruppen, wo diese Aussage am häufigsten vorkommt.

Sieht man sich die personalen Beziehungen an, so sagen *Mit wem ich lebe* und *Meine Freunde* zusammen bei allen Gläubigkeitstypen am meisten über die Identität aus, auch wenn die Anteile für jede der beiden Variablen jeweils unterschiedlich ausfallen. Bei den Gottgläubigen stehen die *Lebenspartner* an erster und bei den Atheisten an zweiter Stelle. Dieser hohe Rang hat damit zu tun, daß in diesen Gruppen besonders viele in Familien leben, während bei den Transzendenzgläubigen und Unentschiedenen die Partner-Typen, Singles und ledig in Familien Lebenden stärker vertreten sind. Wichtig ist in diesem Zusammenhang, daß bei den Transzendenzgläubigen und Unentschiedenen die inneren Lebensaspekte – *Hoffnungen und Ängste* – an erster Stelle stehen, also die Beziehung zu sich selbst dominiert. Dabei spielen die Partner- und die Singlefrauen unter 45 Jahren mit 47% bzw. 55% eine große Rolle, denn sie haben am häufigsten *meine Hoffnungen und Ängste* angekreuzt.

Atheisten ist die *politische Einstellung* am ehesten wichtig für die eigene Identität, während sie bei Gottgläubigen fast bedeutungslos ist. Hier zeigt sich eine der polaren Differenzen zwischen Gottgläubigen und Atheisten. Es könnte sein, daß sich bei *Atheisten* in der als primäres Identitätskennzeichen gewählten *politischen* Einstellung ein Element ihres spezifischen Werte-Kosmos abbildet. Zu dieser Interpretation paßt das Faktum, daß die Gottgläubigen die politische Einstellung offenbar nicht identitätsstiftend finden. Und andererseits deutet die Priorisierung der Lebensgemeinschaft als Identitätskennzeichen bei den Gottgläubigen darauf hin, daß ihr Gottesglaube besonders mit dieser Art der Lebensbeziehung zu tun hat. Nimmt man hinzu, daß bei den Gottgläubigen – wie bei den Unentschiedenen auch – der *Name*[17] an zweiter Stelle steht, so läßt sich vermuten, daß die kirchliche *Taufe* als Sakrament in Verbindung mit der Namengebung deshalb immer noch große Bedeutung hat, weil sie dieser Prioritätensetzung entgegenkommt.

Mit dem klaren Akzent auf den *personalen Beziehungen als vorrangigen Identitätskennzeichen* weist das Ende dieses Abschnitts bereits hinüber in den nächsten.

Variable 40% bzw. 44% Voten abgegeben worden. In den Dörfern steht das Wohnen an dritter Stelle der Identitätskennzeichen.

[17] Der Name ist in den Hunsrückdörfern, doch auch bei den Theologen und Schülern, von besonderer Bedeutung.

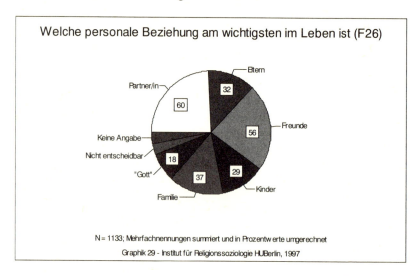

Graphik 29 - Institut für Religionssoziologie HUBerlin, 1997

10.2 Beziehungen zu nahen bzw. wichtigen anderen Menschen

Was sich in F27 bereits gezeigt hat, wird von F26 noch unterstrichen: Die beiden ersten Stellen nehmen auch hier die *Wahlverwandtschaften* zu *Partner/-in* und *Freunden* ein. Es folgen die *Blutsverwandtschaften* mit der *Familie*, den *Eltern* und *Kindern* – wobei der Familienstand hier natürlich die Aussagen stark mitbestimmt. Die »Gottes«beziehung wird mit ⌀ 19% schon deutlich seltener genannt. Das heißt allerdings nicht, daß sie (so gut wie) gar keine Rolle spielt, sondern nur, daß sie keine *solistische* Rolle spielt. Wenn wir an die Ergebnisse zu F9a denken, dann schließt dieses Ergebnis die Möglichkeit jedenfalls nicht aus, daß die Gottesbeziehung *den personalen Lebensbeziehungen funktional zugeordnet wird,* also gar nicht um ihrer selbst willen bzw. für sich genannt werden kann, weil sie nur in Verbindung mit anderen elementaren Lebensbeziehungen eine lebensdienliche Bedeutung hat. Diese Möglichkeit muß jedenfalls im Auge behalten werden. Für nicht entscheidbar halten die Frage ⌀ 7%.

Bezogen auf die *Glaubenstypologie* differenziert sich das Bild aus: Die *Partner-* und *Freundesbeziehungen* sind für die Gottgläubigen weniger wichtig als für die anderen Glaubenstypen; und entsprechend der Nähe, die dieser Glaubenstyp zur Familie als Lebensform hat, spielen umgekehrt *Kinder* und *Familie* bei ihnen eine größere Rolle. Aber auch der Anteil, den die Gottesbeziehung für sich selbst hat, hat hier einen großen Prozentsatz von Nennungen erhalten. Die *Eltern* kommen bei den drei anderen Glaubenstypen sehr viel besser weg, obwohl die *Dominanz der wahlverwandtschaftlichen Beziehungen* dadurch keinesfalls beeinträchtigt wird. Der Grund dafür wird auch darin zu sehen sein, daß unter den Gottgläubigen die älteren Jahrgänge sehr viel stärker vertreten sind als unter den anderen Glaubenstypen.

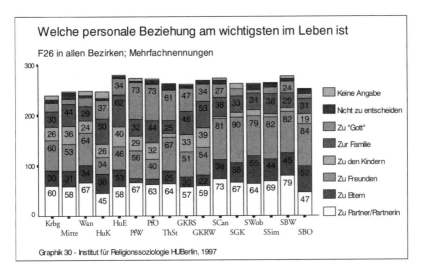

In den städtischen Basisbezirken dominieren die *Freundesbeziehungen*, wobei nur in Mitte dann nicht die Partnerbeziehungen, sondern die *Familie* an zweiter Stelle genannt wird. Die Familie ist wiederum in den Dörfern dominant; die Partnerbeziehung hat dort nur den dritten Rang. Auch der Anteil derer, die die *Gottesbeziehung* als wichtigstes im Leben nennen, beträgt nur in den Dörfern jeweils mehr als ein Drittel.

Graphik 31 zeigt sehr eindrücklich, wie sich die personalen Lebensbeziehungen im Blick auf die jeweils wichtigsten Personengruppen innerhalb der Altersgruppen verschieben: Mit zunehmendem Alter nimmt die Bedeutung von *Partnerin / Partner*, *Eltern* und *Freundschaften* ab, während die Beziehungen zu *Kindern*, *Familie* und »*Gott*« bedeutender werden.

Das bislang gewonnene Bild wird noch kräftig unterstrichen durch die Ergebnisse von F28: Auch hier werden nahestehende Menschen bzw. solche, für die eine Schutzpflicht empfunden wird, zuallererst als Grund dafür genannt, daß *Menschen ihr Leben opfern* würden. Es ist interessant, wie selten vor allem *Heimatland, eigene Ideale* und *mein Glaube* angegeben worden sind. Es sieht so aus, als wenn der Einsatz

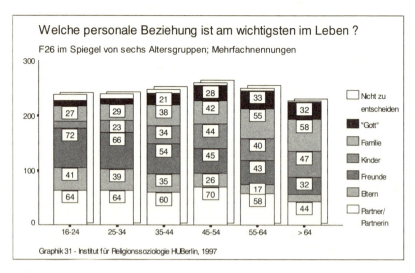

von Person und Leben im Grunde nur da als angemessenes Mittel angesehen wird, wo es unmittelbar um die Rettung von Person und Leben sehr nahestehender Menschen geht. Auch die Schülerinnen und Schüler stehen in der Bereitschaft, ihr Leben für andere Menschen einzusetzen, keinesfalls zurück.

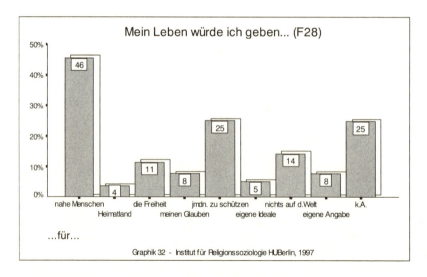

Im Blick auf die *Glaubenstypologie* ergeben sich deutliche Differenzen zwischen den Gottgläubigen und den anderen Glaubenstypen: Gottgläubige votieren ungefähr 10% häufiger für die *Rettung naher Men-*

schen (52%* / 39% / 42% / 43%) und zwischen 5% und 10% häufiger für das Motiv, *andere nicht verraten zu wollen*. Außerdem nennen sie den eigenen *Glauben* als Grund für die Lebenshingabe deutlich öfter: 18%*** / 2%* / 1%** / 2%**. Innerhalb der Gesamtumfrage werden sie an diesem Punkt nur von den Theologengruppen übertroffen (23-32%).

Für einander bestimmt?

Die Hälfte derer, die in einer festen Lebensgemeinschaft leben, geben in F15 an, *füreinander bestimmt zu sein* (∅ 49%; N = 642). Dabei haben Gottgläubige deutlich häufiger als andere zugestimmt (72%*** / 35% / 39% / 27%**). Es versteht sich, daß sie in der (offen gestellten) Zusatzfrage F15a, *von wem die Bestimmung ausgeht*, mit 40%** *Gott/ Glaube* nennen. Von allen vier Glaubenstypen sind dann noch *Liebe/ Vertrauen* (∅ 27%; vor allem Unentschiedene nennen diese Art von Bestimmung), das *Schicksal* (∅ 14%) und entdeckte *Gemeinsamkeiten* (13%) genannt worden. *Gemeinsamkeiten* nennen vor allem Atheisten (30%*) als bestimmend für die Lebensgemeinschaft, während Gottgläubige an diesem Punkt kaum eine bestimmende Kraft sehen (5%*).

Wo zuerst Rat gesucht wird

Ohne nennenswerte Unterschiede nennen alle Glaubenstypen in F29 gleich häufig *als ersten Ratgeber Partner bzw. Partnerin* (∅ 65%). An

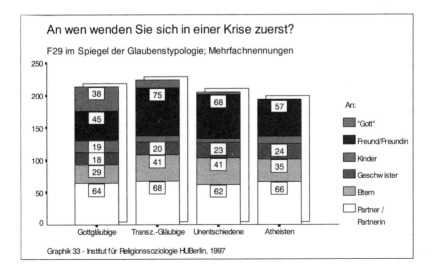

Graphik 33 - Institut für Religionssoziologie HUBerlin, 1997

zweiter Stelle folgen *Freund bzw. Freundin* (∅ 58%), wobei es allerdings schon erhebliche Differenzen zwischen den Typengruppen gibt. Die Gründe dafür liegen hier wie bei anderen Fragen in der jeweiligen Lebensform der Antwortenden. Auf den nächsten ›Plätzen‹ folgen *Eltern* (∅ 35%) und *Geschwister* (∅ 21%), gefolgt von »*Gott*« als Ratgeber (∅ 18%). Auch hier sind Differenzen zwischen den Gruppen jeweils deutlich und z.T. gravierend. Doch sie ändern nichts an dem Ergebnis, daß die in den Antwortvorgaben angebotenen professionellen Ratgeber (*Beratungsstelle*: ∅ 6%; *Psychotherapeut/in*: ∅ 4%; *Pfarrer/in*: ∅ 5%; *Arzt/Ärztin*: ∅ 9%) genauso wenig Bedeutung haben wie *Kollege/Kollegin* (∅ 5%), auch wenn die Prozentwerte innerhalb der Typengruppen etwas schwanken. *Dominant sind als Ratgeber die bluts- und wahlverwandtschaftlich verbundenen Personen.*

Hilfsbereitschaft

Die Hochschätzung der personalen Kontakte wird auch in der Praxis durchaus bewährt. Die meisten Menschen in den Basisbezirken haben häufig *Kontakt zu Verwandten* (F18: ∅ 59%), Gottgläubige häufiger als der Durchschnitt (66%), Transzendenzgläubige seltener (51%). Die intensivsten Kontakte aber gibt es im Freundeskreis (F19: ∅ 86%), wobei hier die Gottgläubigen leicht unter und die Transzendenzgläubigen leicht über dem Durchschnitt liegen. Und F20 ergab, daß ∅ 73% in den Basisbezirken[18] dann, wenn Verwandte oder Freunde Probleme haben, *Zeit und auch Hilfe anbieten*, und 40% bereit sind, *praktisch zu helfen*. In beiden Fällen ist die Hilfsbereitschaft der *Frauen* übrigens größer als die der Männer.

Der ideale »Typ«

In der Charakterisierung des »Typs«, der man gerne sein möchte (F31), wird – und zwar ohne nennenswerte Differenzen zwischen den Glaubenstypen – *verantwortungsbewußt* (∅ 52%) favorisiert. *Hilfsbereit* (52%) bekommt gleich viele Nennungen, wird aber innerhalb der Glaubenstypologie vor allem von Gottgläubigen angekreuzt (∅ 62%*), die für den hohen Gesamtdurchschnitt sorgen. Auch der am dritthäufigsten

---

[18] In der Glaubenstypologie gibt es eine maximale Differenz zwischen Transzendenzgläubigen (81%) und Atheisten (67%).

genannte »Typ« – *verläßlich, treu* (∅ 48[19]) – gehört in den Bereich, der die Beziehungen der Menschen untereinander betrifft. *Erfolgreich* und *sportlich*, eher beziehungsneutrale Charakteristika (je ca. ∅ 25%), oder gar *cool* stehen weit zurück in der Gunst. Außerhalb der personalen Ebene ist *umweltbewußt* am wichtigsten für die Befragten allgemein (∅ 39%) und besonders für Transzendenzgläubige (45%) und Unentschiedene (43%), weniger für Atheisten (34%).

Sozialität des Menschen

Daß die Priorisierung der personalen Beziehungen auch im Nachdenken über das *Wesen und die Beschaffenheit des Menschen* verankert ist, zeigt ein Blick auf die Variable *Es ist gut, daß wir Menschen aufeinander angewiesen sind und uns gegenseitig helfen können* in F45: Sie erhält in der Basisumfrage am meisten Zustimmung (40,8%), fast gleichauf mit der Aussage *Am Menschsein gefällt mir, daß die lebensnotwendigen Dinge wie Essen, Trinken, Sexualität auch noch Spaß machen* (40,6%). Beide Variablen weisen in die soziale Dimension unserer Existenz.

In beiden Fällen gibt es übrigens deutliche Differenzen in der Glaubenstypologie: Das *Aufeinanderangewiesensein* schätzen Gottgläubige (51%*) am meisten – vor Unentschiedenen (38%), Atheisten (35%) und Transzendenzgläubigen (29%). Im Blick auf die andere Variable, die die Lebensfreude betont, gibt sich die *alte Leibfeindlichkeit des traditionellen Glaubens* deutlich zu erkennen: Wären die Gottgläubigen mit 34%* nicht deutlich unter dem Durchschnitt, hätte es mit den Voten der drei anderen Glaubenstypen (45% / 41% / 48%) in den Basisbezirken Priorität für diese Variable gegeben. Städter favorisieren im übrigen die *Freude an dem Lebensnotwendigen*, während Menschen auf dem Lande eher – wie die Kirchen- und Gemeindenahen – die *Sozialität unserer Existenz* unterstreichen.

Glück

Auch in den Antworten auf die offen gestellte Frage F38, was *Glück* für die Menschen ist, bestätigt sich der Trend.

Unangefochten und ohne nennenswerte Differenzen innerhalb der Glaubenstypologie stehen die *personalen Beziehungen* bei der 1. Nennung in F38 an erster Stelle. Das entspricht dem allgemeinen Verständ-

---

[19] Die größte Differenz gibt es hier zwischen Gottgläubigen (57%*) und Atheisten (38%*).

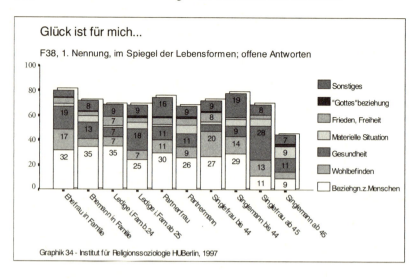

Graphik 34 - Institut für Religionssoziologie HU Berlin, 1997

nis von *Glück*, in dem ›Glück haben‹ und ›gute menschliche Beziehungen haben‹ weitgehend identisch sind. Die Unterschiede, die Graphik 34 ausweist, hängen vor allem mit den Kontakten zusammen, die sich für die Menschen in den unterschiedlichen Lebenssituationen ergeben. Bemerkenswert ist, daß das Interesse daran, die Frage zu beantworten, mit steigendem Alter deutlich abnimmt. Auch darin spiegelt sich wohl, daß im Alter für sehr viele die menschlichen Kontakte drastisch abnehmen.

Wichtig beim Wohnen

Heimat hängt für die meisten Menschen mit der *Nähe vertrauter Menschen* zusammen (F41: ∅ 45%). Während Gottgläubige und Unentschiedene hier Durchschnittswerte zeigen, kreuzen Transzendenzgläubige (52%) diese Variable häufiger und Atheisten sie seltener (40%) an. An zweiter Stelle wird genannt *Wo ich wohne* (∅ 32%). Dazu paßt, daß auf die Frage danach, *was die Menschen brauchen, damit sie gerne in einer Wohnung wohnen* (F42), keinesfalls die zuerst angebotene Variable (*Viel Platz in der Wohnung*: ∅ 55%) oder der Wunsch nach einer *Grünfläche/einem Park in der Nähe* (∅ 60%) am häufigsten angekreuzt worden sind, sondern *Gute Nachbarschaft im Haus, in der Straße* (∅ 61%). Den Durchschnitt beeinflussen in diesem Fall die Voten aus dem Osten Berlins und den ländlichen Bezirken sowie die Voten der Frauen positiv. Die Transzendenzgläubigen (53%) bleiben deutlich unter dem Durchschnitt, die Gottgläubigen liegen leicht darüber (65%).

Wichtig im Berufsleben

Sehr verwandt – und gleichfalls überraschend – fallen die Antworten aus, die auf die Frage danach gegeben worden sind, was den Menschen *im Berufsleben am wichtigsten*[20] ist (F44c). Nicht der *sichere Arbeitsplatz* und auch nicht *Bezahlung* oder *Karrieregedanken* stehen im Vordergrund, sondern die – als letzte Antwortvorgabe angebotene – Variable *Nette Kolleginnen und Kollegen* (∅ 49%). Beeinflußt haben dieses Ergebnis vor allem die *Frauen*, von denen 53% diese Aussage angekreuzt haben – 9% mehr als die Männer (44%). Innerhalb der Glaubenstypologie gibt es keine großen Differenzen, nur ein ganz leichtes Übergewicht der Transzendenzgläubigen (51%).

Wer sagt, was gerecht ist

Eine besonders wichtige Dimension der personalen Beziehungen wird von den Ergebnissen zu F59 und F83 angesprochen. Zwar zeigt sich, daß Familienangehörige sowie Freunde im Bewußtsein der Befragten keine große Rolle spielen, wenn es zu erklären gilt, woher Menschen ihre ethischen Normen haben. Die Frage jedenfalls *Wer sagt Ihnen, was gerecht ist?* (F59) weist hier nur mit ∅ 13% auf die *Familie* und mit ∅ 15% auf den *Freundeskreis*. Mit annähernd gleichen Prozentwerten steht *Ich selbst aus meinem Gewissen* als Normengeber (∅ 69%) an erster Stelle, gefolgt von *Ich selbst* (∅ 22,8%) und *Die religiösen Gesetze meines Glaubens (z.B. 10 Gebote«)* (∅ 22,7%). Da aber, wo die *Familie* genannt wird, sind es innerhalb der Gesamtumfrage vor allem die Schülerinnen und Schüler (zwischen 35% Canisius und 21% Berlin-Ost), die zustimmen und damit aus ihrer Lebenssituation heraus sprechen. Im Blick auf die *Freundesbeziehungen* zeigen sich zwischen den Bezirken so große Unterschiede, daß daraus kein eindeutiges Fazit gezogen werden kann. Bemerkenswert ist nur, daß in den Hunsrückdörfern und bei den Gemeindenahen sowie in den Westberliner Schulen die Prozentwerte bei der Variable *Meine Freunde ...* sehr niedrig sind (zwischen 4 und 9%). Was die Verteilung gemäß der Glaubenstypologie angeht, so wird *Meine Familie* eher von Gottgläubigen (16% / 9% / 10% / 14%) und *Meine Freunde ...* eher von Atheisten (9%* / 18% / 16% / 21%*) genannt. Doch zeigt sich bei der Variable *Meine Familie* die starke Bedeutung, die die Familie in Mitte hat, ebenfalls noch wirksam.

---

[20] Die Rangfolge »am wichtigsten, am zweitwichtigsten, am drittwichtigsten«, die der Fragebogen enthält, ist bei den folgenden Durchschnittswerten nicht berücksichtigt worden. Die Voten zu den einzelnen Variablen wurden summiert.

Doch auch *Eltern und andere nahe Menschen* werden in den Basisbezirken (F83) durchaus mit einem nennenswerten Prozentsatz (Ø 16% = 186 Nennungen) als *Vorbilder* genannt, wobei hier zwischen Gottgläubigen (21% dieser Gruppe) und Atheisten (10% dieser Gruppe) schon eine erhebliche Distanz zu erkennen ist[21]. Nennenswert ist der Prozentsatz allerdings nur in Bezug auf den ersten Rang, auf dem (unterschiedliche) *Größen der Geistesgeschichte* stehen (Ø 19% = 219 Nennungen), doch nicht im Blick auf N = 1133.

Die Erfahrung im Leben, die am meisten berührt hat

Einen wichtigen Akzent setzt F86, weil hier der *Erfahrungsbereich* angesprochen wird und somit die eigene Existenz stärker als sonst mit ins Spiel kommt. Ich widme dieser Analyse deshalb großen Raum. Bewußt war gefragt worden nach der Erfahrung im Leben, die die Befragten am meisten *berührt* hat. Die im Anhang abgedruckten Prozentwerte aus den Bezirken zeigen schon auf den ersten Blick, welche Bedeutung die *elementaren Erfahrungen* haben, die mit dem *Anfang einer Liebe, der Geburt* und dem *Tod von (nahen) Menschen* zu tun haben. Eine nennenswerte Rolle spielen noch die eigene *Hochzeit* und ein besonderes *politisches Ereignis* sowie – außerhalb der Basisbezirke vor allem bei Schülerinnen und Schülern – *Enttäuschungen* durch einen nahen Menschen. Die folgenden Graphiken stellen dar, wie sich die gewonnenen Daten auf die *Altersgruppen* und *Geschlechter* sowie innerhalb der *Glaubenstypologie* verteilen. Die Graphiken können die internen Einflüsse verdeutlichen, die diese Parameter wechselseitig aufeinander haben. Dabei sind diejenigen Werte aus F86 berücksichtigt worden, die zumindest von einem der Gläubigkeitstypen 10% der Voten erhalten haben[22].

Beginnen wir bei der *Altersverteilung*. Sie weist aus, welche altersbedingten Verschiebungen innerhalb der biographischen Zeitachse beobachtet werden können:

Der *Anfang einer Liebe* hat die jungen (16-24 Jahre) und jüngeren (25-34 Jahre) Menschen am meisten berührt. In der Altersgruppe der 35-44jährigen steht die *Geburt eines Kindes* an erster Stelle. Und diejenigen, die 45 Jahre und älter sind, nennen Erfahrungen mit dem *Tod*

---

[21] Von den 186 Nennungen stellen Gottgläubige insgesamt fast die Hälfte.
[22] Die im Fragebogen erbetene *Bewertung* der drei Nennungsmöglichkeiten ist hier nicht berücksichtigt worden; die drei Nennungen erscheinen als summierte Größen.

Die personalen Lebensbeziehungen

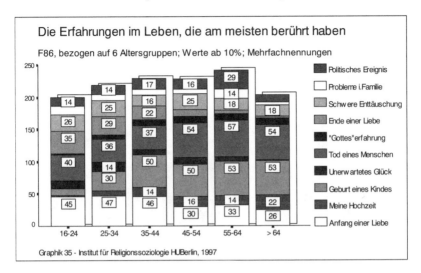

Graphik 35 - Institut für Religionssoziologie HUBerlin, 1997

eines Menschen zuerst. So begleitet der bewußt erlebte eigene Lebensbogen – Zueinanderfinden durch Liebe, Geburt eines Kindes, Älterwerden – auch die Erfahrungen, die gemacht werden, in der Intensität, in der sie die Menschen erreichen.

Der *Tod eines Menschen*, im Blick auf Großeltern und Eltern von den meisten in der Zeit bis zum 34. Lebensjahr erlebt, tritt bei den jungen und jüngeren Menschen an die zweite Stelle als eine sie tief berührende Erfahrung. In der Mitte des Lebens, zwischen 35 und 44 Jahren, tritt diese Erfahrung sogar auf den dritten Rang zurück. Ab 45 Jahren sind Erfahrungen mit dem Tod anderer dann aber durchgängig das, was die Menschen am meisten berührt.

Erfahrungen mit der *Geburt eines Kindes* werden von der jüngsten Altersgruppe verständlicherweise äußerst selten (11%) genannt. Die 25- bis 34jährigen sprechen sie am dritthäufigsten an, während sie bei den 35- bis 44jährigen zu der Erfahrung wird, die sie am meisten berührt. Ab 45 Jahren bleiben Erfahrungen mit der Geburt eines Menschen nach denjenigen mit dem Tod eines Menschen an zweiter Stelle bedeutsam. Und auch das entspricht dem Leben im Nebeneinander der Generationen, bei dem für die Menschen ab Mitte 40 zunehmend Enkelgeburten Bedeutung haben.

Graphik 36 - Institut für Religionssoziologie HUBerlin, 1997

Die zweite Graphik zu F86 zeigt sehr deutlich, wie unterschiedlich die von *allen* gemachten Erfahrungen von Frauen und Männern erlebt werden.

Bei *Frauen* spielen Erfahrungen, die mit der *Geburt eines Kindes* und mit dem *Tod eines Menschen* gemacht werden, mit je 46% Nennungen die erste, gleich große Rolle. In allen Bezirken werden diese beiden Erfahrungsarten von den Frauen am häufigsten oder zweithäufigsten genannt: Die Geburt eines Kindes wird am häufigsten in Mitte und den Hunsrückdörfern, der Tod eines Menschen am häufigsten in Kreuzberg und Wannsee genannt. Nur in Kreuzberg wird die Geburt eines Kindes durch den *Anfang einer Liebe*, die nun am zweithäufigsten genannt wird, etwas zurückgedrängt. Im Durchschnitt der Basisumfrage (Ø 34%) wird der *Anfang einer Liebe* am dritthäufigsten angekreuzt. In den *Bezirken* ist das in Wannsee und im evangelischen Gödenroth genauso, während im katholischen Beltheim statt dessen *Meine Hochzeit*[23], in Kreuzberg die *Geburt eines Kindes* und in Mitte ein *politisches Ereignis* am dritthäufigsten genannt werden. Nur in Mitte schlägt sich also wohl das Ende der DDR und die Vereinigung der beiden deutschen Staaten bei den Frauen als tiefgehende Erfahrung nieder.

Im Blick auf die *Altersschichtung* ist nachzutragen, daß in den Jahren zwischen 16 und 34 auch bei *Frauen* der *Anfang einer Liebe* am häufig-

---

[23] Es könnte sein, daß sich in Beltheim auswirkt, daß nach katholischem Verständnis die Hochzeit mit dem Sakrament der Ehe verbunden ist – wie übrigens ja auch für beide Konfessionen durch die Praxis der Säuglingstaufe die Geburt eines Kindes mit dem Sakrament der Taufe.

sten genannt wird, danach aber zunehmend an Bedeutung verliert. Die *Geburt eines Kindes* erhält ihre beeindruckende Bedeutung für Frauen, von der Jugend an fast durchgängig ansteigend, vor allem in den drei Altersgruppen zwischen 35 und 65 Jahren, in denen fast zwei Drittel der Antwortenden dieses Ereignis als sie am meisten berührend genannt haben. Der *Tod eines Menschen* wird für Frauen kontinuierlich aufsteigend bis ins Alter immer bedeutsamer und übertrifft an Bedeutung im Alter die Erfahrungen an Wichtigkeit, die mit der *Geburt eines Kindes* gemacht worden sind bzw. werden.

Bei den *Männern* wird – mit einer Ausnahme[24] – in allen Bezirken und somit auch im Durchschnitt der Basisumfrage der *Anfang einer Liebe* als diejenige Erfahrung genannt, die sie am meisten berührt hat. Wiederum mit einer Ausnahme wird von den *Männern* der *Tod eines Menschen* am zweithäufigsten als die sie am meisten berührende Erfahrung im Leben genannt. Nur in Mitte sprechen die Männer am zweithäufigsten von einem *politischen Ereignis* als der Erfahrung, die sie am meisten berührt habe. Zu vermuten ist, daß auch bei ihnen damit die große Wende in Deutschland gemeint war. Die *Geburt eines Kindes* schließlich wird von den Männern an dritter Stelle genannt, und zwar in allen Bezirken bis auf Beltheim, wo sie am häufigsten genannt wird.

Auch bei den Männern wirkt sich aus, was ich schon ganz allgemein zu den Unterschieden in der Biographie ausgeführt habe. Der *Anfang einer Liebe* bleibt in den drei Altersgruppen zwischen 16 und 44 Jahren das überragende Ereignis, danach wird es weniger bedeutend. Die *Geburt eines Kindes* nimmt im Leben der Männer an Bedeutung zu, je älter sie werden. Der *Tod eines Menschen* beeindruckt Männer abnehmend von der Jugend (16-24 Jahre: 40%) bis zur Altersgruppe der 35- bis 44jährigen, liegt hier bei 32%. In den beiden Altersgruppen zwischen 45 und 64 Jahren gewinnt der *Tod eines Menschen* rapide an Bedeutung (50% / 59%), um danach wieder etwas abzusinken.

Die Unterschiede im Bewerten der Lebenserfahrungen durch Frauen und Männer sind also erheblich. Besonders erwähnenswert ist die Tatsache, daß Frauen die sie am meisten berührenden Erfahrungen mit Ereignissen verbinden, in denen ihr Leben *unmittelbar* (in der Geburt eines *eigenen* Kindes) wie *mittelbar* mit *Lebensanfang und Lebensende anderer Menschen* in Berührung kommt. Mag sein, weil Männer keine Kinder gebären können und ihnen damit die *unmittelbare* Beziehung

---

[24] In Beltheim steht an erster Stelle die *Geburt eines Kindes*.

zur *Geburt eines Kindes* fehlt, wird dieses Ereignis von ihnen nur am dritthäufigsten genannt. Die Unmittelbarkeit der Erfahrung erleben Männer offenbar im *Anfang einer Liebe,* den sie am häufigsten nennen – und der wiederum von Frauen (im Durchschnitt aller Nennungen, also abgesehen von Unterschieden in den einzelnen Altersgruppen) erst am dritthäufigsten genannt wird. Vielleicht läßt sich dieses Ergebnis auch so zusammenfassen: *Frauen berühren die elementaren Erfahrungen, die mit den Grenzen des Lebens verbunden sind, tiefer als Männer; und Männer wiederum sind tiefer von Erfahrungen berührt, in denen sie sich in einer aktiven Rolle fühlen.* Mag sein, daß diese aktive Rolle dazu nötig ist, daß sie sich unmittelbar und tief berührt fühlen. Die anderen Menschen, die zu diesen Erfahrungen hinzugehören, bleiben daran aber immer nur *mittelbar* beteiligt.

Die Antwort *Enttäuschung durch einen nahen Menschen* ist von einem Viertel der Frauen als sie am meisten berührend genannt worden – das sind 4% mehr als bei den Männern. Überdurchschnittlich häufig werden solche Erfahrungen von ganz jungen und jüngeren Frauen (16-34) und von Frauen zwischen 45 und 54 Jahren genannt. Das *Ende einer Liebe* berührt *Männer (23%)* eher als *Frauen (19%);* bei beiden nimmt diese Erfahrung aber im Laufe des Lebens an Bedeutung ab.

Eine auffallende Differenz gibt es schließlich noch im Blick auf die Antwort *Eine ›Gottes‹erfahrung.* Wenngleich hier insgesamt keine hohen Prozentwerte herausgekommen sind (bei Männern und Frauen je

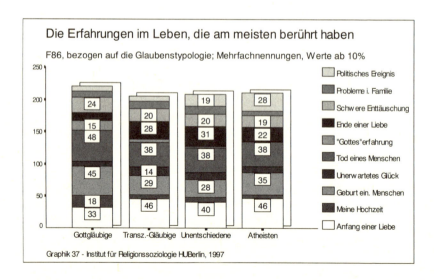

ca. 7%), so fällt doch auf, daß der Anteil der Männer, die diese Erfahrung angekreuzt haben, mit steigendem Alter zunimmt und in der Gruppe ab 65 Jahre 21% Nennungen erreicht.

Zum Schluß der Analyse von F86 soll nun der *Blick auf die Gläubigkeitstypologie* gerichtet werden. Wir können dabei die zuvor herausgefundenen Ergebnisse mit berücksichtigen.

Gottgläubige: Auf den ersten Blick gibt sich eine große Übereinstimmung zwischen den Bewertungen der Erfahrungen durch die Gottgläubigen und denjenigen zu erkennen, die wir von den Frauen kennengelernt haben. Näher betrachtet stehen bei den Gottgläubigen (48%) Erfahrungen an erster Stelle, die mit dem *Tod eines Menschen* zu tun haben, und an zweiter Stelle solche, die mit der *Geburt eines Kindes* gemacht worden sind. Sie setzen damit deutlich andere Gewichte als die anderen Glaubenstypen (45% / 30% / 28% / 35%), indem sie die mit den Grenzsituationen des Lebens verbundenen Erfahrungen – Tod und Geburt eines Menschen – als die sie am meisten berührenden nennen. Hier wirkt sich aus, daß 44% der Frauen, aber nur 32% der Männer zu den Gottgläubigen gehören[25]. Im Unterschied zur Basisumfrage insgesamt, in der der *Anfang einer Liebe* am zweithäufigsten genannt wird (Ø 40%), weisen die Gottgläubigen mit 33% hier deutlich weniger Nennungen auf. Außerhalb der Basisbezirke sind es aber interessanterweise *Theologen und Theologinnen* und, von den Schulen im Osten abgesehen, die *Schülerinnen und Schüler*, die hier die höchsten Werte aufweisen. Das ist wohl, was die Kirchennahen angeht, auf den hohen Anteil an Männern unter ihnen zurückzuführen, und was die Schulen betrifft, altersabhängig.

Transzendenzgläubige: Der *Anfang einer Liebe* steht an erster Stelle; hier wird sich unter anderem ausgewirkt haben, daß Kreuzberg als einziger Bezirk dieselbe Priorität hat, und daß fast zwei Drittel aller Transzendenzgläubigen von dort kommen. Der *Tod eines Menschen* ist wie bei allen Glaubenstypen außerhalb der Gottgläubigen (jeweils 38%) die am zweithäufigsten genannte Erfahrung. Und an dritter Stelle folgt dann die *Geburt eines Kindes* vor dem *Ende einer Liebe*. Diese zuletzt genannte Erfahrung, die bei allen Glaubenstypen außerhalb der Gottgläubigen beachtliche Prozentwerte erhält, unterstreicht die Bedeutung, die die nicht mit den Grenzen des Lebens, sondern mit den eigenen Wahlbeziehungen verbundenen Erfahrungen im Leben von Transzen-

---

[25] Die höchsten Prozentwerte innerhalb der Gesamtumfrage haben im Blick auf *Die Geburt eines Kindes* die Hunsrückdörfer einschließlich der Schule in Simmern.

denzgläubigen haben. Hier wirkt sich auch aus, daß Transzendenzgläubige wesentlich seltener verheiratet sind.

Unentschiedene: Im Blick auf die am häufigsten und am zweithäufigsten genannten Erfahrungen stimmen die Unentschiedenen mit den Transzendenzgläubigen überein, auch wenn der Prozentsatz für den *Anfang einer Liebe* nicht so hoch ausfällt. Der Trend dazu, die mit den eigenen Wahlbeziehungen verbundene Ebene zu priorisieren, wird bei den Unentschiedenen aber noch stärker ausgedrückt, denn sie nennen das *Ende einer Liebe* bereits am dritthäufigsten. Die *Geburt eines Kindes* wird erst am vierthäufigsten genannt und erhält so die wenigsten Nennungen innerhalb der Glaubenstypologie. Das hängt sicher auch damit zusammen, daß unter den Unentschiedenen relativ wenig Ehefrauen und -männer sind, sondern vorwiegend Ledige bzw. Partner- und Singletypen. Entsprechend dominiert auch bei den Erfahrungen die Beziehungsebene.

Atheisten: Die Atheisten stimmen in der Wahl der am häufigsten, am zweit- und dritthäufigsten genannten Erfahrungen, die sie im Leben am meisten berührt haben, mit den Transzendenzgläubigen überein. Der große Unterschied taucht bei der am vierthäufigsten genannten Erfahrung, einem *politischen Ereignis*, auf. Dies hat zweifellos damit zu tun, daß ein Großteil der Atheisten aus Mitte kommt, wo wir diese Erfahrung hervorgehoben fanden. Außerdem ist der Anteil der Männer bei den Atheisten mit 58% am größten, und sie sind es ja, die das *politische Ereignis* in F86 noch häufiger angekreuzt haben als Frauen. Auf denselben Einfluß ist zurückzuführen, daß das *Ende einer Liebe* am fünfthäufigsten genannt wird.

Fazit: Der Gesamteindruck, den F86 vermittelt, legt mit aller gebotenen Vorsicht den Schluß nahe, daß das Lebensverständnis derer, die sich nicht als Gottgläubige verstehen, stärker mit den Wahlbeziehungen zu tun hat. Dabei sind die elementaren Erfahrungen mit Tod und Geburt anderer Menschen freilich wichtig. Bei Unentschiedenen stehen die Erfahrungen, die in den Liebesbeziehungen gemacht werden, besonders stark im Vordergrund. Bei Atheisten spielt die politische Ebene auch im Blick auf die Tiefe der Erfahrungen eine größere Rolle als bei den anderen. Das Lebensverständnis von Gottgläubigen ist eher an den elementaren Erfahrungen orientiert, die unmittelbar oder mittelbar mit Lebensanfang und Lebensende anderer Menschen zu tun haben. Die personalen Beziehungen stehen aber bei allen klar im Vordergrund. Das zeigt sich auch daran, welche Antwortvorgaben in F86 sehr selten angekreuzt worden sind: *Eine Prüfung, Eine Naturkatastrophe, Ein Unfall*. Allerdings zeigen sich deutliche Unterschiede im Blick darauf, in welcher Weise die personalen Beziehungen gelebt und die dabei gemachten Erfahrungen bewertet werden.

Mit F86a haben wir noch eine Zusatzfrage an diejenigen gestellt, die sich in irgendeiner Weise als gläubig verstehen: *Haben Sie bei den genannten Ereignissen an ›Gott‹ gedacht bzw. zu ›ihm‹ gebetet?* 39% von N = 1133 haben keine Antwort gegeben. Von denen, die geantwortet haben, sagen 59% *Ja*, 29% *Nein* und 11% *Weiß ich nicht mehr*. Von denen, die bei ihren wichtigsten Erfahrungen im Leben an »Gott« gedacht bzw. zu »ihm« gebetet haben, haben 370 näher spezifiziert, bei welchem Ereignis das so gewesen ist. 24% von ihnen nennen hier – mit weitem Abstand zu allen anderen Ereignissen – den Tod und 5% die *Geburt eines Menschen*. Auch innerhalb der Gesamtumfrage (N = 1924) zeigt sich dasselbe Bild, was die Ereignisse angeht; die Prozentwerte aber verschieben sich dadurch, daß viele Gottgläubige (Theologen, Gemeindenahe, Konfessionsschüler) hinzukommen. Das Ergebnis aber belegt, daß »Gott« für diejenigen, die an ihn glauben, zuallererst mit Erfahrungen in Verbindung gebracht wird, die mit der Todesgrenze der personalen Beziehungen zu tun haben.

Feste und Feiertage

Die offene Frage F87 ergänzt dieses Ergebnis in einem Detail, insofern unter den *Festen und Feiertagen*, die als wichtig bezeichnet worden sind, innerhalb der Basisbezirke die personenbezogenen Feste, vor allem der *Geburtstag*, mit $\emptyset$ 27% hinter dem *Weihnachtsfest* ($\emptyset$ 45%) den zweiten Rang einnehmen. Und da das Weihnachtsfest für die allermeisten zumindest *auch* mit den Themen Familie und Geburt eines Kindes zu tun hat, ist die Nähe der beiden Festgattungen zueinander kaum zu leugnen.

Sieht man die beiden Fragen F86 und F87 nebeneinander, so vermögen sie auch etwas über den Ort auszusagen, den die Themen Geburt eines Menschen und Familie im Erfahrungsbereich haben. Da in F86 ausdrücklich nach den *Erfahrungen im Leben* gefragt worden ist, *die Sie am meisten berührt haben*, handelt es sich um Erfahrungen, die eine große seelische Bedeutung für die Menschen gewonnen haben. »Seelisch« meint: Sie haben die Antwortenden im Inneren geprägt und stehen dadurch in gewisser Weise für das, was Leben in der elementarsten Ebene ausmacht.

10.3 Beziehungen zu Tieren

38% der Befragten in den Basisbezirken haben Haustiere (F17). Die Verteilung nach der Glaubenstypologie sagt, daß Transzendenzgläubige und Unentschiedene diesen Prozentwert ungefähr teilen, während Gottgläubige 5% darüber und Atheisten 5% darunter liegen. Dieses Ergebnis kann sehr gut mit der hohen Zahl von Gottgläubigen unter der Landbevölkerung erklärt werden, die mehrheitlich angegeben hat, Haustiere zu besitzen[26] – und dazu ja auch räumlich die besseren Voraussetzungen hat. Es ist deshalb nicht verwunderlich, daß auch unter den Schülerinnen und Schülern diejenigen vom Hunsrück die Frage nach Haustieren am häufigsten bejaht haben (69%).

Haben auch Tiere eine Seele?

Im Rahmen unseres Kapitels, in dem es um personale Beziehungen geht, muß hierzu ergänzend berücksichtigt werden, wie die Befragten in F76 die Antwortvorgabe *Eine Seele haben Menschen und (viele) Tiere* angenommen haben. Denn wer hier *Ja* sagt, gesteht auch der Beziehung zu Tieren eine quasi-personale Dimension zu.

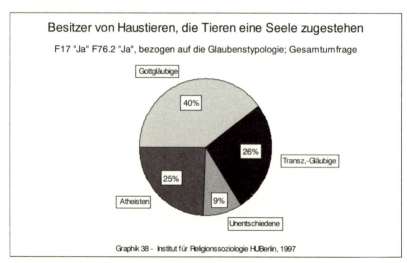

Drei Viertel derer, die Tiere besitzen und ihnen – wie sich selbst – eine Seele zugestehen, gehören zu den in irgendeiner Weise Gläubigen. Ein

---

[26] Das gilt auch für die Pfarrerinnen und Pfarrer im Ostteil der Evang. Kirche in Berlin-Brandenburg (54%).

Viertel sind Atheisten. Es ist schwer zu sagen, was die Antwortenden unter *Seele* verstehen. Auch wer nicht an irgendeinen, wie auch immer zustande gekommenen, Anteil an der Transzendenz denkt, verbindet mit *Seele* doch zumindest so etwas wie *Individualität* oder *Quasi-Personalität*. Die Namengebung deutet in dieselbe Richtung. Aber wie dem auch sei: Die Antwortvorgabe stellt Menschen und (viele) Tiere auf der angesprochenen Ebene gleich. Und dazu sind eher Gläubige, vor allem Gottgläubige, als Nichtgläubige bereit.

11. Lebensbeziehungen der Menschen zur Erde

Zum Bereich II der Quaternität der Lebensbeziehungen gehören jene Beziehungen, die Menschen zur Erde in dem in Kap. 3.2 beschriebenen Sinn haben. Eine ganze Reihe von Fragen bzw. Aussagen des Fragebogens hat sich ihnen zugewandt. Ich beginne mit denen, die die eigene Beziehung ausdrücklich ansprechen, und gehe dann zu den mehr grundsätzlichen über.

Heimat

Die Beziehungen zur Erde beginnen mit dem *Ort der Geburt bzw. der Kindheit*. Bedenkt man, daß 31% der Gottgläubigen aus den ländlichen Bezirken kommen, wo es oft über das Familienerbe feste Bande zum

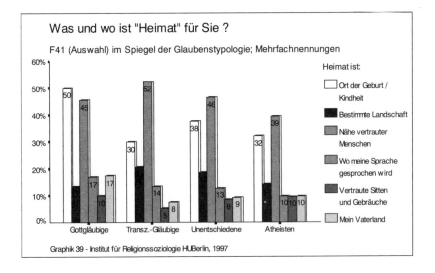

Geburtsort gibt, so verwundert das hohe Votum (50%*) hier nicht. Die Auswertung von F43 liefert dafür einen wichtigen Beleg: In den Landbezirken Beltheim (56%) und Gödenroth (66%) werden Immobilien mit großem Abstand am häufigsten als das Wichtigste am eigenen Besitz bezeichnet[27]. Und zwar nicht nur von Gottgläubigen, sondern auch von den anderen Gläubigkeitstypen. Also ist in diesem Fall der soziale Kontext dominant, wirkt sich aber über den Anteil der Landbevölkerung an den Gottgläubigen auch innerhalb der Glaubenstypologie aus.

Die anderen, deutlich niedrigeren Voten zu F41 spiegeln umgekehrt jeweils hohe Anteile der Städter an den drei anderen Typen von Glauben bzw. Unglauben. Dabei darf aber nicht übersehen werden, daß in Kreuzberg der *Ort der Geburt und Kindheit* (40%) noch vor der *Nähe vertrauter Menschen* (36%) rangiert. Das Ungleichgewicht zwischen Gottgläubigen und den anderen ändert insgesamt nichts daran, daß der *Ort der Geburt und Kindheit* in den Basisbezirken insgesamt am zweithäufigsten nach *Nähe vertrauter Menschen* angekreuzt worden ist, um auszudrücken, was und wo für die Menschen ›Heimat‹ ist. Für Gottgläubige bleibt dieser *Ort* als ›Heimat‹ aber am wichtigsten.

Die Vertrautheit mit *Landschaft, Sprache* und *Sitten* und die Beziehung zum *Vaterland* spielen bei allen als Kennzeichen für ›Heimat‹ eine wesentlich geringere Rolle. Daraus und aus dem zuvor Analysierten ist zu schließen, daß der Ort der Geburt bzw. der Kindheit nicht primär im Zusammenhang mit diesen Größen, sondern vor allem im Zusammenhang mit vertrauten Menschen ›Heimat‹ ist. Auch hier zeigt also das *personale* Element seine Bedeutung. Wo es zusätzlich eine Verbindung von Heimat und Wohneigentum gibt, wirkt sich dieser Besitz-Faktor verstärkend aus.

Das Verhältnis zur Natur

Dies ist der richtige Ort, um die Frage nach dem eigenen Verhältnis zur Natur zu behandeln (F47). Die positive Einstellung (*Ich suche und genieße die Natur*) dominiert bei allen Typen innerhalb der Glaubenstypologie, wird aber von Gott- und Transzendenzgläubigen besonders

---

[27] Die drei Nennungsmöglichkeiten sind summiert worden. Außerhalb der Basisbezirke haben die Gemeindekirchenratswähler und -wählerinnen im Südwesten Berlins (Schlachtensee und Wannsee) die weitaus höchsten Werte; auch sie wohnen häufig in eigenen Wohnungen oder Häusern – und gehören vor allem zu den Gottgläubigen!

stark artikuliert. Beim *Interesse an Vorgängen in der Natur* stehen Gottgläubige den anderen etwas voran. Das starke Votum der Transzendenzgläubigen überrascht nicht, da wir ja schon in F5 gesehen haben, daß sie besonders *Natur* mit den von ihnen geglaubten transzendenten Mächten in Verbindung bringen.

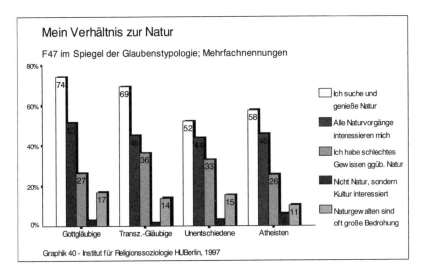

Die Frage F5, ob sie »Gott« und Natur miteinander verbinden, haben die *Transzendenzgläubigen* mit klarer Mehrheit (57%***) bejaht. Keinen anderen Begriff bringen sie mit den von ihnen geglaubten Wesen bzw. Mächten annähernd häufig in Verbindung. Was auch immer jeweils dafür sorgt, daß diese Verbindung von »Gott« und Natur hergestellt wird – wirksam sein können vor allem ein Schöpfungsglaube und die in F9 angesprochene Kommunikationsmöglichkeit mit »Gott« *in der Natur* –, die *Natur* ist für alle Gläubigen wichtig. Da die Transzendenzgläubigen innerhalb der Basisumfrage zu 90% aus städtischen Bezirken (und zu ca. 80% aus den westlichen Bezirken Kreuzberg und Wannsee) kommen, hören wir mit ihrem Votum eine eher westdeutsch-städtische Stimme, die ganz besonders von in Familien lebenden jüngeren Ledigen, von ›Partnertyp‹-Frauen und Singles bis 44 Jahren geprägt wird.

Bei den Gottgläubigen ist die starke Zuwendung zur Natur vielleicht mit dem Schöpfungsglauben und der Praxis in Verbindung zu bringen, das Erntedankfest groß zu feiern. Vor allem, seitdem es ein neues ökumenisches Interesse an der Bewahrung der Schöpfung gibt, findet dieses Fest auch in den Städten wieder größeren Anklang.

Das *schlechte Gewissen gegenüber der Natur* plagt Transzendenzgläubige am meisten. Auch hierin kommt ihre besondere Beziehung zur Natur heraus. Dazu paßt das Antwortverhalten zur Variable *Mich bedrückt zur Zeit am meisten die Zerstörung unserer Umwelt* aus F36: Auch dort haben Transzendenzgläubige mit 64% Zustimmung reagiert, wobei allerdings die Unentschiedenen dort fast gleichauf liegen und die beiden anderen mit je ca. 9% Differenz folgen. Die *bedrohliche Seite der Natur* wird von allen gesehen, wirkt sich aber nicht stark auf die Beziehung zu ihr aus.

Grundsätzlicher werden die Dinge da, wo nicht das eigene Verhältnis zur Natur, sondern über »die Stellung des Menschen in der Natur bzw. Schöpfung« nachgedacht wird (F48). Der Blick auf die einzelnen Bezirke zeigt zuerst einmal einen klaren *Ost-West-Unterschied*: Während in Kreuzberg, Wannsee und den Dörfern die Aussage *Der Mensch ist der ärgste Feind der Natur* zwischen 52 und 55% Zustimmung findet, kreuzen in Mitte nur 42% diese Aussage an. Da ist an die Hochschätzung der Naturwissenschaft im Osten, aber auch an die Hochschätzung *des* Menschen selbst, als Hintergrund zu denken.

Doch nicht nur dieser Gegensatz fällt auf, sondern auch die Tatsache, daß außerhalb der Basisbezirke nur ca. 28% der Pfarrerschaft und ca. 40% der Gemeindenahen, dagegen aber zwischen 50 und 79% der Schülerinnen und Schüler dieser Aussage zustimmen. Die Gründe dafür sind sehr unterschiedlich. Die Gemeindenahen und gar die Theologengruppen stimmen der Aussage nur zögerlich zu, weil sie den Menschen in seiner »Gouverneursfunktion« gegenüber Gottes Schöpfung sehen[28]. Die Schülerinnen und Schüler sehen offenbar stärker das zerstörerische Potential der Menschen – so, wie es die westlichen Basisbezirke auch tun.

Verteilt auf die Glaubenstypologie findet die Einschätzung *des* Menschen als *ärgster Feind der Natur* vor allem bei Transzendenzgläubigen (60%) und am wenigsten bei Gottgläubigen (49%) und Atheisten (47%) Zustimmung. Die eben genannten Gründe schlagen hier auch auf die Glaubenstypologie durch. Die These *Wenn wir Menschen die*

---

[28] Vgl. 1. Buch Mose Kap. 1 V. 28: Den von ihm geschaffenen Menschen gibt Gott den Auftrag: »Seid fruchtbar und mehret euch und füllet die Erde und machet sie euch untertan, und herrschet über die Fische im Meer und die Vögel des Himmels, über das Vieh und alle Tiere, die auf der Erde sich regen.« Vgl. auch Psalm 8 V. 7, wo davon die Rede ist, Gott habe den Menschen »zum Herrscher über das Werk deiner Hände« gesetzt.

natürlichen Ordnungen in der Welt nachhaltig stören, rächt sich die Natur an uns verbindet dagegen Gott- und Transzendenzgläubige mit je ca. 62% Zustimmung. Da liegt ein gewisses, beide verbindendes Credo vor, das an Gemeinsamkeiten in F47 erinnert und offenbar nicht durch die theologischen Vorbehalte gegenüber der These vom Menschen als ärgstem Feind der Natur behindert wird.

Der biblisch-theologische Faktor wirkt sich noch einmal darin aus, wie die einzelnen Gläubigkeitstypen zur Aussage Stellung nehmen, der Mensch sei »die Krone der Schöpfung«. Insgesamt erhielt diese Aussage nur 12% Zustimmung; aber zwischen 20%** Zustimmung von Gottgläubigen und 5%* bzw. 4%** von Transzendenzgläubigen bzw. Atheisten liegt eben eine große Differenz.

Die Entstehung des Weltalls

Mit diesem Thema kommen wir noch weiter in die Glaubens- bzw. Weltanschauungs-Unterschiede hinein.

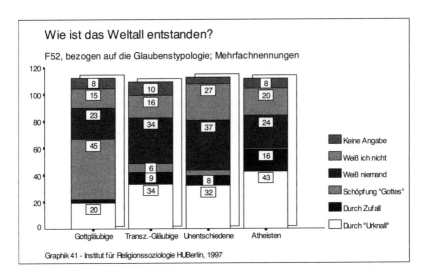

Auf den ersten Blick scheint sich ein Kommentar zu erübrigen: Zu deutlich ist, daß im Grunde nur Gottgläubige das Weltall als *Gottes Schöpfung* verstehen und den *Zufall* als Ursache ablehnen. Bei näherem Hinsehen aber zeigt sich, daß es mit 20%** Zustimmung zu der *Urknall-*Hypothese auch unter den Gottgläubigen schon eine nennenswerte Anhängerschaft gibt. Ja, außerhalb der Basisbezirke staunt man, bei den Theologinnen und Theologen gar Prozentwerte zu finden, die weit näher an den Ergebnissen der Atheisten als an denjenigen der Gottgläubigen liegt: 35-38%. Ganz offenbar können die Theologengruppen die Urknall-Hypothese eher mit dem Schöpfungsglauben – den sie natürlich auch unterstützen – verbinden als die nichttheologischen Gottgläubigen. Jedenfalls trennen sie große Abstände von den ländlichen Bezirken (17 bzw. 13%) oder den Gemeindenahen in Berlin-Schlachtensee (22%). Die Schülerinnen und Schüler allgemein haben zwischen 44 und 65% Zustimmung zur Urknall-Hypothese gegeben – bis aufs Graue Kloster (33%), die näher bei den Theologen liegen. Es zeigt sich: Die Theologengruppen und die Jüngeren neigen dazu, modern zu denken und Theologie mit Naturwissenschaft zu verbinden.

Beachtlich sind aber auch die Prozentwerte für *Weiß niemand* und *Weiß ich nicht* bei den Gottgläubigen. Denn diese lassen sich eigentlich kaum mit der Glaubensaussage »Im Anfang schuf Gott Himmel und Erde« verbinden – sei denn, daß hier ein Nicht-Wissen ausgedrückt werden soll, das aufgrund naturwissenschaftlicher Kriterien da angemeldet wird, wo eine Aussage weder verifizierbar noch falsifizierbar ist. In diesem Sinne mögen die Voten der Theologengruppen (24-30%) und des evangelischen Gymnasiums (62%!) zu *Weiß niemand* interpretiert werden können.

Die *Transzendenzgläubigen* haben eine noch einmal deutlich erhöhte Zustimmung zu der These vom *allgemeinen Nicht-Wissen* – und werden darin wie im Blick auf *Weiß ich nicht* nur noch von den *Unentschiedenen* übertroffen. Deren Spitzenwerte mögen angesichts ihrer auch sonst erkennbaren Neigung, sich nicht festzulegen, eher Unentschiedenheit als eine *Position* ausdrücken, wie sie bei den Transzendenzgläubigen wohl vermutet werden kann. Die Urknallhypothese tritt bei den Transzendenzgläubigen gleich häufig neben die These vom allgemeinen Nicht-Wissen, während sie bei den Unentschiedenen etwas schwächer abschneidet. Ein eigenes Profil zeigen die *Atheisten*, die die *Urknallhypothese* favorisieren; diese erhält ungefähr so viel Zustimmung wie der Glaubenssatz von der Schöpfung Gottes bei den Gottgläubigen. Hinzu kommt die von Atheisten am häufigsten angekreuzte *Zufallshypothese*. Distanzierter wirkt dagegen die von einem Viertel angekreuzte Aussage *Weiß niemand*, die hier durchaus eher Position als Unentschiedenheit ausdrücken kann.

Berücksichtigen wir den Anteil der *Frauen* an den Gläubigkeitstypen, so paßt in das gewonnene Bild hinein, daß sich Frauen weniger mit den Erklärungsversuchen *Urknall* (Frauen 47%/ Männer 53%) und *Zufall* (45% / 55%) identifizieren als *Männer*. Umgekehrt aber vertreten sie eher den Glaubenssatz vom Schöpfergott (57% / 43%) sowie die Aussagen *Weiß niemand* (53 % / 47%) und *Weiß ich nicht* (60% / 40%).

Die Zukunft der Erde

Graphik 42 wird ganz wesentlich gekennzeichnet dadurch,

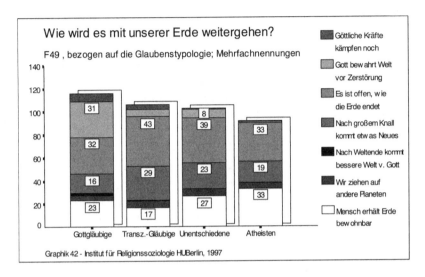

– daß die Erwartung, der *Mensch werde die Erde bewohnbar erhalten*, bei den Transzendenzgläubigen am schwächsten und bei den Atheisten am stärksten vorkommt; da gibt es wohl einen Dissens über die Zuständigkeit des Menschen; erstaunlich hoch ist die Zustimmung je eines Viertels der Gottgläubigen und Unentschiedenen;
– daß die *Hoffnung auf eine Vernichtung dieser Welt und eine neue Welt Gottes*, wie sie die biblische Apokalyptik lehrt, auch bei Gottgläubigen so gut wie keine Rolle mehr spielt, und zwar nicht einmal für Theologen;
– daß es gleichwohl bei allen, besonders aber bei Transzendenzgläubigen, die Erwartung gibt, *daß nach einem kommenden »großen Knall«, der fast alles Leben vernichtet, aus den Resten etwas Neues werden wird* – eine Aussage, die keinen Autor nennt, sondern wohl eher so etwas wie eine Transformation und neue Evolution erwartet;
– daß weitaus die meisten Voten für die Aussage abgegeben worden sind, *es sei noch nicht entschieden, ob es mit der Erde zum Guten oder zum Bösen ausgehen werde* – wobei auch hier die Theologen und Theologinnen *mehrheitlich* zustimmen; biblisch-theologisch ist eine solche Aus-

sage kaum zu rechtfertigen und nur aus einer inneren Kritik an der Apokalyptik zu verstehen;
– daß nur Gottgläubige mit dem nennenswerten Anteil von 31%*** angekreuzt haben, *Gott werde dafür sorgen, daß wir Menschen die Welt nicht zugrunde richten.*

Das Fazit aus F49 lautet: Zumindest einem Drittel von allen ist die Erwartung gemeinsam, daß sich die Welt bzw. die Erde in irgendeiner Weise auch über einen – offenbar ebenfalls von allen erwarteten – »großen Knall« hinweg verwandeln wird. F68 hat allerdings ergeben, daß 40%[29] der Befragten ausdrücklich die zur Beurteilung angebotene *These* bestritten haben, *daß wir bereits in einer Endzeit leben*; 37% haben keine Angabe gemacht. Die restlichen 24% argumentieren vor allem mit der Umweltzerstörung für die These, daß wir in einer Endzeit leben.

Was dieses Ergebnis aus F49 aber wirklich bedeutet, wird klar, wenn wir bedenken, wie viele Befragte die angebotenen Variablen jeweils *nicht* angekreuzt haben. Dabei ist erfreulich, daß fast niemand *Ist mir egal* gesagt hat. Im übrigen aber drückt diese Perspektive eine tiefe Unsicherheit im Blick auf die traditionellen Glaubensaussagen zur Zukunft unserer Erde aus. Oder anders gesagt: Die bekannten – und von uns präsentierten – religiösen und nicht-religiösen Antworten auf die Frage nach der Zukunft der Erde überzeugen *keinerlei Mehrheiten* mehr, sondern Minderheiten in unterschiedlichen Koalitionen.

Für die Umwelt noch kämpfen?

Angesichts solch großer Unsicherheit gegenüber der Zukunft der Erde und angesichts der Bedrückung, die eine große Mehrheit durch die Zerstörung der Umwelt empfindet (F36), ist die Frage wichtig, ob sich der Einsatz für die Umwelt (noch) lohnt (F50), zu dem überall aufgerufen wird. Das Ergebnis ist überraschend:

Der Gesamteindruck, den Graphik 43 vermittelt, erinnert daran, wie *Schiller* den Menschen in aussichtsloser Lage beschrieben hat: »Noch am Grabe pflanzt er die Hoffnung auf«[30]. Es ist eine »Dennoch-Haltung«, die sich bei allen ausspricht[31], und insofern eine Hoffnung, die

---

[29] Bei den Transzendenzgläubigen sind es nur 25%*.
[30] Aus dem Gedicht »Hoffnung«.
[31] Die Variable *Die Rettung der Umwelt fängt bei jedem einzelnen an* wird vor allem von Transzendenzgläubigen angekreuzt (85%). Doch auch die Prozentwerte der anderen Typgruppen liegen nicht weit dahinter: Gottgläubige 79%, Unentschiedene 76%, Atheisten 73%.

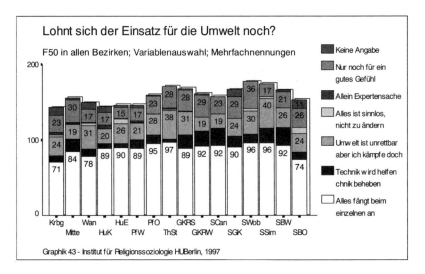

eine paradoxe – oder besser: antilogische – Gestalt hat: sie traut auf die eigenen Kräfte des – gar einzelnen – Menschen, und setzt doch zugleich voraus, daß das Erhoffte so nicht zu erreichen ist. Verstehen können wir diese merkwürdige Logik besser, wenn wir bedenken, daß die von uns Befragten den Menschen in überaus selbstkritischer Weise sogar für die Krankheiten, an denen wir leiden, verantwortlich machen[32]. Denn dann kommt heraus, daß die *Würde* des neuzeitlichen Individuums Mensch, autonom zu sein und handeln zu können, zugleich eine gefährliche *Bürde* ist, die ihn in die Krise seiner eigenen Zielsetzungen treibt, insofern er nun autonom handeln *muß*. Er ist zwar bereit, diese Würde und Bürde zu tragen, aber er weiß, daß er sein Ziel, das Überleben der Umwelt, *damit* nicht erreichen kann. Einen »logischen« Ausweg aber läßt diese Konstellation nicht (mehr) zu.

Offenbar führt aus dem Dilemma auch keine Theo-logik heraus. Denn die höchste Zustimmungsquote zur Variable *Die Rettung der Umwelt fängt bei jedem einzelnen an*, die die Transzendenzgläubigen innerhalb der Glaubenstypologie haben (85%), wird in denjenigen Umfragebezirken bzw. Gruppen, die eine besondere Nähe zum traditionellen christlichen Glauben haben, zum Teil noch übertroffen. In theologischer Perspektive taucht dabei die Frage auf, wie die ethische Aufgabe, die hier ganz offenbar weitgehend als dem Individuum gestellt verstanden wird, stärker durch eine das Gemeinwesen ansprechende und verpflichtende *politische* Ethik ergänzt – und entlastet werden kann.

---

[32] S.u. Abschnitt 12.1.

128 Die Lebensbeziehungen der Menschen und ihr Glaube

An diesem Punkt haben die Religionsgemeinschaften eine große Aufgabe vor sich. Denn nach Ansicht der von uns Befragten ist die Zukunft der Erde keiner Religionsgemeinschaft besonders wichtig. Das hat die offene Frage F51 ergeben, gerade weil diese Frage sehr schlecht angenommen worden ist: ⌀ 51% haben *Weiß ich nicht* angekreuzt, weitere ⌀ 27% *Keine Angabe*. 70 aus 1133 haben gesagt: *Keiner Religion* – und das ist die am häufigsten gegebene Antwort. Von den *Gottgläubigen* sagen ganze 24 (= knapp 6%**), dem *Christentum* sei die Zukunft der Erde von allen Religionen am wichtigsten – mehr nicht.

Erstaunlich ist an diesem Ergebnis, daß offenbar auch die Kirchen in einem für die Menschen so wichtigen Punkt *kein klares* Profil von sich haben zeigen können. Damit lassen sie die Menschen allein, die sich, bei sich als einzelnen beginnend, der Sisyphosaufgabe stellen, die Umwelt zu retten, obwohl sie wissen, daß sie es trotz bester Vorsätze nicht schaffen. Fragt man, warum die Kirchen kein klares Profil in dieser Problematik haben vermitteln können, wird ein Dilemma sichtbar. Denn Theologie und Kirchen sind mit ihrem von vielen begrüßten öffentlichen Engagement für Frieden, Abrüstung und die Bewahrung der Schöpfung in eklatanten Widerspruch geraten zur traditionellen Lehre von der Zukunft der Erde. Denn zu dieser Lehre gehört aufgrund biblischer Apokalyptik der Gedanke, das künftige Reich Gottes werde nicht auf *dieser* Erde errichtet, sondern auf einer anderen, der die Vernichtung unserer Erde vorausgehen müsse. Der alte Wunsch der Christen, »daß diese Welt vergehe und der Herr komme«, spricht diese doppelte Erwartung aus. Es ist zu vermuten, daß dieser Widerspruch geklärt werden muß, damit die Kirchen in dieser *elementaren Dimension von Heil* ein ernstzunehmender Partner der Menschen sein können.

Bedeutung von Arbeit

Da F44c die eigene Beziehung zur Arbeit bzw. zum Berufsleben anspricht, muß sie in diesem Kapitel behandelt werden. Um den Sachzusammenhang nicht zu zerreißen, wird F44a gleich mit ausgewertet.

Das Wichtigste im Berufsleben der von uns Befragten sind *Nette Kolleginnen und Kollegen* (⌀ 49%). Ergänzt wird diese Aussage in gewisser Weise durch die Ausrichtung der Arbeit darauf, *anderen Menschen mit der eigenen Arbeit helfen zu können* (⌀ 28%), die von Gottgläubigen – und außerhalb der Basisbezirke von den Kirchennahen[33] – am

---

[33] Die Theologengruppen setzen hier den eindeutigen Akzent: Pfarrer-West: 82%, Pfarrer-Ost 92%, Theologiestudierende 56%; die Gemeindenahen votieren mit 49-51%.

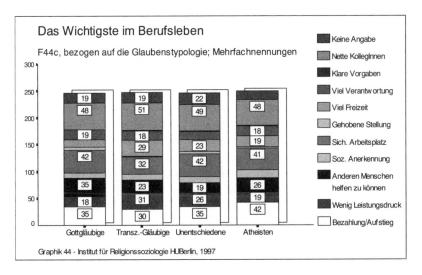

stärksten betont wird. Am zweithäufigsten genannt worden ist in der Summe der drei möglichen Nennungen die Variable *Ein gesicherter Arbeitsplatz* (Ø 40%), und zwar auch noch von *Transzendenzgläubigen*, die hier den mit Abstand niedrigsten Wert haben. Sie sind es, die *Viel Freizeit* und *Wenig Leistungsdruck* am stärksten betonen und *Gute Bezahlung und Aufstiegsmöglichkeiten* am seltensten angekreuzt haben. Gerade diese letzte Variable aber nennen Atheisten als einzige am zweithäufigsten und deutlich über dem Durchschnitt (Ø 37%).

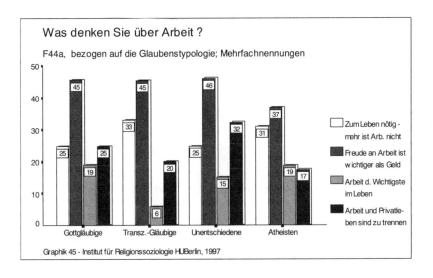

Die Ergebnisse aus F44c werden von denen aus F44a ergänzt. Am häufigsten angekreuzt worden (Ø 43%) ist die Aussage *Solange ein Mensch Freude an seinem Beruf hat, kommt es auf die Bezahlung nicht so sehr an.* Ein sehr menschlicher Satz, der der Priorisierung einer netten Kollegenschaft am Arbeitsplatz in F44c durchaus entspricht. Die niedrigsten Werte haben hier die Atheisten, die bereits in F44c Bezahlung und Aufstiegsmöglichkeiten stärker als andere betont haben. Die Transzendenzgläubigen begrenzen am stärksten die Bedeutung der Arbeit auf den Lebensunterhalt und geben der Aussage *Arbeit ist das Wichtigste im Leben* fast keine Unterstützung. Auch dies paßt zu dem oben beschriebenen Bild. Auffällig ist das große Gewicht, das die Unentschiedenen der Aussage geben, *Arbeit und Privatleben seien zu trennen* – was wiederum die Atheisten am seltensten von allen ankreuzen. Für sie ist Arbeit im Zusammenhang mit Geldverdienen besonders wichtig. Das erklärt sich nicht etwa von einem besonders großen Anteil an Nichtberufstätigen in dieser Typgruppe her, denn die Atheisten haben ja prozentual den zweithöchsten Anteil an Berufstätigen in ihren Reihen. Es muß vielmehr mit der inneren Einstellung zur Arbeit, mit ihrem Rang innerhalb ihres säkularen ›Heiligen Kosmos‹, zusammenhängen.

12. Lebensbeziehungen der Menschen zu Werten und Ordnungen

Auch dieses Kapitel muß unterteilt werden. Im ersten Teil geht es um die Sicht des Menschen und des Lebens – wobei der Betrachter gewissermaßen eine Außenposition einnimmt. Die wirkliche Beziehung existiert dabei zu den im Hintergrund wirksamen anthropologischen Grundeinschätzungen. Im zweiten Teil werden dann ethisch relevante Werte und Ordnungen angesprochen. Da dieses Kapitel von der Zahl der zu behandelnden Fragen und Variablen her das umfangreichste ist, beschränke ich mich zumeist auf die streng zum jeweiligen Thema gehörenden Variablenwerte innerhalb der einzelnen Fragen.

12.1 Die Sicht des Menschen und des Lebens

Das Menschenbild

Zentral ist F45. Ihrer Auswertung wird größerer Raum gewidmet. In die folgende Graphik 46 sind nur Antwortvorgaben aufgenommen

Beziehungen zu Werten und Ordnungen   131

worden, die wenigsten in einer Typgruppe 10% Zustimmung gefunden haben. So erscheinen hier nicht die Aussagen, die *Ewige Jugend schön* nennen, den *Menschen* pauschal *als Fehlkonstruktion* ansehen oder die die *meisten lebensnotwendigen Verrichtungen als lästig* bezeichnen.

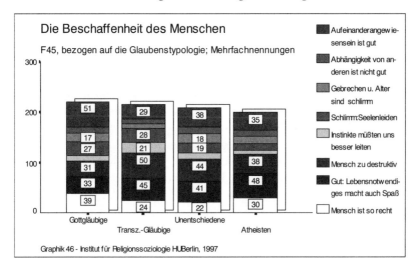

Graphik 46 - Institut für Religionssoziologie HUBerlin, 1997

Es ist gut, daß wir Menschen aufeinander angewiesen sind und einander helfen können: Diese Aussage findet die größte Zustimmung (Ø 41%). Individualität und Sozialität unserer Existenz sind darin als gleichrangig angesprochen. Nur diese Variable findet innerhalb einer Typgruppe – bei den Gottgläubigen – ein Mehrheitsvotum! Erstaunlich ist dabei, daß alle Altersgruppen der Gottgläubigen zwischen 25 und 64 mehrheitlich diese Aussage über den Menschen angekreuzt haben. Bei den Transzendenzgläubigen stimmen mehrheitlich die Altersgruppen zwischen 45 und 64 Jahren zu, bei den Unentschiedenen sind es mehrheitlich nur die über 64jährigen. Nur bei den Atheisten findet sich in keiner Altersgruppe eine Mehrheit für diese anthropologische Aussage.

Im übrigen kommt die Zustimmung zur Gleichrangigkeit von Individualität und Sozialität auch eher durch *Frauen* zustande, denn die Zustimmungsquoten für Frauen und Männer sind 45% bzw. 36%. Dies hängt allerdings wiederum an dem hohen Anteil von gottgläubigen Frauen, die mit 53% Mehrheit zustimmen. Auch bei den gottgläubigen Männern ist aber die Zustimmungsquote mit 49% weit höher als die Männer-Quoten in den anderen Typgruppen. *Fazit: Hier liegt ein echtes Credo der Gottgläubigen vor,* das sich deutlich auch von den Faktoren Alter und Geschlecht als unabhängig erweist.

Was die *Bezirke* angeht, so kommt die Gewichtung der Aussage innerhalb der Basisumfrage durch die Voten aus Mitte (47%) und den Hunsrückdörfern (56 bzw. 68%) zustande. Sie »überbieten« vor allem den zahlenmäßig stärksten Bezirk Kreuzberg (31%), der nahe an dem Wert der Transzendenzgläubigen rangiert. Es ist wichtig zu vermerken, daß außerhalb der Basisumfrage alle ›Bezirke‹ über dem Basisumfrage-Durchschnitt von ∅ 41% liegen, und zwar nicht nur die Kirchen- und Gemeindenahen, sondern auch alle Schülerinnen und Schüler – bis auf diejenigen aus den Berliner städtischen Gymnasien.

Über 40% derer, die diese Variable angekreuzt haben, sagen auch, daß ihnen der *Mensch, so wie er ist, recht ist*, und daß es gut ist, daß das meiste *Lebensnotwendige auch noch Spaß macht*.

Daß wir die meiste Zeit unseres Lebens von anderen Menschen abhängig sind, ist nicht gut: Diese Aussage stellt in gewisser Weise den Kontrapunkt zu der eben behandelten dar. Über dem Durchschnitt der Basisbezirke (∅ 12%) liegen nur die *Unentschiedenen,* darunter die *Transzendenzgläubigen*. Dies ist im übrigen und in Korrelation zu der Aussage, die Individualität und Sozialität gleichsetzt, eher eine Aussage von *Männern* (∅ 13%) als von *Frauen* (∅ 10%). In allen Typgruppen neigen die jungen Jahrgänge eher zu dieser Aussage – ohne daß sie aber irgendwo ein Viertel der Voten erreicht. Innerhalb der Gesamtumfrage wird die Aussage am stärksten von den Schülerinnen und Schülern in den Berliner städtischen Schulen (24-29%) unterstützt.

Am Menschsein gefällt mir, daß die lebensnotwendigen Dinge wie Essen, Trinken, Sexualität auch noch Spaß machen: Diese Aussage ist fast gleich häufig wie die zuerst behandelte angekreuzt worden (∅ 41%). Diesmal kommt die Zustimmung vor allem von *Atheisten*, während *Gottgläubige* sehr zurückhaltend votieren. Auch hier meldet sich die alte Leib- und Lustfeindlichkeit zu Wort. Und wiederum im Unterschied zu der ersten behandelten Aussage stimmen hier eher *Männer* (45%) als *Frauen* (37%) zu, die atheistischen Männer als einzige sogar mehrheitlich (53%). Beziehen wir die Ergebnisse aus den Altersgruppen mit ein, so gilt das *Fazit: Die Aussage wird eher von älteren Männern und Atheisten als von Frauen und Gottgläubigen unterstützt.*

Der Mensch hat zu viele zerstörerische Möglichkeiten: In der Basisumfrage wird diese selbstkritische Aussage der Menschen über sich selbst am dritthäufigsten angekreuzt (∅ 38%). Wer sie wählt, betont auch häufig den Zusammenhang von Lebensnotwendigem und Lebensfreude. Überdurchschnittlich stark stehen dahinter Transzendenzgläubige (50%*) und Unentschiedene. Die Gottgläubigen halten sich am mei-

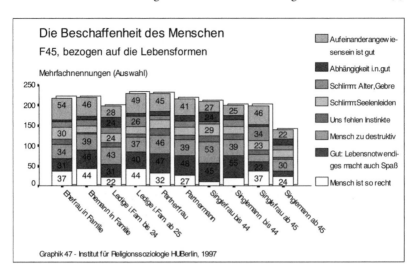

Graphik 47 - Institut für Religionssoziologie HU Berlin, 1997

sten zurück (31%*). Das Verhältnis Frauen / Männer ist insgesamt ausgeglichen, allerdings stimmen transzendenzgläubige Frauen als einzige mehrheitlich zu. Im Blick auf die *Altersverteilung* zeigt sich: Mehrheiten findet die Kritik am destruktiven Potential der Menschen in allen Typgruppen nur bei jungen und jüngeren Menschen. Dieses Ergebnis wird durch die Gesamtumfrage bestätigt: Die weitaus stärkste Unterstützung findet die Aussage bei den Schülerinnen und Schülern der Gymnasien (zwischen 48 und 74%). Beachten wir, daß die Theologen und Gemeindenahen dagegen eher zurückhaltend votieren, so gibt sich auch hier die Tendenz zu erkennen, daß *Gottgläubige an einer kritischen Sicht des Menschen durch ihren Glauben offenbar eher gehindert werden.* Das destruktive Potential scheint ihre Kritik nicht so stark wie bei den anderen herauszufordern – denn es würde ja auch eine Kritik am Menschen als Geschöpf Gottes bedeuten.

Wir Menschen sind so, wie wir mit allen guten und schlechten Seiten sind, schon recht: Am vierthäufigsten ist dieser Satz angekreuzt worden (Ø 31%), der ein Grundeinverständnis signalisiert. Er wird wieder besonders stark von Gottgläubigen gewählt (39%*), Atheisten liegen im Durchschnitt, Unentschiedene deutlich darunter (22%*). Frauen wählen diese Aussage mit geringem Abstand häufiger als Männer, in der Altersverteilung die mittleren und älteren Gruppen eher als die jüngeren. Bei den Schülerinnen und Schülern bleiben alle außer denjenigen aus den Konfessionsschulen deutlich unter dem genannten Basisdurchschnitt. Die Pfarrerschaft und das evangelische Gymnasium votieren mit 40% und mehr. Hier zeigt sich ein stabiles Menschenbild – besonders der Evangelischen. Denn diese kreuzen diese Aussage häufiger als Angehörige einer anderen Religionsgemeinschaft und als Religionslose an, auch wenn sie nicht zu den Gottgläubigen, sondern zu den anderen Glaubenstypen gehören. Darin könnten sich durchaus Spuren der reformatorischen Predigt von der Rechtfertigung des Sünders finden, die ja – in sehr vereinfachter Version – von mancher Kanzel lautet: ›Ihr seid Gott so recht, wie Ihr seid!‹

Was die *Leiden* der Menschen angeht, so halten mehr Menschen die *seelischen Leiden* (Ø 22%) als diejenigen durch *Gebrechen und Alter* (Ø 15%) für die schlimmsten. Wer die seelischen Leiden betont, neigt auch dazu, die destruktiven Seiten des Menschen zu beklagen. Allerdings geht das mehr auf die Sicht von Frauen als von Männern zurück – und zwar zuerst von transzendenzgläubigen (32%) und dann von gottgläubigen (30%) Frauen. Atheisten liegen mit ihren 13%* auffällig niedrig. *Gebrechen und Alter* werden eher von Gottgläubigen und Unentschiedenen genannt, wobei hier kein Unterschied zwischen Männern und Frauen besteht. Bei Gottgläubigen, Transzendenzgläubigen und Unentschiedenen sind es vorwiegend die älteren Jahrgänge, die zustimmen, bei Atheisten ist diese Tendenz nicht deutlich. Innerhalb der Gesamtumfrage allerdings zeigt sich, daß diese Antwortvorgabe überdurchschnittlich stark ab der Altersgruppe 35-44 Jahre angekreuzt wird. Ergänzend dazu: In der offenen Frage F37 haben diejenigen, die gesagt haben, wovor sie am meisten Angst haben, am häufigsten Krankheit und Alter (Ø 14%) genannt; dabei lagen Gottgläubige etwas über und Atheisten deutlich unter dem Durchschnitt.

Krankheit und Tod

In nahem Zusammenhang mit der Bewertung der leiblichen und seelischen Beschaffenheit des Menschen steht die Frage danach, wie Krankheit und Tod verstanden werden (F66) und welche Ursachen die Befragten darin wirksam sehen (F67).

Krankheit und Tod gehören zum Menschsein einfach hinzu: Ø 69% aller in der Basisumfrage Erreichten sprechen sich für diese Aussage aus. Gottgläubige (64%) und Unentschiedene (67%) sind im Grad der Zustimmung genauso nahe beieinander wie auf der anderen Seite Transzendenzgläubige (77%) und Atheisten (74%). Es sieht so aus, als wenn die zuletzt Genannten eher bereit sind als die anderen, einfach hinzunehmen, was nun einmal alltägliche Erfahrung ist. Warum tun das Gottgläubige und die ihnen hier verwandten Unentschiedenen nicht?

In diesem Zusammenhang ist im Blick auf die Gesamtumfrage erwähnenswert, daß das katholische Beltheim (60%) deutlich unter dem Durchschnitt bleibt, und die Theologinnen und Theologen noch deutlicher darüber liegen: mit Werten zwischen 93% und 100%. Wie diese fast 30% Differenz zwischen theologischen und nicht-theologischen Gottgläubigen zu erklären ist, ist keine leichte Frage. Ich vermute, daß die nichttheologischen Gottgläubigen – einschließlich der Katholiken in Beltheim – noch von dem Dogma beeinflußt sind, der Tod sei der »Sünde Sold«, also Strafe, und sich Menschsein theoretisch auch ohne Sünde und Tod vorstellen können – eben so etwa, wie es die Paradieserzählung vor dem »Sündenfall« vermittelt. Die theologisch Gebildeten gehen von einem anderen Paradigma für das Menschsein aus: Sie lassen das Menschsein offenbar erst da beginnen, wo das Paradies bereits verloren ist und die *Conditiones humanae* hergestellt sind, an denen wir Anteil haben – und da gehören Krankheit und Tod dazu. Außerdem neigen nicht-theologische Gottgläubige häufig dazu, auch Krankheit als Sündenfolge und mithin als Strafe Gottes zu verstehen, wofür es in der Tat genügend Beispiele in der Bibel gibt. Die Theologie verweist dagegen zu diesem Thema immer häufiger auf die Generaldebatte im 9. Kapitel des Johannesevangeliums, wo Jesus einen Kausalzusammenhang zwischen Sünde und Krankheit ausdrücklich bestreitet; Jesus fragt nicht zurück nach Ursachen, sondern stellt Krankheit und göttliches Handeln in einen anderen Horizont: Gottes Sache ist es nicht, Menschen mit Krankheit zu strafen, sondern Kranke zu heilen. Es sieht allerdings so aus, als wenn diese Predigt noch nicht überall angekommen ist.

Erfahrungen von Krankheit und Todesnähe sind Prüfung und Chance, menschlich zu reifen (Ø 44%): Nur *Gottgläubige* sehen offenbar einen stringenten inneren Zusammenhang zwischen dieser und der eben behandelten Aussage: Sie stimmen mit 58%** zu. Dabei muß offen bleiben, ob sie die angesprochenen Erfahrungen als ihnen extra zu Prüfung und Reifung *geschickte*, also von Gott verfügte Zumutungen ansehen oder nicht. Klar ist aber, daß Transzendenzgläubige (44%), Unentschiedene (38%) und Atheisten (28%) mit dieser Aussage deutlich weniger anfangen können – offenbar, weil sie damit indirekt der These zustimmen könnten, dahinter walte ein besonderer Wille. Der gegenteiligen Meinung, *Krankheit und Tod haben keinen Sinn, den wir verstehen können* (Ø 15%), stimmt nur eine Minderheit innerhalb der ganzen Glaubenstypologie zu, wobei die *Unentschiedenen* mit 19% den größten Anteil haben.

Die beiden anderen Variablen bleiben marginal, wobei nur auffällt, daß die These *Alle Krankheiten werden eines Tages heilbar sein* (Ø 5%)

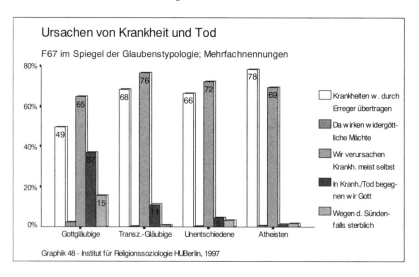

eher von *Atheisten* (9%) und, innerhalb der Gesamtumfrage, in den Bezirken Mitte (11%), Schulen-Ost (15%) und Wolfsburg (17%), also in eher säkular orientierten Bereichen, unterstützt wird. 60% davon sind übrigens Männer! Die – auch religiös bedeutsame – Hoffnung auf Heilung richtet sich hier konsequent auf den Menschen selbst.

F67 liefert den notwendigen Kommentar. Zwar überrascht nicht, daß das im Biologieunterricht gelernte Wissen *Krankheiten werden durch Erreger übertragen* (Ø 63%) in den Basisbezirken von zwei Dritteln der Befragten angenommen wird. Aber es ist erstaunlich, wie sich dieser Durchschnitt bildet: Während Transzendenzgläubige und Unentschiedene ungefähr im Durchschnitt liegen, gibt es zwischen Atheisten (78%*) und Gottgläubigen (49%**) eine gewaltige Differenz. Sie erklärt sich kaum auf der rationalen Ebene des Wissens um Infektionen, sondern muß im Zusammenhang mit einer anderen Aussage gesehen werden, die glaubt: *In Krankheit und Tod begegnen wir »Gott«* (Ø 17%); ihr stimmen nämlich nur Gottgläubige mit einem nennenswerten Anteil zu: 37%. Offenbar scheut sich der Teil der Gottgläubigen, der glaubt, in Krankheit und Tod Gott zu begegnen, die Entstehung von Krankheiten ganz auf die Infektionsebene zu begrenzen. Es fällt jedenfalls auf, daß der Glaube an die Begegnung mit Gott im Leiden durchgängig nur in den Bezirken der Gesamtumfrage nennenswerte Unterstützung findet, die mit den Gottgläubigen identisch sind oder ihnen mehrheitlich angehören: in den ländlichen Bezirken, bei den Kirchen- und Gemeindenahen.

Unsere Krankheiten verursachen wir in großem Maße selbst durch unsere Lebensweise: Keine andere Antwortvorgabe hat so viel Zustimmung gefunden wie diese: Ø 69%. Dabei gibt es zwar noch eine Differenz von 12% zwischen dem Höchstwert der Transzendenzgläubigen und dem niedrigsten Prozentsatz bei den Gottgläubigen, aber dennoch liegen alle relativ dicht am Durchschnitt. Hier drückt sich dieselbe Kritik aus, die dem Menschen als Umweltzerstörer gilt. Doch aus anderer Perspektive betrachtet, liegt hier auch eine *säkulare Variante des alten Gedankens vor, daß Fehlverhalten mit Krankheit gestraft wird*. In der alten biblisch-kirchlichen Version ist *Gott* als strafende Instanz angesehen worden, in der Moderne vollzieht sich dagegen ein Verfahren nach dem Kausalitätsprinzip oder Tun-Ergehens-Zusammenhang *ohne* göttliche Mitwirkung.

Wir Menschen sind sterblich, weil es am Anfang der Menschheitsgeschichte den großen »Sündenfall« gegeben hat: Hier stimmen nur Gottgläubige mit einem erwähnenswerten Prozentsatz zu: 15%***. Doch sie bleiben eine Minderheit, die ganz überwiegend aus ländlichen Voten (Beltheim 22%, Gödenroth 10%) besteht. Außerhalb der Basisbezirke findet diese These nur noch bei Theologinnen und Theologen eine vergleichbare Resonanz (12-18%). Umgekehrt heißt dieses Ergebnis aber auch, daß *ein zentraler anthropologischer Lehrsatz selbst unter denen, die den Glauben lehren, so gut wie keinen Glauben mehr findet*.

Die Probe aufs Exempel stellen die Ergebnisse aus der Zusatzfrage F67a dar, ob *Aids* entweder als *Geißel Gottes* (Ø 2%) oder als *nichts anderes als eine epidemische Krankheit* (Ø 73%) angesehen wird. Der hohe Zustimmungswert zu der Epidemie-Erklärung wird aber nicht gleichmäßig mitgetragen: Während Transzendenzgläubige und Unentschiedene den Durchschnittswert teilen, gibt es wieder eine starke Differenz zwischen Gottgläubigen (63%*) und Atheisten (85%*) als Antipoden. Der Blick auf die Bezirke zeigt, daß hier wiederum das katholische Dorf Beltheim (57%) für den niedrigen Wert der Gottgläubigen sorgt. Sonst nämlich findet sich innerhalb der Gesamtumfrage kein Bezirk, der unter 70% läge. Es bleibt festzuhalten, daß auch im Blick auf Aids das Infektionsparadigma konsequent durchgehalten wird.

Sexualität

Auch F33 ist grundlegend und verdient eine ausführliche Beachtung.

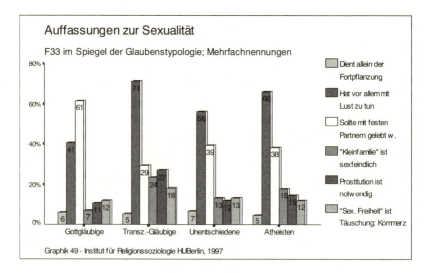

Graphik 49 - Institut für Religionssoziologie HUBerlin, 1997

Am häufigsten und zugleich mehrheitlich (Ø 55%) ist die Aussage angekreuzt worden, daß *Sexualität vor allem mit Lust zu tun* hat. Allerdings zeigt sich dabei ein großes Gefälle vor allem zwischen Transzendenzgläubigen und Atheisten an der Spitze und Gottgläubigen als Schlußlicht. Der niedrige Prozentwert der Gottgläubigen kann nicht durch den hohen Anteil derer erklärt werden, die unter ihnen zum Familien-Typ gehören; denn einen vergleichbar großen Anteil haben die Atheisten auch. Das niedrige Votum der Gottgläubigen muß vielmehr im Zusammenhang mit ihrer – im Vergleich extrem hohen – Zustimmung zu der sexualethischen Auffassung gesehen werden, daß Sexualität *immer in eine feste Partnerschaft einbezogen sein und nicht mit wechselnden Partnern ausgelebt werden* sollte. Diese Forderung wird offenbar als gefährdet angesehen, wenn Sexualität vor allem mit Lust zu tun hat. Sie wird von Unentschiedenen und Atheisten deutlich seltener angekreuzt. Genauso klar, nur mit umgekehrten Vorzeichen, korrespondieren die Voten von Transzendenzgläubigen zu den beiden sexualethischen Auffassungen. Da mag eine Rolle spielen, daß der Anteil der Ledigen, Partnertyp-Frauen und Singles an den Transzendenzgläubigen besonders hoch ist und die Älteren und Ältesten selten unter ihnen zu finden sind. In das Ergebnis hineinwirkt auch die Tatsache, daß die Landbezirke die Verbindung von Sexualität und Lust weit unter Durchschnitt angekreuzt haben (31% bzw. 27%), die Stadtbezirke aber deutlich darüber. Hier wird also ein echter *Stadt-Land-Gegensatz* sichtbar. Doch auch eine *Geschlechter-Differenz* ist zu beobachten: Daß Sexualität vor allem mit Lust zu tun hat, sagen 61% der Männer und nur 52% der Frauen; feste Partnerschaft für die Sexualität wollen dagegen 55% der Frauen und 50% der Männer.

Außerhalb der Basisbezirke fällt auf, daß *Theologinnen und Theologen eher lustzugewandt* denken (Pfarrerschaft 56-65%) als nicht-theologische Gottgläubige, also so etwas wie ›modernes Denken‹ zeigen. Dagegen liegen die Gemeindenahen in Schlachtensee (31%) am Stadt-Land-Unterschied vorbei auf demselben Niveau wie die Landbezirke. Die *Schülerinnen und Schüler* denken durchgängig lustfreundlich. *In dieser zentralen sexualethischen Frage gibt es also eine erhebliche Distanz zwischen der Theologenschaft und der (älteren) ›Gemeinde‹.*

Interessant ist noch die Kritik an der *Kleinfamilie als einer sexfeindlichen und zur doppelten Moral einladenden Institution* (∅ 14%)[34]. Nach dem bisher Analysierten ist es folgerichtig, daß diese Kritik überdurchschnittlich stark von Transzendenzgläubigen (24%**) kommt und bei Gottgläubigen mehr als zurückhaltend ausfällt (7%**).

Wieder zeigt sich auch in der Haltung zu dieser Aussage, daß es in sexual- und familienethischen Fragen einen Unterschied zwischen Gottgläubigen und den anderen Glaubenstypen gibt; es zeigen sich aber auch ein Stadt-Land-Unterschied und eine Differenz zwischen den Theologengruppen (12-13%) einerseits und den nichttheologischen Gottgläubigen vor allem auf dem Land (4-5%) und im Kreis der Gemeindenahen (je 7%) andererseits.

Einige *Tendenzen* innerhalb der Basisumfrage lassen sich erkennen: Diejenigen, die Sexualität vor allem mit Lust verbinden, haben als Zweitaussage am ehesten angekreuzt, daß Sexualität mit fester Partnerschaft verbunden sein sollte. Dieselbe Übereinstimmung läßt sich auch in umgekehrter Richtung beobachten. Und diejenigen, die die Kleinfamilie als sexfeindlich kritisieren, betonen zu über 80% den Lustcharakter von Sexualität und neigen auch dazu, Prostitution notwendig zu nennen.

---

[34] Diese Kritik findet aber insgesamt weniger Zustimmung als die These, *Prostitution sei notwendig*: ∅ 15%.

Das Böse

F75 fragt danach, *ob auch das Böse zum Menschsein notwendig hinzugehört*. Die Fragestellung ließ sowohl traditionell-christliche Antworten als auch sozialpsychologisch-funktionale Theorien zu. Die gravierenden Unterschiede zwischen den Typgruppen spiegelt Graphik 50 sehr deutlich.

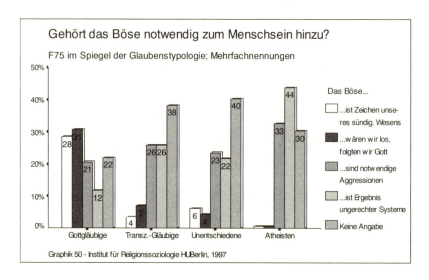

Vorab ist zu beachten, wie groß die Prozentzahl derer ist, die sich nicht in der Lage gesehen haben, die Frage zu beantworten. Das mag an den Antwortvorgaben gelegen haben, aber wohl auch daran, daß es sich hier um eine schwere Frage handelt, die vor Alternativen stellt. Das wird sehr deutlich daran, daß die beiden Aussagen, die Gottgläubige favorisieren, bei Transzendenzgläubigen und Unentschiedenen so gut wie keine und bei Atheisten gar keine Rolle spielen. Sieht man von denen ab, die keine oder eine eigene[35] Angabe gemacht haben, so sehen Atheisten die Dinge konsequent diesseitig, und zwar sowohl was die Ursachen als auch was die Funktion des als böse Erlebten angeht. Die Antwortvorgaben, die sie auswählen, vermeiden den absoluten Begriff *des Bösen*. Transzendenzgläubige und Unentschiedene folgen ihnen darin, auch weil sie häufiger keine oder eine eigene Angabe machen. Gottgläubige aber sind gewohnt, gerade mit dem absoluten Begriff umzugehen. Ihre Antworten

---

[35] Auffällig viele haben hier eine eigene Angabe gemacht. Doch leider läßt sich das Ergebnis davon auf knappem Raum nicht auswerten.

ergänzen sich nach theologischer Anthropologie: *Wir wären frei vom Bösen, folgten wir Gottes Weisung*; doch es bleibt beim Konjunktiv (irrealis), weil unser *sündiges Wesen* uns daran hindert. Immerhin haben aber auch die Gottgläubigen Sozialpsychologisches zu integrieren gelernt, wenn auch noch relativ zaghaft.

Der Blick auf die Bezirke vermittelt zugleich ein Bild davon, wie sich die Altersgruppen zur Frage nach dem Bösen verhalten, insofern die Schülerinnen und Schüler ja alle aus derselben Altersstufe stammen. Einige Beobachtungen sollen darüber hinaus festgehalten werden:
- Kreuzberg folgt weitgehend dem Profil der Transzendenzgläubigen, Mitte demjenigen der Atheisten;
- die Verbindung zwischen dem Bösen und unserem sündigen Wesen wird außer von den Theologen und Theologinnen (die allerdings keinesfalls auf demselben Niveau liegen, sondern einen West-Ost-Unterschied zu erkennen geben) vor allem von den Gemeindenahen in Berlin-Schlachtensee und – schon schwächer – in Beltheim vertreten;
- die Schülerinnen und Schüler stehen – bis auf das katholische Canisius-Kolleg – stark hinter der sozialpsychologisch-funktionalen Theorie des ›sogenannten Bösen‹;
- Theologinnen und Theologen zeigen ein gleich starkes systemkritisches Potential wie Atheisten – und treten damit in eine klare Distanz sowohl zu den ländlichen Bezirken und Gottgläubigen als auch zu denen, die sich als Gemeindekirchenratswählerinnen in den eigenen Gemeinden engagieren. In den Konfessionsgymnasien finden sie offenbar eher Verständnis dafür.

Ein vorsichtiges *Fazit* erlaubt zu sagen, daß alle, auch die Gläubigen, sich mühen, die Eigenverantwortlichkeit der Menschen in die Frage nach dem Wesen des Bösen einzubeziehen. Eindeutige Antworten in dem Sinn, daß jemand nur eine einzige Variable angekreuzt hätte, sind nicht gegeben worden. Wer aber das Böse mit unserem sündigen Wesen in Verbindung sieht, stimmt auch eher der These zu, daß uns Gottes Weisung vom Bösen befreien könnte, wenn wir ihr folgten. Und auf der anderen Seite neigen diejenigen, die das ›sogenannte Böse‹ als Ausdruck notwendiger Aggressionen ansehen, eher dazu, das Böse als Ergebnis ungerechter Systeme anzusehen.

Die Zusatzfrage zu F75 danach, was die Befragten *als besonders böse ansehen*, von der wir noch spezifischere Antworten erwartet hatten, ist leider nicht gut angenommen worden. Das Mehrheitsvotum – 60 aus N = 1133 – nennt *Gewalt gegen Menschen*.

142 Die Lebensbeziehungen der Menschen und ihr Glaube

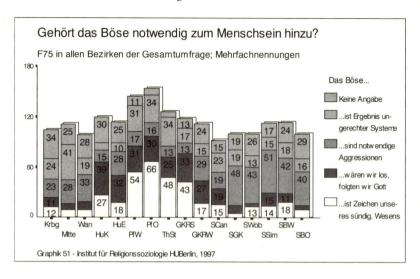

Graphik 51 - Institut für Religionssoziologie HUBerlin, 1997

Die *kritische Sicht des Menschen durch die Menschen* konnte übrigens da eine besondere Spitze annehmen, wo sich Befragte in F17a dafür entschieden haben zu sagen, daß *Tiere besser seien als Menschen* (23%). Während hier übrigens Atheisten eher zurückhaltend votieren (17%*), sind es bei den anderen Typgruppen jeweils ziemlich genau ein Viertel. Die Hälfte der Befragten in der Basisumfrage sagt aber zu dieser Ansicht ausdrücklich *Nein*, wobei hier Transzendenzgläubige (54%) und Atheisten (60%) entschiedener sind als die anderen. Aber man darf sich von diesen Ergebnissen nicht täuschen lassen: In allen vier Gläubigkeitstypen sind es die *Tierhalter*, die – zwischen 30% und 35% – mit *Ja* votieren, und in allen Gruppen sagen diejenigen, die keine Haustiere besitzen, weit eher *Nein* als diejenigen, die Tiere halten. Und der *Schlüssel* zu dem Bild liegt dann eben dort, daß die Atheisten nur 33% Tierhalter in ihren Reihen haben und die Gottgläubigen mit 43% den höchsten Anteil!

Seele

F76 fügt eine wichtige Dimension zum Bild vom Menschen hinzu – und zwar auch im Verhältnis zu Tieren und übriger Schöpfung. Durch die Graphik 52 ziehen sich einige auffällige Linien:
Daß *eine Seele nur die Menschen haben*, denken vor allem *Gottgläubige* (14%). In den Bezirken votiert hierfür höchst auffällig hoch Beltheim (43%) im Verhältnis zu Gödenroth (9%) – und parallel dazu Canisius (23%) im Verhältnis zum Grauen Kloster (10%); hier liegt also ein *Konfessionsunterschied* vor.

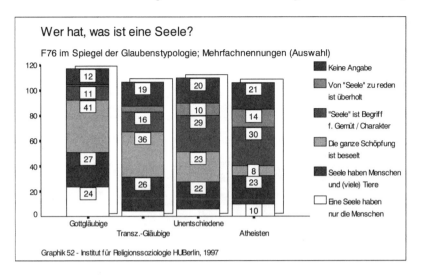

Graphik 52 - Institut für Religionssoziologie HUBerlin, 1997

Daß *Menschen und (viele) Tiere eine Seele* haben, findet in allen Gruppen die Zustimmung eines Viertels der Befragten.

Der Glaube, daß *die ganze Schöpfung beseelt* ist, wird von den *Gottgläubigen* zu den *Atheisten* hin abnehmend angenommen; hier zeigt sich – was die Bezirke angeht – auch ein klarer Ost-West-Gegensatz, und zwar sowohl zwischen Kreuzberg und Mitte als auch zwischen den Schulen in Berlin-West und -Ost.

Umgekehrt steigt in derselben Richtung die Ansicht, daß »Seele« metaphorisch zu verstehen sei, ein *Begriff für Gemüt oder Charakter* ist; diese Ansicht vertreten in Mitte 35% und den dortigen Gymnasien 39%, so daß es gerechtfertigt ist, hier von einer Ost-Eigentümlichkeit zu sprechen.

Gar nicht mehr von »Seele« reden will so gut wie keiner bei den Gottgläubigen und kaum jemand in den drei anderen Typgruppen.

Die *Pfarrerschaft* ist gespalten: Ein Viertel Pfarrerschaft unterstützt die alte Ansicht, daß nur *Menschen eine Seele* haben; ein Viertel von ihnen unterstützt aber auch die These, daß *Menschen und (viele) Tiere eine Seele* haben. Und 53% im Westen und 45% im Osten sieht die *ganze Schöpfung beseelt.* Nur die erste Aussage ist eine absolute, die die beiden anderen ausschließt; diese aber können durchaus als einander ergänzend angekreuzt worden sein. Auch hier zeigt sich ein Bruch mit der traditionellen theologischen Anthropologie, dessen Reichweite enorm ist, obwohl man davon im Blick auf öffentliche Stellungnahmen zugunsten der Tiere kaum etwas merkt. *Hier fehlt eine adäquate Ethik!*

144 Die Lebensbeziehungen der Menschen und ihr Glaube

Gutes tun und Vorbilder

Das Bild vom Menschen kann ergänzt werden durch F74 und F83:

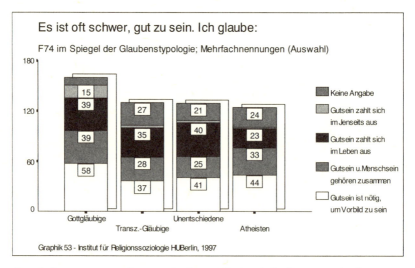

Graphik 53 zeigt schon auf einen Blick, daß die Gottgläubigen in denjenigen Aussagen, die sie am häufigsten, zweit- und dritthäufigsten ankreuzen, insgesamt dem Gutsein ein größeres Gewicht beimessen als die anderen Typgruppen. Dabei geht es ihnen nicht nur um das Gutsein selbst, sondern vor allem um die *Vorbildfunktion*. Wichtig ist, daß die Gottgläubigen nicht auf Vertröstung setzen, sondern – ähnlich stark wie Transzendenzgläubige und Unentschiedene – davon ausgehen, daß sich *Gutsein in diesem Leben auszahlt*. Hier sind Atheisten deutlich skeptischer. Die Hoffnung darauf, daß sich das Gutsein erst im Jenseits bzw. in einem nächsten Leben auszahlt, teilen auch unter den Gottgläubigen nur 15%***. Bei näherem Hinsehen zeigt sich, daß diese Annahme zwar vor allem in den katholischen Bezirken Beltheim und Canisius-Kolleg vertreten wird (mit je 15%), aber insgesamt sind an dem Votum der Gottgläubigen prozentual genauso viele Evangelische wie Katholiken beteiligt. Das Thema *Gutes tun* hat eben in beiden großen christlichen Kirchen eine lange Tradition.

Was die *Vorbilder* angeht, die die Befragten vor sich haben, so sind in der offenen Frage F83 mit 19% Häufigkeit Größen aus der Geistesgeschichte genannt worden. Am zweithäufigsten werden Eltern und andere nahestehende Menschen genannt. Religiöse Gestalten spielen noch hinter Freiheitskämpfern eine unbedeutende Rolle – auch bei Gottgläubigen. Daraus ist zu schließen: *Es fehlt deutlich an Vorbildern bzw. Heiligen.* Jedenfalls entspricht das, was hier konkret genannt worden ist, nicht der Bedeutung, die die Befragten Vorbildern grundsätzlich eingeräumt haben.

Vertrauen zu Menschen und »Gott«

Eine wichtige selbstreflexive Funktion im Blick auf das Menschenbild können die Antworten auf die Frage haben *Was denken Sie: Ist den (meisten) Menschen im Grund zu trauen oder nicht?* (F40) Die Klammer in der Frage sollte dazu helfen, daß die anthropologische Dimension nicht durch konkrete ärgerliche Einzelpersonen verstellt wird. ∅ 45% haben in den Basisbezirken zugestimmt, wobei Wannsee (40%) deutlich unter und das evangelische Gödenroth (53%) deutlich über dem Durchschnitt liegen. Theologinnen und Theologen (zwei Drittel) sowie Gemeindenahe stimmen viel häufiger zu, die Schülerinnen und Schülern sind skeptischer: Der Bogen spannt sich zwischen dem Grauen Kloster (43%) und Wolfsburg (15%). Die Skepsis drückt sich im *Nein* noch viel deutlicher aus: Wolfsburg, Simmern und Berlin-Ost weisen 40% Nein-Voten auf, Berlin-West 37%. Die Konfessionsschülerinnen und -schüler denken positiver an diesem Punkt. Auch der Anteil für *Weiß ich nicht* liegt bei den Schülerinnen und Schülern am höchsten. Das Ergebnis mag das Abbild jener alten Warnung sein »Trau' keinem über 30!«.

Was die Glaubenstypologie angeht, so liegen die Gottgläubigen (52%) deutlich über und die anderen Typgruppen (je 41%) deutlich unter dem genannten Durchschnitt von 45%. Bei den *Nein*-Voten haben die Transzendenzgläubigen (31%) ein leichtes Übergewicht gegenüber dem Durchschnitt (26%).

Spannend wird die Auswertung aber erst, wenn wir die *Ja*- und die *Nein*-Voten aus F40 in den Bezirken mit den Voten für die vier Typen der Glaubenstypologie zusammenstellen:

Obwohl Graphik 54 nicht ganz leicht zu lesen ist, zeigt sie dennoch, daß es eine beachtliche Nähe zwischen zwei Liniengruppen gibt: Auf der einen Seite zwischen denen, die sagen, *daß den (meisten) Menschen im Grund zu trauen ist,* und den Gottgläubigen, sowie auf der anderen Seite zwischen denen, die auf diese Frage *Nein* sagen, und denjenigen, die zu den drei anderen Typgruppen der Glaubenstypologie gehören. Die jugendliche Skepsis drückt sich deutlich dadurch aus, daß die Linie der zu F40 *Nein*-Sagenden nur in den letzten vier Bezirken die der *Ja*-Sagenden übersteigt. Der Schnitt der Liniengruppen ist beim Übergang von den Konfessionsschulen zu den städtischen Schulen zu erkennen. Die einzige und bedeutsame Ausnahme von der genannten Profil-

146 Die Lebensbeziehungen der Menschen und ihr Glaube

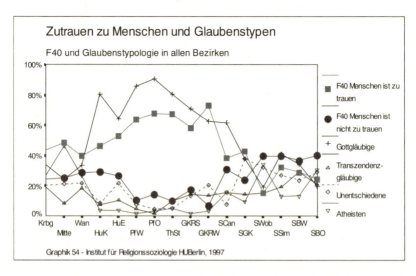

struktur stellt Mitte dar: Hier übersteigt die Linie der Atheisten die Linie derer, die sagen, *daß den (meisten) im Grund nicht zu trauen ist*, und erreicht fast die Linie derer, die ein Grundzutrauen zu Menschen haben. Diese Ausnahme erklärt sich aus der »Glaubens«-Position der Atheisten, die nichts kennen, was den Menschen übersteigt, und die in gewisser Weise darauf angewiesen sind, sich selbst vertrauenswürdig zu finden. Ich gehe jedenfalls davon aus, daß das Zutrauen zu Menschen bei Gottgläubigen einerseits und Atheisten andererseits nicht durchgehend gleich begründet ist – etwa durch Erfahrung.

Der Sinn des Lebens

Bei der Verteilung der Voten zu F90 auf die Lebensformen zeigt sich noch einmal, daß die *guten Beziehungen zu nahen Menschen* (N = 1133: ∅ 54%) die größte Bedeutung für die von uns Befragten haben. Mehrheitlich wird dies von Eheleuten, Ledigen ab 25 Jahren in der Familie, Partnertyp-Frauen und alleinlebenden Frauen ab 45 Jahren betont. Auffällig sind folgende Einzelheiten: *Arbeit und berufliche Zufriedenheit* (∅ 16%) wird vor allem von Ehemännern angekreuzt; der Wert *persönliche Freiheit* (∅ 20%) spielt bei Eheleuten in der Familie eine eher geringe Rolle, die größte jedoch bei denen, die als unter 25jährige in Familien leben – und ihre Freiheit offenbar noch nicht haben. Sie wird überdurchschnittlich oft von den Alleinlebenden als Sinn des Lebens genannt. Das *seelische Gleichgewicht* (∅ 40%) wird von allen am zweithäufigsten genannt. Sieht man die »Säulen« jeweils an, so scheint es, je nach Lebenssituation, von wechselnden anderen Werten begleitet bzw.

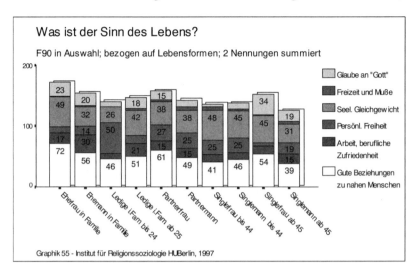

bedingt zu sein. Dazu gehört bei den Eheleuten, älteren in der Familie Lebenden und den älteren Singles der Glaube an »Gott«. Überraschenderweise werden allerdings *Freizeit und Muße* so gut wie nie genannt (⌀ 3%). *Geld und Besitz* erhalten gar nur verschämte ⌀ 2% und erscheinen darum in der Graphik nicht.

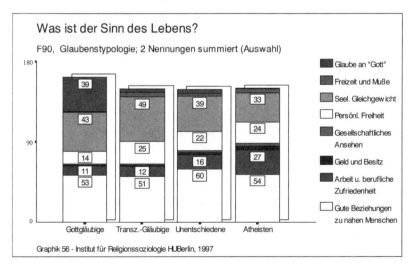

Innerhalb der *Glaubenstypologie* gibt es im Blick auf den Vorrang der personalen Beziehungen keine großen Unterschiede; die Unentschiedenen haben hier ein leichtes Übergewicht. Das seelische Gleichgewicht und die persönliche Freiheit werden allerdings besonders von Transzendenzgläubigen betont. Bei Gottgläubigen ist die persönliche Freiheit weniger bedeutend als bei den anderen Typgruppen, dafür aber hat für sie der Glaube an Gott ein großes Gewicht, wenn es um den Sinn des Lebens geht. Obwohl wir in Graphik 55 gesehen haben, daß *Arbeit und berufliche Zufriedenheit* für Familienväter eine besonders große Rolle spielen, wirkt sich dieser Faktor in der Glaubenstypologie nicht auf die Gottgläubigen aus: sie nennen diesen Wert am seltensten, und bis hin zu den Atheisten steigt er dann bis auf 27% an.

Fazit: Die Unterschiede zwischen den Gruppen der Glaubenstypologie hängen vor allem mit der unterschiedlichen Gewichtung zusammen, die den Werten *Arbeit und berufliche Zufriedenheit*, persönliche Freiheit und Glaube an »Gott« im Zusammenhang mit dem seelischen Gleichgewicht gegeben wird. Daß der Sinn des Lebens zuerst mit den personalen Beziehungen zu tun hat, steht, davon weitgehend unberührt, für alle fest.

Gedanken über unsere Welt

F63 ergänzt einen wesentlichen Aspekt, obwohl es sich dabei um eine Frage handelt, die strenggenommen nicht in dieses Kapitel gehört:

Graphik 57 vermag auch ohne großen Kommentar zu vermitteln, daß eigentlich nur zwei Auffassungen von den Befragten geteilt werden:

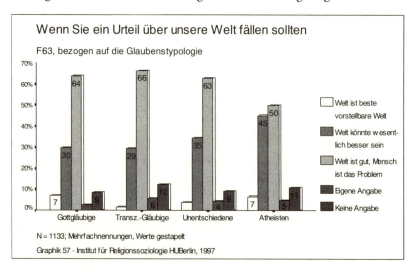

Die eine wird von den nach irgendeinem der drei Typen *Gläubigen* vertreten: Jeweils rund zwei Drittel von ihnen sind der Meinung, *die Welt sei*

eigentlich gar nicht so schlecht, sondern der Mensch sei das Problem (60%). Und von je ungefähr einem knappen Drittel wird außerdem die Ansicht vertreten, *die Welt könnte wesentlich besser sein.* Nur 15% der Gottgläubigen, 21% der Transzendenzgläubigen und 20% der Unentschiedenen, die den Menschen als *das* Problem ansehen, haben jeweils die andere Meinung von der theoretisch verbesserbaren Welt auch angekreuzt.

Bei den *Atheisten* sieht das Bild anders aus: Daß *der Mensch das Problem* sei, sagt nur die Hälfte von ihnen, und fast die Hälfte meint, die *Welt könnte wesentlich besser sein.* Hier zeigt sich erneut, daß Atheisten ein positiveres Bild von den Menschen haben als die in irgendeiner Weise Gläubigen: sie trauen ihnen mehr zu. Und entsprechend sagen 30% von denen, die den Menschen als *das* Problem ansehen, auch, daß die Welt theoretisch *verbesserbar* wäre.

Dieses Ergebnis paßt zu den Beobachtungen, die wir im Zusammenhang mit F40 gemacht haben[36]. Und es stellt einen deutlichen Unterschied zwischen Gläubigen und Nichtgläubigen in der Beurteilung von Welt und Menschen dar.

12.2 Ethische und politische Fragen

Ehe

Betrachten wir zuerst die Basisbezirke: Selten drastisch und untereinander gleich votieren die beiden Hunsrückdörfer mit einer fast Dreiviertelmehrheit für den Satz, daß die *Ehe als Keimzelle der Familie für die Gesellschaft wichtig ist* (∅ 40%). In den anderen Bezirken sinkt das Maß an Zustimmung dazu deutlich; in Mitte sorgt allerdings die Hochschätzung der Familie immerhin noch für ein 50%-Votum. Die dominante Meinung zum Thema Ehe ist in den drei Stadtbezirken (mit Hauptakzent in Mitte) wie innerhalb der Basisumfrage insgesamt allerdings, *daß eheliche und nichteheliche Lebensgemeinschaften in allen Bereichen gleichgestellt werden müssen* (∅ 53%). Und die am dritthäufigsten insgesamt angekreuzte Aussage *Auch gleichgeschlechtliche Paare sollten heiraten dürfen* (∅ 39%) findet hauptsächlich innerhalb der Stadtbezirke Unterstützung, während die beiden Dörfer hier sehr zurückhaltend bleiben.

---

[36] S. o. S. 145f.

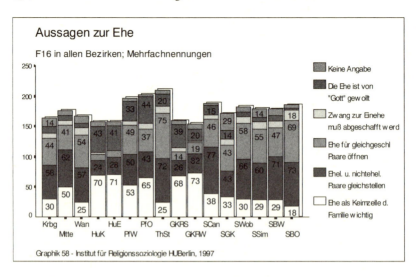

Graphik 58 - Institut für Religionssoziologie HUBerlin, 1997

Und noch einmal wechseln die Mehrheiten: Den Satz *Die Ehe ist von »Gott« gewollt* (∅ 16%) kreuzen mit jeweils über 40% als jeweils zweithäufigste Nennung die beiden Landbezirke an. In den Stadtbezirken kommt diese Aussage nirgends über 12% (Kreuzberg).

Durch diese Ergebnisse ist auch die *Verteilung innerhalb der Glaubenstypologie* einsichtig: Die Forderung nach der Gleichstellung von ehelichen und nichtehelichen Lebensgemeinschaften findet bei Gottgläubigen mit 35%*** fast nur die Hälfte der Zustimmung, die sie bei den anderen Typgruppen findet: Transzendenzgläubige 68%*, Unentschiedene 62%*, Atheisten 62%*. Die Hochschätzung der *Ehe als Keimzelle der Familie* wird vor allem von Gottgläubigen getragen: 60%***; die anderen haben deutlich niedrigere Werte: Tranzendenzgläubige 17%**, Unentschiedene: 29%*, Atheisten: 33%*. Die Öffnung der Ehe für gleichgeschlechtliche Paare wollen vor allem Transzendenzgläubige: 59%**; aber auch Unentschiedenen (43%) und Atheisten (45%) gegenüber sind die Gottgläubigen am zögerlichsten (25%**). Den Satz traditioneller christlicher Eheanschauung, die Ehe sei von »Gott« gewollt, unterstützt gut ein Drittel der Gottgläubigen (35%***), die anderen Typgruppen bleiben hier alle unter 5%.

Einen nennenswerten Unterschied zwischen den *Geschlechtern* in der Beurteilung der Ehe gibt es nicht, abgesehen von einem ganz leichten Übergewicht von Frauen-Voten für die traditionelle christliche Eheanschauung.

Eines der markantesten Details liefert die Analyse der Daten bezogen auf die *Lebensformen*: Die zum Familien-Typ gehörenden Ehefrauen und Ehemänner sowie Singlefrauen ab 45 Jahren unterstützen mit Zweidrittel-Häufigkeit die Aussage über die *Ehe als Keimzelle der Familie* und je mit ca. 20 bis 33% die Aussage, daß die Ehe von »Gott« gewollt ist. Aus anderer Perspektive betrachtet, gehören 53% von denen, die dieser Aussage in den Basisbezirken zustimmen, zum Familien-Typ und 57% zu den Gottgläubigen. Hier liegt eine klare Korrelation vor. Mehrheitsvoten für die Forderung nach einer Öffnung der *Ehe für Gleichgeschlechtliche* gibt es nur bei Partner-Typen und Singles bis 44 Jahre.

Außerhalb der Basisbezirke finden wir bei den Gemeindenahen Werte, die denen der Landgemeinden gleichen – bis auf eine deutlich niedrigere Zustimmung in Wannsee dazu, die Ehe sei von »Gott« gewollt. Die *Schülerinnen und Schüler* favorisieren (mit Ausnahme des Grauen Klosters) die Forderung nach der Gleichstellung von ehelichen und nichtehelichen Lebensgemeinschaften und die Öffnung der Ehe für gleichgeschlechtliche Paare.

Am erstaunlichsten aber ist, daß die *Theologinnen und Theologen* keinesfalls mehrheitlich hinter der traditionellen christlichen Eheauffassung stehen. Da verwundert es nicht, daß sie der Gleichstellung von ehelichen und nichtehelichen Lebensgemeinschaften und auch der Forderung zustimmen, gleichgeschlechtlichen Paaren die Ehe zu öffnen – wobei die Pfarrerinnen und Pfarrer von morgen, die Theologiestudierenden, dabei weit vorausgehen. Hier ist der Traditionsabbruch unübersehbar, und man fragt sich, ob die Amtsträger von heute und morgen das vorgeschriebene Trauformular noch verwenden können. Vor allem entsteht auch hier das große Problem, daß die Theologenschaft sich in einem schweren Dissens zu einem großen Teil der nichttheologischen Gläubigen befindet – eine Situation, die nach Klärung ruft, zumal die zum Familien-Typ und zu den älteren Alleinlebenden gehörenden Gottgläubigen einen beachtlichen Teil der Gemeindeglieder ausmachen. Am ehesten müßte sich diese Klärung durch ein neues Nachdenken über Sinn und Form der kirchliche Trauung vollziehen[37].

Scheidung

Daß jeder sich scheiden lassen darf, ist eine Ansicht, die in allen Bezirken der Umfrage – bis auf Beltheim – eine klare Mehrheit der Voten zu F32

---

[37] S. Abschnitt 13.4.

findet, bei den jungen Menschen einschließlich der Theologiestudierenden von 85 bis 100%. Die Zustimmung der Gottgläubigen liegt innerhalb der Basisbezirke mit 62%** ca. 25% niedriger als diejenige in den drei anderen Gruppen der Glaubenstypologie, die Ablehnung dieses Satzes mit 18%*** (Ø 8%) ca. 15% höher. Der Einfluß der traditionellen Ehelehre, nicht nur aus den Landbezirken, ist also noch spürbar.

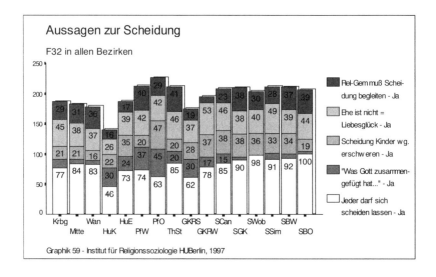

Die gleichmäßigste Zustimmung, auch innerhalb der Glaubenstypologie, findet die *Warnung davor, eine gute Ehe und persönliches Liebesglück gleichzusetzen* (Ø 40%).

Scheidungen mit Rücksicht auf Kinder zu erschweren, ist eine Forderung, die die Betroffenen, die Kinder, sowie Gödenroth, die Pfarrer-Ost und die Gemeindenahen in Berlin-Wannsee am ehesten unterstützen. In den Basisbezirken (Ø 22%) lehnen sie Transzendenzgläubige (61%*), Unentschiedene (49%) und Atheisten (60%*) durchweg ab, Gottgläubige aber votieren nur mit 31%** bzw. enthalten sich der Stimme.

Die traditionelle Ehelehre, die grundsätzlich besagt, »*Was Gott zusammengefügt hat, soll der Mensch nicht scheiden*«, findet in den Landgemeinden, bei den Theologen und Kirchennahen noch nennenswerte Zustimmung und stellt dennoch, wieder mit Ausnahme des katholischen Beltheims, bereits ein Minderheitsvotum dar: In der Glaubenstypologie stimmen in den Basisbezirken nur 28%*** der Gottgläubigen zu. Transzendenzgläubige und Unentschiedene lehnen dieses Ehe- und

Scheidungsverständnis mit ca. 70% der Voten ab.

Daß Religionsgemeinschaften, die *Riten* bei der Eheschließung anbieten, solche auch *aus Anlaß der Scheidung* anbieten sollten, wünscht sich ein knappes Drittel in den Basisbezirken, ein Drittel ist dagegen. Transzendenzgläubige und Unentschiedene sind eher dafür, Gottgläubige eher dagegen.

Das *Fazit* kann, von außen betrachtet, lauten: Die Auffassung, die dem staatlichen Recht folgt, setzt sich durch und hat auch bei Gottgläubigen einschließlich der Theologen die traditionelle Ablehnung der Scheidung zum Minderheitsvotum gemacht. Aber bei dieser Beurteilung fehlt noch ein entscheidender Faktor: die erkennbare Neigung vieler Menschen, *auch in ethischen Fragen die personale Dimension über die institutionelle zu stellen*. Institutionen wie die Ehe sind demnach nicht dazu da, einfach akzeptiert zu werden, sondern sie haben den Lebensvorstellungen der Menschen zu dienen.

Die Stellung der Frau

Die Stellung der Frauen in der Gesellschaft wird von der Mehrheit in den Basisbezirken (F39: Ø 53%) so beurteilt: Den Frauen werden *noch viele Rechte vorenthalten; sie müssen darum kämpfen, sie zu bekommen*. Die Auffassung, daß sie *selbst verantwortlich für ihre Stellung* in der Gesellschaft seien, wird in den Städten kaum, überdurchschnittlich (Ø 21%) aber von Schülerinnen und Schülern, auf dem Lande und bei den Kirchennahen unterstützt – und innerhalb der Glaubenstypologie von Gottgläubigen (30%**). Die anderen Typgruppen stimmen deutlich seltener zu, am seltensten Atheisten (12%**).

Gefragt, wo sich eine Benachteiligung von Frauen am ehesten zeige (F39a), wird von denen, die sich an die Spielregeln der Entscheidungsfrage gehalten haben, zuerst der Bereich der *Wirtschaft* genannt.

Sieht man sich die Daten bezogen auf die Lebensformen der Befragten hin an, so zeigt sich, daß *Männer* deutlich weniger davon überzeugt sind, daß den Frauen Rechte fehlen. Und Männer finden es viel häufiger *gut so, wie es ist* – vor allem gilt das für Ehemänner.

Abtreibung

Ethisch brisant ist nach wie vor die Frage, wie *Abtreibung* zu beurteilen ist (F54).

Jede Frau sollte in dieser Angelegenheit allein entscheiden können. In den Antworten, die keine Mehrfachnennungen zuließen, wird diese Ansicht am häufigsten (Ø 45%) unterstützt. Daran sind Gottgläubige auffällig gering (30%**) und Atheisten auffällig stark (62%) beteiligt. Auch Transzendenzgläubige befürworten diese Ansicht noch mehrheitlich (51%). In der Gesamtumfrage unterstützen die Schülerinnen und Schüler der städtischen Schulen diese Ansicht stark (70 bis 86%), die Konfessionschüler sind zurückhaltender (Canisius 43%, Graues Kloster 54%).

Es gibt medizinische und soziale Gründe, die eine Abtreibung rechtfertigen (∅ 25%) wird am zweithäufigsten angekreuzt. Hier stimmen Gottgläubige häufiger zu (34%**) als andere, es ist ihr stärkstes Votum. Ein Viertel der Unentschiedenen stimmt auch zu, die anderen Typgruppen bleiben unter dem Durchschnitt, weil sie sich bei der ersten Aussage festgelegt haben.

Die beiden bisher behandelten Aussagen haben – entgegen der Anweisung, sich zu entscheiden – 14% zugleich angekreuzt.

Abtreibung unter keinen Umständen erlauben wollen insgesamt nur 5%, wobei 11%*** der Gottgläubigen dafür sorgen, daß es überhaupt zu ∅ 5% kommt. Sie stammen aus dem katholischen Dorf, wo sich, wie sonst nur im Canisius-Kolleg, mehr als 10% für diese Ansicht finden.

Frauen und Männer unterscheiden sich in ihren Voten nicht so stark, wie vermutet. Die Hauptthese, die den Frauen das Entscheidungsrecht zugesteht, wird von 48% der Frauen und 42% der Männer unterstützt. Für eine Indikationslösung stimmen 23% der Frauen und 28% der Männer.

Jeweils ca. ein Drittel im evangelischen Dorf, von den Theologen und den Gemeindenahen unterstützen die am häufigsten angekreuzte Ansicht, daß Frauen allein entscheiden können sollten. Über 60% der Pfarrer im Osten und der Gemeindenahen erkennen Indikationen für eine Abtreibung als ethisch gerechtfertigt an.

Ihre Entscheidung in F54 haben in F54a nur ∅ 14% als von ihrem Glauben beeinflußt bezeichnet, wobei natürlich zwischen Gottgläubigen (30%***) und anderen Gläubigen (7%* bzw. 4%***) eine große Differenz zu finden ist. Einen solchen Zusammenhang bestreiten ∅ 67%, woran aber auch 55%* der Gottgläubigen beteiligt sind, die hier antworten. 20% gaben keine Antwort.

Fazit: Das Ergebnis zeigt, daß auch diese zentrale medizinethische Frage, die in so vielen Familien und Partnerbeziehungen zu entscheiden ist, nur noch selten nach Kriterien entschieden wird, die die traditionelle christliche Position, und heutzutage vor allem die katholische Morallehre, enthält.

›Aktive Sterbehilfe‹

Der Begriff ›aktive Sterbehilfe‹ (F56) signalisiert eines der umstrittensten medizinethischen Probleme. Gemeint ist, daß jemand einem anderen Menschen dadurch hilft, eher zu sterben als medizinisch notwendig, indem er entweder eine direkte Tötungshandlung vollzieht oder aber eine Hilfeleistung unterläßt, die den Todeszeitpunkt erst später eintreten lassen würde.

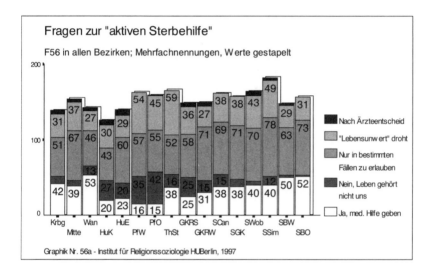

Graphik Nr. 56a - Institut für Religionssoziologie HUBerlin, 1997

Gegen eine solche Art von Sterbehilfe sprechen sich mit nennenswerten Prozentsätzen nur diejenigen Gruppen und Bezirke aus, die große oder zumindest größere Anteile von Gottgläubigen in ihren Reihen haben, zum Familientyp gehören oder als ältere Menschen allein leben: In den Basisbezirken sind es 25% und innerhalb der Gesamtumfrage 28% der Gottgläubigen, die »aktive« Sterbehilfe generell mit der Begründung ablehnen, daß *wir nicht über unser Leben verfügen können*. Nur 2% der Atheisten, 3% der Transzendenzgläubigen und 8% der Unentschiedenen vertreten diese Ansicht.

Weit größer ist die Zustimmung zu einer *Indikationslösung*, die selbst innerhalb der Pfarrerschaft noch mehrheitsfähig ist. Zwar sehen sehr viele von denen, die diesem Lösungsmodell zustimmen, die Gefahr, daß die Praxis dahin abgleitet, daß wieder »*lebensunwertes*« von »*lebenswertem*« Leben kategorial unterschieden werden könnte. Und entsprechend niedrig fällt dann vor allem bei den Pfarrern und auf dem Land sowie bei den Gemeindenahen die Zustimmung dazu aus, daß jeder, der es will, auch Anspruch auf *medizinische Sterbehilfe*, also eine Tötungshandlung, habe.

Von dem katholischen Dorf Beltheim abgesehen, ist in allen Bezirken ein Mehrheitsvotum dafür abgegeben worden, daß »aktive Sterbehilfe« unter bestimmten Bedingungen möglich sein soll. Ich sehe darin einen Dammbruch, und zwar nicht nur in Blick auf ein traditonell christliches Tabu, sondern auch im Blick auf Erwartungen, die an die Ärzte und das Pflegepersonal herangetragen werden.

Einstellungen zum Suizid

Mit derselben Begründung, *daß uns das Leben nicht gehöre*, lehnen ⌀ 13% innerhalb der Basisbezirke in F58 Suizid als Handlungsmöglichkeit ab. Doch der Durchschnittswert täuscht über die Unterschiede hinweg, die sich im Spiegel der Glaubenstypologie zeigen: Stimmen 27% der Gottgläubigen dieser Linie zu, so von den drei anderen Gruppen jeweils nur zwischen 2% (Atheisten) und 6% (Unentschiedene). Mit dieser Auffassung verbindet sich bei sehr vielen jeweils auch die Einstellung, Suizid sei *Mord am eigenen Leben*, also im Grunde eine kriminelle Handlung (⌀ 20%). Besonders Gottgläubige denken so: 31%.

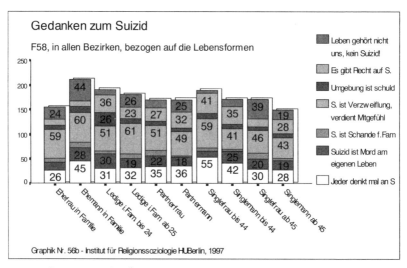

Graphik Nr. 56b - Institut für Religionssoziologie HUBerlin, 1997

Ganz überwiegend (⌀ 42%) wird aber die Meinung vertreten, Suizid geschehe *aus Verzweiflung*, und die Suizidanten *verdienten unser Mitgefühl*. Hier liegen die Atheisten 6% unter und die Gottgläubigen 3%

über dem Durchschnitt. Was die *Schuldzuweisung an die Umgebung* (Ø 11%) – und ihre Rückseite, die Meinung, ein Suizid bringe *Schande über eine Familie* (Ø 8%) – angeht, so zeigen sich bestimmte Korrespondenzen zwischen diesen beiden Ansichten. Lediglich jüngere, in Familien lebende Menschen neigen deutlich häufiger als andere zu der These, die Umgebung sei an der Verzweiflung von Menschen schuld. Am zweithäufigsten wird die These vertreten, es gebe ein *Recht auf Suizid* (Ø 34%). Den höchsten Wert erreichen dabei die Schüler aus Ost-Berlin mit 63%! Die anderen nichtkirchlichen Schulen liegen zwischen 44 und 53%, die kirchlichen bei 27% (Canisius) bzw. 38% (Graues Kloster). Die niedrigsten Werte haben hier die Pfarrerschaft (ca. 5%) und die beiden Dörfer (13 und 12%). Was die Lebensformen angeht, wird ein Recht auf Suizid vor allem von den jüngeren Singles und den jungen, in Familien lebenden Ledigen unterstützt. Eheleute sehen ein solches Recht selten gegeben. Hier wirkt sich die Lebensform deutlich aus. Und mit ihr verbunden auch die Zugehörigkeit zu den Glaubenstypen: Nur 18% der Gottgläubigen denkt so, aber 41% der Unentschiedenen, 43% der Atheisten und 49% der Transzendenzgläubigen.

Auch die Aussage *Das Leben ist so schwierig, daß der Gedanke an eine Selbsttötung jedem von uns irgendwann einmal kommen muß* (Ø 31%) findet viel Zustimmung. Die Hälfte aus den Theologengruppen teilt diese Ansicht, innerhalb der Gesamtumfrage denkt ein Drittel so. In der *Zusatzfrage an Christen* (F58a), ob es richtig gewesen sei, daß Suizidanten früher – und zwar bis weit in die Zeit nach dem zweiten Weltkrieg hinein – *nicht kirchlich bestattet worden sind*, haben 80% *Nein* gesagt, und zwar auch 77% der gottgläubigen Christen.

Als Fazit aus diesem Abschnitt ist festzuhalten, daß die ethisch-moralischen Vorbehalte gegenüber dem Suizid erheblich abgenommen haben. Die Mehrheit der Befragten sieht im Suizid keine kriminelle Handlung mehr, wie sie der alte Begriff ›Selbstmord‹ signalisierte. Es überwiegt das Mitgefühl mit den Verzweifelten, die diesen Weg gehen.

»Gottes« Mitwirkung bei der Wiedervereinigung und Teilung Deutschlands

Nur an Gläubige war die Frage gerichtet worden, ob die *Wiedervereinigung Deutschlands »Gottes« Tat gewesen* ist (F91). Grund zur Frage war unter anderem, daß während der Teilung Deutschlands die Bitte um die Wiederzusammenführung beider deutscher Staaten häufig innerhalb der gottesdienstlichen Fürbitten zu hören gewesen ist. Dahinter stand der theologische Gedanke einer »Geschichtsmächtigkeit Gottes«, wie er häufig und vor allem bei der Auslegung des Alten Testaments vertreten wird. In den Basisbezirken sagten ⌀ 11% *Ja*, 66% *Nein* und 23% *Weiß ich nicht*. Die entsprechenden Prozentwerte der Gottgläubigen weichen von diesem Durchschnitt allerdings kräftig ab (17% / 55% / 28%). In der Luisenstadt und bei den Pfarrern spaltet sich das Bild dann noch einmal durch einen klaren *Ost-West-Gegensatz* auf: *Ja* sagten 25 % der in Mitte Befragten, 10% in Kreuzberg. Von den Pfarrern im Osten sagten gar 42% *Ja*, im Westen waren es nur 21%.

F91a brachte die Gegenprobe, indem sie fragte, ob denn auch die *Teilung Deutschlands "Gottes" Tat* gewesen sei. Statt 673 Antwortenden bei F91 gaben jetzt nur noch 437 eine Antwort. Von ihnen sagten in den Basisbezirken 12% *Ja*, 60% *Nein* und 28% *Weiß ich nicht*. Wieder fielen die Zustimmung der Gottgläubigen mit 17% stärker und die Ablehnung des Gedankens mit 49% schwächer aus als bei den anderen Gläubigkeitstypen. Von den Pfarrern im Osten sagten 53% und im Westen 37% *Ja* und entsprechend 29% bzw. 32% *Nein*. Diese Verstärkung des Gedankens, Gott habe hier gehandelt, kommt aber vor allem dadurch zustande, daß sich in F91a nur noch 87 Pfarrer-Ost gegenüber 137 bei F 91 und 57 Pfarrer-West gegenüber 117 in F91 beteiligt haben. Und diese Übriggebliebenen gehören zu denen, die bereit waren, den genannten theologischen Gedanken konsequent zu Ende zu denken. Dasselbe Bild zeigt sich innerhalb der beiden Umfragebezirke Mitte und Kreuzberg. Ich schließe daraus, daß es neben der theologischen Ebene noch eine andere gegeben hat, die auf das Antwortverhalten Einfluß hatte: Ganz offenbar haben die Menschen im Osten die Wiedervereinigung 1992 doch eher als etwas für sie selbst Positives angesehen als die Menschen im Westen.

13. Lebensbeziehungen der Menschen zu Gott bzw. zur Transzendenz

In den Kapiteln 6 bis 9 habe ich bereits F1 bis F11 des Fragebogens behandelt. Dabei ging es zum einen darum, eine Typologie zu entwickeln, die die Wahrnehmungsgestalten »Gottes«, wie sie unsere Umfrageergebnisse zeigen, in einer Typologie zu systematisieren vermag. Und zum anderen mußten diejenigen Fragen vorab behandelt werden, die

Beziehungen zu Gott bzw. zur Transzendenz

ausschließlich an »Gläubige« gerichtet waren. Im folgenden werden – mit unterschiedlicher Ausführlichkeit – die meisten der übrigen, zum Bereich IV der Quaternität der Lebensbeziehungen gehörenden Fragen behandelt und mithilfe der Glaubenstypologie interpretiert. Die Atheisten werden dabei weiterhin mit berücksichtigt, sofern nicht Filterfragen etwas anderes nahelegen.

Was ist heilig?

Ich leite das Kapitel mit der Auswertung der Frage F88a ein. In F88 hatten wir gefragt, ob die Menschen mit dem Begriff »heilig« etwas anfangen können. 69% der Gottgläubigen, je 42% der Transzendenzgläubigen und Unentschiedenen und 34% der Atheisten haben die Frage bejaht. F88a sollte präzisieren, was für die einzelnen »heilig« ist. Unberücksichtigt bleiben dabei die Antwortvorgaben *Heilig ist meine Nation* und *Mein Auto ist mir heilig*, weil sich dafür jeweils nicht einmal 1% Zustimmung ergeben hat. Weil es um das Binnenverhältnis der positiven Äußerungen geht, sind auch die Prozentwerte für *Keine Angabe* und *Eigene Angabe* weggelassen worden.

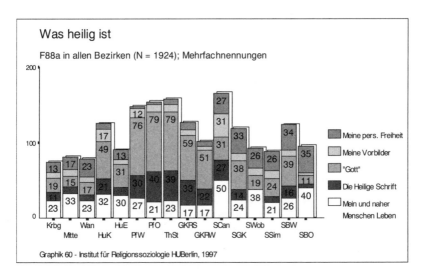

Graphik 60 zeigt, wie bei denen, die eine große Nähe zum traditionellen Gottesglauben haben, »Gott« und die *Heilige Schrift* große Teile der positiven Äußerungen auf sich ziehen. Sieht man auf den Rest der Variablen, so zeigen sich weitere große Unterschiede. Zum einen im Blick auf die Bewertung der Aussage *Mein und naher Menschen Leben*:

da fallen die katholischen Bezirke Beltheim und Canisius sowie Mitte und zwei Schulen auf. Zum anderen im Blick auf *Vorbilder*: da fallen wiederum die Katholiken auf, wahrscheinlich durch die Bedeutung, die Heilige in ihrem Leben haben. Und schließlich im Blick auf *Meine persönliche Freiheit*: da fallen vor allem die Schülerinnen und Schüler auf und auch Wannsee, wo wir ja besonders viele junge Menschen angetroffen haben. Stellen wir eine Unterscheidung nach der Glaubenstypologie (Graphik 61) daneben, so erklärt sich die Verteilung viel leichter:

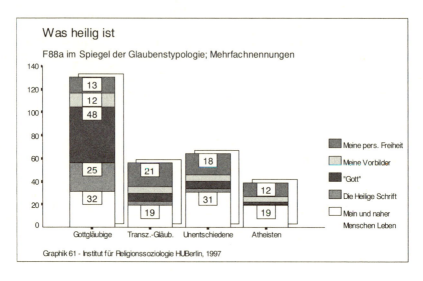

Zudem zeigt Graphik 61 noch eine weitere gravierende Differenz im Blick auf die Zusammensetzung der positiven Voten: Nur Transzendenzgläubige priorisieren ihre persönliche Freiheit, während bei Unentschiedenen und Atheisten das eigene Leben und das naher Menschen vor allem anderen heilig ist. Auf diese Weise kann F88a sogar als eine Art Weichenstellung in den Bereich IV der Quaternität der Lebensbeziehungen angesehen werden. Denn hier läßt sich eine gewichtige Verschiebung erkennen: *Was den Menschen heilig ist, betrifft bei den nichtgottgläubigen Gläubigkeitstypen fast ausschließlich die personalen Beziehungen und persönlichen Entfaltungsmöglichkeiten.*

Welch große Rolle dabei die Lebensform hat, in denen ein Mensch lebt, zeigt die letzte Graphik zu F88a:

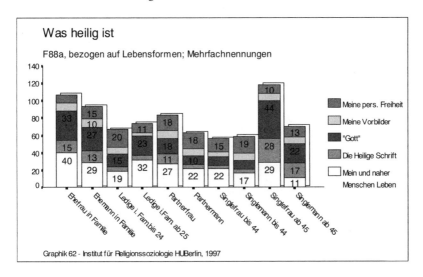

Graphik 62 - Institut für Religionssoziologie HUBerlin, 1997

13.1 »Gott« und Schicksal, »sein« Verhältnis zur Welt

Mit der aus F1 und F2 gewonnenen Glaubenstypologie haben wir vier verschiedene Wahrnehmungsgestalten oder Gesichter »Gottes« von einander unterscheiden gelernt:
– den persönlichen Gott, der besonders im Himmel (28%), im Menschen (40%) und überall (59%) zu finden ist,
– überirdische Wesen oder Mächte als transzendente Gegenüber, die im wesentlichen nicht personhaft gedacht und im Kosmos (24%), in der Natur (30%), im Menschen (36%) und überall (48%) gefunden werden,
– ein göttlich-transzendentes Gegenüber, das mal personhafte, mal keine personhaften Züge trägt und in der Natur (26%), überall (27%) und im Menschen (31%) gefunden wird,
– einen säkularen ›Heiligen Kosmos‹ beziehungsweise Kosmos von Werten und Ideen, durch den die Menschen letztlich sich selbst Gegenüber sind.

Schicksal

Deutlich kommen diese unterschiedlichen Gesichter »Gottes« zur Sprache, wenn wir die Antworten ansehen, die wir in F69 auf die Frage danach erhalten haben, was ›Schicksal‹ ist:

162 Die Lebensbeziehungen der Menschen und ihr Glaube

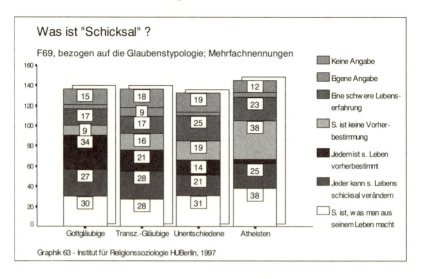

Graphik 63 - Institut für Religionssoziologie HUBerlin, 1997

Da ist zum einen der eher metaphorische Sprachgebrauch, der bei allen vorkommt und in der Rede von den »Schicksalsschlägen« geläufig ist (Ø 20%). Unentschiedene und Atheisten haben hier deutlich höhere Prozentwerte als Transzendenz- und Gottgläubige. Wieweit der Sprachgebrauch reflektiert ist, ist eine schwer zu beantwortende Frage. Denn im Zusammenhang mit einer schweren Lebenserfahrung von einem »Schicksalsschlag« zu reden – wie es die Antwortvorgabe tut –, ist ja eigentlich nur sinnvoll, wenn dabei ein wirkliches Gegenüber als handelndes Subjekt und der Mensch als passiv-erleidendes Objekt gedacht wird. Doch diese Denkfigur wird offenbar auch von denen angewendet, für die der Mensch des Menschen (einziges) Gegenüber ist.

Graphik 63 zeigt, wie sich die Variablen gegenseitig ausschließen, die sagen, *jedem ist sein Schicksal vorherbestimmt* (Ø 20%) bzw. Schicksal sei *keine Vorherbestimmung* (Ø 20%). An diesem Punkt scheiden sich die Geister, und die Scheidelinie läuft zwischen den Polen Gottgläubige und Atheisten. Die beiden anderen Glaubenstypen haben stärker *beide* Ansichten in ihrer Mitte. Die Meinung *Jeder kann, wenn er nur will, sein bisheriges Lebensschicksal verändern* (Ø 25%) kann als eine Doppelaussage verstanden werden: *Lebensschicksal* ist zum einen etwas, in das man hineingerät; doch andererseits ist es offenbar nicht unabänderlich, sondern veränderbar. Diese Meinung kommt bei allen – mit Ausnahme der zurückhaltenderen Unentschiedenen – relativ gleich stark vor. Die Aussage *Schicksal ist das, was ein Mensch aus seinem Leben gemacht hat* (Ø 32%) läßt dagegen nur *eine* Deutung zu: Da wird der Mensch als *selbstverant-*

wortlich und auch gestaltungsfähig angesehen. Es verwundert nicht, daß Atheisten hier eher zustimmen als die anderen, wohl aber, daß die anderen Gruppen auch Prozentwerte aufweisen, die jeweils fast ein Drittel repräsentieren. Unter den Schülerinnen und Schülern findet diese Ansicht viel Zustimmung, und in den Bezirken Mitte, Wannsee, Gödenroth und den Gemeindenahen in Wannsee liegt die Quote ebenfalls über dem Durchschnitt der Basisumfrage. Die Gründe dafür sind kaum auf einen Nenner zu bringen. Die Theologengruppen bleiben weit unter dem Basisdurchschnitt (20 bis 22%); doch auch diese Prozentsätze zeigen, daß die Uneinheitlichkeit des Spektrums insgesamt vor den Theologinnen und Theologen nicht halt macht. Sie glauben nämlich *genauso selten* wie die Menschen in den Bezirken Mitte (11%) und Wannsee (13%), daß das *Schicksal vorherbestimmt* ist (10-13%; vgl. Graues Kloster 10%).

Aus den Ergebnissen ziehe ich mehrere *Schlüsse*: Zum einen, daß Atheisten die Autonomie und Selbstverantwortung betonen wollen. Gymnasiasten dagegen drücken wohl aus, was sie als zukünftige *leading persons* in der Gesellschaft auch glauben sollen: Daß es auf sie ankommt, und daß es (deshalb) bei ihnen auf Leistung ankommt. Die Gottgläubigen dagegen sind gespalten: Die einen drücken hier vor allem aus, daß es ihnen wichtig ist, ethisch verantwortlich zu handeln, die anderen, daß sie sich in Gottes Hand fühlen (*Vorherbestimmung*).

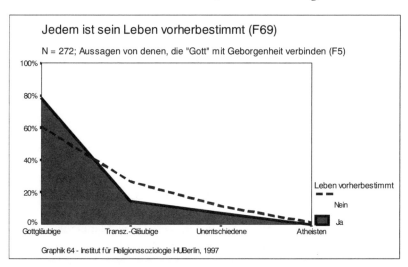

Daß diese Gespaltenheit auch dort anzutreffen ist, wo die vor allem für Evangelische zentrale religiöse Kategorie *Geborgenheit* ins Spiel kommt, zeigt Graphik 64. Basis sind hier diejenigen von den Gottgläubigen innerhalb der Basisbezirke, die in F5 Gott mit *Geborgenheit* in Verbindung gebracht haben. Während das *Nein* zum Glauben an eine Vorherbestimmung bei allen anderen Glaubenstypen überwiegt, ist das Verhältnis bei den Gottgläubigen umgekehrt (60% *Nein*, 80% *Ja*). Aber anders betrachtet, konkurrieren hier im Blick auf Zustimmung und Ablehnung gegenüber dem Gedanken an eine Vorherbestimmtheit auch zwei gegensätzliche Glaubensvorstellungen. *Da zeigt Gott ganz offenbar zwei unterschiedliche Gesichter.*

Horoskope

Eine besondere Variante des Schicksalsglaubens ist der Glaube, daß Horoskope ablesbare Rahmen-Konstellationen für das Handeln der Menschen zu liefern vermögen (F69a). Nur ⌀ 6% denken, *Weil unser Schicksal in den Sternen steht, hat es Sinn, Horoskope zu lesen,* Transzendenzgläubige (10%) etwas häufiger als andere. Für *abergläubischen Schwindel* halten sie entsprechend ⌀ 38% der Befragten, wobei nun deutliche Differenzen auftreten: Transzendenzgläubige und Unentschiedene vertreten diese Ansicht seltener (23%* bzw. 29%*), Atheisten häufiger (56%**). Obwohl ⌀ 27% zugeben, *Horoskope zu lesen, auch wenn sie nicht daran glauben,* gestehen nur ⌀ 7% ein, *danach ängstlich oder zuversichtlich* zu sein. Da ist viel Distanz und wenig Möglichkeit, Schlüsse zu ziehen.

Telepathie

Ob es Telepathie (F89 F89a) gibt, ist für manche ein ähnlich umstrittenes Thema wie Horoskope. Die Mehrheit der Befragten hält Telepathie *für möglich* (⌀ 53%), 17% *nicht*. Rund 30% wissen nichts zu sagen oder geben keine Antwort. Bei denen, die Telepathie für möglich halten, haben die Transzendenzgläubigen mit 78% Zustimmung aus ihren Reihen ein großes Übergewicht, während Gottgläubige und Unentschiedene den Durchschnitt stabilisieren. Atheisten neigen dagegen mit je einem guten Drittel ihrer Voten zu den sich widersprechenden Antworten *möglich* und *nicht möglich*. Die anderen kommen nur auf Werte zwischen 6 und 12%, wenn es um den Ausschluß der Möglichkeiten von Telepathie geht.

Auch in dieser Frage gehen *Frauen* viel häufiger als Männer davon aus, daß es Kommunikationsformen gibt, die nicht meßbar sind. Partnertyp- und jüngere Single-Frauen, die eine relativ große Nähe zum Transzendenzglauben haben, weisen die höchsten Zustimmungswerte auf.

Nur ein Drittel der Gottgläubigen sieht aber eine *Verbindung zwischen Telepathie und Beten* (F89a); für die anderen spielt dieser Gedanke

Beziehungen zu Gott bzw. zur Transzendenz 165

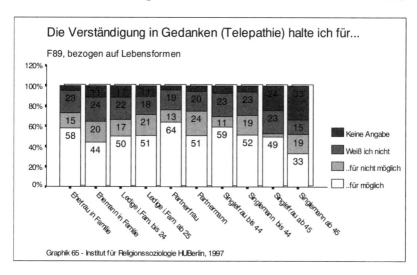

Graphik 65 - Institut für Religionssoziologie HUBerlin, 1997

keine Rolle – auch und *gerade nicht für Transzendenzgläubige*. Ihnen geht es offenbar bei Telepathie ausschließlich um eine Kommunikationsart zwischen Menschen; und außerdem ist zu bedenken, daß nur 17%** der Transzendenzgläubigen in F9 das *Gebet* als Mittel angekreuzt haben, um Kontakt zu den überirdischen Wesen oder Mächten aufzunehmen (wichtiger sind ihnen *Meditation, Träume und Visionen* sowie und vor allem das *Sein in der Natur*).

Schutzengel

Schutzengel[38] (F95) sind dagegen seit eh und je ein wichtiger Teil des Volksglaubens, aber keinesfalls *nur* in dieser theologisch selten ernst genug genommenen Glaubensform. In *Martin Luthers* »Morgen-« und »Abendsegen« genannten Gebeten für Tagesanfang und -ende zum Beispiel spielt der Schutzengel sogar eine zentrale Rolle. Sie enden beide mit der Bitte: »Dein heiliger Engel sei mit mir, daß der böse Feind keine Macht an mir finde. (Amen)«. Auch heute noch glaubt die Pfarrerschaft zu ca. 60% an Schutzengel, während der theologische Nachwuchs sehr viel zurückhaltender ist (41%). Daß im katholischen Taufverständnis der Schutzengel für die Neugetauften eine wichtige Funktion hat[39], spiegelt sich darin, daß die katholischen Bezirke Beltheim und Canisius

---

[38] Vgl. auch o. Abschnitt 7.2.
[39] Vgl. *R.Haubst*, Art. Engel. III. Systematik.4., in: Lexikon für Theologie und Kirche 3 (1959) 872: »Der Glaube an Schutzengel ist in der Offenbarung u. im Glauben

166 Die Lebensbeziehungen der Menschen und ihr Glaube

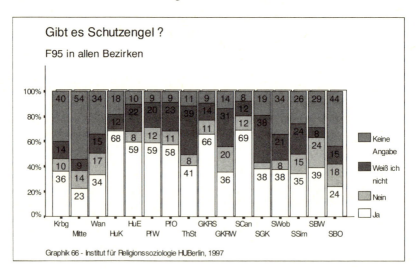

deutlich mehr Zustimmung geben als Gödenroth und das Graue Kloster. In einer noch unveröffentlichten Untersuchung aus einer Kirchengemeinde in Berlin-Zehlendorf haben wir aber gefunden, daß auch die Evangelischen von der Taufe zu allererst einen *Schutz Gottes* für die Täuflinge erwarten.

Es verwundert deshalb nicht, wenn alle diejenigen, die mit der *Lebensform Familie* zu tun haben, am ehesten glauben, daß es Schutzengel gibt (38%):

Und außerdem zeigt sich, daß der Schutzengelglaube eher eine Sache der *Frauen* ist.

Bezogen auf die *Glaubenstypologie* erkennen wir die unterschiedlichen Gesichter »Gottes« deutlich wieder: 70%*** Zustimmung bei Gottgläubigen, 33% bei Transzendenzgläubigen, 25%* bei Unentschiedenen[40]. Schutzengel haben etwas mit der Person und Individualität der Menschen zu tun, denen sie zur Seite stehen. Sie sind gewissermaßen die den Menschen gedanklich faßbare, anthropomorphe Gestalt der Liebe Gottes. Daß diese Seite im Glauben derer weniger bedeutend ist, die mit »Gott« keine Personalität verbinden, leuchtet ein. Andererseits zeigt die

---

aller Jhh. fest verwurzelt, u. zwar bes. in der Weise, daß jeder Getaufte dem Schutz eines E. anvertraut ist. Das Patronat der reinen Geister über den Menschen zielt vor allem auf die Erlangung des ewigen Heiles, es erstreckt sich aber auch auf Gefahren des Leibes.«

[40] Von den eigentlich nicht gefragten Atheisten gibt es auch noch 4%*** Zustimmung.

Zustimmung von einem Drittel der Transzendenzgläubigen, daß Schutzengel auch in einem Glauben vorkommen können, zu dem kein personal strukturiertes transzendentes Gegenüber gehört. Die schützend-begleitende Funktion »Gottes« wandelt sich offenbar mit den sich wandelnden Gesichtern »Gottes« mit. Entscheidend ist, daß die einen diesen Schutz suchen und glauben und andere nicht. Die konkrete Gestalt der Schutzengel hat dann mit der Gestalt der Lebensbeziehungen zu tun.

Kann Gott sich von der Welt abwenden?

Das Verhältnis »Gottes« zur Welt kam in F94 in einer noch einmal anderen Weise vor: *Was glauben Sie: Könnte es sein, daß »Gott« sich ganz von dieser Welt und uns abwendet und sich anderen Welten zuwendet, weil »er« genug von uns hat?* Diese Frage setzt eine außerweltliche personale Gottesgestalt voraus, die – vergleichbar der vom alttestamentlichen Gott Jahwe berichteten Reue darüber, daß er den Menschen gemacht hatte, als er die Bosheit auf Erden sah (1. Mose 6,6.7) – zu Enttäuschung und Resignation fähig ist. Dies erklärt, warum sich die – ja auch nicht gefragten – Atheisten zu 95% einer Antwort enthalten, und warum auch die Transzendenzgläubigen zu 65% und die Unentschiedenen zu 76% entweder keine Antwort geben oder sagen *Weiß ich nicht* – eben weil es sie von ihrer Gottesvorstellung her nicht betrifft. Von den Gottgläubigen halten es 67%*** *nicht für möglich,* daß »Gott« sich ganz von der Welt abwenden könnte, bei den Transzendenzgläubigen 28% und bei den Unentschiedenen 17%**. *Für möglich* halten diesen Fall, bei dem »Gott« ja auch aufhören würde, Gott für diese Welt zu sein, in den drei ersten Glaubenstypgruppen nur zwischen 7 und 8%.

F94 hat also ein wirkliches Bekenntnis der Gottgläubigen evoziert, in dem sich alle Treuezusagen Gottes zur Welt aus der biblischen Botschaft spiegeln. Kein Wunder, daß die ländlichen Bezirke, in kirchlicher Tradition stehend, beide über 65%, Theologengruppen jeweils über 75% und die Konfessionsschülerinnen und -schüler jeweils mit über 70% sagen, daß sie sich den Fall einer Absage Gottes an die Welt *nicht* denken können. Dabei ist zu bedenken: Die Beziehung der Gottgläubigen zu Gott gehört zu ihren Lebensbeziehungen. *Eine Absage Gottes an die Welt würde diesen Menschen nicht nur ein Glaubenselement, sondern eine der Lebensgrundlagen zerstören.*

Was das eigene Verhältnis der Menschen zu ihrem »Gott« angeht, so steht es ähnlich. In F86a[41] war danach gefragt worden. Von 433 Gott-

---
[41] S.o. S. 117.

gläubigen innerhalb der Basisbezirke haben 346 die Zusatzfrage beantwortet, *ob sie bei den wichtigsten Erfahrungen in ihrem Leben an Gott gedacht bzw. zu ihm gebetet haben.* Von dieser Gruppe sagen 296 (= 86%***) *Ja*, 27 (= 8%*) *wissen es nicht mehr* und nur 23 (= 7%***) sagen *Nein*. Bei den Transzendenzgläubigen lautet die Prozentwertfolge: 40%* *Ja*, 16% *Weiß ich nicht mehr*, 44%* *Nein*, und bei den Unentschiedenen 38%* / 19%* / 43%*. Dieser Unterschied zwischen Gottgläubigen und den anderen Glaubenstypen zeigt auch *die unterschiedlichen Gesichter »Gottes«* klar: Der als ansprechbares Gegenüber gedachte persönliche Gott wird viel häufiger ausdrücklich (durch Anrede) in seelisch bedeutende Erfahrungen einbezogen als nicht-persönlich vorgestellte »göttliche« Wesen und Mächte.

Das weibliche Element in Ihrer Religion?

Was denken Sie im Blick auf das weibliche Element in Ihrer Religion? Von den auswertbaren Voten fallen nur wenige auf die Variable *»Gott« ist selbstverständlich ein Mann*, und diese kommen vor allem von gottgläubigen Ehefrauen und älteren, alleinlebenden Frauen, die mit einem solchen Gottesbild offenbar aufgewachsen sind. Eine *weibliche Gottheit* vermissen wenige. Am häufigsten ist in den Basisbezirken angekreuzt worden *Das ist für mich kein Problem* (∅ 21%). Und etwa gleich häufig wird gesagt, daß »Gott« *männlich und weiblich zugleich* sei (∅ 19%). Und mit dieser Antwort ist das Problem in der Tat gelöst.

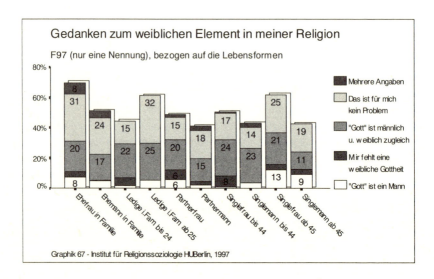

Graphik 67 - Institut für Religionssoziologie HUBerlin, 1997

13.2 Wer ist »Gott« im Nebeneinander der Religionen?

Eine ganze Reihe von Fragen, die hier zusammen behandelt werden können, hat nach dem Verhältnis der Religionen zueinander und danach gefragt, ob der Gott der einen mit dem Gott der anderen identisch ist oder nicht. Am Anfang steht F78:

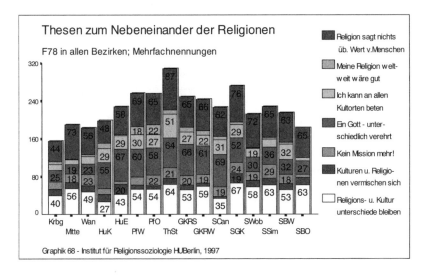

Graphik 68 - Institut für Religionssoziologie HUBerlin, 1997

Die Aussagen von Graphik 68 reichen weit und machen auch die Ergebnisse der folgenden Fragen verständlich.
Die Religionszugehörigkeit eines Menschen sagt nichts über seinen Wert aus (N = 1133: ∅ 3%; N = 1924: ∅ 59%). Von den katholischen Bezirken Beltheim und Canisius sowie vom anderen Landbezirk Gödenroth und den Gemeindenahen in Schlachtensee abgesehen, erteilen alle Bezirke und Gruppen mit den jeweils höchsten Zustimmungswerten der Diskriminierung Andersgläubiger eine Absage. Gerade weil der Glaube keine irgendwie geartete Attitüde, sondern eine der Lebensbeziehungen meint, stellt dieses Ergebnis ein *wichtiges Signal* dar: Die alten Berührungsängste scheinen weitgehend überwunden zu sein; denn diese Berührungsängste sind ja immer einhergegangen mit einer Abwertung derjenigen *Menschen,* die anderen Religionen angehören.

Die vier oben genannten Gruppen sind dagegen noch zögerlich; sie leben allesamt in Bereichen, in denen das Traditionelle eine große Rolle spielt. Dabei ist es unwichtig, ob die Prägung katholische, ländliche oder großbürgerliche Züge trägt.

Die Gymnasiasten und vor allem die Theologiestudierenden befinden sich dagegen innerhalb der Gesamtumfrage unter denen, die besonders häufig zustimmen. Das läßt auf Toleranz hoffen. In den Basisbezirken zeigt die Altersverteilung allerdings ein etwas anderes Bild: Da stimmen am ehesten die 35–44jährigen zu (65%*), und auch die 25–34jährigen sowie die 45–64jährigen haben noch überdurchschnittlich hohe Zustimmungsquoten. Die Jungen dagegen (48%) und die über 64jährigen (32%*) liegen unter dem Durchschnitt.

Interessant sind die *Konfessionsunterschiede*, die sich zwischen den beiden Dörfern einerseits und den Konfessionsschulen andererseits zeigen, wobei das Graue Kloster nach den – ja auch evangelischen – Theologiestudierenden die höchste Zustimmungsquote hat. Pfarrerinnen und Pfarrer stimmen ebenfalls sehr häufig zu.

Vor allem aber: Zwischen Kreuzberg mit dem niedrigsten Wert von allen Bezirken (!) und Mitte, das in der Spitzengruppe liegt, besteht eine Differenz von fast 30%! Da in keinem anderen Bezirk Angehörige unterschiedlicher Nationen, Kulturen und Religionen so dicht beieinander leben wie in Kreuzberg, muß das überraschende Ergebnis mit dieser Tatsache in Beziehung stehen, so daß nicht vorschnell nur von einem *West-Ost-Unterschied* gesprochen werden kann. Als ein Grund für das hohe Votum in Mitte kann die gleichmäßige Distanz der Atheisten gegenüber allen Religionen angeführt werden. Zu beachten ist aber, daß sich die Differenz zwischen Kreuzberg und Mitte im Blick auf die dazugehörigen Schulen nicht wiederholt – vielleicht, weil in den Kreuzberger Gymnasien die Vorurteile besser abgebaut sind?

Was die *Lebensformen* angeht, so votieren nur die jungen in Familien lebenden Ledigen (35%) und die älteren Alleinlebenden (jeweils 32%*) unterdurchschnittlich bei dieser Variable. Alle anderen haben überdurchschnittlich hohe Prozentwerte.

Was schließlich die Verteilung innerhalb der *Glaubenstypologie* angeht, so votieren die Gottgläubigen unterdurchschnittlich (49%) und die anderen überdurchschnittlich hoch. Bei den Gottgläubigen wirkt sich hierbei der Anteil der auf dem Land und diesmal auch der in Kreuzberg Lebenden deutlich aus.

Fazit: Toleranz und Akzeptanz gegenüber andersgläubigen Menschen werden offenbar durch so unterschiedliche Faktoren wie höhere Schulbildung, Distanz gegenüber allen Religionen oder eine evangelisch-theologisch beeinflußte Umgebung gefördert; sie sind andererseits dort eher schwach ausgeprägt, wo traditionelle Strömungen stark sind oder wo Menschen eng zusammenleben, die unterschiedlichen Kulturen und Religionen angehören.

Beziehungen zu Gott bzw. zur Transzendenz   171

Eine sehr verwandte Profillinie ergeben die Voten zu der Antwortvorgabe *Die Unterschiedlichkeit der Religionen hängt mit der Unterschiedlichkeit der Kulturen auf der Erde zusammen und kann so bleiben* (Ø 44%). In der Gesamtumfrage, in der die Theologen, Gemeindenahen und Gymnasiasten hinzukommen, beträgt der Durchschnitt gar Ø 49%. Alle gerade behandelten Besonderheiten – einschließlich des Unterschiedes zwischen den Konfessionen und zwischen beiden Teilen der Luisenstadt – kehren hier wieder, wenn auch etwas weniger drastisch ausgeprägt. Und in der Tat nennt diese Anwortvorgabe ja so etwas wie den theoretischen Hintergrund einer Toleranz gegenüber Andersgläubigen. Wenn die Zugehörigkeit zu Religionen mit der Zugehörigkeit zu unterschiedlichen Kulturen zusammenhängt, dann wird die religiöse Ebene offenbar von Vorurteilen und Rivalitäten entlastet. Der Zusatz in der Variable *... und kann so bleiben* spricht von Gelassenheit. Auch die Glaubenstypologie zeigt keine gravierenden Differenzen, wenngleich die gewisse Zurückhaltung der Gottgläubigen, deren Gründe wir schon kennen, auch hier bestätigt wird (42%, gegenüber 45-46% bei den anderen Glaubenstypen).

Diese Gelassenheit wird von den Ergebnissen zu zwei anderen Variablen unterstrichen. Die Hoffnung *Da die Kulturen sich vermischen, werden sich auch die Religionen vermischen und irgendwann vereinen* (Ø 14%) findet keinen stürmischen Ausdruck. Nur Gödenroth und das Graue Kloster kommen hier an 20% Zustimmung. Und nur 5% aller in den Basisbezirken Befragten finden *Es wäre gut, wenn meine Religion weltweit befolgt würde.* Dahinter stehen vor allem Gottgläubige (10%***) aus Beltheim. Und in der Gesamtumfrage votieren selbst Pfarrerinnen und Pfarrer nur mit 18%** (im Westen) bzw. 22%*** (im Osten) für diesen Gedanken. Wenngleich auch nur relativ schwache Prozentwerte für ein *Verbot von Missionstätigkeit* zu verzeichnen sind (Ø 16%), so zeigen die beiden anderen Ergebnisse doch, daß eine Religion zu haben, nicht bedeutet, einen Absolutheitsanspruch zu haben.

Und genau diese Ebene wird angesprochen, wenn es um die theologisch zentrale Aussage geht *Es gibt nur einen »Gott«, auch wenn ihn die Religionen unterschiedlich verehren* (N = 1133: Ø 30%; N = 1924: Ø 39%). Denn ihr stimmen vor allem die unter evangelisch-theologischem Einfluß stehenden Bezirke und Gruppen – einschließlich der Theologinnen und Theologen selbst – mit Werten zwischen 52% (Graues Kloster) und 67% (Gödenroth) zu. Doch auch Canisius folgt hier nicht einer traditionell-konservativen Linie. Und selbst Beltheim zeigt mehr als die Hälfte Zustimmung. Zurückhaltender sind die Stadtbezirke, und das hat mit den innerhalb der *Glaubenstypologie* erkennbaren Unterschieden zu tun: Während Gottgläubige dem Ein-Gott-Glauben mit 54%*** zustimmen, sind es bei den Transzendenzgläubigen 24% und bei den Unentschiedenen 22%* Zustimmung; von den Atheisten sagen gar nur 4%*** *Ja,* – wohl weil sie sich hier nicht angesprochen fühlen. Diese Differenzen haben mit den Gesichtern »Gottes« zu tun: Für Transzendenzgläubige zum Beispiel sind die traditionellen Verehrungsformen der Religionen allesamt eher problematisch, weil sie eng mit personalen Strukturen verknüpft sind.

Wer der These vom *Einen* Gott bei unterschiedlichen Verehrungsformen zustimmt, muß weniger Mühe als andere damit haben, *auch in Kultstätten anderer Religionen zu meinem »Gott« beten* zu können (Ø 15%). Und so ist es: Gottgläubige (28%***) stimmen hier viel eher zu als Transzendenzgläubige (15%) und Unentschiedene (10%*). Außerdem sagen eher diejenigen *Ja,* die zwischen 35 und 54 Jahren sind, als junge und – vor allem – alte Menschen, die den vertrauten Rahmen noch nicht bzw. nicht mehr verlassen wollen.

Beim Versuch, ein *Fazit* aus F78 zu ziehen, muß noch mit beachtet werden, daß sowohl bei den Eheleuten als auch bei den Partner- und Single-Typen jeweils *Frauen* der These vom Einen Gott weit mehr Zustimmung entgegenbringen als Männer. Das hat wohl damit zu tun, daß der Frauenanteil an den Gottgläubigen 61% ausmacht und Männer in dogmatischen Dingen konservativer urteilen als Frauen. Und ferner ist wahrzunehmen, daß *Schülerinnen und Schüler* außerhalb der Konfessionsschulen sehr zurückhaltend sind mit der These vom Einen Gott. Sie sind vom städtischen Umfeld geprägt. Außerdem aber kann ein Grund für Zurückhaltung an diesem Punkt sein, gerade was sich als Trend gezeigt hat: daß Kulturen und Religionen in einer inneren Abhängigkeit voneinander gesehen werden. Denn wenn letztlich die Kulturunterschiede als ausschlaggebend erscheinen, und wenn diese von jemandem als groß, ja als unüberwindlich erlebt werden, dann kann sich das auch dahingehend auswirken, daß er / sie den theoretisch denkbaren Einen Gott hinter dem Trennenden aus dem Blick verliert. Wer theologisch stärker beeinflußt ist, scheint von solchen Erfahrungen weniger beeindruckt zu sein.

Theologisch ist der Trend der Ergebnisse von großer Bedeutung. Der alte Absolutheitsanspruch, daß die *eigene* die *wahre* Religion ist und den anderen Gläubigen die Wahrheit fehlt, findet in einem entscheidenden Punkt keinen Rückhalt mehr: Der von der eigenen Religionsgemeinschaft und der von den anderen geglaubte *Gott* wird als einunddersselbe

Beziehungen zu Gott bzw. zur Transzendenz 173

angesehen; die Religionen sind kulturbedingt und als Verehrungsformen des Einen Gottes sekundär. Sie können deshalb – vergleichbar dem Nebeneinander der Kulturen – auch künftig nebeneinander existieren, müssen nicht vereinigt werden. Außerdem hängt der Wert der Menschen nicht von ihrem Glauben ab – das heißt: *Der Wert der Menschen wird durch anderes als den Glauben konstituiert.* Es wäre aber, vom Gesamtergebnis her, falsch, deshalb zu sagen, der Glaube sei Privatsache. Das mag für die Sicht vieler Atheisten gelten. Die Ergebnisse zu F78 insgesamt legen aber eher nahe zu sagen: *Der Glaube ist Sache der Kultur,* zu der ein Mensch gehört. Und da ist dann einfach anzuerkennen, daß sich in Berlin-Mitte eine andere Kultur herausgebildet hat als in Berlin-Kreuzberg, und daß innerhalb von Kreuzberg unterschiedliche Kulturen nebeneinander existieren – jeweils einschließlich einer speziellen Beziehung zur Transzendenz bzw. zu »Gott«. Das Ineinander von Kultur und Religion sehe ich schließlich auch als Grund dafür an, daß selbst unter den Theologinnen und Theologen *nur wenige* wollen, daß ihre Religion weltweit befolgt würde – sie paßt nicht zu jeder Kultur. Mit Resignation hat das jedenfalls kaum zu tun.

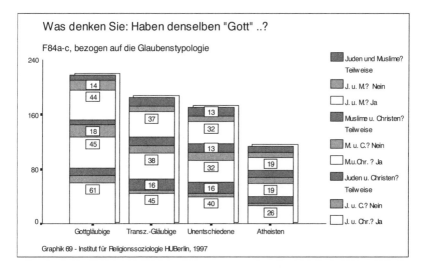

Graphik 69 bestätigt und begründet zugleich das gewonnene Bild:
Die Entschiedenheit, mit der Gottgläubige sagen, daß Gott Einer ist, hat ihren Hintergrund darin, wie sie das Verhältnis vom Gott der Christen und der Juden (F84a) einschätzen. Fast zwei Drittel (**) der Gottgläubigen sagen, daß *Juden und Christen denselben Gott haben*

(∅ 45%), weitere 11%, sie haben *teilweise denselben Gott* (∅ 13%), was immer das auch genau heißt. Transzendenzgläubige sind weniger entschieden. Zum einen geben 35% keine Meinung zum Thema ab; aber diejenigen von ihnen, die den Gott der Juden und den Gott der Christen ganz oder teilweise identifizieren, machen zusammen auch fast zwei Drittel aus. Bei den Unentschiedenen steigt der Anteil derer, die sich nicht äußern, auf 37%; sonst ist das Bild, wenn auch reduziert auf etwas mehr als die Hälfte der Voten, vergleichbar. Bei den Atheisten äußern sich fast 60% nicht zur Sache; bei denen, die sich äußern, ist das innere Verhältnis von Aussagen dazu, daß es derselbe oder teilweise derselbe Gott sei, ungefähr wie bei den anderen, nur eben auf einem nochmals niedrigeren Niveau.

Auch mit dem Gott der Muslime bringen die Gottgläubigen ihren eigenen Gott weitgehend überein: Daß *Muslime und Christen denselben Gott haben* (F84b: ∅ 35%) bzw. *teilweise denselben* (∅ 10%), sagen über die Hälfte der Gottgläubigen, die Hälfte der Transzendenzgläubigen, nicht ganz die Hälfte der Unentschiedenen und fast ein Drittel der Atheisten.

Die letzte Kombination, das Verhältnis des Gottes der Juden und desjenigen der Muslime (F84c), findet eine gegenüber den beiden anderen Kombinationen noch einmal leicht verminderte Akzeptanz, ohne daß sich aber an der Struktur des Bildes etwas änderte.

Ich gehe davon aus, daß die Zurückhaltung der Transzendenzgläubigen und Unentschiedenen damit zu tun hat, daß die personal strukturierte Gottesvorstellung der Gottgläubigen nur bedingt zu den Gesichtern »Gottes« paßt, die sie sehen. Bei den Atheisten – und bei vielen anderen sicher auch – ist im übrigen damit zu rechnen, daß sie in F84 eher Wissens- als Glaubensfragen beantwortet haben.

Außerhalb der Basisumfrage interessiert natürlich das *Votum der Theologen und Gemeindenahen* besonders. Sie zeigen, auf einen kurzen Nenner gebracht, ein deutlich abgestuftes Verhalten: Im Blick auf den Gott der *Juden und Christen* sehen Theologen zu 80 bis 90% bei beiden denselben und zu 6 bis 16% teilweise denselben Gott; daß beider Gott *nichts* miteinander zu tun haben, sagt fast niemand. Im Blick auf *Muslime und Christen* sind es zwischen 47 und 54% für *denselben Gott* und 21 bis 27% für *teilweise denselben Gott*, aber immerhin gibt es auch zwischen 12 und 17%, die sagen, sie haben *nicht denselben Gott*. Was schließlich das Binnenverhältnis zwischen *Juden und Muslimen* angeht, urteilen Theologinnen und Theologen sehr ähnlich wie im Blick auf das Verhältnis zwischen dem Gottesglauben der Muslime und Christen.

Die *Gemeindenahen* betonen das Trennende jeweils stärker als die Theologenschaft, machen aber denselben graduellen Unterschied zwischen Juden und Christen einerseits und den Muslimen andererseits. Da gibt es noch eine deutliche Fremdheitsbarriere. Auch ein *konfessioneller Unterschied* läßt sich erkennen: Katholiken betonen sowohl im Blick auf die beiden Dörfer als auch im Blick auf die Konfessionsschulen das Trennende stärker als Evangelische.

Fazit: Das aus den Ergebnissen zu F84a-c gewonnene Bild bestätigt, welche Früchte das dauerhafte Gespräch und viele gemeinsame Gottesdienste zwischen Juden und Christen mittlerweile tragen. Die Ergebnisse zeigen neue Gesichter »Gottes« in *theo*logischer Zuspitzung. Dabei hat die Breite und Intensität, in der das christlich-jüdische Gespräch geführt wird, dafür gesorgt, daß es keinen großen Unterschied zwischen theologischen und nicht-theologischen Gottgläubigen in diesen Fragen gibt. Die – verglichen damit – minimalen Kontakte zwischen Christen und Muslimen spiegeln sich in den anderen Ergebnissen und stehen als Anfrage da.

Jesus Christus

Daß die Antworten zu F84a-c aber auch inhaltliche Vorstellungen spiegeln, geht aus den Antworten auf die offenen Fragen F79 bis F81 hervor.

	F79: Was fällt Ihnen zu Jesus Christus ein? (Offene Antworten aus den Basisbezirken)				
	Gottgläubige	Transzendenzgläubige	Unentschiedene	Atheisten	
Kreuz Erlösung	159 = 37%	41 = 24%	44 = 20%	38 = 13%	282 ∅= 25%
Irdischer Weg Jesu	58 = 17%	33 = 19%	41 = 18%	49 = 16%	181 ∅ = 16%
Verkündigung Jesu	69 = 16%	14 = 8%	20 = 9%	26 = 9%	129 ∅ = 11%
Kirchenjahresbezug	50 = 12%	17 = 10%	35 = 16%	17 = 6%	119 ∅ = 11%
Christentum Wirkung	162 = 37%	43 = 25%	62 = 27%	78 = 26%	345 ∅ = 31%
Jesus als Hoffnung	55 = 13%	7 = 4%	3 = 1%	17 = 6%	82 ∅ = 7%

Neben Aussagen, die die *Wirkungsgeschichte des Christentums* (∅ 31%) in allerlei Aspekten betreffen und hier den höchsten Prozentsatz auf sich vereinen, stehen in den Basisbezirken Voten voran, die mit *Kreuz und Erlösung* (∅ 25%) zu tun haben. Die Verteilung der Begriffe im Blick auf Häufigkeiten ist allerdings unterschiedlich, auch wenn die Durchschnittswerte für die Basisbezirke bestimmte Dominanzen anzeigen. Bei den Gottgläubigen, die vom Thema her die größte Nähe zu *Jesus Christus* haben müßten, haben Aussagen zu Kreuz und Erlösung trotzdem keinen Vorrang gegenüber Begriffen aus der Wirkungsgeschichte des Christentums; sie rangieren aber noch weit vor Äußerungen, die die *Verkündigung Jesu* betreffen. Und rechnet man hinzu, daß die Bedeutung Jesu Christi von den Gläubigen zumindest *auch* über seinen in den Evangelien beschriebenen Weg und dadurch ausgedrückt werden kann, daß er als *Hoffnungsgrund* bezeichnet wird, so ist seine Bedeutung vor allem für Gottgläubige hoch[42].

Mohammed

Die Stichwörter, die den Befragten zu *Mohammed* eingefallen sind (F80), erklären vielleicht auch, warum es manchem schwerfällt, den Gott der Muslime und den Gott der Christen gleichzusetzen. Die meisten Stichwörter artikulieren nämlich *negative* Assoziationen wie *Heiliger Krieg, Fundamentalismus, Einschränkung der Frauenrechte* etc. (∅ 17%). Am zweithäufigsten werden Elemente islamischer Kultur genannt (∅ 14%), dann Assoziationen zu Mohammed selbst (∅ 9%). Die negativen Assoziationen werden vor allem von Tranzendenzgläubigen genannt (24%), wobei zu bedenken ist, daß unter ihnen viele Frauen und viele in Kreuzberg Lebende sind. Insofern finden wir hier einen Kommentar zu dem überraschenden Ergebnis aus F78[43].

Buddha

Das Spiegelbild *Buddhas* in den Assoziationen der Befragten (F81) ist ungleich positiver: Am häufigsten genannt worden sind: *Buddhismus, Weisheit und Toleranz, die Gestalt Buddhas* (je ∅ 11%) sowie *Meditation*

---

[42] Die Fragen, die DER SPIEGEL zur Bedeutung Jesu für die Menschen gestellt hatte, sind nur sehr schwer mit unseren Ergebnissen vergleichbar. Die Aussage »Gott hat Jesus, seinen Sohn, zu den Menschen gesandt, um sie zu erlösen. Jesus wurde von den Toten auferweckt und ich kann zu ihm beten« fand in der SPIEGEL-Umfrage 26% Zustimmung (Tabelle 80).

[43] S.o. S. 165f.

und Harmonie (∅ 6%). Wiederum sind es Transzendenzgläubige, die mit ihrem Votum entscheidend die Häufigkeitsverteilung beeinflussen: Von ihnen sind es 19%, die *Weisheit, Toleranz* genannt haben.

13.3 Zwei Fragen von zentraler theologischer Bedeutung: Glaube an Erlösung und an ein Leben nach dem Tod

Zwei Fragen sollen hier besonders behandelt werden, weil sie Themen betreffen, die von zentraler theologischer Bedeutung sind: die Frage danach, ob Menschen »Erlösung« brauchen (F73), und die andere, die nach Vorstellungen von einem Leben nach *diesem* Leben gefragt hat (F77).

Erlösung

Das Christentum versteht sich als eine *Erlösungsreligion*. So gewinnt die Frage, welchen Lebenszusammenhängen die Befragten *Erlösung* gedanklich zuordnen, große Bedeutung. F73 gibt, dem Ansatz der Umfrage entsprechend, den Befragten deshalb nicht nur die Möglichkeit, *religiös* bzw. *theologisch* geläufige Stichwörter zu *Erlösung* anzukreuzen, sondern auch solche, die zu anderen Bereichen der Quaternität der Lebensbeziehungen gehören. Dabei sind wir davon ausgegangen, daß diejenigen Erlösung suchen, die unter einem erlösungsbedürftigen Zustand leiden. Und *Erlösung* meint dann eine Handlung, die denjenigen, der

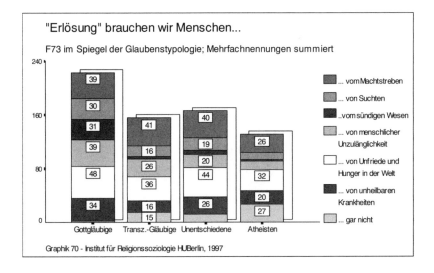

Erlösung sucht, von außerhalb seiner selbst erreicht. Das heißt noch nicht notwendig, daß da eine religiös-transzendente Macht Handlungssubjekt sein muß, sondern erst einmal nur, daß die gesuchte Erlösung die eigenen Handlungsmöglichkeiten übersteigt.

Es war zu erwarten, daß sich die *Glaubenstypen* in der Beantwortung der Frage deutlich unterscheiden. Auffällig ist, daß sich Gottgläubige viel stärker als andere engagieren. Anders ausgedrückt: Sie sehen einen viel größeren Bedarf an Erlösung als die anderen. Bei Atheisten ist es genau umgekehrt. Nur Transzendenzgläubige, Unentschiedene und vor allem (ein Viertel der) Atheisten sagen, daß wir Menschen *Erlösung gar nicht* brauchen. Rechnet man das unterschiedlich starke Engagement bei der Beantwortung der Frage mit ein, so gibt es dagegen eine relative Übereinstimmung im Blick darauf, daß wir Menschen *Erlösung* brauchen *von unheilbaren Krankheiten* (∅ 26%), *Unfriede und Hunger in der Welt* (∅ 41%), *menschlicher Unzulänglichkeit* (∅ 26%), *unseren Süchten* (∅ 21%) und vom *Streben nach Macht* (∅ 36%). Aber Gottgläubige suchen als einzige Gruppe (31%***) Erlösung *vom sündigen Wesen* (∅ 14%[44]).

Die einzelnen Glaubenstypen setzen Akzente, die beachtet sein wollen: Das geringe Engagement von Atheisten an dieser Thematik hängt sicher damit zusammen, daß Atheisten den Menschen prinzipiell weniger kritikwürdig finden als andere. Gottgläubige leiden offenbar weniger als andere unter dem *Machtstreben*, jedenfalls deutlich weniger im Vergleich mit Transzendenzgläubigen und Unentschiedenen; Unentschiedene leiden verhältnismäßig weniger als die anderen unter *menschlicher Unzulänglichkeit*.

In den *Bezirken der Gesamtumfrage* spiegelt sich das eben gewonnene Bild: Am häufigsten wird unter *Unfrieden und Hunger in der Welt* gelitten und davon Erlösung gesucht. Es gibt aber auch Bezirke bzw. Gruppen, die am häufigsten ankreuzen, wir Menschen müßten *vom Streben nach Macht* befreit werden: Kreuzberg, wo 61% der Transzendenzgläubigen innerhalb der Basisumfrage herkommen, die Pfarrer im Westen und die Schulen in Wolfsburg. Ohnehin aber zeigt eine Zusammenschau der Voten, daß diejenigen, die ... *von Unfrieden und Hunger in der Welt* angekreuzt haben, zu 62% auch *Erlösung* vom *Streben der Menschen nach Macht* suchen.

---

[44] In absoluten Zahlen aus N = 1133: 133 Gottgläubige, 7 Transzendenzgläubige, 13 Unentschiedene, 6 Atheisten.

Ebenso zeigt sich, daß wer auf Erlösung *von unheilbaren Krankheiten* hofft, mit fast 80% Häufigkeit auch Erlösung *von Unfrieden und Hunger* sucht.

Am meisten aber beeindruckt, daß diejenigen, die Erlösung *von Suchten* erhoffen, mit (über) 60%-Häufigkeiten auch Erlösung erhoffen von *unheilbaren Krankheiten* (60%), *Unfriede und Hunger* (78%) und vom *Machtstreben* (70%). Für keine andere Variable läßt sich eine solche Reihe von 60 und mehr Prozent Übereinstimmungen feststellen. Das deute ich so, daß diejenigen, die bei sich oder anderen eine Suchtabhängigkeit erlebt haben oder erleben, die Grenzen des Menschenmöglichen und Machbaren in besonders intensiver und oft auch deprimierender Weise kennengelernt haben. Hinter diesen Zahlen verbergen sich im übrigen weit eher Einsichten von Frauen als von Männern.

Die Verteilung der Voten nach *Altersgruppen* zeigt, daß Menschen mit wachsendem Alter auch zunehmend von *unheilbaren Krankheiten* beeindruckt werden und hier eine Erlösungsbedürftigkeit von uns Menschen erkennen. Zugleich wächst auch der Gedanke an eine Erlösungsbedürftigkeit im Blick auf *Unfrieden und Hunger* in der Welt sowie auf die *menschliche Unzulänglichkeit*. Das sind Früchte der Erkenntnis, die das Älterwerden mit sich bringt. Ab 65 Jahren sinken die Prozentwerte dann bei allen Variablen wieder ab.

Wie der Blick auf eine Zuordnung zu *Lebensformen* zeigt, haben die – mit großen Anteilen zu den genannten Jahrgängen gehörenden – Eheleute hier den Ausschlag gegeben. Unter menschlichem *Streben nach Macht* leiden vor allem die Altersgruppen zwischen 35 und 54 Jahren – dazu gehören Eheleute und besonders Partnertyp-Frauen, die eine Nähe zur Transzendenzgläubigkeit und zu ausgeprägtem Individualismus haben.

Was nun die *Erlösung von unserem sündigen Wesen* angeht, für die der Begriff ›Erlösung‹ ja eigentlich steht, so gibt der Überblick über die Bezirke zu erkennen, daß die Pfarrerinnen und Pfarrer zwar hier noch mehrheitlich ihr Kreuz gemacht haben, aber eben doch nur mit knapper Mehrheit. Die Theologiestudierenden bringen keine 40% Häufigkeit zustande, und bei den Gemeindenahen bröckelt es weiter ab; ja, sogar das katholische Hunsrückdorf kommt gerade auf ein Viertel der Voten an dieser Stelle, und die Konfessionsschülerinnen und -schüler bringen es nur je auf 19%. Das ist vom Standpunkt der in beiden christlichen Kirchen gültigen Erlösungslehre als theologischem bzw. christologischem Zentrum her als eine schwere Erschütterung des Fundaments zu werten.

In einer gewissen Weise ließ sich dieses Ergebnis noch durch die Zusatzfrage F73a überprüfen, die wieder als Frage nur an Gläubige gerichtet war. 452 (aus N = 1133) haben die Frage angenommen. Von ihnen sagen 213 (= 47%), »Gott« sei für die *Erlösung* aus den genannten Leidenszuständen *nötig*. Zwei Drittel davon sind Gottgläubige. Nur 188 haben dann aber auch noch – wie erbeten – genau angegeben, von welchem Leidenszustand sie »Gottes« Erlösungstat für nötig halten. Von diesen 188 sagen 53 (= 28%), daß »Gott« für die *Erlösung von unserem sündigen Wesen nötig* ist. Und das sind wiederum bis auf 4 Befragte alles Gottgläubige. Am zweithäufigsten werden die *menschlichen Unzulänglichkeiten* als einer Erlösungstat »Gottes« bedürftig bezeichnet (42 = 22%; davon 35 Gottgläubige). Und am dritthäufigsten *Unfriede und Hunger in der Welt.* Interessant ist zur Ergänzung, daß von denen, die in F73a *Gott ist nötig zur Erlösung* angekreuzt haben, *Erlösung von unserem sündigen Wesen* in F73 aber erst am vierthäufigsten genannt wird.

Wegen der Brisanz des Themas galt es, dieses überraschende Bild bei *den Theologen* noch genauer zu analysieren. *Gott* ausdrücklich *nötig für Erlösung von unserem sündigen Wesen* nennen in F73a in absoluten Zahlen: 28 Pfarrer im Westen (= 22% von 127), 41 Pfarrer im Osten (= 28% von 146), 13 Theologiestudierende (=21% von 61), und zum Vergleich: 42 Befragte aus allen drei Berliner Stadtbezirken zusammen (= 945). Das aber heißt: Auch bei den Theologinnen und Theologen ist der Anteil derer, die Gott ausdrücklich für nötig halten, damit es zu einer *Erlösung von unserem sündigen Wesen* kommt, eher marginal, – jedenfalls wenn man bedenkt, daß es bei der Erlösungslehre bislang um das Zentrum der Theologie geht. Und messen wir die Zahl derjenigen, zu allermeist Gottgläubigen, die der christologischen Zentrallehre noch zustimmen (53), an der Zahl derer, sich in den Basisbezirken an der Umfrage beteiligt haben (N = 1133), so kommen wir auf knapp 5%. Mit anderen Worten: Hier spricht sich, aus soziologischer Perspektive, bereits eine kleine Minderheit von Gottgläubigen aus, die aber keinesfalls gleichgesetzt werden kann mit *den* Gottgläubigen in unserer Umfrage.

Fazit: Was aber heißt Erlösung, wenn wir unseren Ergebnissen folgen? Erlösung heißt wohl zuerst einmal: Befreiung. Doch es schwingt bei jeder Erlösungshoffnung mit, daß niemand unmittelbar, d.h. unter den Menschen, in Sicht ist, der diese Befreiung bzw. Erlösung zustande brächte. Wenn es nun so ist, daß eine Erlösung *von unserem sündigen Wesen* nur noch für wenige zu den Erlösungshoffnungen gehört, so heißt das auch, daß *Erlösung primär nicht mehr das Verhältnis der Menschen zu Gott und den Eintritt in einen Himmel der Erlösten betrifft, sondern Leiden, die den Menschen in diesem Leben zu schaffen machen.*

Und die haben mit unheilbaren Krankheiten, Unfriede und Hunger in der Welt, menschlicher Unzulänglichkeit, Suchten und dem Streben nach Macht zu tun bzw. werden von diesen Faktoren verursacht. Da wir gesehen haben[45], daß eine Mehrheit auch unsere Krankheiten in großem Maße als von uns selbst verursacht ansieht, beziehen sich die Erlösungshoffnungen sogar weitgehend auf Leiden, die Menschen sich selbst zufügen. In diesen Leiden begegnen Menschen sich selbst und ihren Grenzen: *homo homini lupus*[46]. Die Aufgabe, die »Gott« bei der Erlösung von diesen Leiden hat, ist die des *Bundesgenossen* bzw. *Helfers* der Menschen. *Heil* erscheint hier, wie in der Einleitung beschrieben, als *Bewahrung des Lebens* in den Lebensbeziehungen der Menschen.

Ein anderes bzw. nächstes Leben

Das zweite zentrale theologische Thema betrifft den Glauben an ein *anderes bzw. nächstes Leben* nach dem Tod.

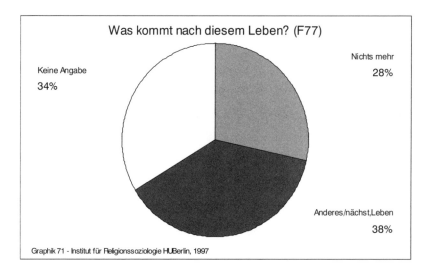

Graphik 71 - Institut für Religionssoziologie HUBerlin, 1997

Gut jeder Dritte der in den Basisbezirken Befragten glaubt, *daß es ein solches Leben nach dem Tod geben wird*, ohne daß etwas darüber gesagt

---

[45] S.o. S. 134ff.
[46] »Der Mensch ist dem Menschen ein Wolf«; aus der »Eselskomödie« des *Plautus* (2. Akt, V.488).

wäre, wie dieses Leben aussieht (F77). Nicht ganz ein Drittel denkt, daß *nichts mehr kommt*, und ein Drittel wollte dazu keine Angabe machen[47]. Verteilt auf die *Glaubenstypen*, gibt die folgende Tabelle darüber Auskunft, daß zwei Drittel der Gottgläubigen, annähernd die Hälfte der Transzendenzgläubigen, knapp ein Viertel der Unentschiedenen und 7% der Atheisten hinter jenen 38% stehen, die glauben, daß es ein anderes bzw. nächstes Leben geben wird[48].

	Was kommt nach diesem Leben? F77 im Spiegel der Glaubenstypologie				
	Gottgläubige	Transzendenz-Gläubige	Unentschiedene	Atheisten	Zeile
Es kommt nichts mehr	41 10% *-7,4*	26 15% *-3,2*	64 28% *0,0*	190 63% *11,2*	321 28%
Ein anderes nächstes Leben	288 67% *9,6*	74 44% *1,2*	48 21% *-4,1*	21 7% *-8,8*	431 38%
K.A.	104 24% *-3,4*	70 41% *1,7*	114 50% *4,4*	93 31% *0,9*	381 34%
Kolumne	433 38%	170 15%	228 20%	304 27%	1133 100%

Eine Progression der Werte in umgekehrter Richtung gibt es im Blick auf diejenigen, die ein anderes bzw. nächstes Leben *ausschließen*.[49] Die Tabelle zeigt aber auch sehr schön, daß und wie hoch die Unentschiedenen in dieser Frage ihre Bezeichnung rechtfertigen, indem sie sich zur Hälfte der Stimme enthalten.

---

[47] Zum Vergleich: In der Sondererhebung, die zusammen mit der »Basisumfrage 1991« im Programm der »Allgemeinen Bevölkerungsumfrage der Sozialwissenschaften« (ALLBUS) durchgeführt worden ist (ZA-Information 30, 59ff.), sagten auf die Frage »Glauben Sie, daß es ein Leben nach dem Tod gibt?« in den alten Bundesländern (N = 1304) 20,3% und in den neuen Bundesländern (N = 1471) 5,2% *Ja, ganz sicher*, 24,1% bzw. 7% *Ja, wahrscheinlich*, 16,7% bzw. 12% *Nein, wahrscheinlich nicht* und 22,4% bzw. 62,1% *Nein, sicher nicht*. 16,5% bzw. 13,6% erklärten *Kann ich nicht sagen* (aaO, 67).

[48] Die kursiv gesetzten Zahlen unter den Prozentwerten stellen die *Standardresiduen* dar, die anzeigen, ob ein Ergebnis von der statistisch denkbaren Normalverteilung der Voten nach oben oder unten abweicht. Ab +/- 2,0 rede ich von einer statistischen Auffälligkeit.

[49] In der SPIEGEL-Umfrage werden 45% der Befragten als solche genannt, die an die Existenz eines Lebens nach dem Tode glauben (Tabelle 75). 53% der Befragten ab 18 Jahren (74% im Osten, 47% im Westen) haben danach zu solcher Existenz *Nein* gesagt.

Der Glaube an ein anderes, kommendes Leben wird von Evangelischen (50%) seltener geteilt als von Katholiken (55%), am häufigsten aber von Angehörigen anderer Religionen, in unserem Fall heißt das: Muslimen (67%). Aber selbst Religionslose sind zu 18%[50] überzeugt, daß es ein kommendes anderes Leben gibt. Frauen (45%) glauben sehr viel häufiger als Männer (31%)[51] an ein anderes bzw. nächstes Leben und sagen entsprechend seltener (22%) als Männer (35%), daß nach diesem Leben nichts mehr kommt. *Auch hier läuft der Traditionsstrom sehr deutlich vor allem über Frauen.*

Beim Blick auf die *Bezirke* ist schnell zu erkennen, in welchen Bezirken bzw. Gruppen Gott- und Transzendenzgläubige Mehrheiten haben und wo nicht. Besonders auffällig sind die hohen Werte für ein anderes / nächstes Leben außer bei den Theologengruppen im Canisius sowie die niedrigen Wert in Mitte und den Schulen in Wolfsburg und Ost-Berlin, wobei Mitte und die dortigen Schulen den gemeinsamen kulturellen Hintergrund spiegeln. Entsprechend häufig wird in diesen Bezirken ein nächstes / anderes Leben ausdrücklich *ausgeschlossen*. Mitte hat hierbei mit 50% den höchsten Anteil in der ganzen Umfrage.

Was die *Lebensformen* angeht, so zeigen sich größere Häufigkeiten wiederum bei denjenigen Lebensformen, zu denen Gottgläubige und Transzendenzgläubige mit großen Anteilen gehören: Mit 50% und

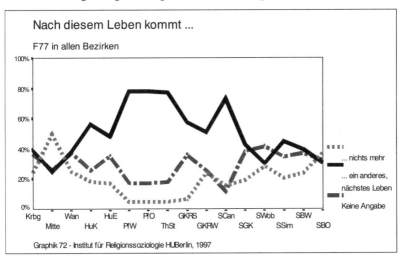

Graphik 72 - Institut für Religionssoziologie HUBerlin, 1997

---

[50] In der SPIEGEL-Umfrage lauten die Zahlen: 47% Evangelische, 61% Katholiken, 17% Religionslose (Tabelle 75).
[51] DER SPIEGEL fand 51% bei Frauen und 37% bei Männern (Tabelle 75).

mehr Zustimmung zum Glauben an ein nächstes Leben fallen Ehefrauen und -männer sowie jüngere und ältere alleinlebende Frauen auf. 40% und mehr Zustimmung finden wir bei in Familien lebenden Ledigen sowie Partnerfrauen und -männern.

Was die Verteilung auf unsere sechs *Altersgruppen* angeht, so wird der Glaube, daß es ein nächstes / anderes Leben geben wird, überdurchschnittlich oft (Ø 38%) in den Gruppen zwischen 35 und 44 (40%), 45 und 54 (51%) sowie über 64 Jahren (49%) bejaht. Überdurchschnittlich oft *verneint* (Ø 28%) wird die Aussicht auf ein nächstes / anderes Leben dagegen in den Gruppen 25 bis 34 (34%) und 55 bis 64 Jahre (39%). Und hierbei fällt wiederum Mitte mit besonders hohen Werten auf: 45-54 Jahre 67%, 55-64 Jahre 70%, ab 65 Jahre 63%[52].

Doch die Ergebnisse werden noch spannender, wenn der *Weg in das andere bzw. nächste Leben* (F77a[53]) mit betrachtet wird, der zum Teil auch darüber Auskunft geben kann, was es mit dem erwarteten Leben auf sich hat (Graphik 73).

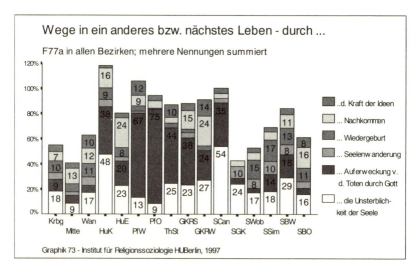

Graphik 73 - Institut für Religionssoziologie HUBerlin, 1997

---

[52] In Mitte fällt nur die Altersgruppe zwischen 16 und 24 Jahren aus dem Rahmen, denn diese jungen Leute stimmen mit 47% *für* die Aussicht auf ein anderes / nächstes Leben – und stehen damit im Widerspruch zu den Gymnasiasten aus Ost-Berlin, bei denen 38% diese Aussicht verneinen und 31% sie bejahen.

[53] Bei F77a sind eigentlich keine Mehrfachnennungen vorgesehen gewesen. Da sich aber viele über diese Spielregel hinweggesetzt haben, haben wir bei der Auswertung auch die Mehrfachnennungen mitgerechnet und alle Nennungen summiert, da sonst zuviel des Interesses an diesem Thema verloren gegangen wäre.

Auffällig ist zuerst, wie unterschiedlich die Frage angenommen worden ist. Man muß dazu vergleichen, wie hoch in der Übersicht über die Bezirke zu F77 die Prozentsätze derjenigen liegen, die entweder gesagt haben *Nach diesem Leben kommt nichts mehr* oder *Keine Angabe* gemacht haben. Die Übersicht über alle Bezirke zeigt auf den ersten Blick, daß der Glaube an die *Unsterblichkeit der Seele* in den katholischen Bezirken Beltheim und Canisius weitaus am stärksten vertreten ist, bei den evangelischen Theologengruppen dagegen der Glaube an die *Auferweckung von den Toten durch Gott* dominiert. Die übrigen Bezirke und Gruppen zeigen mehr oder minder bunte Mischungen, die sich nur bei genauer Analyse entschlüsseln lassen. Wegen der Wichtigkeit des Themas sollen weitere Graphiken zum Verstehen helfen.

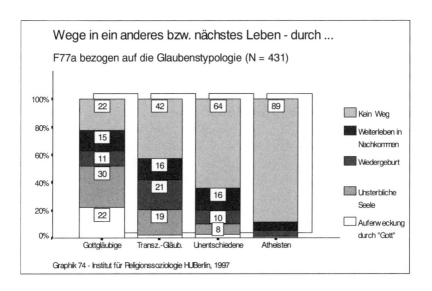

Die Unsterblichkeit der Seele wird von den 431 Befragten, die in den *Basisbezirken* ein anderes bzw. nächstes Leben erwarten, am häufigsten (43%) als Unterpfand dafür angegeben, daß es einen Weg dahin gibt. Bezogen auf die Befragten in den fünf Basisbezirken sind das nur Ø 19%. Innerhalb der *Gesamtumfrage* wird dieser Glaube außer in den fast rein katholischen Gebieten Beltheim und Canisius mit ungefähr einem Viertel der Voten auch von den Evangelischen in Gödenroth, den Studenten, den Gemeindenahen und am Grauen Kloster geteilt sowie in den Schulen in Ost-Berlin. Für sehr viele evangelische Dogmatiker ist das eher ein Ärgernis als Grund zur Freude, weil sie betonen, daß Auferstehung totale Neuschöpfung sei. Trösten mag sie, daß in den Basisbezirken Evangelische (nur) zu 24%, Katholiken aber zu 37% von der Unsterblichkeit der Seele ausgehen. 6% der Religionslosen tun das übrigens auch. Was die Lebensformen angeht, so weisen die Werte über 20% in die Familie sowie zu den jüngeren und älteren alleinlebenden Frauen. Das entspricht der Resonanz dieser Vorstellung bei Gottgläubigen und Transzendenzgläubigen, die hier zu 36% bzw. 20% ihr Kreuz gemacht haben. In den jüngeren Altersgruppen (16-34 Jahre) findet dieser Glaube in den Basisbezirken unterdurchschnittliche Resonanz (ca. 15%), in den anderen Altersgruppen ziemlich gleichmäßig zwischen 22 und 24%.

An eine *Auferweckung von den Toten durch »Gott«* (∅ 11% von N = 1133) glauben schon sehr viel weniger. Von den 431 Befragten, die ein anderes bzw. nächstes Leben erwarten, sind es 28%. Fast alle sind Gottgläubige. Die anderen Glaubenstypen spielen hier so gut wie keine Rolle. In den Bezirken der Gesamtumfrage findet sich dieser Glaube noch mit Häufigkeiten über 30% in den katholischen Bereichen Beltheim und Canisius, bei den Theologen und den Gemeindenahen in Schlachtensee. Die anderen evangelischen Bezirke Gödenroth, Gemeindenahe Wannsee und Graues Kloster zeigen schon schwere und schwerste Erosionserscheinungen. In den Stadtbezirken liegen die Werte deutlich unter 10%. Ältere Menschen (ab 65 Jahren 27% 55-64 Jahre 16%; 45-54 Jahre 19%) neigen eher zum Auferweckungsglauben als jüngere. Ganze 7 Befragte im Alter zwischen 16 und 24 Jahren sowie 23 zwischen 25 und 34 Jahren haben in den Basisbezirken[54] diesen Glauben bekundet. Von den Lebensformen her gesehen ist der Auferweckungsglaube vor allem bei den Ehefrauen, in Familien lebenden älteren Ledigen und bei älteren allein lebenden Menschen beheimatet. Sie haben zumeist mit der Lebensform *Familie* zu tun. Männer und Frauen wählen diesen Weg gleich häufig.

Am dritthäufigsten wird das *Weiterleben in unseren Kindern und Enkeln* genannt (∅ 11% von N = 1133). In der Auswertung verbinde ich damit das Weiterleben in der *Kraft der Ideen, denen wir im Leben folgen* (∅ 6% von N = 1133), weil beides im klassischen Sinn keine

---

[54] Zu beachten ist, daß die Gymnasien nicht zu den Basisbezirken gehören, von denen ich hier rede.

religiösen Wege sind. Doch nicht nur hier zeigt sich, daß beides religiös bedeutsame Wege in der Vorstellung der Menschen sind. Schließlich begegnet vor allem im Alten Testament häufig das Gebet um Fruchtbarkeit bzw. um Erben, in denen weiterleben kann, was die Eltern begonnen oder erworben haben. Und die alte Weisheitsliteratur, in der Bibel vor allem die *Sprüche Salomos*, berichtet exemplarisch, wie Väter (und Mütter) sich mühen, ihre Lebensmaximen den Söhnen (und Töchtern) weiterzugeben. So verwundert es nicht, daß sowohl Gottgläubige (15%) als auch Transzendenzgläubige (9%) und Unentschiedene (12%), ja, sogar Atheisten (5%) im *Weiterleben in Kindern und Enkeln* einen Weg in ein anderes bzw. nächstes Leben sehen, vor allem wenn sie zwischen 45 und 64 Jahre alt sind. *Die Kraft der Ideen* erscheint wesentlich weniger Menschen als dieser Weg – nur Transzendenzgläubige erreichen 10%, Gottgläubige und Unentschiedene liegen bei 6% und Atheisten bei 3%. Interessanterweise sprechen *Frauen* diese beiden Wege wesentlich häufiger an als Männer.

Am vierthäufigsten genannt wird als Weg in ein anderes, nächstes Leben der Glaube an *eine Wiedergeburt* (∅ 9% von N = 1133): 22% der 431, die auf ein solches Leben warten, haben diese Antwortvorgabe angekreuzt. Von den genau 97 Befragten, die sich für *Wiedergeburt* als Weg in ein nächstes Leben ausgesprochen haben, sind übrigens 41 evangelisch und 34 religionslos. Katholiken und Muslime spielen hierbei keine große Rolle (je 11). In den Bezirken finden wir nennenswerte Anteile vor allem in den drei Stadtbezirken und in einigen Schulen. Was die *Glaubenstypologie* angeht, so spielt *Wiedergeburt* zuerst bei Transzendenzgläubigen eine Rolle (21%!), kommt aber auch bei Gottgläubigen und Unentschiedenen vor. Die Altersgruppenübersicht weist aus, daß der Glaube an *Wiedergeburt* vor allem zwischen 16 und 34 Jahren eine Rolle spielt (jeweils 11%), danach kontinuierlich abnimmt. *Wiedergeburtsvorstellungen haben vor allen Dingen Frauen* – Ehefrauen wie Partnertyp-Frauen und weibliche Singles.

Schon einmal gelebt?

Wenn wir vom Glauben an (eine) Wiedergeburt sprechen, kann ergänzt werden, was F70 *Haben Sie schon einmal gelebt?* ergeben hat:

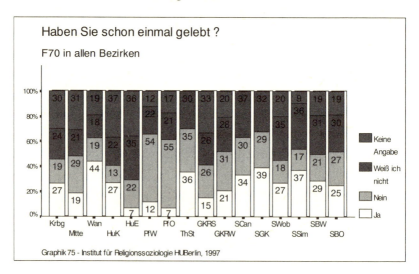

Hier bestätigt sich, daß der Glaube an *Wiedergeburt*, nun gewissermaßen rückwärtsgewandt, bei Transzendenzgläubigen vor allem und einem kleineren Teil Gottgläubiger beheimatet ist. Hinzugerechnet werden muß dabei, daß Transzendenzgläubige die Erfahrung eines Wiedergeborenseins am seltensten direkt ausschließen. Man staunt aber nicht schlecht, wie viele *nicht wissen*, ob sie schon einmal gelebt haben oder nicht.

Auf F77a direkt bezogen: Von denen, die sagen, schon einmal gelebt zu haben, glauben 51% an *Wiedergeburt* auch als Weg in ein nächstes Leben. Ungefähr je ein Drittel von ihnen hat für *Unsterblichkeit der Seele* oder *Seelenwanderung* votiert. Mit *Auferweckung von den Toten durch »Gott«* aber verbindet sich die Vorstellung, schon einmal gelebt zu haben, fast gar nicht (5%).

Nur 52 von 431 denken an Seelenwanderung als Weg in ein anderes, nächstes Leben. Die meisten von ihnen (19) sind religionslos, 16 evangelisch und 11 katholisch. Nur bei Transzendenzgläubigen kommen dafür mehr als 10% Zustimmung zustande.

Wichtig ist noch zu wissen, wie die unterschiedlichen Wege in ein anderes, nächstes Leben zueinander in Beziehung gesetzt worden sind von denjenigen Befragten, die sich nicht an die Spielregeln gehalten haben, nur einen Weg zu benennen. Verbindungen zeigen sich vor allem zwischen:
– Unsterblichkeit der Seele und Auferweckung von den Toten durch »Gott«,

– Wiedergeburt, Unsterblichkeit der Seele und Seelenwanderung,
– dem Weiterleben in Kindern und Enkeln, Unsterblichkeit der Seele und der Kraft der Ideen.

Danach zu urteilen, ist der Glaube an die Unsterblichkeit der Seele das einzige integrierende Element zwischen allen Wegen in ein nächstes bzw. anderes Leben.

13.4 Fragen zur Religionsgemeinschaft, gerichtet an Mitglieder

Einige Fragen haben wir ausschließlich an Gläubige gerichtet, weil sie Themen ansprechen, die für die eigene Religionsgemeinschaft, d.h. überwiegend: für die Kirchen, von Bedeutung sind.

Kirchliche Trauung für wen?

Graphik 76 zu F16a überrascht in mehrfacher Hinsicht. Gottgläubige innerhalb der Basisbezirke wollen kirchlichen Trauungen mit folgenden Häufigkeiten zustimmen: Trauung von *konfessionsverschiedenen* Eheleuten mit 73%***, von Paaren, bei denen *ein Teil einer nicht-christlichen Religion* angehört, mit 45%*, von Paaren, bei denen ein Teil *gar keiner Religion* angehört, mit 41%*, von *unverheirateten* Paaren mit 30% und von *gleichgeschlechtlichen* Paaren mit 21%. Diese Linie vertreten in Graphik 76 die Landbezirke Beltheim und Gödenroth annähernd. In

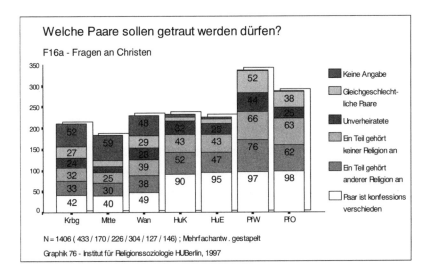

den Stadtbezirken ist die Filterfrage verständlicherweise nicht so gut angenommen worden, die Prozentwerte liegen gleichmäßig niedriger. Die hier hinzugestellten Pfarrerinnen und Pfarrer vertreten dieselbe Linie, allerdings noch wesentlich ausgeprägter und erweitert um einen nennenswerten Anteil für Trauungen von *gleichgeschlechtlichen* Paaren.

Überraschend ist bei diesen Ergebnissen, daß nach der Vorstellung vieler Christen, ja, vor allem vieler Theologinnen und Theologen, *die Trauung auch unverheirateten Paaren gewährt werden sollte.* Diese Option verstößt gegen die staatskirchenrechtlichen Vereinbarungen und würde die Kirchen damit aus einem wesentlichen Konsens herausführen, der mit der gemeinsamen Beurteilung der Ehe als einer vom Staat zu schützenden Institution zusammenhängt. Eine Trauung Unverheirateter würde folglich auch den Charakter der Trauung verändern. Es ist anzunehmen, daß diejenigen unter den Transzendenzgläubigen (32%*) und Unentschiedenen (23%), die eine Öffnung der Trauung für Unverheiratete wollen, letztlich darauf aus sind, daß die Trauung in eine Segenshandlung verwandelt wird, die unabhängig von staatlichen Gesetzen Paaren gewährt wird, die dies wünschen.

Im übrigen zeichnet sich unter den befragten Christen folgende Tendenz ab: Wenn Ehemann oder Ehefrau einer anderen, nicht-christlichen Religion oder auch keiner Religion angehört, so ist dies für mehr als 40% der Christen kein Hinderungsgrund, schon gar nicht für transzendenzgläubige Christen. Die Bereitschaft, gleichgeschlechtliche Paare zu trauen (was derzeit noch bedeutete, Unverheiratete zu trauen), zeigen von den gottgläubigen und unentschiedenen ungefähr ein Viertel und von den transzendenzgläubigen Christen mehr als ein Drittel. Nur die älteren Alleinlebenden kommen in dieser Frage nicht über 11% Zustimmung hinaus.

Fazit: Die Ergebnisse aus F16a unterstreichen die bereits bei der Behandlung der Themen *Ehe* und *Scheidung* erkannte Notwendigkeit, daß sich Kirchen und Theologie darüber klarwerden, wie sie Segnungshandlungen an den großen Lebenseinschnitten verstehen und gestalten wollen.

Verhältnis der Religionsgemeinschaften zur Sexualität

F33a fragte Mitglieder einer Religionsgemeinschaft danach, ob ihre Religionsgemeinschaft *ein angemessenes Verhältnis zur menschlichen Sexualität* habe.

Die gewonnenen Daten lassen vermuten, daß *Evangelische* zu 45% offenbar von der Frage überrascht worden sind und *Weiß ich nicht* angekreuzt haben. Das Problem scheint sie nicht zu berühren. 31%

finden, daß das Verhältnis angemessen ist, und nur 24% sagen *Nein*. Die *Ja*-Sagenden gehören vor allem zu den Altersgruppen zwischen 45 und 64 Jahren, und was die Lebensformen angeht, zu den Ehemännern und in Familien lebenden Ledigen. Wer *Nein* sagt, gehört eher zu den 25-34jährigen, und was die Lebensformen angeht, zu den Partnertyp-Männern und jüngeren Single-Frauen. Unter den Bezirken stimmen Gödenroth, die Pfarrerschaft, die Gemeindenahen und das Graue Kloster mit Werten zwischen 43% und 56% zu – alles evangelische Bezirke bzw. Gruppen. Nur die Theologiestudierenden sind unzufrieden: 19% finden sich zu einem *Ja* bereit. Die Unzufriedenen bemängeln vor allem die Haltung ihrer Kirche(n) gegenüber Homosexuellen als Pfarrern.

Bei *Katholiken* ergibt sich ein völlig anderes Bild: Nur 19% sagen *Weiß ich nicht* und nur 13% *Ja* – ganz offenbar, weil *sie* ein Problem mit dem Verhältnis ihrer Kirche zur Sexualität haben. Denn 68% von ihnen sagen *Nein*. Das spiegelt sich in der Aufstellung der Bezirke wider: Beltheim 55%, Canisius 70%. In den Altersgruppen sind vor allem die Jüngeren zwischen 16 und 44 Jahren, die mit Häufigkeiten zwischen 77 und 85% *Nein* sagen. Überdurchschnittlich hoch votieren die Partnertyp-Männer (89%) und jüngeren Single-Frauen (100%). Im Hintergrund dieser Voten steht sicher zuerst der Ausschluß der Frauen vom Priesteramt.

Probleme mit dem Gottesdienst

F93 fragte Gläubige, die *nicht mehr zum Gottesdienst ihrer (ehemaligen)*

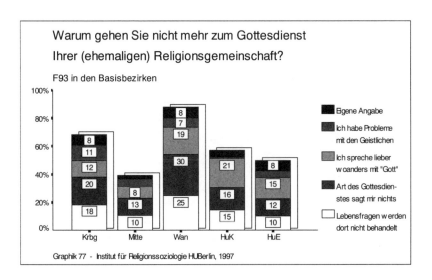

Graphik 77 - Institut für Religionssoziologie HUBerlin, 1997

Religionsgemeinschaft gehen: Was ist der Grund dafür? Die Frage ist leider nicht gut angenommen worden; nur 212 von 1133 Befragten haben geantwortet – worin sich auch schon ein Desinteresse am Gottesdienst äußert. Am häufigsten (Ø 19%) wird als Grund genannt *Die Art des Gottesdienstes sagt mir nichts*. Ein Drittel der Transzendenzgläubigen und je 20% der Gottgläubigen und Unentschiedenen votiert so. Am zweithäufigsten wird beklagt *Dort werden die wirklich wichtigen Lebensfragen nicht behandelt* (Ø 17%). Auch hier sind Transzendenzgläubige stärker als andere Glaubenstypen vertreten. Wieder andere – vor allem Gottgläubige – wollen *woanders Zwiesprache mit ihrem »Gott« halten* (13%) – eine Meinung, die vor allem da vertreten wird, wo man von Grünem umgeben lebt: auf dem Land und in Wannsee. Oder die Menschen haben *Probleme mit den Geistlichen* (Ø 8%).

Erwartungen an eine Religionsgemeinschaft

F92 faßt Erwartungen zusammen, die Gläubige an eine Religionsgemeinschaft zuerst haben.

Klar voran steht die Erwartung *Sie soll sich um Alte, Kranke und Notleidende kümmern* (Ø 48%), und dahinter stehen vor allem Ehefrauen, ältere in Familien lebende Ledige und ältere alleinlebende Frauen. Von den Glaubenstypen unterstützen diese Erwartung vor allem Gottgläubige und Unentschiedene. Im Blick auf die Altersgruppen gilt: Je älter die Antwortenden sind, um so eher erwarten sie diakonisch-caritative Dienste: 45-54 Jahre 59%, 55-64 Jahre 63%, ab 65 Jahren 70%.

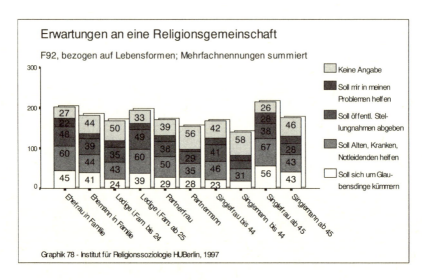

Graphik 78 - Institut für Religionssoziologie HUBerlin, 1997

Zwei Drittel von denen, die Caritas und Diakonie erwarten, erwarten auch, daß sich ihre Kirchen *um Glaubensdinge kümmern* und *öffentliche Stellungnahmen* abgeben zu Problemen, die die Menschen bewegen; immerhin 28% erwarten auch, daß sie *mir bei meinen Problemen helfen.* Pfarrerinnen und Pfarrer kreuzen diese Erwartung am zweithäufigsten an (Pfarrer-West 72%, Pfarrer-Ost 81%), Gemeindenahe am häufigsten, und auch die Schülerinnen und Schüler legen hierauf Gewicht.

Am zweithäufigsten wird innerhalb der Basisbezirke von einer Religionsgemeinschaft erwartet, daß sie sich durch *öffentliche Stellungnahmen zu Problemen äußert, die die Menschen bewegen* (∅ 37%), sich also einmischt in das politische Tagesgespräch. Dahinter stehen vor allem die Altersgruppen zwischen 35 und 64 Jahren, und was die Lebensformen angeht, überdurchschnittlich häufig Ehefrauen und ältere in Familien lebende Ledige sowie jüngere Single-Frauen. In den *Bezirken* der Gesamtumfrage votieren für diese Erwartung häufiger als der Durchschnitt in den Basisbezirken die Bezirke bzw. Gruppen Wannsee, Beltheim und Gödenroth, die Pfarrerinnen und Pfarrer mit ihren häufigsten Nennungen (78 bzw. 85%), Theologiestudierende, die Gemeindenahen (mit je 68%), Canisius und Schule Simmern. Den niedrigsten Wert haben die Schulen in Berlin-Ost mit 19% – weil offenbar öffentlichen Stellungnahmen der Kirchen von den Schülerinnen und Schülern keine große Wirkung zugetraut wird. Die Pfarrerinnen und Pfarrer sehen in der öffentlichen Stellungnahme offenbar die praktizierte Theologie; dabei ist daran zu erinnern, daß auch die Predigt *öffentliche* Rede ist.

Wer von einer Religionsgemeinschaft erwartet, daß sie sich öffentlich zugunsten menschlicher Belange einmischt, erwartet zu 83% auch, daß sie Diakonie bzw. Caritas praktiziert. Daß sie sich zugleich um Glaubensdinge kümmert, erwarten nur 52% von dieser ›Gruppe‹.

Für *Glaubensdinge* dazusein – diese Erwartung haben ∅ 34% in den Basisbezirken an Religionsgemeinschaften. Das entspricht ungefähr auch dem Ergebnis aus Kreuzberg. In den beiden anderen Stadtbezirken liegen die Voten niedriger. Je älter die Befragten sind, umso eher votieren sie für dieses Tätigkeitsfeld: 35-44 Jahre 37%; 45-54 Jahre 50%; 55-64 Jahre 54%; ab 65 Jahre 62%. Was die Lebensformen angeht, votieren überdurchschnittlich häufig Eheleute, ältere in Familien lebende Ledige und vor allem ältere Alleinlebende für diese Aufgabe, und unter ihnen wiederum die Frauen am allerhäufigsten. Pfarrerinnen und Pfarrer wählen diese Variable erst am dritthäufigsten – liegen damit aber auf derselben Linie wie die Landbezirke und nahe bei den Gemeindenahen. Auch von den Konfessionsschülerinnen und -schülern erwartet ungefähr die Hälfte diese Tätigkeit der Kirchen.

Von denen, die wollen, daß sich Glaubensgemeinschaften zuerst um Glaubensdinge kümmern, wollen 87% auch Diakonie bzw. Caritas von ihr, 56% öffentliche Stellungnahmen zugunsten von Menschen und 25% Hilfe in individuellen Problemen.

Im Durchschnitt der Basisbezirke sind es zwar nur gut 15%, die angekreuzt haben *Sie soll mir in meinen Problemen helfen.* Aber ich halte dieses Ergebnis trotzdem für wichtig. Denn hier meldet sich eine neue Erwartung, die es wagt, »ich« zu sagen und nicht nur allgemein von den Tätigkeitsfeldern der Kirchen z.B. zu reden. Dabei ist genau auf Altersgruppen und Lebensformen zu achten: Die jüngste Altersgruppe in den Basisbezirken liegt im Durchschnitt, deutlich darüber liegen die 35–44jährigen und vor allem mit 28% die über 64jährigen. In der Gesamtumfrage stützen diese Erwartung aber besonders Schülerinnen und Schüler (Canisius 54%; Graues Kloster 19%; Wolfsburg 34%; Simmern 39%; Berlin-West 29%; Berlin-Ost 19%), Gemeindenahe und Pfarrerinnen und Pfarrer.

Wer diese Variable angekreuzt hat, will zu 86% auch Diakonie bzw. Caritas, zu 56% Sorge um Glaubensdinge und zu 45% öffentliche Stellungnahmen zugunsten von Menschen.

Im Blick auf die *Glaubenstypen* zeigt sich, daß sich Gottgläubige – erwartungsgemäß – jeweils am stärksten engagieren, weil sie sich am ehesten mit den großen deutschen Religionsgemeinschaften identifizieren. Am zurückhaltendsten votieren Transzendenzgläubige, die nur im Blick auf erwartete öffentliche Stellungnahmen (wenig) höhere Prozentwerte haben als Unentschiedene. Die aber liegen, was die großen Tätigkeitsfelder der Kirchen angeht, zweimal um 30% und einmal um 20% niedriger als die Gottgläubigen, votieren also mit erheblich weniger Engagement. Atheisten kommen nur, wo es um praktizierte Nächstenliebe geht, auf 13%, bleiben sonst aber unter 10%.

Das *Fazit*, das sich ergibt, ist leicht zu ziehen, wenn wir uns an die Häufigkeiten halten und von der priorisierten Tätigkeit, der praktizierten Nächstenliebe, ausgehen. Sie allein wird mit zwei anderen zentralen Tätigkeitsfeldern – der Beschäftigung mit Glaubensdingen und dem Willen zu öffentlichen Stellungnahmen – mit einer Überschneidung von zwei Dritteln der jeweils abgegebenen Voten verbunden. Ein Dissens zwischen theologischen und nichttheologischen Gottgläubigen ist dabei nicht zu erkennen.

Es besteht also Einigkeit darüber, daß Kirche nach außen und nach innen, für die Nöte und Probleme der eigenen Mitglieder wie für Notleidende in der Gesellschaft, dasein soll. *Die Glaubensarbeit steht – motivierend – im Hintergrund, aber nicht als Selbstzweck im Vordergrund.*

13.5 Fragen zu Kirchen und Religionsgemeinschaften, gerichtet an alle Befragten

Ist Gott durch die Kirchen unglaubwürdig geworden?

Das Ansehen, das »Gott« hat, und das Verhalten der Religionsgemeinschaften bzw. Kirchen werden in einem engen Verhältnis zueinander gesehen. Darauf weisen jedenfalls die Ergebnisse, die die Antworten auf F85 gebracht haben.

Der Überblick über die Bezirke der Gesamtumfrage in Graphik 79 zeigt, daß Kirchen und andere Religionsgemeinschaften in der Sicht der Befragten in den städtischen Bezirken und nicht-konfessionellen Gymnasien der Glaubwürdigkeit »Gottes« erheblich im Wege stehen. Aber auch in den ländlichen, eher kirchlichen Bezirken sowie bei den Theologengruppen, Gemeindenahen und Konfessionsschülerinnen und -schülern, ist der Anteil derer, die »Gott« durch das Verhalten der Kirchen unglaubwürdig geworden sehen oder die diesen Gedanken manchmal denken, beachtlich hoch.

Die *Glaubenstypologie* spiegelt diese Ergebnisse auf ihre Weise, denn Gottgläubige halten die Aussage nur mit 18% Häufigkeit für zutreffend, während die anderen Glaubenstypen wesentlich höhere Zustimmungswerte zeigen: Transzendenzgläubige 44%, Unentschiedene 39%, Atheisten 48%. Entsprechend umgekehrt sieht es im Blick auf die Antwortvorgabe *Aussage ist falsch* aus: Während Gottgläubige sie mit

32% unterstützen, sagen es bei den anderen 11% und weniger. Der leise Zweifel, den das *Denke ich manchmal* signalisiert, beschleicht die Gottgläubigen allerdings heftiger (29%) als die anderen (18% / 18% / 10%). Da Transzendenzgläubige, Unentschiedene und Atheisten in den städtischen Bezirken eher zu finden sind als in den ländlichen, stimmen die Bilder nahtlos überein.

Auch die *Altersverteilung* paßt dazu: Die Gruppen zwischen 16 und 44 Jahren halten die Aussage jeweils zu ca. 40% *für richtig*, in den Altersgruppen darüber sind es jeweils 25%. Entsprechend wächst mit zunehmendem Alter der Prozentsatz derer, die die Aussage *für falsch halten* (von 9% in der Gruppe 16-24 Jahre bis 35% in der Gruppe 55-64 Jahre). Der leise Zweifel wächst bis zur Altersgruppe 45-54 Jahre (32%), um dann wieder drastisch abzunehmen (ab 65 Jahren 10%).

Fazit: Die Ergebnisse zeigen, daß auch bei den Gottgläubigen und Glaubenslehrern von schweren Selbstzweifeln bzw. von großen Zweifeln an der Institution Kirche gesprochen werden muß. Insbesondere Transzendenzgläubige und Unentschiedene, von denen jeweils weit mehr als die Hälfte denken, daß »Gott« aufgrund des Verhaltens der Religionsgemeinschaften generell oder wenigstens manchmal unglaubwürdig geworden ist, geben damit auch zu verstehen, warum Menschen die Kirchen heutzutage verlassen.

Religiöse Kindererziehung

Vor diesem Hintergrund sind auch die Ergebnisse von F23 F23a zur religiösen Kindererziehung zu sehen:

Die Aussage ist klar: Nur Gottgläubige wünschen mit einem nennenswerten Anteil eine *Eingliederung der Kinder in ihre Religionsgemeinschaft*. Für *Religionsunterricht* als Voraussetzung dazu, sich einmal *selbst entscheiden* zu können, sprechen sich gut ein (weiteres) Viertel der Gottgläubigen und der Unentschiedenen aus; Transzendenzgläubige sind hier zögerlicher. *Frei von jedem religiösen Einfluß* wollen die Kinder zwei Drittel der Atheisten, 38% der Unentschiedenen und 44% der Transzendenzgläubigen lassen. Dieser Weg wird von Gottgläubigen (11%***) eher abgelehnt.

Wichtig ist der Blick in die *Bezirke*: Die Hunsrückdörfer wollen mit mehr als der Hälfte der Voten eine *Eingliederung der Kinder in die Kirchen* – und stimmen darin mit der Pfarrerschaft überein. Dabei ist zu beachten, daß die Pfarrerinnen und Pfarrer eben auch nur mit 50% bzw. 54% für diesen Weg stimmen, die Studenten gar nur mit 39%! Die Gemeindenahen votieren mit 35% (Schlachtensee) bzw. 44%

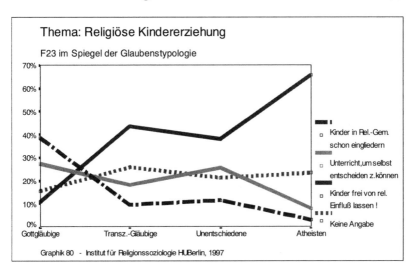

Graphik 80 - Institut für Religionssoziologie HU Berlin, 1997

(Wannsee) eher noch seltener für diesen Weg als die Theologenschaft. Und die Konfessionsschülerinnen und -schüler kommen gerade noch auf ein Drittel der Voten für diesen Weg religiöser Kindererziehung, den sie selbst zum größten Teil gegangen sind.

Ein Drittel der Theologen, Gemeindenahen und Konfessionsschüler stimmt dafür, daß *Unterricht erteilt* und so die *Möglichkeit zu einer freien Entscheidung* der Kinder vorbereitet wird. Darin drückt sich zweifellos auch ein Votum *gegen* die Kindertaufe und *für* eine Art Bekenntniskirche aus.

Wer für eine religiöse Erziehung im Kindesalter gestimmt hatte, konnte noch die Zusatzfrage F23a danach beantworten, *wer denn diesen Unterricht geben solle*. Die Ergebnisse sind so wichtig, daß sie in Graphik 81 dargestellt werden. Denn sie zeigen, daß es nur noch in dem katholischen Dorf Beltheim und bei den Gemeindenahen in Wannsee eine Mehrheit dafür gibt, daß die *öffentlichen Schulen* Religionsunterricht erteilen. Bei den Pfarrerinnen und Pfarrern stimmt zwar im Westen noch fast die Hälfte für den schulischen Religionsunterricht (wie Gödenroth und Gemeindenahe in Berlin-Schlachtensee), im Osten aber sind es nur gut ein Viertel. Da gibt es offenbar einen *Grunddissens zwischen West und Ost*: Die Theologen aus dem Osten sehen in der öffentlichen Schule viel seltener den geeigneten Ort für die Glaubensvermittlung als die Kollegen im Westen. Der Dissens kommt bei den anderen Antworten allerdings nicht heraus: Denn die Landgemeinden, die Theologen in West und Ost, die Kirchennahen und Konfessionsschüler wollen alle mit deutlichen Mehrheitsvoten das *Elternhaus* und zum größten Teil auch die eigene *Religionsgemeinschaft* als Ort des Religionsunterrichts haben. Dieses Votum paßt zu dem Ergebnis der EKD-Studie »Fremde Heimat Kirche«, wonach aus den Befragungen junger Menschen hervorgeht, welch hohe Bedeutung die Eltern für das eigene Verhältnis zu Religion und Glauben haben[55]

Fazit: Religionsunterricht in der öffentlichen Schule erscheint statistisch als ein eher selten geäußerter Wunsch, dessen Dringlichkeit selbst von den unmittelbar Betroffenen sehr unterschiedlich beurteilt wird. Da will manches, was von Kirchenseite gegen das neue Fach LER (»Lebensgestaltung-Ethik-Religionskunde«) im Land Brandenburg gesagt worden ist, bereits wie ein Anachronismus erscheinen[56]. Und in den Stadtbezirken können sich die Kirchen schon gar nicht auf einen Rückhalt in der Bevölkerung stützen. Denn Religionsunterricht wird weitgehend, auch in den eigenen Reihen, als Sache der Gläubigen selbst angesehen.

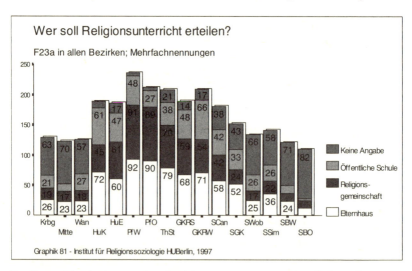

In diesen Ergebnissen spiegelt sich unsere gegenwärtige kulturelle Situation, die weder einheitlich noch durchgängig religiös geprägt ist und Religion und Glaube zu denjenigen Elementen zählt, die mit dem persönlichen bzw. individuellen Bereich zu tun haben, dessen positive Wirkungen aber von vielen für die Gesellschaft als ganze erwartet werden.

---

[55] AaO 43.
[56] Damit meine ich nicht den Protest dagegen, daß der Religionsunterricht als Fach rechtlich schlechter gestellt worden ist als LER.

IV. Ergebnisse im Überblick

14. Zum theoretischen Ansatz des Buches

Die These, die es mit der Umfrage zu überprüfen galt, habe ich aus der in der Einleitung entwickelten Theorie abgeleitet, daß die Wahrnehmungsgestalt von Leben mithilfe der Quaternität der Lebensbeziehungen elementarisiert werden kann. Sie lautet:

Die konkrete Gestalt, die die Beziehungen zur Transzendenz (»Gott«) im Leben eines Menschen haben, beeinflußt die Gestalt der personalen Lebensbeziehungen, der Beziehungen zur Erde und derjenigen zu Werten und Ordnungen. Umgekehrt kann sich die konkrete Gestalt dieser drei letztgenannten Beziehungen auf die Beziehung zur Transzendenz (»Gott«) auswirken.

Diese These schließt eine weitere These ein: »Gott« hat ein der jeweiligen Lebenssituation korrespondierendes »Gesicht«, das sich in Abhängigkeit von differierenden soziokulturellen Lebensbedingungen einschließlich der Veränderungen, die im Laufe einer Biographie eintreten, wandelt.

Die Auswertung des Datenmaterials hat die These in ihren beiden Teilen *im wesentlichen* bestätigt. Denn wir haben in der überwiegenden Zahl der Fragen beobachten können, daß und wie es sich im Bereich der personalen Lebensbeziehungen, der Beziehungen zur Erde sowie zu Werten und Ordnungen auswirkt, ob ein Mensch an einen persönlichen Gott (»gottgläubig«) bzw. an überirdische Wesen bzw. Mächte (»transzendenzgläubig«) glaubt[1] oder ob er ein atheistisches Lebensverständnis hat. Kap. 15 wird die Unterschiede, wie sie die *neuen Gesichter »Gottes«* spiegeln, zusammenfassend beschreiben.

Doch wir haben auch Bereiche gefunden, in denen sich die *These nicht bestätigt hat*, daß die Transzendenz- bzw. Gottesbeziehung Einfluß auf die übrigen Lebensbeziehungen hat. Denn es hat sich bei allen Befragten und unabhängig von ihrer Zuordnung zur Glaubenstypologie gezeigt, daß die Beziehungen zu nahen Menschen das wichtigste im Leben der Befragten sind. Ich sehe darin das anthropologische Grund-

---

[1] In diesem Fall lasse ich es dahingestellt bleiben, ob dies entschieden oder unentschieden geschieht.

datum unserer Existenz, die Sozialität, ausgedrückt. Im Rahmen dieser allgemeinen Aussage zu den personalen Beziehungen allerdings gibt es dann doch wiederum Unterschiede, die mit den Glaubenstypen korrelieren: Während Gottgläubige und auch Atheisten die personalen Beziehungen häufig mit der Lebensform Familie verbinden, ziehen Transzendenzgläubige und Unentschiedene im allgemeinen Freundes- und nichteheliche Partnerbeziehungen vor. Alle Glaubenstypen geben eine eher kritische Sicht der Menschen, insbesondere in ihrem Verhalten gegenüber der Natur, zu erkennen. Allerdings urteilen hier Atheisten deutlich zurückhaltender als andere: Für viele von ihnen steht *der Mensch* ganz offenbar nicht in Frage, sondern auf einem erhöhten Podest – »nur die Verhältnisse, die sind nicht so« (*B.Brecht*), wie sie sein sollten.

Und schließlich haben wir gesehen, daß es auch Einflüsse in umgekehrter Richtung gibt: von den Bereichen I bis III der Quaternität der Lebensbeziehungen auf die Beziehungen zur Transzendenz bzw. »Gott« und ihre konkrete Gestaltung. So zeigte sich bei der Analyse von F93, daß diejenigen Gottgläubigen, die auffällig häufig sagen, daß sie lieber woanders Zwiesprache mit ihrem »Gott« halten als im Gottesdienst ihrer Religionsgemeinschaft, zu einem großen Teil im Grünen leben. Aber auch an anderen Stellen ist uns aufgefallen, daß übereinstimmende Voten der Gemeindenahen in Berlin-Schlachtensee und der Bewohner der Hunsrückdörfer darauf schließen lassen, daß beide von Lebensbedingungen beeinflußt werden, die wesentliche Übereinstimmungen aufweisen: sie wohnen zumeist in eigenen Häusern, in einer grünen Landschaft sowie im traditionsstabilisierenden Familienverband und haben Arbeit. Die jeweils überwiegende Gottgläubigkeit erhält dadurch eine Gestalt, die sogar den Stadt-Land-Unterschied weitgehend aufhebt.

15. Die neuen Gesichter »Gottes«

Die angesprochenen Einflüsse und Korrespondenzen bestätigen die Einsicht, daß es »Leben« immer nur in einer konkreten *Wahrnehmungsgestalt* gibt, für die die Lebensbeziehungen in den vier Bereichen der Quaternität stehen. Soll »Gott« aber, wie es nach meinem Verständnis die Grunderwartung von Religion ist, *Leben bewahren* helfen, dann müssen »er« bzw. »sein« Handeln dieser je konkreten Wahrnehmungsgestalt von Leben entsprechen. Nur so können Menschen »Heil« in sozial faßbarer Gestalt von »Unheil« unterscheiden und mit »Gott« in Verbindung bringen.

Die neuen Gesichter »Gottes« sind zu verstehen als die Konturen von Gottesbildern bzw. transzendenten Mächten, die mit den behandelten Korrelationen zu tun haben und heute anders als früher aus einer Verborgenheit heraustreten, in die sie die jeweils gültige Dogmatik verbannt hatte: Die Gesichter »Gottes« korrelieren im Glauben der Menschen der Gestalt von Leben, wie es sich ihnen in ihren Lebensbereichen zeigt. Verwandtes gilt für den säkularen ›Heiligen Kosmos‹ einer atheistischen Weltanschauung. Damit ist aber auch gesagt, daß sich »Gottes« Gesicht für die einzelnen Menschen oder Gruppen wandelt, wenn sich – im Laufe einer Biographie oder beim Wechsel in eine andere Lebenssituation – die konkrete Gestalt der Struktur ändert, nach der die vier Bereiche der Lebensbeziehungen für sie bislang miteinander verbunden waren.

Deshalb stellen die *Glaubenstypen*, die wir aufgrund des Antwortverhaltens in F1 und F2 des Fragebogens gebildet haben, keine *reinen* Typen dar, sondern solche, die sich in Korrespondenz mit den Lebenssituationen jeweils noch einmal spezifisch konturieren können. Aber auch unabhängig von diesen Ausdifferenzierungen spiegeln sich in der Glaubenstypologie doch Gesichter »Gottes«, die deutlich voneinander unterschieden werden können – und müssen[2].

Im folgenden versuche ich nun, die vier Glaubenstypen aufgrund der gewonnenen Daten noch einmal zusammenfassend zu charakterisieren.

---

[2] Dabei erlaubt es diese spezifische Glaubenstypologie leider nur bedingt, genaue Vergleiche mit entsprechenden Ergebnissen anderer Umfragen herzustellen. So hat DER SPIEGEL 1992 gefragt »Gibt es Gott oder ein höheres Wesen?« und dabei die Fragerichtungen unserer beiden Eingangsfragen miteinander verbunden. Zwar gab es dann die beiden Antwortmöglichkeiten »Gott« und »höheres Wesen«, doch der Singular »höheres Wesen« engt schon wieder sehr auf eine personales Gegenüber ein, was wir gerade nicht tun wollten. Außerdem fehlt jeweils die Antwortmöglichkeit »Vielleicht«, die uns von dem Antwortverhalten her dann dazu geführt hat, einen eigenen Glaubenstyp der »Unentschiedenen« anzunehmen. In Tabelle 73 gab es zur Frage nach einem Glauben an Gott zwar dann auch die Möglichkeit »Ich weiß nicht, ob es Gott gibt« anzukreuzen, aber auch das entspricht nicht genau dem Sinn und der Bedeutung von »Vielleicht«.
In der EKD-Umfrage »Fremde Heimat Kirche« ist eine andere Differenzierung von Glaubenstypen vorgenommen worden. Zum Thema »Glaube an Gott« gab es folgende Antwortvorgaben: *Ich glaube, daß es einen Gott gibt, der sich in Jesus Christus zu erkennen gegeben hat* – womit eine christologisch konturierte *Gottgläubigkeit*, nicht aber ausdrücklich das personale Element angesprochen wird; *Ich glaube an Gott, obwohl ich immer wieder zweifle und unsicher werde* – eine Formulierung, die eine gewisse Nähe zu unserem Glaubenstyp *Unentschiedene* hat, obwohl wir nicht auf den Zweifel als Kriterium abgehoben haben, sondern darauf, daß die Unent-

Dabei erhalten die Gottgläubigen etwas mehr Aufmerksamkeit als die andern Glaubenstypen, weil bei ihnen jener schwierige Prozeß des Umbruchs mit beschrieben werden muß, der sich gerade im dogmatischen Bereich vollzieht.

15.1 Gesichter Gottes, wie sie Gottgläubige sehen

Der Gott der Gottgläubigen hat *dogmatische* Konturen, die in den Katechismen der Kirchen kanonisiert vorliegen. Diejenigen, die den Fragebogen ausgefüllt haben, konnten diese Konturen durch das Ankreuzen einer ganzen Reihe von Antwortvorgaben ›nachzeichnen‹, die traditionellen Dogmen folgen. Im Unterschied zu dem bisherigen Verfahren gehe ich in der abschließenden Behandlung der Gottgläubigen nun so vor, daß ich dokumentiere, was die Gottgläubigen von einem in Auswahl angesprochenen Kanon traditioneller dogmatischer Aussagen des christlichen Glaubens *noch* bzw. *nicht mehr* glauben. Methodisch tue ich in diesem Fall also ausnahmsweise so, als hätten wir unsere Umfrage rein kirchensoziologisch angelegt und einen Glaubens-Statusquo bzw. das Maß an Glaubensschwund feststellen wollen.

Die ausgewählten achtzehn traditionellen christlichen Glaubenssätze stelle ich in drei Graphiken mit den errechneten Prozentwerten vor: In Graphik 82 für die Gottgläubigen (F1 = *Ja*) aus den Basisbezirken Kreuzberg, Mitte, Wannsee, Beltheim, Gödenroth (N = 433), in Graphik 83 für die Gruppen der Pfarrerinnen und Pfarrer (N = 273) sowie abschließend in Graphik 84 für die Gesamtheit der Befragten in den Basisbezirken unabhängig vom Glaubenstyp (N = 1133). Ausgewertet werden die Übersichten, indem ich thematische Gruppen bilde und wichtig gewordene Ergebnisse aus anderen Fragen ergänze. Erinnert werden muß noch die Tatsache, daß innerhalb der Basisumfrage 69%

---

schiedenen Gott oder transzendente Wesen oder Mächte als für sie existierend nicht ausschließen wollen; *Ich glaube an eine höhere Kraft, aber nicht an einen Gott, wie ihn die Kirche beschreibt* – damit könnte weitgehend auch unser Glaubenstyp *Transzendenzgläubige* charakterisiert werden; *Ich glaube weder an Gott noch an eine höhere Kraft* – eine Aussage, die wir wegen der doppelten Verneinung der Gruppe der *Atheisten* zurechnen würden; *Ich bin überzeugt, daß es keinen Gott gibt* – ein Satz, der die Aussage davor verschärft, weil er den Begriff ›glauben an‹ vermeidet. Trotz der Übereinstimmungen, die sich zeigen, lassen sich die Unterschiede in den Formulierungen nicht übersehen. Dabei muß allerdings auch beachtet werden, daß die EKD-Umfrage keine Glaubenstypologisierung im von mir beschriebenen Sinn vornehmen wollte.

der Gottgläubigen aus den drei städtischen Bezirken und 31% aus den beiden Landbezirken stammen. In dem Überblick über die Voten der Gottgläubigen vermischen sich also stärker traditionsgeleitete ländliche und weniger traditionelle städtische Ausprägungen dieses Glaubenstyps.

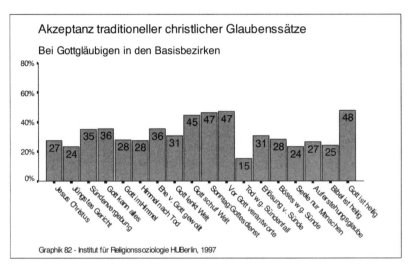

Graphik 82 - Institut für Religionssoziologie HUBerlin, 1997

Zum Gottesverständnis

F1a: Name für Gott: *Jesus Christus*
F88a: »Heilig« ist die *Heilige Schrift* / ist »*Gott*«
F6: Gott kann *Alles*
F8: Gott ist *Im Himmel*

Nur noch ein Viertel der Gottgläubigen in den Basisbezirken sieht *Jesus Christus* als *Gottesnamen* an, bei den Pfarrerinnen und Pfarrern sind es zwei Drittel. Das spricht dafür, daß *die trinitarische Gottesidee* schwere Einbußen hat hinnehmen müssen. Von allen bevorzugt wird die Anrede *Gott*.

Als zentral für den Gottesglauben – man denke an die erste Bitte des Vaterunser – kann die *Heiligkeit Gottes* und die Heiligung seines Namens gelten. Innerhalb der Basisbezirke hält knapp die Hälfte, in der Pfarrerschaft halten gut drei Viertel an Gottes Heiligkeit fest. Die Heiligkeit der *Heiligen Schrift* findet dagegen deutlich weniger Rückhalt – nur bei einem Viertel der Gottgläubigen allgemein und bei einem guten Drittel der Pfarrer und Pfarrerinnen. Die nunmehr schon jahrzehntelang praktizierte historische Kritik an den »Texten« wirkt sich aus. Damit schwindet auch die Glauben normierende Kraft, die von der Bibel bisher ausgegangen ist.

Gut ein Drittel der Gottgläubigen und 43% der Pfarrerschaft glauben an eine Allmacht Gottes *(kann alles)*³ – die anderen offenbar nicht. Hier wirkt sich aus, was wir mehrfach feststellen konnten: daß es im Glauben auch der Gottgläubigen Bereiche gibt, in denen sie Gott keine Zuständigkeit zusprechen oder wo sie die Verantwortung der Menschen festhalten wollen. Damit entfallen zwar manche Probleme, die sich aus einer theoretischen Allverantwortlichkeit Gottes ergeben, aber andererseits werden auch die Bereiche des Unerklärbaren größer.

Im Himmel glaubt Gott in beiden Gruppierungen nur gut ein Viertel. Auch hierzu ist das Vaterunser zu vergleichen. *Überall* wissen Gott sehr viele.

Unspezifisch im dogmatischen Sinn – und darum nicht in den Graphiken enthalten – ist die Erwartung, daß Gott *dem Leben Sinn geben soll* (F7). Sie gehört zu den wirklichen Mehrheitsvoten der Gottgläubigen, und zwar innerhalb wie außerhalb der Basisbezirke. Dabei ist zu bedenken, welche Bedeutung die *personalen Beziehungen* der Menschen im Zusammenhang mit dem Sinn des Lebens (F90) haben. Denn damit wird aussagbar, in welche konkrete Richtung die Sinnerwartungen gehen.

Fast drei Viertel der Gottgläubigen sagen, daß sie mit Gott im *Gebet* Kontakt aufnehmen können (F9). Schwer zu erklären ist, warum die Evangelischen im Dorf und im Konfessionsgymnasium jeweils deutlich höhere Werte zeigen als Katholiken in den entsprechenden Bereichen. Wirkt sich hier die mit dem reformatorischen Prinzip des allgemeinen Priestertums aller Gläubigen verbundene »Reichsunmittelbarkeit« der Evangelischen zu »ihrem« Gott aus? Wie dem auch sei: Der persönliche Gott läßt sich in der Vorstellung einer beachtlichen Zahl von Befragten auch *persönlich* ansprechen. Hier existiert eine starke Korrespondenz. Dazu paßt auch das große *Gottvertrauen*: 68% halten es für nicht möglich, daß sich Gott von der Welt abwenden könnte (F94).

Selbst im Gottesbild der eher traditionsbewußten Gottgläubigen zeigen sich also *mehrere Gesichter Gottes*. Darauf weist vor allem, daß die trinitarische Gottesvorstellung, die die Gottheit Jesu Christi einschließt, nur noch von einer Minderheit mitgetragen wird. Dasselbe gilt für den Gedanken der Allmacht Gottes. Andererseits gibt es ein großes Vertrauen in die unverbrüchliche Treue Gottes zur Welt, die Gott als im Gebet

---
[3] In der SPIEGEL-Umfrage kreuzten 64% (!) derer, die an Gott glauben, die Aussage an, Gott ist »allmächtig«.

ansprechbares Gegenüber vertrauenswürdig bleiben läßt. Die Erwartungen der meisten Gottgläubigen richten sich auf eine Sinngebung für dieses Leben, und das heißt vor allem: auf Gottes Hilfe dazu, daß sie in guten Beziehungen zu anderen Menschen leben können.

Zur Welt als Schöpfung Gottes

F52: Das Weltall ist entstanden *Durch planvolle Schöpfung »Gottes«*
F49: *»Gott« hat den Lauf der Welt in der Hand und wird dafür sorgen, daß die Welt nicht durch uns zugrunde gerichtet wird*

Fast die Hälfte der Gottgläubigen hält das Weltall für das Ergebnis einer planvollen Schöpfung Gottes. Das Geschlecht und die Lebensformen spielen dabei keine Rolle, wohl aber das Alter der Antwortenden: Je älter die Antwortenden sind, desto stärker ist der Schöpfungsglaube – Auswirkung wohl des Weltbildwandels. Daß Gott den Lauf der Welt in der Hand hat und dafür sorgen wird, daß wir Menschen die Welt nicht zugrunde richten, glaubt fast jeder dritte Gottgläubige. Auch die Pfarrer kommen hier nicht über 42%, die Theologiestudierenden bleiben gar bei 16%. Wie ist dieses Votum zu verstehen? Sind auch die Theologen von dem in diesem Jahrhundert entfalteten Zerstörungspotential der Menschen so beeindruckt, daß sie die Welt nicht mehr in Gottes Hand sicher wissen? Das mag so sein. Aber außerdem sieht es so aus, als wenn die Emanzipation der Menschen von Gott gerade auch darin ernst genommen wird, daß die Menschen bereit sind, die Verantwortung für ihre destruktiven Neigungen selbst zu übernehmen, statt Gott dafür verantwortlich zu machen. Um so mehr scheint ihnen aber daran gelegen, nicht von Gott verlassen zu sein bzw. ihn als Gegenüber zu haben.

Erkennbar ist die Tendenz, gerade der theologisch Gebildeten, Glaube und naturwissenschaftliche Erkenntnisse miteinander zu verbinden. Und die Hoffnung auf ein anderes, nächstes Leben verbindet sich für die allermeisten *nicht* mit der Bereitschaft, diese Erde und Welt aufzugeben.

Zum Menschenbild

F67: *Wir Menschen sind sterblich, weil es am Anfang der Menschheitsgeschichte den großen »Sündenfall« gegeben hat*
F76: *Eine Seele haben nur die Menschen*
F75: *Das Böse im Menschen ist Zeichen seines sündigen Wesens*

Selbstkritisch sehen nur 14% der Gottgläubigem im Menschen die »Krone der Schöpfung« (F48). Die Umweltkrise hat sich ausgewirkt und dazu geführt, daß die alte »Gouverneursrolle« der Menschen so gut wie nicht mehr zum Selbstbild paßt. Auch die früher ganz geläufige Vorstellung, daß der Mensch von allen Lebewesen dadurch unterschieden sei, daß er eine Seele habe, akzeptiert nur noch jeder vierte Gottgläubige, die Pfarrerschaft eingeschlossen. Auch hierin steckt viel Selbstkritik, doch wohl auch das Ergebnis eines Lernprozesses, zu dem die Verhaltensforschung und der Kontakt mit anderen Kulturen geführt haben, die die übrige Schöpfung liebe- und respektvoller sehen und behandeln als wir Christen bisher. Die neue Bescheidenheit hat auch den Wert unseres Aufeinanderangewiesenseins (F45) neu sehen gelehrt: Mehr als 40% finden es gut, daß es so ist und wir uns gegenseitig helfen können.

Ganz schlecht angenommen worden ist die zentrale biblisch-theologische Aussage, daß die Sterblichkeit der Menschen mit dem sogenannten »Sündenfall« ursächlich in Verbindung steht: Bei Gottgläubigen allgemein wie bei Pfarrerinnen und Pfarrern findet diese Aussage kaum noch Glauben. *Das aber heißt, daß es an einem zentralen Punkt der biblisch-theologischen Anthropologie zu einem totalen Bruch mit der Tradition gekommen ist.* Die Sterblichkeit des Menschen sehen die Gottgläubigen offenbar als etwas Geschöpfliches an. Doch die Bedeutung dieses Traditionsabbruchs reicht viel weiter, denn die Lehre von der von Adam und Eva ererbten Sünde und Sterblichkeit bildet in vielem ja auch die Basis für die christliche Erlösungslehre. Nirgends ist der Traditionsabbruch so stark wie hier zu greifen.

Trotzdem verbindet gut ein Viertel der Gottgläubigen das Böse im Menschen (noch) mit seinem sündigen Wesen (F75). Was sündiges Wesen genau meint, bleibt unsicher. Die vor allem in F45 und anderswo gewonnenen Ergebnisse legen es aber nahe, daß sich darin die nüchterne Einsicht in die in der Geschichte der Menschheit und in unserem eigenen Leben so oft dokumentierte Unfähigkeit ausdrückt, Frieden und Gerechtigkeit zu schaffen oder zu erhalten. Bei einer anderen Gruppe der Gottgläubigen kann es sich aber auch um eine traditionelle Glaubensaussage handeln.

Zur Erlösungslehre und zum Auferstehungsglauben

F73: Erlösung brauchen wir Menschen *von unserem sündigen Wesen*
F5: Begriffe, die mit Gott ... zu tun haben: *Jüngstes Gericht, Sündenvergebung*
F10: *In den Himmel können wir erst nach unserem Tod kommen*
F77a: Den Weg in ein nächstes / anderes Leben denke ich mir *durch die Auferweckung von den Toten durch »Gott«*

Die neuen Gesichter »Gottes« 207

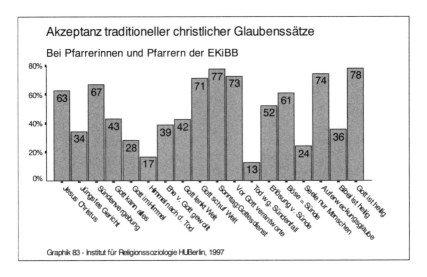

Graphik 83 - Institut für Religionssoziologie HUBerlin, 1997

Die Tatsache, daß die Erbsündenlehre praktisch bedeutungslos geworden ist, wirkt sich in der Erlösungslehre erwartungsgemäß aus. Daß wir Menschen Erlösung von unserem sündigen Wesen durch Gott brauchen, sagt von den Pfarrern noch die Mehrheit, von den übrigen Gottgläubigen aber längst nicht mehr. Und nur ein Viertel verbindet Gott mit einem Jüngsten Gericht. In beiden Fällen sind es eher die älteren und zum Familientyp gehörenden Gottgläubigen, die diese traditionellen Glaubensinhalte festhalten. Die jüngeren und anderen Lebensformen zugewandten Gottgläubigen denken schon anders, meiden die Begriffe *sündig* und *Sünde* eher. Bei den Theologengruppen findet *Sündenvergebung* zwar noch eine Zweidrittel-Akzeptanz, aber mit einem *Jüngsten Gericht* kann nur noch ein Drittel der Pfarrerinnen und Pfarrer und ein Viertel der Theologiestudierenden etwas anfangen – *da scheint eine ganze Dimension der Erlösungslehre wegzubrechen.*

Heil (F5) ist kein akzeptiertes Wort mehr für das, was die meisten Gottgläubigen mit der Beziehung zu Gott verbinden. Seit Heil die Verbindung zu Heilung verloren hat, ist es blaß und offenbar auch unbedeutend für die meisten Menschen geworden. Zumindest für die Evangelischen, so hatten wir gesehen, ist *Geborgenheit* an die Stelle von Heil getreten[4].

Die Vorstellung, erst nach dem Tod in den Himmel kommen zu können, teilt noch ein Viertel der Gottgläubigen. Noch seltener werden

---

[4] S.o. Abschnitt 9.2.

die alten Sätze über die Hölle als Strafort nach diesem Leben angenommen. *Die klassische Eschatologie, repräsentiert durch die Bereiche Himmel und Hölle, ist offenbar kurz vor dem Verschwinden – auch bei den Theologengruppen.* Klar aber ist, daß zwischen denen, die diese Vorstellungen noch teilen, und der großen Mehrheit, die das nicht tut, Welten klaffen – bzw. Weltbildunterschiede, die sich auf die eschatologischen Vorstellungen auswirken. Und damit verbunden sind unterschiedliche Gesichter des persönlichen Gottes.

Ganz offenbar haben die angesprochenen Veränderungen mit der alten Verräumlichung und einer neuen Enträumlichung eines nächsten bzw. anderen Lebens zu tun. Denn bei der Auswertung von F77 haben wir gesehen, daß es, auch über den Kreis der Gottgläubigen hinaus, einen unerwartet weit verbreiteten Glauben daran gibt, *daß* nach diesem Leben ein anderes bzw. nächstes Leben kommen wird. Dieses hohe Maß an eschatologischer Erwartung setzt sich allerdings in der Zusatzfrage F77a nicht fort, in der es um die Möglichkeit ging, die christliche Eschatologie zu betonen bzw. von anderen Vorstellungen abzuheben: Die Auferweckung der Toten durch Gott als Weg in das nächste bzw. andere Leben findet bei den Gottgläubigen allgemein nur noch 27% Zustimmung; wesentlich mehr aber glauben, daß es die Unsterblichkeit der Seele sei, die diesen Weg eröffnet. *Auch hier ist von einem Einbruch der traditionellen Dogmatik zu sprechen und klar zu sehen, daß zwei theologische Konzepte unüberbrückbar nebeneinander existieren.* Denn die Vorstellung von einer im Menschen lebendigen unsterblichen Seele braucht nicht unbedingt den Glauben an die Auferweckung aus den Toten durch Gott – und wird dennoch von großen Teilen gerade der gottgläubigen Christen geglaubt. Oder anders ausgedrückt: *Der Glaube an ein nächstes bzw. anderes Leben hat sich bei großen Teilen der Gottgläubigen von dogmatischen Vorstellungen gelöst, wie der Weg dahin zu denken ist. Entscheidend ist das Daß, nicht das Wie dieser Lebensperspektive.*

Zu Lebensordnung, Ethik

F16: *Die Ehe ist von »Gott« gewollt*
F55: *Der Sonntag ist der Tag der Besinnung und für den Gottesdienst da; er muß geschützt bleiben*
F62: *Hat, was in diesem Leben getan wird, Folgen über den Tod hinaus? Ja, denn ich muß mich später vor »Gott« verantworten*

Noch nicht einmal 40% – weder der Gottgläubigen im allgemeinen noch der Pfarrerschaft – sagen, die *Ehe sei von Gott gewollt.* Auch bei den Gemeindenahen ist das Bild nicht grundverschieden, und selbst die Menschen auf dem Lande kommen nur knapp über 40%. Bei den jungen Menschen sagt kaum jemand *Ja* zu der traditionellen Verbindung von Gott und Ehe, erst über 45 Jahren verzeichnen wir knapp 30% und ab 65 Jahren 43%. Wir können in diesen Zahlen den Zug zur *Personalisierung* des Lebens erkennen: Wichtig ist, ob bzw. daß die Menschen in ihren Beziehungen finden, was sie suchen. *Die institutionelle Form des Zusammenlebens hat demgegenüber einen Dienstcharakter.* So erklären sich jedenfalls auch die häufigen Voten selbst in der Pfarrerschaft für Trauungen gleichgeschlechtlicher, ja, auch unverheirateter Paare. Und trotzdem ist festzuhalten, daß *Familie und Gottgläubigkeit* eine große Nähe zueinander haben. Doch es zeigt sich auch, daß neue Formen des Zusammenlebens wie die nichteheliche Partnerschaft wesentliche Wertvorstellungen übernehmen können, die bislang mit Familienerfahrungen verbunden gelernt worden sind. Dazu verweise ich noch einmal auf die Ergebnisse zu F45, insbesondere auf die Wertschätzung des Aufeinanderangewiesenseins. Aber es steht dahin, ob der dogmatisch konturierte Glaube ohne den Traditions- und Lernort Familie große Chancen hat, auch nur annähernd das zu bleiben, was er bisher war: Basis einer Volkskirche.

Das zeigt sich auch im Blick auf den *Sonntag* als Tag der Besinnung und des Gottesdienstes. Hierfür, gewissermaßen für ihre berufliche Basis, votieren die Theologen besonders häufig, und auch die Gemeindenahen und Menschen auf dem Lande wollen noch einen als Feiertag geschützten Sonntag. Ganz ähnlich ist das Zustimmungsprofil bei den genannten Gruppen im Blick auf die Aussage aus F59. Je größer die Distanz zur Kirche allerdings wird und je jünger die Antwortenden sind, desto niedriger ist die Zustimmung zu den religiösen Gesetzen als Norm für Gerechtigkeit und zum Sonntag als Tag der Besinnung und des Gottesdienstes. Und wieder sind es die Eheleute, in Familien lebenden älteren Personen und Alleinlebenden über 45 Jahren, die als Hort der Tradition auftreten.

Bei den beiden anderen Variablen kommt der traditionelle Jenseitsglaube einschließlich der Gerichtsvorstellung ins Spiel. Fast die Hälfte der Gottgläubigen glaubt, sich nach dem Tod vor Gott verantworten zu müssen. Das heißt, daß das erwartete nächste Leben keine Flucht aus der ethischen Verantwortung in diesem Leben bringen soll – obwohl das bedrohliche Szenario des Jüngsten Gerichts kaum noch akzeptiert wird. Ich sehe darin eine Wirkung der Predigt vom gnädigen Gott, der gleichwohl nicht prinzipiell ›Fünfe grade sein läßt‹.

Fazit

Mehrfach haben wir starke Abbrüche von Positionen feststellen müssen, wie sie die traditionelle christliche Dogmatik festgeschrieben hat. In ganz zentralen, vor allem die Erlösungslehre betreffenden Punkten sind die »alten«, spezifisch christlichen Gesichtszüge Gottes nur noch im Glauben von Minderheiten zu erkennen[5]. Da diese Minderheiten keinesfalls mit denen identisch sind, die in den Gemeinden den Glauben lehren, werfen die zum Teil gewaltigen Brüche mit der dogmatischen Tradition die *Frage* auf, *wie die Kirchen mit der Diskrepanz zwischen dem, was sie lehren, und dem, was selbst die Glaubenslehrer und -lehrerinnen in Kirche und Gemeinden wirklich glauben, künftig umgehen wollen*.

Doch die andere Seite des *Fazits* betrifft die Tatsache, daß *neben den zurückgetretenen alten Gesichtszügen Gottes neue zu erkennen* sind, die es als völlig falsch erscheinen lassen, wollte man bei der Feststellung von Ab- und Einbrüchen stehenbleiben. Das große Zutrauen dazu, daß Gott der Welt zugewandt bleibt und im Gebet angesprochen werden kann, drückt eine Gottesbeziehung aus, die sich zwar nicht an den dogmatischen Leitlinien orientiert, aber sehr stabil zu sein scheint. Und sie schließt ein selbstkritisches Menschenbild sowie die Bereitschaft, ethisch verantwortlich zu leben, ein. Ich betone die *Beziehung* und *gegenseitige Zuwendung*, die sich nicht abstützt auf dogmatische Setzungen. Dem entspricht, daß vor allem Evangelische *Heil* durch *Geborgenheit* ersetzt zu haben scheinen. Darum wäre es auch falsch, hinter der Abwendung von der dogmatischen Norm lediglich Individualisierung als treibende Kraft zu identifizieren. Da der Beziehungsaspekt eine so große Rolle spielt, geht es nicht darum, daß die Individuen für sich allein oder unabhängig sein wollen. Es geht ihnen darum, daß sie *in Beziehungen* zu Menschen und – sofern sie überhaupt daran interessiert sind – auch zu Gott leben wollen.

Traditionellerweise ist dieses doppelte Beziehungsgefüge für Gottgläubige nicht zuletzt durch häufig verwendete biblische Metaphern stark mit den Institutionen Ehe und Familie verbunden. Was geschieht, wenn immer mehr Menschen in nichtehelichen Verbindungen oder in Familien leben, die keine gemeinsamen alltäglichen Riten (wie Mahlzei-

---

[5] Statistisch sieht das so aus, daß 20% der Gottgläubigen in den Basisbezirken keine oder nur eine einzige der 18 ausgewählten Variablen angekreuzt haben; 47% haben zwischen 2 und 7 und die restlichen 33% haben 8 bis 18 Variablen angekreuzt. Alle 18 haben wir bei einem einzigen von 433 Gottgläubigen gefunden. Dabei rangieren die ländlichen vor den städtischen und die katholischen vor den evangelischen Bezirken – sieht man von den Theologengruppen ab.

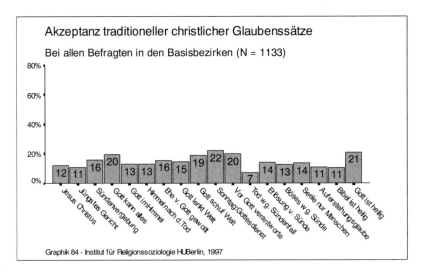

Graphik 84 - Institut für Religionssoziologie HUBerlin, 1997

ten, Gebete, Kirchgänge) mehr kennen, ist noch nicht wirklich abzusehen. *Anzunehmen ist aber, daß die Entdogmatisierung auch der Gottgläubigkeit weiter voranschreiten wird.*

Ganz offenbar läßt sich die Bedeutung, die die Gott-Menschen-Beziehung hat, für viele nicht mehr angemessen mit den dogmatischen Termini ausdrücken. Das muß damit zu tun haben, daß sich *die an Gott gerichteten Erwartungen gewandelt haben.* Im Vordergrund der Gläubigen steht das Interesse daran, dieses Leben *sinnvoll* leben zu können – oder bescheidener: wenigstens nicht in Sinnlosigkeit versinken zu müssen. Und geht man davon aus, daß Theologie – im Gespräch mit Schrift und Tradition – dogmatisch geordnete Antworten auf Fragen gibt, die die Menschen an Gott und die Welt bzw. an das Leben stellen, dann scheint das traditionelle dogmatische System der Theologie den heute von den Gottgläubigen gestellten Fragen in vielem nicht mehr gerecht zu werden[6]. Die letzte Graphik, die die traditionellen christlichen Elemente im Blick auf das Antwortverhalten aller Befragten in den Basisbezirken, also ohne besondere Vorauswahl nach einer Glaubenseinstellung, zusammenstellt, zeigt, daß das traditionell Christliche nicht mehr als nur noch einen Bodensatz ausmacht.

---

[6] Auch die EKD-Studie »Fremde Heimat Kirche« betont (aaO 14) für die Evangelischen West: »Es gibt ... Hinweise dafür, daß viele Befragte dogmatisch absolute Glaubenssätze nicht als tragfähige Antworten empfinden. Die Freiheit, auszuwählen und neu zusammenzufügen, was auf dem Hintergrund der eigenen Lebensgeschichte verspricht, plausibel und hilfreich zu sein, wollen viele gewahrt wissen.«

15.2 Gesichter »Gottes«, wie sie Transzendenzgläubige sehen

Bei der Charakterisierung der Transzendenzgläubigen beziehe ich mich vor allem auf Variablen, die innerhalb der Glaubenstypologie von Transzendenzgläubigen am häufigsten oder seltensten angekreuzt worden sind, und zwar wieder bezogen auf die Basisbezirke (N = 1133). Zur Erinnerung noch einmal: Sie sind mehrheitlich ledig, bei den Lebensformen sind die Partnertypen und die Singles bis 44 Jahre überrepräsentiert, sie haben den höchsten Anteil an Personen (18%*), die in Wohngemeinschaften leben. 57% sind berufstätig – das ist der höchste Wert innerhalb der Glaubenstypologie. Und sie sind eher jung: zwei Drittel von ihnen sind zwischen 16 und 34 Jahre alt, über 44 Jahre sind nur 14%. Gut 61% von ihnen wohnen im Umfragebezirk Kreuzberg und 18% in Wannsee; in Mitte und in den beiden Landbezirken zusammen sind es nur je ca. 10%. Wir haben es also mit einem *westlich-großstädtischen Glaubenstyp* zu tun, der vorwiegend unter jungen, ledigen Menschen vorkommt.

Auffällig häufig nutzen Transzendenzgläubige die Möglichkeit, statt vorgegebener Antworten eine eigene Angabe zu machen. Das hat mit der klar hervortretenden Neigung zu tun, Eigenständigkeit bzw. individuelle Freiheit zu betonen. Was gerecht ist, sagen die einzelnen aus ihrem Gewissen heraus (F59). Bei dem, was ihnen heilig ist, steht die persönliche Freiheit (F88a) voran, am Besitz sind persönliche Wertgegenstände das Wichtigste (F43). Gearbeitet wird, um leben zu können, aber Arbeit ist keinesfalls das wichtigste im Leben (F44a). Staatliche und kirchliche Vorschriften, die die Art des Zusammenlebens und das Ausleben der individuellen Sexualität einengen, werden durch die angekreuzten Variablen kritisiert. Mit den höchsten Prozentwerten innerhalb der Glaubenstypologie wird dafür gestimmt, daß Sexualität vor allem mit Lust zu tun hat (F33), daß die Ehe mit nichtehelichen Lebensgemeinschaften gleichzustellen und auch gleichgeschlechtlichen Paaren zu öffnen ist (F16). Transzendenzgläubige plädieren am häufigsten auch dafür, daß unverheiratete und gleichgeschlechtliche Paare von den Kirchen getraut werden sollten, und natürlich auch solche, bei denen ein Partner keiner Religionsgemeinschaft angehört (F16a). Das Scheidungsrecht sollte so liberal wie möglich sein: Jeder darf sich scheiden lassen, sagen prozentual in keinem Glaubenstyp so viele wie hier. Der These, daß eine Scheidung vorhandener Kinder wegen erschwert werden sollte, stimmen fast zwei Drittel *nicht* zu (F32). Sie sind am seltensten dafür, daß Sexualität nur in fester Partnerschaft gelebt werden sollte, und ebenfalls ein Viertel nennt die Kleinfamilie sexfeindlich (F33). Ähnlich liberalisiert wünschen sie sich die Abtreibungsgesetze (F54). Regelungen im Blick auf eine aktive medizinische Sterbehilfe sollten nach dem Willen einer Mehrheit dem Grundsatz folgen: Wer sterben möchte, sollte dazu medizinische Hilfe erhalten dürfen (F56). Der Konsum von Rauschmitteln sollte erlaubt sein (F57). Sie betonen am stärksten ein Recht auf Suizid (F58) und kritisieren am häufigsten die alte Praxis, daß Suizidanten nicht kirchlich bestattet worden sind (F58a).

Das individuell-persönliche Element wird aber auch da deutlich betont, wo es ausdrücklich um die eigene Identität geht: Die eigenen Ängste und Hoffnungen drücken zuerst aus, wer ein Mensch ist (F27), und ihretwegen wird am häufigsten Kontakt zu den transzendenten Mächten bzw. Wesen aufgenommen (F9a). Auch Kleidung soll vor allem Individualität ausdrücken. Die personalen Kontakte haben größte Bedeutung, allerdings nicht innerhalb der Verwandtschaft, sondern im selbst gewählten Freundeskreis (F19). Das wichtigste im Leben sind Freund/Freundin bzw. Partner/Partnerin (F26). Da wird auch Zeit und Hilfe angeboten (F20), wenn es nötig ist.

Das Menschenbild ist skeptisch-(selbst)kritisch. Die Welt ist eigentlich nicht schlecht, der Mensch ist das Problem – sagen Transzendenzgläubige am häufigsten (F45). Und nirgends wird häufiger als in diesem Glaubenstyp die Ansicht vertreten, den Menschen sei im Grunde nicht zu trauen (F40), kein anderer Glaubenstyp ist häufiger mit dem Leben *nicht* zufrieden (F30). Sie beklagen: Die Menschen sind zu destruktiv, ihnen fehlen Instinkte, und sie müssen vor allem vom Streben nach Macht erlöst werden (F73). Krankheit und Tod gehören zum Menschsein einfach hinzu (F66), wobei wir die meisten Krankheiten selbst verursachen (F67). Larmoyanz gegenüber der Endlichkeit des Lebens gibt es nicht, ewige Jugend wird nicht gesucht, ganz selten Erlösung von unheilbaren Krankheiten erwartet. Nirgends wird so selten angekreuzt wie hier, daß es gut ist, daß wir Menschen aufeinander angewiesen sind und einander helfen können (F45). Als Typ möchte man nirgends häufiger als hier zärtlich, jugendlich-dynamisch, umweltbewußt und kameradschaftlich sein (F31).

Kein anderer Glaubenstyp hat ein so intensives Verhältnis zur *Natur* wie Transzendenzgläubige (F5). Das ist um so bemerkenswerter, als sie zumeist in einer Umgebung leben, die kaum noch etwas mit unverbauter Natur zu tun hat. Das Verhältnis zur Natur ist aber belastet durch die Umweltzerstörung, ja, durch ein schlechtes Gewissen (F47). Denn der Mensch ist der ärgste Feind der Natur (F48). Die Hoffnung, er werde die Erde bewohnbar erhalten, ist schwach (F49), und trotzdem wird gesagt, daß die Rettung der Umwelt bei jedem einzelnen anfängt, auch wenn die Erde nicht zu retten ist (F50). Das Ausmaß der Umweltzerstörung wird häufiger als sonst als Anzeichen dafür gesehen, daß wir in einer Endzeit leben (F68). Für die großen Unterschiede zwischen Armen und Reichen auf der Erde wird das Weltwirtschaftssystem, aber auch unser Konsumverhalten verantwortlich gemacht (F61). Mit globalen politischen Veränderungen werden die geglaubten transzendenten Wesen oder Mächte nicht in Verbindung gebracht: über 80% sind der Ansicht, daß sie weder mit der Teilung Deutschlands noch mit der Vereinigung der deutschen Staaten zu tun hatten (F91 F91a). Doch damit sind wir bei den explizit religiösen Themen angekommen.

Losgelöst von der christlichen Dogmatik sind folgende, wegen ihrer Häufigkeit innerhalb der Glaubenstypologie auffällige Ansichten: ›Himmel‹ ist nur etwas Wunderbares; eine ›Hölle‹ gibt es nicht (F10 F11); »Gott« ist für Erlösung, wo sie gesucht wird, nicht nötig (F73a); das Böse hat mit einem sündigen Wesen des Menschen nichts zu tun; keinesfalls haben nur Menschen eine Seele (F76); Mission muß unterbleiben (F78); wer nicht (mehr) zum Gottesdienst geht, tut es, weil er ihr bzw. ihm nichts sagt (F93). Am deutlichsten aber spricht sich die Dogmenkritik darin aus, daß Transzendenzgläubige am seltensten (37%[7]) von einer Religionsgemeinschaft erwarten, daß sie sich um Glaubensdinge kümmert. Sie soll für Alte, Kranke und Gebrechliche da sein und öffentlich – im Sinne der eigenen Vorstellungen – Stellung nehmen (F92). Weit häufiger als Gottgläubige und Unentschiedene sind Transzendenzgläubige der Ansicht, daß die Kirchen bzw. Religionsgemeinschaften »Gott« unglaubwürdig gemacht haben (F85).

Das neue »Gottes«bild kommt positiv in den Namen zum Ausdruck, die für die transzendenten Wesen oder Mächte verwendet werden: *Geister, kosmischer Geist, Schicksal,* und vor allem: *übersinnliche Kräfte* und *Energien* (F2a). Eine Mehrheit bringt jene Wesen bzw. Mächte mit Natur in Verbindung (F5), ja, »Gott« *ist* in der Natur bzw. im Kosmos, überall (F8). Entsprechend wird der Transzendenz-Kontakt in der Natur gesucht – aber auch häufiger als bei anderen in der Meditation bzw. in Träumen und Visionen (F9). So wenig Bedeutung das Gebet hat, weil das transzendente Gegenüber nicht als Person gedacht wird, so bedeutend ist Telepathie (F89). Daß Horoskope abergläubischer Schwindel

---

[7] Das sind immerhin 31% Differenz gegenüber den Gottgläubigen.

sind, wird seltener als bei anderen angekreuzt (F69a), und 15%* geben an, schon einmal gelebt zu haben (F70). Kein anderer Glaubenstyp nennt so häufig eine Wiedergeburt als Weg in ein nächstes Leben wie Transzendenzgläubige (F77a). Das neue Gesicht »Gottes« zeigt sich auch darin, daß Buddha als kulturfremder Religionsstifter häufig mit positiven Eigenschaften in Verbindung gebracht wird: mit Weisheit und Toleranz (F81). Dazu paßt, daß der Sinn des Lebens am häufigsten von Transzendenzgläubigen mit seelischem Gleichgewicht gleichgesetzt wird (F90).

Der Glaube der Transzendenzgläubigen ist also, *zusammengefaßt*, ein westlich-großstädtischer Glaubenstyp, undogmatisch und kirchenkritisch. Er korrespondiert dem Lebenskonzept von vorwiegend jüngeren und unverheirateten Menschen, die in allen Bereichen auf persönliche Freiheit aus sind, zugleich aber ein eher skeptisch-kritisches Menschenbild haben. Die geglaubten übersinnlichen Kräfte und Energien wirken vor allem in der Natur, aber auch im Menschen, überall, und sie sollen dazu dienen, die eigenen Ängste und Hoffnungen im seelischen Gleichgewicht zu halten. Eine Nähe zu buddhistischen Vorstellungen ist gelegentlich zu spüren. Der Glaube der Transzendenzgläubigen hat im seinem Zentrum nichts mit einer Erlösungsreligion zu tun. Die Bedeutung dieses Glaubenstyps bzw. neuen Gesichtes »Gottes« geht auch daraus hervor, daß 15% der Evangelischen und 13% der Katholiken zu den Transzendenzgläubigen gehören – und damit, *theologisch* gesehen, längst aus den Kirchen ausgewandert sind bzw. eine neue Konfession in der Kirche darstellen. Und immerhin finden sich auch bei den (mittlerweile) Religionslosen 16%, die (noch) zu diesem Glaubenstyp gehören.

15.3 Gesichter »Gottes«, wie sie Unentschiedene sehen

Diesen Abschnitt zu schreiben, fällt besonders schwer, weil diejenigen, die wir mit dem Begriff *Unentschiedene* zusammengefaßt haben, auch im Blick auf eine Kontur ihrer Glaubensvorstellungen schwer zu fassen sind. Der Faktor »Unbestimmtheit«, den schon die zweite EKD-Mitgliederbefragung eingeführt hatte, macht sich bemerkbar[8]. Ich halte

---

[8] Die EKD-Studie »Fremde Heimat Kirche« benutzt ihn wieder im Zusammenhang mit den von ihr freundlich so genannten »treuen Kirchenfernen« (aaO 15).

mich wieder wie im letzten Abschnitt an besonders auffällige Daten und Voten dieses Glaubenstyps und zeichne innerhalb der Glaubenstypologie unauffällige Linien hier nicht noch einmal nach.

Das gemeinsame Hauptkennzeichen dieser statistischen Gruppe, die Antwort *Vielleicht* in F1 und bzw. oder F2, kennzeichnet die ›Position‹ auch in vielen anderen Fragen und die Neigung, keine Angaben zu machen – vor allem in F4, wo es um »Gottes« Wesen geht. Mehrfach ist zu beobachten, wie die Unentschiedenen mal mit Vorstellungen übereinstimmen, die wir von Gottgläubigen kennen, und sich in anderen Fällen eher in der Nähe von Transzendenzgläubigen oder Atheisten befinden. Gemeinsam ist ihnen allen, daß sie den Glauben an Gott bzw. an transzendente Wesen oder Mächte *nicht ausschließen wollen*, so wenig sie eine dieser Optionen ausdrücklich bejahen können.

In Kreuzberg, Mitte, Wannsee und im evangelischen Gödenroth beträgt der Anteil Unentschiedener jeweils etwas über 20%. Unter den Schülerinnen und Schülern sind noch größere Anteile unentschieden in der Gottesfrage: Der Anteil an Gymnasialschülerinnen und -schülern beträgt – von Canisius (8%) abgesehen – im Schnitt 30%. Die Hälfte der Unentschiedenen ist ledig, knapp ein Drittel ist verheiratet. Das hängt auch mit der Altersschichtung zusammen: Ein Viertel der Unentschiedenen gehört zu den 16- bis 24jährigen, 57% sind zwischen 25 und 44 Jahre alt. 40% sind evangelisch, nur 14% katholisch, der Anteil Religionsloser ist mit 46% noch höher als bei den Transzendenzgläubigen. Sie haben den größten Anteil an Nicht-Berufstätigen und Erwerbslosen (zusammen mehr als die Hälfte). Besonders in der jüngsten Altersgruppe (16 bis 24 Jahre) sind viele nicht berufstätig. Wohl damit wird in Zusammenhang stehen, daß Unentschiedene am häufigsten sagen, Arbeit und Privatleben sollten getrennt bleiben (F44a). Wir haben es bei den Unentschiedenen also eher mit jungen Leuten zu tun, die noch nicht oder nicht berufstätig sind und weit eher religionslos oder evangelisch als katholisch (gewesen) sind. Innerhalb der Basisbezirke wohnt fast die Hälfte von ihnen in Kreuzberg, und in den städtischen Bezirken zusammen finden wir 87% aller Unentschiedenen.

Es ist aufgrund dieser Daten kaum möglich, von einer in sich konsistenten Gruppe zu sprechen. Ganz offenbar spielen Skepsis und Zweifel an den traditionellen Glaubenskonzepten eine große Rolle, wenn sich jemand durch das *Vielleicht* in diese Gruppe eingeordnet hat. Das aber heißt, daß in der Unentschiedenheit auch eine Art Durchgangsstadium oder ein Signal für intensives Suchen nach einer noch nicht gefundenen Position gesehen werden kann.

Zwei wichtige Kennzeichen betreffen die Natur und Formen der Kontaktaufnahme zu Gott bzw. transzendenten Wesen. *Natur* ist das wirkliche »Gegenüber« der meisten Unentschiedenen, das Bedürfnis zu einer Kontaktaufnahme zu »Gott« erscheint ganz gering. Das ist verständlich, denn wenn sie »Gott« irgendwo ansiedeln, dann *im Menschen*. Entsprechend häufig bezeichnen sie Himmel und Hölle als ausschließlich metaphorische Größen bzw. als etwas, was in diesem Leben erfahren wird. Sie sagen in F9 am häufigsten von allen *Nein*, das heißt: sie haben keine Kontakte in Gebet oder Meditation oder anderen Formen. Bei den Wesenszügen der transzendenten Mächte betonen sie häufig *schöpferisch* und die Wirkung *beruhigend* (F4). Sie sagen am häufigsten von allen Glaubenstypen, daß »Gott« *Nichts* kann (F6), erwarten von »ihm« aber vor allem, daß »er« für den Fortbestand der Welt und Gerechtigkeit in ihr sorge (F7). Als Sinngeber wird »Gott« erst an dritter Stelle gesehen.

Spuren von Skepsis und Resignation lassen sich mehrfach erkennen. Deshalb verwundert es nicht, wenn sie als primäres Kennzeichen ihrer Identität in F27 ihre Ängste und Hoffnungen nennen. Sie betonen in besonderer Weise innerhalb der Glaubenstypologie die Wahlverwandtschaften (F86). Wenn sie sich im Blick auf die Beziehung zu einem Menschen als füreinander bestimmt verstehen, dann nicht durch eine externe Macht, sondern durch Liebe. Der Sinn des Lebens liegt auch für Unentschiedene daher am ehesten in den personalen Beziehungen (F90). Wo es um das Wesen des Menschen geht (F45), kreuzen sie besonders häufig jene Aussage an, die die Abhängigkeit von anderen Menschen *schlecht* nennt.

15.4 Der säkulare ›Heilige Kosmos‹ der Atheisten

Atheisten sind in dieser Umfrage alle, die bei F1 und F2 *Nein* oder *Interessiert mich nicht* gesagt haben. Die Hälfte dieser statistischen Gruppe haben wir in Kreuzberg, gut ein Drittel in Mitte angetroffen. Von den Bezirken her gesehen, sind in Kreuzberg und Wannsee jeweils etwas mehr als ein Viertel und in Mitte knapp die Hälfte Atheisten. Unter den Gymnasiasten finden wir in Wolfsburg und Ost-Berlin jeweils ein Drittel, in den anderen Schulen sehr viel weniger Atheisten. Innerhalb der Basisumfrage gehören in den Altersgruppen bis 64 Jahre ca. ein Viertel zu dieser Gruppe. *Männer gehören ihr deutlich häufiger an als Frauen* – ein Kennzeichen, das sie von allen anderen Gruppen innerhalb der

Glaubenstypologie unterscheidet. Besonders häufig finden sich Familienväter und Männer vom Partnertyp darunter. Zu bemerken ist, daß 30% der nicht berufstätigen jungen Männer zu den Atheisten zählen. Nach den Gottgläubigen schätzen Atheisten die *Ehe* am meisten – wegen ihrer Bedeutung für Familie und Gesellschaft (F16). Anders als Gottgläubige tendieren sie aber stark dahin, die Ehe mit nichtehelichen und gleichgeschlechtlichen Lebensgemeinschaften rechtlich gleichzustellen. Atheisten haben seltener als andere Haustiere (F17).

Im folgenden nenne ich auch für Atheisten noch einmal zusammenfassend Kennzeichen, die im Vergleich der Gläubigkeitstypen aufgefallen sind. An erster Stelle zu nennen ist die Rolle, die *Politik und Naturwissenschaft* für Atheisten spielen. Ganz offenbar wird die Werteordnung im säkularen ›Heiligen Kosmos‹ der Atheisten von einem positivistischen Wissenschaftsverständnis regiert. Das politische Interesse kommt hinzu und sorgt dafür, daß in keiner Gruppe wie in dieser die persönliche Identität so häufig mit der politischen Einstellung ausgedrückt wird (F27). Und keine andere Gruppe nennt ein politisches Ereignis so häufig als eine der Erfahrungen, die sie im Leben am tiefsten berührt hat (F86).

Die bestimmte Art von Wissenschaftsbezug kommt im Welt- und Menschenbild deutlich zum Vorschein: Atheisten bevorzugen die Urknallhypothese im Blick auf die Entstehung des Weltalls (F52) und trauen den Menschen und seinen technischen Möglichkeiten viel zu im Blick auf die Erhaltung der Welt (F49), die Behebung von Umweltschäden (F50) und noch ungelöster medizinischer Probleme. Niemand betont so häufig wie Atheisten die naturwissenschaftlich-technische Ebene in diesen Zusammenhängen (z.B. F67 F67a). Horoskope werden als unwissenschaftlich abgelehnt (F69a).

Zwar haben auch Atheisten ein kritisches *Menschenbild*, was seine destruktiven Möglichkeiten angeht. Doch reicht die Kritik nicht soweit, daß sie den Menschen als das eigentliche Problem ansehen, sein Wesen problematisch finden würden (F63). Grundsätzlicher als am Menschen wird an den Verhältnissen Kritik geübt, in denen Menschen leben: Die Gesellschaft muß verändert werden, damit der Mensch so sein kann, wie er ist. Vor allem müssen die Rechte der Frauen erweitert werden (F39). Denn der Mensch ist an sich keine Fehlkonstruktion. Im Gegenteil: Atheisten betonen sehr häufig, daß es ihnen gefällt, daß das Lebensnotwendige am Menschsein wie Essen, Trinken, Sexualität auch noch Spaß macht (F45). Der Typ Mensch, den Atheisten als einzigen häufiger als andere wählen (F31), ist *fortschrittlich*. Deutlich seltener als andere kreuzen sie *häuslich* und *verläßlich, treu* an. Heimat (F41) verbinden Atheisten am seltensten von allen mit der Nähe von Menschen oder einem Ort, wo sie zur Ruhe kommen können. Beim Wohnen (F42) schätzen sie mehr als andere eine Möglichkeit zur politischen Stadtteilarbeit, die Stammkneipe und andere Freizeitangebote. In ethischen Fragen verhalten sich Atheisten oft wie Transzendenzgläubige, unterstreichen autonome Gedanken wie ein Recht auf medizinische Sterbehilfe (F56) und ein Recht auf Abtreibung oder Suizid. Sie betonen von allen am häufigsten, daß jeder in seinem Leben schon einmal an Suizid gedacht hat (F58), und daß sie selbst – ohne Berufung auf ein Gewissen – darüber entscheiden, was gerecht ist (F59). Atheisten lassen eine gewisse Nüchternheit in der Beurteilung von Krankheit und Leiden erkennen: sie gehören einfach dazu, werden selten als Chance zu reifen verstanden (F66). Sie fühlen sich von allen am stärksten von ihrer finanziellen Lage und am wenigsten von ihren eigenen Fehlern und dem Zustand ihrer Gesundheit bedrückt (F36), haben auch am wenigsten Angst vor Krankheit und Unfall (F37). Sie votieren am häufigsten von allen für ein anonymes Grab bei der Bestattung (F53a) und sagen auch am häufigsten *Nein* auf die Frage, ob ihr persönliches Schicksal einmalig ist (F72 vgl. F71). Schicksal ist im übrigen nicht verhängt (F69), sondern hängt mit den Verhältnissen und den eigenen Anteilen daran zusammen. Entsprechend wird nur von Atheisten bei der Frage nach dem Sinn des Lebens (F90) wirklich häufig Arbeit und berufliche Zufriedenheit genannt. Den Einsatz des eigenen Lebens wollen Atheisten am häufigsten von allen für nichts auf der Welt riskieren (20%), auch nicht für die Freiheit oder eigene Ideale. Am ehesten (24%) käme ein solcher Einsatz in Frage, um Menschen nicht verraten zu müssen (F28). *Religiöse Erziehung* lehnen Atheisten mehrheitlich im Grundsatz ab. Kinder sollten frei von jedem religiösen Einfluß bleiben (F23), die Schule sollte keinen Religionsunterricht erteilen (F23a). Mit dem höchsten Prozentwert von allen sagen Atheisten, daß Erlösung überhaupt nicht nötig ist (F73), daß das Böse in uns als natürliche Aggression zu verstehen und Ergebnis ungerechter Systeme ist (F75). Seele wollen sie als Metapher verstehen oder sehen die Rede davon als überholt an (F76). Das deutlichste antitranszendentalistische Votum sagen sie in F77: 63% von ihnen glauben, daß nach diesem Leben nichts mehr kommt. Die wenigen, die ein nächstes Leben bejahen, denken dabei aber vor allem an das Weiterleben in den eigenen Kindern oder Ideen (F77a).

Atheistisch heißt also positiv gefaßt, daß der Mensch sich selbst Maß und ›Gegenüber‹ ist und den ›Heiligen Kosmos‹ mit seinen aus der Ideengeschichte stammenden Wertvorstellungen besetzt. Atheisten in unseren Umfragegebieten sind tendenziell wissenschaftsgläubig und antitranszendentalistisch, lehnen den Glauben als unwissenschaftlich, Erfindung, Ausdruck psychischer Unfreiheit oder einfach als überholt ab (F3). Sie sind mehrheitlich männlich, ihr Menschenbild ist von der Leitvorstellung der Autonomie geprägt.

16. Kirchensoziologisch wichtige Tendenzen und Konsequenzen

Ich fasse im folgenden Tendenzen zusammen, die kirchensoziologisch von Bedeutung sind. Dabei lasse ich die bislang zu *Gott* gesetzten Anführungszeichen weg.

16.1 Gott und die Gläubigen wandeln ihre Gesichter

Nur wer das vom Neuen Testament an durch die Theologiegeschichte hindurch gewachsene System von Dogmen seiner Kirche als die unhinterfragbare Wahrnehmungsgestalt Gottes verstehen wollte, müßte die sich zeigenden neuen Gesichter Gottes als Niedergang bewerten. Doch wir können in den neuen Wahrnehmungsgestalten Gottes auch einen Gestaltwandel erkennen, der den veränderten Welt-, Lebens- und Selbstwahrnehmungen der Menschen parallelläuft. Um diesem Gestaltwandel gerecht werden zu können, ist es nötig, ihn allererst wahrzunehmen. Und das fängt nicht damit an, daß wir jede Veränderung sogleich als Defizit oder Verlust kennzeichnen. Angemessener ist es wohl, in Vergangenheit und Gegenwart nach dem Zusammenhang zu fragen, in dem der Glaube der Menschen mit ihren sich biographisch und kulturell wandelnden Lebensbeziehungen verbunden ist. Was ist es gewesen und was ist es jetzt, das Menschen bei Gott suchen?

Es wird Aufgabe nicht nur der Religionssoziologie, sondern der Theologie sein, Glaubenstypen zu beschreiben, die nebeneinander existieren können und in heutige elementare Lebensbeziehungen der Menschen hineinreichen, so wie sie im Neuen Testament und in der Kirchengeschichte stets nebeneinander existiert und unterschiedlichste Kirchentümer und Konfessionen hervorgebracht haben. Dabei kann es hilfreich sein, tatsächlich vorhandene unterschiedliche Denkbewegungen zu beachten im Verhältnis zwischen Menschen und Gott bzw. Gott und Menschen: eine, die auf Gott zuführt, und eine, die von ihm her auf uns gerichtet ist, sowie eine dritte, die Gott in den Bewegungen zwischen Menschen oder auch zwischen Menschen und anderen Geschöpfen wirken weiß.

Eine Konsequenz aus dem Gesagten kann sein, daß sich Menschen in den Gemeinden – und zwar auch im allerinnersten Zirkel, wo man sich bislang der »Rechtgläubigkeit« sicher zu sein scheint – gegenseitig eröffnen, was sie wirklich glauben und von Gott für sich und ihr Leben mit anderen erhoffen. Von einem solchen ›Glaubensbekenntnis‹ aus kann dann weiter zu den Anfängen der christlichen Traditionsgeschichte, zu Haupt- und Nebenwegen – zurückgefragt und gemeinsam nach den Gründen des Gestaltwandels von Gott und Glaube geforscht werden. Religions- und kirchensoziologische Studien können dazu helfen, wenn sie Bevölkerungen nicht in repräsentativen Umfragen ›atomisieren‹, sondern so konzipiert sind, daß die sozialen und kulturellen Kontexte der Befragten mit im Blick bleiben.

16.2 Den Glaubenstypologien müssen neue Typologien von dem entsprechen, was einst pauschal »Heil« genannt worden ist

In dem Transformationsprozeß, von dem wir meinen, einen Ausschnitt fassen zu können, verändern sich auch die Kennzeichen davon, was traditionellerweise als *Heil* bezeichnet und von Gott erhofft wird. *Bewahrung von Leben* in den personalen Beziehungen der Menschen und durch die Erhaltung der Erde ist ein solches Kennzeichen, *Geborgenheit* ein anderes. Dem positiven Gehalt der Veränderungen wird aber nicht gerecht, wer etwa die Absage an eine Allmacht Gottes als mangelhaftes Gottvertrauen oder gar als Einschränkung der Souveränität Gottes interpretieren wollte. Gegen eine solche Interpretation spricht nicht nur das große Vertrauen, das so viele Menschen »Gott« – mit seinen unterschiedlichen Gesichtern – gegenüber haben. Sondern diese Interpretation wird auch durch die Einsicht widerlegt, daß viele die bisherige Art, von Gottes Macht zu reden, deshalb ablehnen, weil sie Gott nicht mehr nach Art eines antiken Kaisers sehen und ihn nicht mehr mit Prädikaten ›schmücken‹ wollen, die dem Hofstil entlehnt sind. Doch das ist nur eine Seite des Problems. Auch hier gibt es nämlich eine positive Seite:

Viele wollen auch deshalb nicht mehr von Gottes Allmacht reden, weil sie ihn nicht länger pauschal für die Ursachen und Folgen der eigenen destruktiven Gewalt verantwortlich machen, sondern selbst die nötige und mögliche Verantwortung tragen wollen. Die gesuchte Erlösung vom Streben nach Macht, diese so häufig angekreuzte Variable, liest sich in diesem Kontext als – geschichtlich betrachtet – klarsichtige und zugleich umkehrwillige Elementarisierung eines Sünden- und Erlösungsverständnisses, das das Verhältnis von Gott und Menschen nicht länger ohne *wirkliche* Einbeziehung der Leiden sehen will, die Menschen, Tieren und Natur auch von Christenmenschen zugefügt und zum Teil durch Kirchen legitimiert worden sind.

Erst vor diesem Hintergrund ist der Befund angemessen zu würdigen, daß *Erlösung* kaum noch als etwas gesucht wird, was das Gott-Mensch-Verhältnis betrifft. Nach der Ansicht der meisten Befragten müssen Gott und Menschen nicht (mehr) miteinander versöhnt werden. Sie gehen vielmehr davon aus, *daß Gott auf ihrer Seite ist* und ihnen dazu hilft, den sie bedrängenden Lebensproblemen, vor allem den Erfahrungen von Sinnlosigkeit und Gewalt, standhalten zu können. Im Vordergrund des religiösen Interesses steht für die meisten nicht die – kultisch normierte – Verehrung einer durch ihre Selbstoffenbarung gestaltmäßig festgelegten Gottheit, sondern das Vertrauen und die Hoffnung darauf, trotz der Angst, die sie *in* der Welt haben, *mit* Gott besser als ohne ihn leben und sterben zu können und eine Perspektive zu haben, die über den Tod hinausreicht. Dabei muß deutlich gesagt und gesehen werden, daß solche generalisierenden Formulierungen schnell wieder verwischen können, was unsere Untersuchung doch gerade gezeigt hat: daß sich die Erwartungen an Gott mit Lebensalter, Umgebung und Lebensform wandeln und von Kirche und Theologie ernstgenommen werden wollen.

Deshalb gehe ich davon aus, daß es bald auch in Deutschland keine Seltenheit mehr sein wird, daß Menschen im Laufe ihres Lebens offen den Glaubenstyp, die Konfession oder auch die Religionsgemeinschaft wechseln wollen, weil sie dort, wo sie aufgewachsen und sozialisiert worden sind, nicht mehr die ihnen angemessene religiöse Lebensform finden, sondern anderswo – ohne dabei das Gefühl zu haben, Gott oder gar ›die wahre Religion‹ zu verraten. Und die Religionsgemeinschaften werden vor der Frage stehen, wie sie mit solchen temporären Mitgliedschaften umgehen wollen. Als Vorbereitung auf eine solche Zeit könnte es gut sein, schon jetzt vorbehaltlose Untersuchungen darüber anzustellen, was tatsächlich von unseren Kanzeln gepredigt wird und wie weit wir *innerkirchlich* schon jetzt de facto eine interkonfessionelle, ja, sogar interreligiöse Ökumene haben. Ich vermute und hoffe, daß theologische Arbeit durch solche und andere Untersuchungen wie von selbst aus dem gegenwärtigen Hang zur Historisierung aufgeschreckt und stärker als bisher an die Aufgabe herangeführt werden würde, die Lebensfragen der Menschen theologisch zu beantworten.

16.3 Die Bedeutung der personalen Beziehungen muß ernster genommen werden als bisher

Inmitten der Quaternität der Lebensbeziehungen haben die personalen Beziehungen eine besondere Bedeutung. Sie sind selbst die elementarste Gestalt von *Leben* und verbinden Individualität und Sozialität unserer Existenz. Dies gilt es erst einmal und noch ganz unabhängig davon, wie diese personalen Beziehungen realisiert werden, zur Kenntnis zu nehmen und kirchlich zu würdigen. Ich finde es keinesfalls enttäuschend, daß im Vordergrund des Interesses der gläubigen Menschen *nicht* die sogenannte ›Pro-Existenz‹, das Sein-*für*-andere, sondern ihr Sein *mit* anderen steht. Denn ich sehe hierin auch Kritik an einer Entwicklung in Kirchen und Gemeinden, die man als *gemeinschaftsvergessen* bezeichnen kann. Da wirkt es erfreulich und ermutigend zugleich, wenn zum Beispiel von den Befragten mehrheitlich betont wird, daß bei Arbeit und Wohnen nette Kollegen und Kolleginnen bzw. Nachbarn und Nachbarinnen am wichtigsten sind. Der soziale und weltweite Bezug des Lebens wird deswegen nicht vergessen, aber er wird von den eigenen Lebenszusammenhängen aus gesehen.

Es wird darauf ankommen, daß die Kirchen diesem Befund in Zukunft besser Rechnung tragen. Am Anfang müssen neue Bemühungen darum stehen, die Menschen im Lebensumfeld der Gemeinden besser wahrzunehmen[9]. Aber auch in ihren Gottesdiensten, in alten und neuen Ritualen und sonstigen Veranstaltungen muß den personalen Beziehungen mehr Aufmerksamkeit gewidmet werden. Dazu einige Beispiele:
– Agendarische Gebete sprechen Gott gerne auf »unsere Ehen und Familien« an, vermögen aber kaum etwas davon zur Sprache zu bringen,

---

[9] Einen Vorschlag dafür habe ich unterbreitet in: *K.-P. Jörns*, Das ›ordinierte Amt‹ als Problem des Gemeindeaufbaus. Für eine Zeit amtlichen Schweigens am Dienstbeginn, in: Ders., Der Lebensbezug des Gottesdienstes. Studien zu seinem kirchlichen und kulturellen Kontext, München 1988, 23-39.

was die Menschen in ihren personalen Beziehungen tatsächlich bewegt. Änderungen dieser Praxis können dadurch beschleunigt werden, daß bei all jenen Gottesdiensten, die im Zusammenhang mit lebenszeitlichen Übergängen gehalten werden, möglichst viele aus Familie und Freundschaft – und zwar nicht nur als Bibelvorleser – in das Geschehen einbezogen werden. Denn es muß zur Sprache kommen, was an Ängsten und Hoffnungen, aber eben auch an Glaube, in den beteiligten Menschen selbst lebendig ist. Die Amtshandlungen müssen – um es lapidar zu sagen – *besser*, und das heißt: liebevoller, zugewandter sein.

– Neben die Kanzelpredigt als Form der Schriftauslegung muß eine *gemeinsame* Schrift- und Lebensauslegung treten, in der alle Beteiligten einbringen können, was sie an Lebens- und Glaubenserfahrung, aber auch an Fragen an Gott haben. Es ist Ausdruck einer Selbstüberhebung des Theologenstandes gewesen zu glauben, die Pfarrerinnen und Pfarrer könnten durch eine intensive Predigtvorbereitung wirklich ersetzen, was die in der Gemeinde lebenden Menschen an Erfahrungen mit Gott und Menschen gemacht haben.

– Die sozialdiakonische Arbeit darf nicht ganz aus den Gemeinden auswandern, sondern muß in vielem wieder zurückkehren. Gerade dadurch, daß ihr Kinder, seelisch und körperlich Leidende, vor allem Einsame, wichtig sind, muß Kirche ihr ›Profil‹ schärfen. Die Glaubensverkündigung muß mit diesen Diensten übereinstimmen, darf sich nicht davon verselbständigen.

– Vor Ort, das heißt: für überschaubare soziale Kontexte und mit denen, die dort wohnen, muß so etwas diskutiert werden, was man früher ›Lebensordnung‹ genannt hat. Dabei darf es nicht primär um die Frage gehen, wem welche Segens-Handlungen gewährt werden dürfen, sondern um diese: Wie hilft uns unser Glaube, das Leben mit anderen in dieser Zeit menschlich zu leben? Die Lebensdienlichkeit des Glaubens ist das Thema, das wirklich ›dran‹ ist.

– Dabei müssen freilich auch Grenzen gezogen werden, Grenzen, wie sie die Zehn Gebote und die Seligpreisungen Jesu inhaltlich beschreiben. Wo einst Segen und Fluch einander ergänzt haben wie Verheißung von Heil und Warnung vor Unheil, müssen heute lebensdienliche und lebensgefährdende Wege öffentlich unterschieden werden. Gerade die mit der rasanten Entwicklung der Medizin- und Biotechnik verbundenen Möglichkeiten müssen dabei ethisch geprüft werden. Doch auch dieses Feld ist als Feld der gemeinsamen »Lebensauslegung« in den Gemeinden erst noch zu entdecken. Es wird noch viel zu sehr als Sache der Fachleute angesehen.

– Neue Formen der Spiritualität und des Gottesdienstes müssen der Religiosität außerhalb der Agenden Raum geben. Die Angst vor Bewegung im Gottesdienst (Tanz, Spiel, Prozession) müssen wir überwinden lernen. Auch in dieser, die Leiblichkeit unserer Existenz ansprechenden Dimension hat Gemeinde mit Gemeinschaft zu tun.

16.4 Eklektizismus und Synkretismus?

Es ist wahr, daß sich die Kulturen verwischen und damit auch die religiösen Prägungen der Menschen. Manche Spur davon haben wir für die Gegenwart beschreiben können. Aber es ist falsch, so haben wir gesehen, den Vorwurf zu erheben, jeder und jede bilde sich heute seine eigene *patchwork religion*, gewissermaßen nach eigenem Wohlgefallen und unter Mißachtung des römisch-katholischen oder reformatorischen Credo. Angebrachter wäre es wohl, wenn die Theologie mit mehr Leidenschaft als bisher herausarbeiten würde, daß *Inkulturation* keine Erfindung der Gegenwart, sondern schon immer und notwendigerweise ein Art Lebensvollzug glaubender Existenz ist. Das kann an den Inkulturationsstufen studiert werden, die das Christentum diachronisch und synchronisch innerhalb der Kirchengeschichte durchlaufen hat und denen sich die unterschiedlichen Kirchentümer und Gestalten von Spiritualität verdanken. Auch dadurch würde Theologie notwendigerweise wieder tiefer in elementare Lebenszusammenhänge hinein verwickelt werden und denen besser beistehen können, die sich in den Gemeinden mühen, den sich vollziehenden Gestaltwandel des Glaubens zu begleiten.

›Eklektizismus‹ und ›Synkretismus‹ werden als Begriffe oft kritisch, ja, verächtlich gemeint verwendet. Wer diese Begriffe benutzt, gibt – zumeist unreflektiert – vor, von einem in sich geschlossenen, selbstgenügsamen Ganzen aus denken zu können. Dagegen ist zu sagen, daß Auswählen und Zusammenfügen von Glaubens- und Kultelementen immer zur Aufgabe von Theologie und Priesteramt gehört hat. Die Redaktionsgeschichte aller religiösen Überlieferungen belegt das. Insofern könnte man ein großes Schlagwort der eigenen konfessionellen Vergangenheit etwas zuspitzen und sagen, daß die sich abzeichnenden Veränderungen im Glauben des Kirchenvolks Vollzug des »allgemeinen Priestertums aller Gläubigen« sind – freilich ungebeten und unbequem. Doch es unterliegt ja notwendiger theologischer Kritik, was sich innerhalb und außerhalb der Kirchen vollzieht. Und es wäre ihre Aufgabe, Kriterien zu entwickeln, die die Grenzen zwischen dem notwendigen

Mitgehen mit dem Gestaltwandel von Gott und Glauben und einer gefährlichen Beliebigkeit markieren. Doch solche Theologie, die mit einbezöge, was die Menschen wirklich glauben, steht noch weitgehend aus. Sie müßte sich unter anderem selbst zum Ausgangspunkt machen, wovon immer mehr Gläubige ausgehen: daß Gott *einer* ist, und daß es Aufgabe der Theologie ist, dem durch eine Theologie der Religionen Rechnung zu tragen. Doch auch diese Theologie, die das Nebeneinander der Religionen anders als zähneknirschend zur Kenntnis nehmen wollte, steht noch aus[10]. In beiden Fällen werden Kirche und Theologie genötigt, sich mit Wirkungen ihrer eigenen Botschaft konstruktiv auseinanderzusetzen. Davon handelt indirekt auch der letzte Abschnitt.

16.5 De-Institutionalisierung und Virtualisierung

Besonders die Antworten auf dogmatisch zentrale Fragen haben gezeigt: *Die Kirchen haben – bis in die Reihen der eigenen Pfarrerschaft hinein – an Glauben normierender Kraft verloren.* Der dabei erkennbare Autoritätsverlust hat zuerst damit zu tun, daß die Kirchen über Jahrhunderte hinweg mit sich selbst, das heißt: mit den Amts-, Lehr- und Kultfragen beschäftigt gewesen sind. Sie haben dabei den Zusammenhang aus dem Auge verloren, der zwischen Glaube und Leben besteht, indem sie Heil auch ohne Lebensbezug und Lebenshilfe meinten aussagen zu können. Indiz dafür ist, daß Heil und Heilung auseinandergetreten sind. Durch die Kanonisierung der Schrift waren sie zudem, was alle vier Lebensbeziehungen der Menschen anging, auf diesen Rahmen als Paradigmensammlung angewiesen. Lediglich die Heiligengeschichten kamen als zeitgenössische Ergänzungen hinzu. Aber diese litten dafür um so mehr unter den Auswahlkriterien von Heiligkeit, die sich inzwischen herausgebildet hatten und zu denen zum Beispiel Leib- und Lustfeindlichkeit gehören. Die elementare und tatsächliche Gestalt von Leben in den Beziehungen zu Menschen, Erde, Werten und Gott sowie das Grundinteresse von Religion, Leben zu bewahren und zu heilen, waren den Kirchen zumeist weniger wichtig als das Nachdenken über Gott, Trini-

---

[10] Zum Theologieverständnis einer ›Theologie der Religionen‹ hat *F. Wagner* einige Bemerkungen gemacht: Was ist Religion?, aaO 546-554. Sie bringen aber keine wirkliche Öffnung. Dasselbe gilt aus anderem Grund für das Buch von *H. Bürkle*, Der Mensch auf der Suche nach Gott – die Frage der Religionen, Paderborn 1996. Bürkle polemisiert pauschal gegen die »pluralistischen Religionstheologien«.

tät, Abendmahlstheologie, Priesteramt, Ehefragen usw. Sie haben dadurch nicht nur allgemein an Attraktivität, sondern an Entscheidenderem Einbuße erlitten: an Kompetenz, in Existenzfragen der Menschen mitreden und deren Interessen kritisch aufnehmen zu können. Deswegen sind den Kirchen im vergangenen Jahrhundert die Arbeiter davongelaufen, derzeit tun es andere Gruppen. Die Wirkung dieser Kompetenzeinbußen zeigen sich auf Schritt und Tritt auch in den Umfrageergebnissen und betreffen keinesfalls nur Katechismusthemen[11]. So suchen viele Menschen, die noch Zugang zu ihren eigenen religiösen Bedürfnissen haben, ohne kompetente Führung ihren Glaubensweg, ein ihnen zugewandtes Gesicht »Gottes«.

Religionssoziologisch kann man darin mit *Hans-Georg Soeffner* eine Weiterentwicklung der reformatorischen Zumutung an die Einzelnen sehen, ›reichsunmittelbar‹ mit Gott bzw. transzendenten Mächten zu verkehren, ohne »ein bisher gültiges kollektives Orientierungssystem«[12].

Allerdings kommt nun als Problem hinzu, daß der Kompetenzverlust der Kirchen, wie wir gesehen haben, in den Augen vieler auch einen Kompetenzverlust *Gottes* mit sich gebracht hat. Dadurch wird die den einzelnen Gläubigen von Luther zugemutete Aufgabe, »sich selbst beobachten und Rat bei ›seinem‹ Gott suchen« zu müssen[13], in vielen Bereichen unmöglich – trotz der Beliebtheit, die das Gebet immer noch hat. Denn in der gegenwärtigen Stufe der Freiheitsgeschichte westlicher Demokratien ist es ja so, daß die »kleinste Einheit der Sozialität – das Individuum – ... durch das Unmittelbarkeitspostulat tendenziell zur einzigen und damit höchsten Instanz«[14] geworden ist: jeder Bürger und jede Bürgerin ist Souverän. Erste Ratgeber für Lebensführung und in Krisen sind weder geistliche noch sonstwie professionelle Berater, sondern Lebenspart-

---

[11] Hoffnungsvolle Ausnahmen bilden manche »Denkschriften« der EKD und vor allem die Stellungnahme der beiden großen Kirchen zur sozialen und wirtschaftlichen Lage in Deutschland »Für eine Zukunft in Solidarität und Gerechtigkeit« (Gemeinsame Texte 9), Hannover und Bonn 1997.
[12] *H.-G.Soeffner*, Die Ordnung der Rituale. Die Auslegung des Alltags 2 (stw 993), Frankfurt/Mein 1992, 45.
[13] *H.-G.Soeffner*, ebd.
[14] *H.-G.Soeffner, aaO 37*. Auswirkungen dieser Entwicklung in einem spezifischen religiösen und theologischen Bereich habe ich untersucht in: *K.-P.Jörns*, Religiöse Unverzichtbarkeit des Opfergedankens? Zugleich eine kritische Relecture der kirchlichen Deutung des Todes Jesu, in: *B.Janowski / M.Welker* (Hg.), Opfer – Theologische und kulturelle Kontexte, Frankfurt/M. 1997.

ner und Freunde. Das gilt, wie unsere Umfrage zeigt, für alle Glaubenstypen. Die Nicht-Gottgläubigen ziehen daraus allerdings viel weiter reichende Konsequenzen und beschränken den Umgang mit »Gott« auf wenige Bereiche oder stellen jede Kommunikation ein.

Angesichts dieser nicht umkehrbaren Entwicklung wären die Kirchen schlecht beraten, wollten sie, um den doppelten Kompetenzverlust auszugleichen, die dogmatischen Zügel wieder fester anziehen. Sie müßten es gegen die Position großer Teile der jetzigen wie der kommenden Generation von Pfarrern und Pfarrerinnen tun – ein hoffnungsloses Unterfangen. Näher liegt, daß sie den Status quo ernstnehmen und einem Grundsatz des Reformators Luther huldigen, den dieser im Vorfeld seiner Bibelübersetzung befolgt hat, um die richtige Sprache zu finden: »Dem Volk aufs Maul schauen«. »*Doing Theology with People*« ist die englische Übersetzung jenes Grundsatzes, wenn wir ihn auf die Aufgabe der Theologie beziehen. Und dann lautet das Programm nicht abermals *Reformation*, auch nicht hin zu den jüdischen oder griechischen Wurzeln des christlichen Glaubens[15], sondern *heute verantwortete Revision unserer theologischen Tradition*. Ich weiß natürlich, daß ich mich mit dieser Forderung der Verdächtigung aussetzen werde, nun religiöse Volkesmeinung zur Glaubensnorm erheben zu wollen. Doch, bei Licht besehen, geht es um nichts anderes als darum, daß wir versuchen müssen, unseren Glauben in der Zeit und kulturellen Entwicklungsphase, in der wir leben, *elementar* aussagen zu lernen – so also, wie es unsere Vorväter und -mütter in biblischen und anderen Zeiten auch zu tun versucht haben[16]. Und dann heißt die Forderung nach ›Revision unserer theologischen Tradition‹, daß wir die historisch-kritische Erforschung der biblischen Überlieferung durch eine theologische Kritik ergänzen müssen.

---

[15] Das sage ich, obwohl die griechischen Wurzeln des christlichen Glaubens in der Theologie bislang viel zu wenig Interesse gefunden haben – was zum Glück für die jüdischen Wurzeln nicht mehr gilt.

[16] Einen wesentlichen Beitrag dazu hat *Walter Neidhart* mit seiner Art geliefert, biblische Geschichten – zum Teil kräftig theologisch revidierend – neu zu erzählen: *W.Neidhart* u. *H.Eggenberger* (Hg.), Erzählbuch zur Bibel. Theorie und Beispiele, Zürich Einsiedeln Köln ³1979; *W.Neidhart*, Erzählbuch zur Bibel 2. Geschichten und Texte für unsere Zeit weiter-erzählt, Lahr Düsseldorf Zürich 1989; Ders., Erzählbuch zur Bibel 3. Geschichten und Texte für unsere Zeit neu erzählt. Mit didaktischen Hinweisen v. *R.Starck* u. *K.Hahn* u. einem Nachwort v. *G.Adam*, Lahr Zürich 1997. Als paradigmatisch für diese virtuelle, theologisch-kritische Begegnung mit biblischen Texten mag die schöne Neuerzählung von Jeremia 43,8 bis 44,30 gelten: Erzählbuch zur Bibel 3, 90ff.

Dazu paßt, so finde ich, sehr gut, daß die von uns Befragten mit großer Mehrheit erwarten, daß Glaubenserziehung[17] nicht in den Schulen, gemäß einem Lehrprogramm, geschehen soll, sondern Sache von Kirchen und Eltern ist. Denn vorausgesetzt, daß hier eigene Geschichte und Erfahrungen der einzelnen Kinder und Jugendlichen, oder aber auch von lernwilligen Erwachsenen, wirklich individuell wahrgenommen und geachtet werden, können sich in diesem Rahmen am ehesten Alltagskommunikation und religiöse Dimension miteinander verbinden. Nur über diese Brücke wird auch ein Weg zur ›kulturellen Erinnerung‹ geschaffen werden können, wie sie nun einmal auch zur Aufgabe von Kirchen gehört und im kultischen Ritual angeboten wird. Unsere Umfrage weist den Frauen dabei nach wie vor eine besondere Vermittlungsrolle zu. Ob auch die Familie ihre bislang bedeutende Rolle behalten wird oder an andere Formen von Lebensgemeinschaft wird übertragen können, muß sich erst noch zeigen. So oder so: Wenn dieser Weg gegangen werden soll, muß eine *Partizipation* der sogenannten Laien an der Gestaltung von Theologie, Liturgie und Kirchenordnung in Zukunft mindestens das Gewicht bekommen, das von den Kirchen auf die Ausbildung des theologischen Nachwuchses gelegt wird. Und wir müssen neue Wege finden, wie wir Spiritualität nicht nur mit Gottesdienst-Modellen verbinden, sondern auch mit einer Praxis pietatis, die einzelne in ihren Ein-Personen-Haushalten und Familien in ihren Wohnungen oder Häusern leben können.

An dieser Stelle ist es nun auch angebracht, von der *Virtualisierung Gottes* zu sprechen – von einem, wie es erst einmal scheint, ganz und gar ungewohnten Phänomen. Denn der Begriff Virtualisierung wird ja zu allermeist da verwendet, wo Menschen mit Hilfe von Computern ›Realitäten‹, zu denen es in der erfahrbaren Wirklichkeit kein Pendant gibt, zu erzeugen. In meinem Verständnis geht es dabei im Grunde um etwas, was *Kunst* tut. Denn Kunst verändert das gewohnte Gesicht der Welt, um es *so* sichtbar werden zu lassen, wie es sich den Künstlern zeigt. Entscheidend dabei ist, daß beide Seiten Subjekt und Objekt zugleich sind. Es ist deutlich, daß es sich bei Virtualisierung in einem der Kunst vergleichbaren Sinn deshalb im Grunde auch nicht um *beliebige* Konstruktion von Wirklichkeit handelt, sondern wiederum um das Hervorbringen einer eigenen *Wahrnehmungsgestalt* von Leben.

---

[17] Um unnötige Mißverständnisse zu vermeiden, betone ich, daß ich von religiöser *Erziehung* im Glauben spreche und nicht von religiöser *Bildung*, die meiner Auffassung nach sehr wohl in den Schulen vermittelt werden muß.

Dabei sind das Wahrgenommene wie auch die Wahrnehmenden vorgegebene und wirkliche Größen, aus deren Begegnung an einem bestimmten Punkt der Geschichte dann das Kunstwerk als neue Schöpfung entsteht. Rede ich nun von einer Virtualisierung *Gottes*, so übertrage ich den eben außerhalb von Religion beschriebenen Prozeß auf Gott und seine Gesichter. Und dann ist deutlich, daß beide Charakteristika von Virtualisierung auch hier gelten: Es gibt die vorgegebenen Größen des *Wahrgenommenen* (»Gott«) und der *wahrnehmenden* Menschen an ihrem eigenen kulturgeschichtlichen Ort, aber es gibt auch ein Neues: die neue Wahrnehmungsgestalt Gottes. Wichtig ist zu sehen, daß beide Seiten auch in diesem Prozeß der Wahrnehmung Subjekt und Objekt zugleich sind[18].

Es ist also wenig hilfreich, wenn man die von mir mit dem Begriff ›Virtualisierung Gottes‹ angesprochenen Phänomene mit dem Stichwort *patchwork religion* in Verbindung bringen wollte. Denn dieser Begriff signalisiert ja gerade Beliebigkeit und Willkür, gesteht nur denjenigen, die die Fleckerlteppiche zusammennähen, Subjektcharakter zu[19]. Das von mir Gemeinte finde ich in der Christentumsgeschichte eher im Zusammenhang mit der Verehrung von (lokalen) Heiligen, auch wenn diese nicht ganz bis in den Himmel reichen. Aber sie belegen, daß es ein

---

[18] Vgl. dazu die frühe und geistreiche Kritik des Vorsokratikers *Xenophanes* von Kolophon (geb. um 570 v.Chr.) an den Wechselwirkungen zwischen menschlicher Gestalt und der Wahrnehmungsgestalt ihrer Götter: »Doch wenn Ochsen und Löwen Hände hätten oder vielmehr malen könnten mit ihren Händen und Kunstwerke herstellen wie die Menschen, dann würden Pferde pferdeähnlich, Ochsen ochsenähnlich der Götter Gestalten malen und solche Körper bilden, wie jeder selbst gestaltet ist« (*Xenophanes*. Die Fragmente, hg., übers. u. erkl. v. *E.Heitsch*, München 1983, 43: Fragment 15); »Die Äthiopier ihre Götter plattnasig und schwarz, die Thraker blauäugig und rötlich« (aaO 45: Fragment 16). Nach der Ansicht vieler Altphilologen hat Xenophanes die beobachteten Anthropomorphismen als Argument gegen die Verehrung der (vielen) Götter ins Feld geführt. Es sieht so aus, als wenn Xenophanes nur die Menschen als Subjekte bei jener Bilderproduktion sieht und den Begegnungscharakter ausblendet. – Es ist im Zusammenhang der Kritik des Xenophanes interessant zu sehen, daß die Evangelien streng darauf verzichtet haben, irgendwelche spezifischen Gesichtszüge oder Körpermerkmale Jesu zu kanonisieren.

[19] Die dritte EKD-Studie spricht sehr häufig davon, daß der »Markt der Möglichkeiten« in der gegenwärtigen Situation vielfältige Angebote bereithalte, die von den Menschen »gesichtet, erwogen, ausgewählt und neu zusammengefügt werden« müssen (so aaO 21). Soviel Übereinstimmung mit meiner Interpretation der Lage dabei herauskommt, so scheint mir das, was in den Menschen vor sich geht, hier doch ein wenig zu sehr ins Licht der Beliebigkeit zu rücken.

Bedürfnis danach gegeben hat, das Heilige bzw. den Heiligen inmitten der eigenen soziokulturellen Wahrnehmungsgestalt von Leben mit Konturen verbinden zu können, die vertraut sind. In der Verehrung Marias ist die katholische Kirche dann durch die Proklamation einer Himmelfahrt Mariens noch einen Schritt weiter gegangen, bis in den Himmel hinein. Das, worum es mir dabei geht, kann ich auch so ausdrücken und sagen: Weder »Gott« noch »das Leben« sind konkret genug, um faßbar zu sein, sondern abstrakte Größen. Es bedarf vermittelnder Ebenen, auf denen sich beide begegnen können. In diesem Sinn ist auch die Vorstellung von einem Gott, der Person ist, verbunden mit einem Menschenbild, in dem die personale Dimension eine zentrale Rolle spielt[20]. Allgemein aber gilt, daß es da, wo sich Gesichter Gottes gebildet haben, zu einer Begegnung jener beiden Größen Gott und Mensch gekommen ist. Notwendigerweise spielt der soziokulturelle Ort in der Geschichte da kräftig hinein. Nur aufgrund dieser Begegnung ist dann aber jeweils auch etwas darüber aussagbar geworden, welchen Leben bewahrenden und rettenden Dienst Menschen von »Gott« erfahren oder erhofft haben – und noch erfahren oder erhoffen.

Virtualisierung Gottes finde ich deshalb vor allem in den vier Evangelien, die uns das Neue Testament als wahres Himmelsgeschenk *nebeneinander* bewahrt hat. Es sind sehr unterschiedliche Gesichter Gottes, die die Evangelien ›in, mit und unter‹ dem Weg Jesu jeweils sichtbar werden lassen. Aber längst vorher und immer wieder nachher können wir Virtualisierung Gottes finden. Sie geschieht überall da, wo Menschen Gottes Gesicht aus Elementen zusammenzusehen, wie sie vorhergegangene Generationen aus unterschiedlichen geschichtlichen Situationen überliefert haben, die ihnen im jeweiligen Jetzt einfallen. Die Propheten, die Israels erhofften Auszug aus dem babylonischen Exil mit Bildern vom Auszug der Vorväter aus Ägypten verbunden und Gott mit ihrer Hilfe als Befreier verkündet haben, haben Virtualisierung Gottes betrieben. Virtualisierung Gottes kann aber auch heißen, alte Bilder in neue, größere hinein zu komponieren – wie es in der Johannesoffenbarung überliefert ist. Virtualisierung Gottes kann heißen, Gott von überlieferten Gebeten, also von konkreten Bitten und lebensgeschichtlich begründetem Dank der Menschen her zu beschreiben – wie es Juden und Christen tun, wenn sie die Psalmen auslegen. Virtualisierung »Gottes« kann heißen, sich in Meditation und Vision

---

[20] Und das gilt letztlich für den ganzen Bereich, der von religiösen Einflüssen geprägt worden ist, die im Mittelmeerraum beheimatet sind.

auf etwas einzulassen, was gar nicht dogmatisch gefaßt werden *kann* – wie es viele Mystiker getan haben. Virtualisierung Gottes kann auch heißen, den Hilfeschrei eines Menschen als Gottes Wort an mich zu verstehen – wie es Jesus gelehrt hat (Matthäus 25). Virtualisierung Gottes konnte in der Kirche aber auch heißen, Christus nach Art des byzantinischen Hofzeremoniells als Pantokrator zu inszenieren – was heute noch viele Kirchen belegen. Und Virtualisierung Gottes konnte leider auch immer wieder mißbraucht werden und dann zum Beispiel heißen, Gott in Herrschaftsstrategien der Kirchen einzubinden und alle Andersgläubigen zu verfolgen.

Nachdem der christliche Gott in einer zweitausendjährigen Theologiegeschichte unendlich oft dogmatisch festgelegt worden ist, und nachdem die Kirchentümer Gott von den Lebensbeziehungen der Menschen zum Teil weit entfernt haben, ist es Zeit anzuerkennen, daß es Glauben gibt, der sich nicht in ein wissenstheologisches Konzept fassen läßt und dennoch Menschen trägt. Und »Gott« kann sich wohl auch in Gesichtern wahrnehmen lassen, die Menschen einfallen, wenn sie von Ängsten und Hoffnungen hin- und hergerissen werden und froh sind, wenn ihnen einer oder eine begegnet, die ihnen zuhören. Jede christliche Antwort auf die Frage, wo denn die Grenze für eine Virtualisierung Gottes im ›Kunstwerk‹ der Theologen und Kirchen, der Gläubigen jeder Art und auch der Religionslosen liegt, wird sich prinzipiell an der Vielfalt der Wahrnehmungsgestalten Gottes in den vier biblischen Evangelien orientieren können. Denn der Glaube, daß *Gott* in Jesus Christus *Mensch* geworden, gestorben und auferstanden ist, hat es auch riskiert, alle dogmatischen Grenzsicherungen aufzugeben. Was bleibt, ist darauf zu vertrauen, daß sich der lebendige, auferstandene Gott immer wieder zu erkennen geben wird – durch Menschen, die etwas von ihm wahrgenommen haben. Christliche Theologie als Wissenschaft wird dann danach fragen, ob die neuen Gesichter Gottes das Angesicht Jesu Christi, das Christen als glaubwürdige Wahrnehmungsgestalt der Liebe Gottes in unserer Geschichte kennen und bekennen, nicht verdecken. Sie kann aber nicht sagen, daß irgendeine dogmatische Wahrnehmungsgestalt dieses Jesus Christus über Glaube oder Unglaube entscheidet.

Anhang

Der Fragebogen mit Ergebnissen

Hinweise und Lesehilfe

Im folgenden finden Sie eine Tabelle mit allen Fragen des Interviewbogens und den Ergebnissen aus den fünf Erhebungsgebieten der Basisumfrage: Kreuzberg (*Krbg*) Berlin-Mitte (*Mitte*), Berlin-Wannsee (*Wan*), das katholische Hunsrückdorf Beltheim (*HuK*) und das das evangelische Hunsrückdorf Gödenroth (*HuE*), dazu das Antwortverhalten der befragten Pfarrerinnen und Pfarrer in Berlin-Brandenburg, getrennt nach West- (*PfW*) und Ost-Region (*PfO*) dieser Landeskirche.

Die Zahlen geben Prozentrelationen wieder. Die Prozentuierung erfolgte auf der Basis aller in einem Gebiet realisierten Interviews. So beziehen sich die Prozentzahlen in der Kolumne *Krbg* auf 549 Befragte, in der Spalte *Mitte* auf 230, unter *Wan* auf 166, unter *HuK* auf 82, unter *HuE* auf 106, bei *PfW* auf 127, bei *PfO* auf 146 realisierte Interviews.

Bei einigen Filterfragen (»Falls Sie ...«) ändert sich diese Basis, weil nicht mehr alle Befragte in gleicher Weise angesprochen waren. Dann ist unterhalb der Bezirks-Kürzel die jeweilige neue Basis als »N =« angegeben. Die Prozentzahlen beziehen sich dann auf diese kleinere Zahl von Befragten.

Bei allen Fragen, bei denen nur *eine* Antwort erlaubt war, ergeben die gerundeten Prozentzahlen in der Summe +/- 100%.

Bei den vielen Fragen des Interviews, auf die *mehrere* Antworten gegeben werden konnten, ergibt sich die Summe 100% *nicht*. Hier steht die jeweilige Prozentangabe für die Zahl der Befragten, die die jeweilige Aussage angekreuzt haben.

Die Antworten auf *offene* Fragen, bei denen die Befragten eigene Formulierungen eingetragen aben, sind unter sachlichen Gesichtspunkten zu homogenen Klassen zusammengefaßt.

„Was die Menschen wirklich glauben"
Religionssoziologische Umfrage
Der Fragebogen mit Grundauszählung für
Berlin-Kreuzberg / -Mitte / -Wannsee / Hunsrück-kath. / Hunsrück-ev. / Pfarrer-West / Pfarrer-Ost

Umfragebezirke (Kürzel)	Krbg	Mitte	Wan	HuK	HuE	PfW	PfO
Absolute Zahl der realisierten Interviews N =	549	230	166	82	106	127	146

Die folgenden Zahlen geben die Prozent-Anteile von Befragten wieder - bezogen auf das jeweilige obengenannte N. Bei Filterfragen („Falls Sie...") ist die kleinere Basis N, auf die sich die Prozentwerte dann beziehen, jeweils in einer ersten Zeile unterhalb der Bezirks-Kürzel angegeben.

F 1   Glauben Sie, daß es einen persönlichen Gott gibt?

		Krbg	Mitte	Wan	HuK	HuE	PfW	PfO
1	Ja	34	24	34	81	64	86	90
2	Vielleicht	15	16	13	7	24	9	4
3	Interessiert mich nicht	4	2	5	1	0	0	0
4	Nein	44	57	46	7	9	3	4
99	Keine Angabe	3	1	3	4	3	2	1

F 1a   Welche Namen verwenden Sie für diesen Gott? (mehrere Antworten möglich)

		Krbg	Mitte	Wan	HuK	HuE	PfW	PfO
1	Gott	35	24	30	80	81	92	84
2	Vater	9	5	9	34	38	68	81
3	Große Mutter	0	0	0	0	1	9	3
4	Jesus Christus	8	7	8	40	32	54	71
5	Allah	3	1	1	2	0	1	1
6	Guter Geist	4	3	2	4	4	21	18
7	Satan	0	0	0	0	0	0	0
8	Eigene Angabe	4	7	8	2	7	26	24
99	Keine Angabe	54	67	57	12	7	4	4

F 2   Glauben Sie, daß es überirdische Wesen oder Mächte gibt?

		Krbg	Mitte	Wan	HuK	HuE	PfW	PfO
1	Ja	39	23	37	55	43	55	56
2	Vielleicht	25	22	26	12	29	15	11
3	Interessiert mich nicht	2	1	6	1	1	3	4
4	Nein	26	51	27	24	17	13	22
99	Keine Angabe	8	3	4	7	10	14	7

F 2a   Welche Namen verwenden Sie? (mehrere Antworten möglich)

		Krbg	Mitte	Wan	HuK	HuE	PfW	PfO
1	Unterschiedliche Götter- und Göttinnen-Namen	2	0	2	4	6	3	1
2	Geister	6	4	7	6	4	14	12
3	Dämonen	4	2	7	4	3	19	12
4	Engel	12	5	9	27	17	50	45
5	Sterne	4	4	3	6	8	2	0
6	Schicksal	14	14	15	11	22	3	1
7	kosmischer Geist	6	3	6	0	3	5	1

Fragebogen mit Grundauszählung

		Krbg	Mitte	Wan	HuK	HuE	PfW	PfO
8	Energien	20	9	22	9	17	12	12
9	Übersinnliche Kräfte	19	10	15	10	17	12	17
10	Gegenwelten	2	2	2	1	2	2	0
11	Parallelwelten	4	4	4	4	3	1	0
12	Benennen kann ich diese(s) Wesen nicht mit Namen, sondern nur, indem ich Erfahrungen erzähle...	7	6	7	6	10	22	13
13	Eigene Angabe	5	3	5	6	6	6	5
99	Keine Angabe	44	62	45	40	35	30	38

F 3 Falls Sie nicht an "Gott" bzw. solche Wesen glauben: Halten Sie solchen Glauben für ...

		Krbg	Mitte	Wan	HuK	HuE	PfW	PfO
1	wissenschaftlich widerlegt	6	20	2	1	1	0	1
2	Erfindungen von Religionsstiftern bzw. Religionen	8	11	9	2	1	0	1
3	Ausdruck von psychischer Unfreiheit	6	7	10	2	0	2	2
4	einfach überholt	5	7	5	4	0	1	0
99	Keine Angabe	73	50	70	90	97	95	96

F 3a Können Sie trotzdem akzeptieren, daß andere Menschen aus ihrem Glauben Halt und Hilfe im Leben haben?

		Krbg	Mitte	Wan	HuK	HuE	PfW	PfO
1	Ja	42	59	43	42	42	10	8
2	Nein	4	3	2	1	1	0	0
99	Keine Angabe	54	38	55	57	58	90	92

F 4 Falls Sie an einen Gott bzw. an solche Wesen und Mächte glauben: Welche Eigenschaften und Vorstellungen verbinden Sie damit?

		Krbg	Mitte	Wan	HuK	HuE	PfW	PfO
1.1	eher streng	6	4	3	4	1	1	0
1.2	eher liebevoll	16	12	19	35	27	55	64
1.3	beides zugleich	20	19	18	20	27	34	27
1.4	weiß nicht	14	6	11	2	8	2	1
1.99	Keine Angabe	44	60	49	39	37	9	8
2.1	eher gütig-vergebend	29	25	25	50	47	81	76
2.2	eher rächend	2	1	2	2	0	0	1
2.3	beides zugleich	10	7	12	6	13	9	12
2.4	weiß nicht	14	7	11	5	6	2	0
2.99	Keine Angabe	45	60	49	37	34	8	11
3.1	eher zerstörerisch	2	1	4	0	0	0	0
3.2	eher schöpferisch	30	25	30	43	53	76	81
3.3	beides zugleich	14	9	11	4	9	13	6
3.4	weiß nicht	9	4	7	5	6	0	1
3.99	Keine Angabe	44	61	48	49	33	11	12
4.1	eher väterlich	9	6	9	24	18	9	16
4.2	eher mütterlich	3	0	5	1	1	8	5
4.3	beides zugleich	24	20	24	28	35	74	68
4.4	weiß nicht	18	11	15	5	9	1	0
4.99	Keine Angabe	46	62	48	42	38	8	12
5.1	eher allmächtig	28	16	22	48	49	35	36
5.2	eher ohnmächtig	2	4	4	2	4	11	9
5.3	beides zugleich	9	10	11	6	8	42	38
5.4	weiß nicht	15	8	16	2	10	3	3
5.99	Keine Angabe	46	62	48	42	29	9	14

Fragebogen mit Grundauszählung

	Krbg	Mitte	Wan	HuK	HuE	PfW	PfO
6.1 eher tröstend-nah	21	17	15	39	37	73	73
6.2 eher unbeteiligt-fern	8	4	12	5	7	0	1
6.3 beides zugleich	12	11	13	6	12	19	11
6.4 weiß nicht	12	6	10	2	7	1	2
6.99 Keine Angabe	47	63	50	48	38	7	13
7.1 eher einengend	3	2	1	2	5	1	0
7.2 eher befreiend	22	17	21	29	31	83	84
7.3 beides zugleich	13	12	13	9	11	6	5
7.4 weiß nicht	15	9	16	5	9	0	1
7.99 Keine Angabe	47	60	49	55	43	10	10
8.1 eher sexfeindlich	5	2	4	4	3	1	1
8.2 eher sexfreundlich	12	10	20	15	19	66	61
8.3 beides zugleich	8	10	8	9	9	8	4
8.4 weiß nicht	25	15	18	16	22	12	14
8.99 Keine Angabe	49	63	51	57	47	13	19
9.1 eher ängstigend	2	2	3	1	3	2	0
9.2 eher beruhigend	28	24	25	35	39	58	64
9.3 beides zugleich	13	8	15	12	10	28	14
9.4 weiß nicht	11	7	11	5	4	2	3
9.99 Keine Angabe	46	60	46	46	44	11	19
10.1 eher für die Armen da	5	7	7	11	11	44	49
10.2 eher für die Reichen da	3	0	2	2	0	0	1
10.3 beides zugleich	31	23	30	22	38	44	37
10.4 weiß nicht	14	9	13	10	9	1	1
10.99 Keine Angabe	47	60	49	55	43	11	13

F 5 Kreuzen Sie bitte an, ob Sie auch unter den folgenden Begriffen etwas finden, was Sie mit dem von Ihnen geglaubten Gott bzw. den Wesen und Mächten in Verbindung bringen: (mehrere Antworten möglich)

		Krbg	Mitte	Wan	HuK	HuE	PfW	PfO
1	"Was die Welt im Innersten zusammenhält"	26	19	20	27	31	54	37
2	Geborgenheit	20	20	23	39	47	75	88
3	Natur	32	29	40	33	46	35	30
4	Lebenserhaltung	17	17	13	26	29	60	57
5	Jüngstes Gericht	11	8	9	24	10	35	34
6	Wegweisung	20	19	22	23	22	76	71
7	Rettung aus Not und Gefahr	15	15	14	28	33	43	40
8	Sündenvergebung	14	11	8	45	28	67	66
9	Irdische Macht	5	4	5	4	1	4	3
10	Heil	8	7	15	16	10	66	62
11	Gebote / Moral	15	17	13	40	23	32	32
99	Keine Angabe	36	52	34	9	9	1	1

F 6 Falls es einen Gott bzw. Wesen der genannten Art gibt, was glauben Sie, *kann* er bzw. *können* sie hier auf der Erde tun? (mehrere Antworten möglich)

		Krbg	Mitte	Wan	HuK	HuE	PfW	PfO
1	Nichts	16	14	18	7	6	2	1
2	Alles	18	17	19	29	27	40	45
3	Direkt eingreifen	7	8	7	12	12	24	26

Fragebogen mit Grundauszählung

		Krbg	Mitte	Wan	HuK	HuE	PfW	PfO
4	Nur über Menschen eingreifen	10	10	12	12	17	39	34
5	Nur dort handeln, wo Menschen es zulassen	17	11	22	22	30	22	18
6	Dort handeln, wo wir Menschen mit unseren Möglichkeiten am Ende sind	14	10	14	34	32	33	33
7	Eigene Angabe	6	6	5	4	8	17	25
99	Keine Angabe	30	44	29	15	10	2	2

F 7 Was *soll* er bzw. *sollen* sie hier auf der Erde tun? (mehrere Antworten möglich)

		Krbg	Mitte	Wan	HuK	HuE	PfW	PfO
1	Für Gerechtigkeit sorgen	27	19	21	63	57	40	43
2	Menschen verändern	16	13	18	22	24	69	73
3	Die Welt verbessern	16	15	9	32	11	13	16
4	Mir gegen meine Feinde helfen	4	2	2	5	4	7	8
5	Dafür sorgen, daß die Welt bestehen bleibt	23	28	18	35	54	32	24
6	Soll(en) sich aus allem raushalten	4	2	2	0	0	0	1
7	Dem Leben Sinn geben	27	24	26	50	48	60	66
8	Eigene Angabe	8	7	10	2	4	13	12
99	Keine Angabe	36	45	36	5	7	8	6

F 8 Wo ist Gott bzw. sind diese Wesen? (mehrere Antworten möglich)

		Krbg	Mitte	Wan	HuK	HuE	PfW	PfO
1	Im Himmel	12	7	7	40	18	31	26
2	Auf der Erde	4	3	8	20	9	29	25
3	Im Menschen (Körper, Bewußtsein, Seele)	25	23	33	45	39	35	28
4	Zwischen den Menschen wirksam	10	10	13	16	21	56	53
5	In der Hölle	1	1	1	2	0	3	3
6	In einer anderen Welt	4	4	5	6	4	9	5
7	In der "Natur"	16	13	22	20	31	13	9
8	Im Kosmos	9	6	10	5	9	14	6
9	Überall	36	23	35	55	49	59	72
10	Eigene Angabe	4	5	3	5	4	7	8
99	Keine Angabe	28	49	28	5	3	2	2

F 9 Ich kann mit Gott bzw. diesen Wesen in Kontakt treten (mehrere Antworten möglich)

		Krbg	Mitte	Wan	HuK	HuE	PfW	PfO
1	im persönlichen Gespräch	18	10	17	46	23	54	58
2	in Stoßgebeten	5	5	8	27	12	45	46
3	im Gebet (Dank, Klage, Bitte, Lobpreis)	29	20	25	66	82	93	94
4	in der "Natur"	15	16	26	38	38	31	23
5	im Kult einer Gemeinschaft von Gläubigen	6	3	9	12	12	63	53
6	in der Meditation	14	10	20	18	11	54	47
7	durch Magie oder okkulte Praktiken	3	1	4	2	0	4	0
8	in Träumen oder Visionen	15	10	15	11	8	40	21
9	Eigene Angabe	5	2	7	4	5	12	8
10	Nein	17	29	13	7	7	1	1
99	Keine Angabe	27	35	28	1	3	1	2

Fragebogen mit Grundauszählung

F 9a Worauf beziehen sich Ihre Kontaktaufnahmen (Gebete usw.) am häufigsten?
Geben Sie das Häufigste, Zweithäufigste und Dritthäufigste an: (Antworten ohne Rangfolge zusammengefaßt)

		Krbg	Mitte	Wan	HuK	HuE	PfW	PfO
1	Menschen, die mir wichtig sind	36	27	37	73	66	80	86
2	Notleidende in aller Welt	12	8	18	22	29	37	44
3	Arbeit und Beruf	4	7	3	10	12	13	14
4	Meine Sünden und meine Rettung	10	7	8	15	11	10	13
5	Meine Ängste und Hoffnungen	28	21	30	33	47	64	51
6	Krankheit und ihre Überwindung	16	14	15	33	37	11	6
7	Frieden und Gerechtigkeit in der Welt	18	14	25	43	58	60	62
8	Wohlstand	1	2	1	2	1	1	1
99	Keine Angabe	50	64	46	13	9	4	3

Um die Formulierung der Fragen und Antworten zu vereinfachen, sprechen wir im folgenden überall da, wo ein persönlicher Gott oder überirdische Wesen und Mächte gemeint sind, von "Gott" (in Anführungsstrichen).

F 10 Nach herkömmlicher Redeweise hat "Gott" mit dem *Himmel* zu tun.
Welchen der folgenden Aussagen können Sie zustimmen? (mehrere Antworten möglich)

		Krbg	Mitte	Wan	HuK	HuE	PfW	PfO
1	Der Himmel ist der Wohnsitz "Gottes"	12	9	7	37	15	29	28
2	Im Himmel sind wir, wenn wir mit "Gott" im Reinen sind	11	7	7	27	23	28	32
3	In den Himmel können wir erst nach unserem Tod kommen	10	11	7	44	20	16	18
4	"Himmel" ist ein gleichnishafter Ausdruck für etwas Wunderbares *im Leben*	22	26	23	27	32	32	38
5	"Himmel" meint die Fülle des Lebens, so etwas wie Paradies	15	14	18	29	26	70	60
6	"Gott" hat nicht mit einem Himmel, sondern mit diesem Leben zu tun	18	17	30	20	36	30	34
7	(einen) Himmel "Gottes" gibt es nicht	24	30	21	9	11	4	5
99	Keine Angabe	26	27	29	6	9	4	6

F 11 Nach herkömmlicher Redeweise ist der "Teufel" bzw. "Satan" mit der *Hölle* verbunden.
Welchen der folgenden Aussagen können Sie zustimmen? (mehrere Antworten möglich)

		Krbg	Mitte	Wan	HuK	HuE	PfW	PfO
1	Die Hölle ist der Wohnsitz des Teufels / Satans	11	9	9	38	12	10	16
2	Hölle ist ein Bereich, in den wir nach dem Tod kommen können	7	7	6	31	9	13	12
3	"Hölle" ist ein gleichnishafter Ausdruck für Schreckliches	36	37	41	57	66	83	80
4	(eine) Hölle gibt es nicht	31	39	32	16	18	13	8
99	Keine Angabe	27	28	25	11	13	6	9

F 12 Wie ist Ihr Familienstand?

		Krbg	Mitte	Wan	HuK	HuE	PfW	PfO
1	Ledig	44	30	59	15	21	6	6
2	Verheiratet	29	53	25	70	72	82	86
3	Geschieden	8	6	6	1	2	11	6
4	In Lebensgemeinschaft	10	7	8	6	2	2	2
5	Verwitwet	10	5	2	9	3	1	1

Fragebogen mit Grundauszählung 239

F 13   Leben Sie allein oder mit jemandem zusammen?

		Krbg	Mitte	Wan	HuK	HuE	PfW	PfO
1	Allein	34	21	34	9	6	10	7
2	Allein mit Partnerin / Partner (ohne Kinder)	21	27	23	21	11	25	17
3	Mit Familie (Kinder, Verwandte)	31	46	28	66	81	63	76
4	In einer Wohngemeinschaft	14	6	16	4	3	2	0

F 14   Lebensalter und Geschlecht

		Krbg	Mitte	Wan	HuK	HuE	PfW	PfO
1	16-24 Jahre	19	14	19	6	9	0	0
2	25-34 Jahre	31	30	40	24	18	11	16
3	35-44 Jahre	20	20	16	20	26	32	25
4	45-54 Jahre	9	10	10	15	10	32	30
5	55-64 Jahre	6	16	7	9	14	21	26
6	über 64 Jahre	10	7	4	23	19	1	1
99	Keine Angabe	5	3	4	4	4	4	1

		Krbg	Mitte	Wan	HuK	HuE	PfW	PfO
1	Weiblich	53	48	49	62	66	29	21
2	Männlich	47	52	51	38	34	71	79

F 15   Falls Sie in einer festen Lebensgemeinschaft leben: Glauben Sie, daß Sie füreinander bestimmt sind?

		Krbg	Mitte	Wan	HuK	HuE	PfW	PfO
	N =	289	145	82	56	70	98	124
1	Ja	41	52	31	77	73	61	65
2	Nein	26	28	32	2	4	17	14
98	Weiß ich nicht	33	19	38	21	23	21	22

F 15a   Durch wen oder was sind sie füreinander bestimmt?

		Krbg	Mitte	Wan	HuK	HuE	PfW	PfO
	N =	82	51	15	26	26	45	68
1	Gott / Glaube / transzendente Macht	26	28	33	34	19	71	78
2	Schicksal	22	8	0	8	12	0	2
3	Gemeinsamkeiten	11	20	7	8	15	0	0
4	Liebe / Vertrauen	21	26	27	39	39	11	12
5	Durch uns selbst	12	6	7	8	4	11	7

F 16   Welchen der folgenden Aussagen zur Ehe können Sie zustimmen? (mehrere Antworten möglich)

		Krbg	Mitte	Wan	HuK	HuE	PfW	PfO
1	Die Ehe ist die Keimzelle der Familie und darum für die Gesellschaft wichtig	30	50	25	70	71	53	65
2	Eheliche und nicht-eheliche Lebensgemeinschaften müssen in allen Bereichen gleichgestellt werden	56	62	57	24	28	50	43
3	Auch gleichgeschlechtliche Partner sollten heiraten dürfen	44	41	54	10	11	49	37
4	Der Zwang zur Einehe sollte abgeschafft werden	8	7	11	4	0	6	10
5	Die Ehe ist von "Gott" gewollt	12	10	8	43	41	33	44
99	Keine Angabe	14	8	13	7	7	6	4

F 16a Sollten auch folgende Paare kirchlich getraut werden dürfen? (mehrere Antworten möglich)

		Krbg	Mitte	Wan	HuK	HuE	PfW	PfO
1	Paare, die unterschiedlichen christlichen Konfessionen angehören	42	40	49	90	95	97	98
2	Paare, von denen ein Teil einer nicht-christlichen Religion angehört	33	30	38	52	47	76	62
3	Paare, von denen ein Teil keiner Religion angehört	32	25	39	43	43	66	63
4	Paare, die nicht standesamtlich verheiratet sind	24	15	28	32	25	44	25
5	Gleichgeschlechtliche Paare	27	15	29	9	11	52	38
99	Keine Angabe	52	59	48	7	5	2	2

F 17 Haben Sie Haustiere?

		Krbg	Mitte	Wan	HuK	HuE	PfW	PfO
1	Ja	37	32	34	50	57	37	54
2	Nein	61	65	62	44	40	62	45
99	Keine Angabe	2	3	4	6	4	1	1

F 17a Können Sie der oft geäußerten Meinung zustimmen, daß Tiere besser sind als Menschen?

		Krbg	Mitte	Wan	HuK	HuE	PfW	PfO
1	Ja	23	18	22	28	28	2	4
2	Nein	52	52	59	38	35	82	77
98	Weiß ich nicht	18	21	13	17	26	11	11
99	Keine Angabe	7	9	6	17	11	5	8

F 18 Haben Sie Kontakt zu Verwandten?

		Krbg	Mitte	Wan	HuK	HuE	PfW	PfO
1	Gar keinen	6	1	5	1	2	2	1
2	Selten	38	26	41	20	15	23	21
3	Häufig	51	70	49	78	81	74	76
99	Keine Angabe	5	3	5	1	2	2	2

F 19 Haben Sie Freundinnen und Freunde, die Sie regelmäßig treffen?

		Krbg	Mitte	Wan	HuK	HuE	PfW	PfO
1	Ja	87	82	92	77	84	93	83
2	Nein	9	14	5	13	11	4	14
99	Keine Angabe	4	4	2	10	5	3	3

F 19a Sind Sie mit diesem Freundeskreis zufrieden?

		Krbg	Mitte	Wan	HuK	HuE	PfW	PfO
1	Ja	79	74	80	77	80	82	68
2	Nein	5	4	8	0	3	6	9
99	Keine Angabe	16	23	12	23	17	12	23

Fragebogen mit Grundauszählung 241

F 20 Angenommen, Verwandte oder Freunde haben persönliche Probleme: Was unternehmen Sie? (mehrere Antworten möglich)

		Krbg	Mitte	Wan	HuK	HuE	PfW	PfO
1	Ich warte ab, ob ich um Hilfe gebeten werde	29	29	31	28	32	43	40
2	Ich verweise auf Menschen oder Einrichtungen, die professionell helfen	19	14	24	13	10	41	33
3	Ich nehme mir Zeit für diesen Menschen und versuche zu helfen, so gut ich kann	69	79	80	71	76	87	88
4	Ich biete praktische Hilfe an (im Haushalt z.B.)	37	43	37	33	41	29	33
5	Ich fühle mich oft überfordert und halte mich deshalb zurück	9	6	5	4	3	8	10
6	Eigene Angabe	4	2	4	6	1	8	4

F 21 Gibt es in Ihrer Verwandtschaft oder Bekanntschaft Menschen, die gläubig sind?

		Krbg	Mitte	Wan	HuK	HuE	PfW	PfO
1	Ja	72	66	76	88	92	96	97
2	Nein	12	17	8	5	2	0	0
98	Weiß ich nicht	13	12	10	4	5	2	3
99	Keine Angabe	3	5	5	4	2	2	1

F 22 Gibt es jemanden oder etwas, wovon Sie sagen: "Das ist mein Ein und alles"? (Falls "ja": bitte eintragen)

		Krbg	Mitte	Wan	HuK	HuE	PfW	PfO
1	Ja (ohne konkrete Nennung)	2	1	3	6	2	2	1
2	Nein	40	36	42	4	23	50	45
	Ja, und zwar :							
3	Kinder / Enkel	13	13	12	22	13	7	3
4	PartnerIn / naher Mensch	8	9	10	9	9	10	8
5	Werte / Ideale / Hobbys / Gegenstände	4	5	4	2	0	2	1
6	Gott / Religion / Kirche	1	0	3	2	0	6	6
7	Sonstiges / ungültige Antwort	13	18	12	29	37	4	12
99	Keine Angabe	20	19	15	26	16	19	24

F 23 Falls Sie Kinder/Enkel haben bzw. hätten: Sollen bzw. sollten diese Kinder ...

		Krbg	Mitte	Wan	HuK	HuE	PfW	PfO
1	noch im Kindesalter einer Religionsgemeinschaft (z.B. durch Taufe, Beschneidung) eingegliedert werden?	16	6	11	57	51	50	54
2	in einem bestimmten Glauben unterrichtet werden, um später selbst entscheiden zu können, ob sie Mitglieder einer Religionsgemeinschaft werden wollen?	17	20	27	20	27	32	27
3	möglichst frei von jedem religiösen Einfluß bleiben, um sich frei entwickeln zu können?	42	52	32	1	2	1	1
88	Mehrere Angabe	3	3	5	9	10	15	16
99	Keine Angabe	22	20	26	13	9	2	2

F 23a Wer soll diesen Unterricht geben? (mehrere Antworten möglich)

		Krbg	Mitte	Wan	HuK	HuE	PfW	PfO
1	das Elternhaus	26	23	24	72	60	92	90
2	die Religionsgemeinschaft	20	17	18	45	61	91	89
3	die öffentliche Schule	21	13	27	61	47	48	27
99	Keine Angabe	63	70	57	11	17	6	6

F 24 Sind Sie Mitglied einer Religions- oder Glaubensgemeinschaft?

		Krbg	Mitte	Wan	HuK	HuE	PfW	PfO
1	Nein	40	66	35	5	5	0	0
2	Römisch-katholisch	12	6	20	81	10	0	0
3	Altkatholisch	0	0	1	1	0	0	0
4	Evangelisch-landeskirchlich	32	16	24	7	81	99	98
5	Evangelisch-freikirchlich	6	5	4	1	1	0	0
6	Jüdisch	1	0	0	0	0	0	0
7	Muslimisch	3	1	1	0	0	0	0
8	Buddhistisch	1	0	2	0	0	0	0
9	Hinduistisch	0	0	1	2	0	0	0
10	Freireligiös	1	0	0	0	0	0	0
11	Eigene Angabe	1	0	5	2	1	0	1
99	Keine Angabe	6	7	8	1	2	1	1

F 24a Falls Sie nicht Mitglied einer Religions- oder Glaubensgemeinschaft sind:
Haben Sie einer dieser Gemeinschaften einmal angehört?

			Krbg	Mitte	Wan	HuK	HuE	PfW	PfO
1	Nein		20	37	18	9	12	1	1
2	Ja, und zwar:	Evangelische Kirche	14	28	5	0	0	0	0
		Katholische Kirche	4	3	8	1	0	0	0
		Andere Religionsgemeinschaft	1	0	2	1	0	0	0
99	Keine Angabe		59	31	57	87	88	99	98

F 24b Fühlen Sie sich einer dieser Gemeinschaften nahe?

			Krbg	Mitte	Wan	HuK	HuE	PfW	PfO
1	Nein		46	56	48	15	15	1	1
2	Ja, und zwar:	Evangelische Kirche	3	4	1	0	4	1	1
		Katholische Kirche	0	1	0	2	0	0	0
		Andere Religionsgemeinschaft	3	3	3	0	1	0	0
99	Keine Angabe		47	33	42	78	79	98	96

F 25 Hören oder sehen Sie religiöse Sendungen in Radio und TV?

		Krbg	Mitte	Wan	HuK	HuE	PfW	PfO
1	Nein	53	40	54	20	22	11	3
2	Nur zufällig	33	47	35	40	44	68	72
3	Häufig	6	4	2	26	22	13	16
4	Regelmäßig	3	3	1	2	2	4	4
99	Keine Angabe	6	7	8	12	10	5	5

F 25a Falls Sie "häufig" oder "regelmäßig" religiöse Sendungen in Radio oder TV hören bzw. sehen:
Welche Sendungen sehen oder hören Sie dann? (mehrere Antworten möglich)

		Krbg	Mitte	Wan	HuK	HuE	PfW	PfO
	N =	33	10	5	18	23	20	27
1	Wort zum Sonntag	49	30	0	6	9	25	37
2	Gottesdienstübertragungen	42	40	60	78	61	35	41
3	Morgenandachten	24	10	20	28	35	40	48
4	Sendungen mit religiöser Thematik	15	50	20	33	26	50	48

Fragebogen mit Grundauszählung 243

F 26 Welche von den folgenden Punkten sind für Sie am wichtigsten im Leben?
Nennen Sie maximal drei (die Reihenfolge ist ohne Bewertung):

		Krbg	Mitte	Wan	HuK	HuE	PfW	PfO
1	Partnerin/Partner zu haben	60	58	67	45	58	67	63
2	Eltern zu haben	30	31	34	38	33	7	10
3	Freunde zu haben	60	53	65	34	46	56	40
4	Kinder zu haben	26	36	24	26	40	29	32
5	Familie zu haben	30	44	29	50	62	32	44
6	Eine "Gottes"beziehung zu haben	17	10	17	37	34	73	73
88	Ich kann mich nicht entscheiden	7	12	4	5	4	3	8
99	Keine Angabe	9	3	10	12	2	5	2

F 27 Wenn jemand wissen möchte, wer Sie sind, was muß er/sie dann unbedingt von Ihnen wissen?
Lesen Sie die Liste der Antworten durch und wählen Sie bis zu fünf aus.
Tragen Sie die Ziffern in die Kästchen ein (die Reihenfolge stellt keine Wertung dar):

		Krbg	Mitte	Wan	HuK	HuE	PfW	PfO
1	Mit wem ich zusammenlebe	29	42	33	46	50	51	58
2	Wo und wie ich wohne	24	33	25	40	44	17	25
3	Welches Auto ich fahre	0	2	2	2	1	0	1
4	Welchen Glauben ich habe	14	12	15	23	21	63	69
5	Wer meine Freunde sind	35	34	36	22	25	21	19
6	Meine Bildung	13	29	17	10	12	13	8
7	Meine Hoffnungen und Ängste	36	33	44	18	26	58	49
8	Meine politische Einstellung	28	37	32	7	15	24	30
9	Meine sexuelle Ausrichtung	9	4	14	2	0	2	3
10	Meine Nationalität	6	5	7	4	7	2	4
11	Meine Hobbys	21	30	24	21	26	21	13
12	Meine Zugehörigkeit zu Vereinen	1	2	2	1	5	2	0
13	Meinen Namen	31	34	30	50	49	47	51
14	Meine Vorbilder	9	4	3	4	8	10	6
15	Meinen Beruf und meine Stellung	18	34	22	28	27	48	51
16	Meine Lieblingsmusik	11	12	10	4	10	8	7
17	Mein Alter	10	25	11	32	18	6	6
18	Meine Herkunft	14	16	16	21	21	13	12
19	Mein gesellschaftliches Engagement	14	18	21	10	8	31	30
20	Eigene Angabe	6	2	4	1	2	5	3

F 28 Mein Leben würde ich geben... (mehrere Antworten möglich)

		Krbg	Mitte	Wan	HuK	HuE	PfW	PfO
1	für die Verteidigung oder Rettung von Leib und Leben eines mir sehr nahestehenden Menschen	40	56	43	49	57	57	59
2	für die Verteidigung meines Heimatlandes	3	4	2	4	7	5	1
3	für die Verteidigung der Freiheit	10	10	18	13	9	6	7
4	dafür, meinen Glauben nicht verraten zu müssen	9	5	7	11	5	32	28
5	dafür, Menschen nicht verraten und dadurch dem Tod ausliefern zu müssen	23	28	29	22	25	54	48
6	für die Verwirklichung meiner Ideale	6	4	7	1	3	1	2
7	für nichts auf der Welt	17	11	16	7	8	6	5
8	Eigene Angabe	7	10	8	4	7	15	10
99	Keine Angabe	26	21	21	34	25	17	19

F 29 Wenn Sie sich in einer persönlichen Krise Rat und Hilfe holen wollen:
An wen wenden Sie sich zuerst, an wen an zweiter Stelle, an wen an dritter Stelle?
(hier Nennungen überhaupt, ohne Rangfolge)

		Krbg	Mitte	Wan	HuK	HuE	PfW	PfO
1	Partner / Partnerin	57	73	68	70	82	84	77
2	Mutter / Vater	34	37	33	31	39	7	10
3	Geschwister	19	20	27	22	24	9	13
4	Großeltern	2	0	2	2	0	0	0
5	Kinder	7	20	10	22	21	7	12
6	andere Verwandte	3	5	2	5	10	3	1
7	Freund / Freundin	62	56	69	29	38	73	54
8	Beratungsstelle	6	5	4	6	6	11	10
9	Psychotherapeut / -in	6	2	8	0	1	12	12
10	Pfarrer / Pfarrerin	6	3	4	12	7	12	10
11	Arzt / Ärztin	9	10	6	11	9	8	2
12	Kollege / Kollegin	4	5	9	4	3	13	10
13	"Gott"	16	10	16	33	33	47	63
99	Keine Angabe	14	9	8	10	4	2	6

F 30 Mal insgesamt betrachtet: Sind Sie mit Ihrem Leben zufrieden?

		Krbg	Mitte	Wan	HuK	HuE	PfW	PfO
1	Ja	68	72	73	82	82	84	84
2	Nein	12	12	14	5	5	6	7
98	Weiß ich nicht	12	12	8	6	7	6	6
99	Keine Angabe	9	4	5	7	7	3	4

F 31 Welcher "Typ" möchten Sie sein? (mehrere Antworten möglich)

		Krbg	Mitte	Wan	HuK	HuE	PfW	PfO
1	Cool	8	8	5	7	3	6	3
2	Hart	5	3	5	2	1	1	1
3	Zärtlich	33	29	36	28	29	53	40
4	Jugendlich-dynamisch	13	13	13	20	8	10	12
5	Erfolgreich	26	43	27	28	17	26	21
6	Umweltbewußt	38	39	38	37	45	46	47
7	Sportlich	25	28	24	16	22	24	15
8	Häuslich	12	15	19	37	35	13	11
9	Hilfsbereit	47	57	49	60	69	61	57
10	Verläßlich, treu	42	52	46	60	61	76	74
11	Kameradschaftlich	32	48	30	51	43	28	30
12	Konservativ	3	5	4	2	0	7	4
13	Fortschrittlich	19	29	22	17	11	18	14
14	Verantwortungsbewußt	49	55	55	57	59	80	78
15	Eigene Angabe	12	5	10	4	0	10	5

F 32 Was denken Sie zur Scheidung? („stimme zu")

		Krbg	Mitte	Wan	HuK	HuE	PfW	PfO
1	Jeder darf sich scheiden lassen	75	84	83	46	73	74	63
2	"Was Gott zusammengefügt hat, soll der Mensch nicht scheiden"	14	7	7	31	24	37	45
3	Scheidungen müssen schon wegen der Kinder möglichst erschwert werden	21	21	16	22	35	20	47

Fragebogen mit Grundauszählung 245

		Krbg	Mitte	Wan	HuK	HuE	PfW	PfO
4	Die hohen Scheidungsquoten kommen zustande, weil die Menschen eine gute Ehe mit persönlichem Liebesglück gleichsetzen	45	38	37	26	39	42	43
5	Religionsgemeinschaften, die kultische Handlungen bei der Hochzeit vornehmen, sollten auch Handlungen für die Scheidung anbieten	29	31	36	16	17	40	29

F 33 Welcher Auffassung zur Sexualität können Sie zustimmen? (mehrere Antworten möglich)

		Krbg	Mitte	Wan	HuK	HuE	PfW	PfO
1	Sexualität dient allein der Fortpflanzung	6	4	7	5	10	2	4
2	Sexualität hat vor allem mit Lust zu tun	58	63	66	31	27	65	56
3	Sexualität sollte immer in eine feste Partnerschaft einbezogen sein und nicht mit wechselnden PartnerInnen ausgelebt werden	38	50	40	67	71	55	67
4	Die alten Vorstellungen von der Kleinfamilie sind sexfeindlich und laden zur doppelten Moral ein	17	10	19	5	4	13	12
5	Prostitution ist notwendig, solange die öffentliche Moral so verklemmt und verlogen ist wie jetzt	15	15	18	12	9	8	6
6	Das ganze Gerede von der sexuellen Freiheit ist eine Täuschung, da der ganze Bereich längst kommerzialisiert ist	13	19	13	6	9	24	25

F 33a Falls Sie Mitglied einer Religionsgemeinschaft sind:
Hat Ihre Religionsgemeinschaft ein angemessenes Verhältnis zur menschlichen Sexualität?

		Krbg	Mitte	Wan	HuK	HuE	PfW	PfO
	N =	245	59	85	56	84	121	135
1	Ja	25	27	22	11	43	47	53
2	Nein	38	34	49	55	16	39	36
98	Weiß ich nicht	37	39	28	34	42	14	12

F 34 In der Medizin sind heute manche Krankheiten dadurch heilbar, daß "Hirntoten" Organe (Herz, Nieren, Leber etc.) entnommen und den Kranken eingepflanzt werden. Wären Sie bereit, schriftlich zu erklären, daß Ihrem Körper eines Tages Organe für den genannten Zweck entnommen werden dürfen?

		Krbg	Mitte	Wan	HuK	HuE	PfW	PfO
1	Ja	53	58	51	46	51	57	71
2	Nein	21	11	24	12	7	20	10
98	Weiß ich nicht	21	25	18	27	31	21	17
99	Keine Angabe	5	6	7	15	11	3	2

F 34a Falls Sie an eine Auferstehung von den Toten bzw. ein Leben nach dem Tode glauben:
Hat Ihre Antwort mit Ihrem Glauben zu tun?

		Krbg	Mitte	Wan	HuK	HuE	PfW	PfO
	N =	353	89	100	74	85	118	136
1	Ja	35	29	30	55	54	57	66
2	Nein	54	57	57	34	32	36	29
98	Weiß ich nicht	11	14	13	11	14	8	4

Fragebogen mit Grundauszählung

F 35 Welche Art von Fernsehsendungen, Videos oder Kino-Filmen bevorzugen Sie?
(Angaben der Befragten klassifiziert)

		Krbg	Mitte	Wan	HuK	HuE	PfW	PfO
1	Nachrichten / Aktuelles	39	43	46	29	40	64	64
2	Bildung (Kultur, Natur usw.)	29	38	28	37	37	28	43
3	Sport	11	13	5	10	12	10	10
4	Unterhaltung, Humor, Show	25	34	18	23	23	23	10
5	Spielfilme	32	31	33	31	32	42	25

F 36 Mich bedrückt zur Zeit am meisten ... (mehrere Antworten möglich)

		Krbg	Mitte	Wan	HuK	HuE	PfW	PfO
1	Unrecht und Unfrieden in der Welt	50	65	48	70	63	80	89
2	meine finanzielle Lage	21	20	21	12	8	8	6
3	die schwierige Lage in meiner Partnerbeziehung/Freundschaft	10	8	16	11	6	13	10
4	das schwierige Verhältnis zu meinen Eltern/zu meinem Kind	7	4	7	9	9	5	6
5	die Zerstörung unserer Umwelt	55	67	57	56	59	61	70
6	was ich im Leben falsch gemacht habe	11	10	10	12	12	10	14
7	meine berufliche Lage bzw. Arbeitslosigkeit	10	15	10	6	3	12	8
8	meine Gesundheit	17	8	12	16	15	6	9
9	Eigene Angabe	8	7	10	1	7	11	12
99	Keine Angabe	11	9	12	7	10	7	1

F 37 Angst habe ich am meisten vor: (Angaben der Befragten klassifiziert)

		Krbg	Mitte	Wan	HuK	HuE	PfW	PfO
1	Krieg, Katastrophen	9	16	9	15	16	13	11
2	Umweltzerstörung	6	4	5	7	4	6	7
3	Gewalt, Kriminalität, Rassismus	4	2	5	1	0	6	8
4	Lebenskrisen	8	8	8	1	4	4	7
5	Krankheit, Alter	13	16	10	17	23	14	12
6	Sterben, Tod	6	5	8	6	5	7	4
99	Keine Angabe	41	38	37	44	43	31	26

F 38 Glück ist für mich: (bis zu drei Angaben - klassifiziert)

		Krbg	Mitte	Wan	HuK	HuE	PfW	PfO
1	Personale Beziehungen	49	50	63	49	45	71	74
2	Eigenes Wohlbefinden	25	22	26	28	26	36	30
3	Gesundheit	21	27	19	39	42	9	8
4	Materielle Situation	13	36	15	18	9	24	29
5	Frieden, Freiheit	7	13	14	4	12	8	11
6	Gottesbeziehung	2	0	2	6	3	9	8

F 39 Was denken Sie zur Stellung der Frau in unserer Gesellschaft?

		Krbg	Mitte	Wan	HuK	HuE	PfW	PfO
1	So, wie sie jetzt ist, ist sie gut	11	8	7	7	7	6	5
2	Den Frauen werden noch viele Rechte vorenthalten; sie müssen darum kämpfen, sie zu bekommen	55	58	55	34	43	59	56
3	Jede Frau ist selbst dafür verantwortlich, welche Stellung sie in der Gesellschaft erlangt	18	19	22	34	31	13	23
88	Mehrere Angaben	6	6	8	13	8	13	5
99	Keine Angabe	9	9	8	11	11	9	12

Fragebogen mit Grundauszählung

F 39a Falls Sie meinen, daß den Frauen noch viele Rechte vorenthalten werden:
Wo oder wodurch, denken Sie, werden die Frauen gegenwärtig noch am meisten benachteiligt?

		Krbg N = 382	Mitte 163	Wan 119	HuK 52	HuE 63	PfW 88	PfO 101
1	In der Wirtschaft	12	17	12	15	27	9	13
2	In der Politik	6	12	8	6	13	5	3
3	In der Sicht der Religionsgemeinschaften	7	3	7	15	5	6	6
4	Im Familienleben	8	5	11	17	5	7	5
5	Eigene Angabe	11	9	8	4	11	8	9
88	Mehrere Angabe	57	55	55	42	39	66	64

F 40 Was denken Sie: Ist den (meisten) Menschen im Grunde zu trauen oder nicht?

		Krbg	Mitte	Wan	HuK	HuE	PfW	PfO
1	Ja, den (meisten) Menschen ist zu trauen	44	48	40	46	53	64	68
2	Nein, den (meisten) Menschen ist nicht zu trauen	24	25	29	29	26	10	14
98	Weiß ich nicht	20	22	22	15	12	21	12
99	Keine Angabe	12	5	10	10	9	5	6

F 41 Was und wo ist "Heimat" für Sie? (mehrere Antworten möglich)

		Krbg	Mitte	Wan	HuK	HuE	PfW	PfO
1	Der Ort meiner Geburt und Kindheit	40	37	29	51	50	35	38
2	Eine bestimmte Landschaft oder Gegend	12	24	17	17	14	24	40
3	Die Nähe vertrauter Menschen	36	59	46	51	53	65	71
4	Wo meine Sprache / mein Dialekt gesprochen wird	10	14	17	18	23	15	19
5	Wo ich zur Ruhe kommen kann	24	25	31	28	26	34	27
6	Wo die gewohnten Sitten und Gebräuche gelten	8	12	9	11	8	10	8
7	Mein Vaterland bzw. das Land meiner Nation	11	14	10	16	17	14	14
8	Wo ich wohne	27	29	34	51	47	28	32
9	Eigene Angabe	4	6	8	1	5	6	7
10	Es gibt nichts, was ich meine Heimat nennen könnte	9	5	8	0	0	2	1
99	Keine Angabe	7	0	4	5	0	5	1

F 42 Was brauchen Sie, damit Sie gerne in einer Wohnung wohnen? (mehrere Antworten möglich)

		Krbg	Mitte	Wan	HuK	HuE	PfW	PfO
1	Viel Platz in der Wohnung	57	53	66	46	39	72	66
2	Grünfläche/einen Park in der Nähe	59	67	62	40	59	65	71
3	Einen Kinderspielplatz in der Nähe	19	22	9	11	6	13	12
4	Geringe Entfernung zum Arbeitsplatz	23	21	14	16	16	17	14
5	Gute Nachbarschaft im Haus, in der Straße	57	65	57	70	77	70	66
6	Freizeiteinrichtungen, Kino, Kultur	33	37	30	4	11	9	14
7	Eine gute Stammkneipe	21	13	14	5	5	6	3
8	Aktive Stadtteilarbeit	9	7	7	4	1	6	3
9	Kirche, Moschee, religiöser Versammlungsraum in der Nähe	9	7	5	18	11	21	34
10	Eigene Angabe	11	10	10	2	9	12	11
99	Keine Angabe	7	4	7	11	1	4	3

F 43 Was ist Ihnen von Ihrem Besitz am wichtigsten? (bis zu drei Angaben - klassifiziert)

		Krbg	Mitte	Wan	HuK	HuE	PfW	PfO
1	Immobilien (Wohnung, Haus, Geld, Wertpapiere)	21	34	33	56	66	32	39
2	Mobilien (Auto, Fahrrad usw.)	14	16	16	17	19	13	25
3	Persönliche Wertgegenstände	26	23	35	11	11	41	36

		Krbg	Mitte	Wan	HuK	HuE	PfW	PfO
4	Bücher	14	17	22	2	6	61	60
5	Freizeit & Hobby - Bereich	25	21	28	5	2	30	29
6	Tiere	3	3	5	5	2	1	0

F 44a Was denken Sie über Arbeit? (mehrere Antworten möglich)

		Krbg	Mitte	Wan	HuK	HuE	PfW	PfO
1	Arbeiten, um zu leben, ist in Ordnung. Aber zu mehr ist Arbeit nicht da	29	18	37	27	30	26	27
2	Solange ein Mensch Freude an seinem Beruf hat, kommt es auf die Bezahlung nicht so sehr an	42	44	42	43	50	52	78
3	Arbeit ist das wichtigste in Leben eines Menschen	12	28	10	21	18	7	6
4	Arbeit und Privatleben sollten sorgfältig getrennt bleiben	19	17	31	35	40	17	8
5	Eigene Angabe	14	17	10	5	9	33	21

F 44b Sind Sie zur Zeit berufstätig?

		Krbg	Mitte	Wan	HuK	HuE	PfW	PfO
1	Ich bin berufstätig(auch Umschulung / Ausbildung)	46	57	42	48	44	98	96
2	Ich bin arbeitslos	7	9	7	0	1	0	0
3	Ich bin Rentner(in) / Pensionär(in)	13	14	9	23	18	1	1
4	Ich bin Schüler(in) / Student(in)	19	14	25	2	9	0	1
5	Ich bin Hausfrau / Hausmann	6	2	7	20	25	0	0
6	Ich bin noch nie berufstätig gewesen	2	1	4	1	1	0	0
99	Keine Angabe	7	2	7	6	3	1	2

F 44c Was ist bzw. war Ihnen im Berufsleben am wichtigsten, am zweitwichtigsten, am drittwichtigsten? (Antworten ohne Rangfolge zusammengefaßt)

		Krbg	Mitte	Wan	HuK	HuE	PfW	PfO
1	Gute Bezahlung und Aufstiegsmöglichkeiten	35	44	34	35	31	14	3
2	Kein zu großer Leistungsdruck	23	20	24	18	23	29	32
3	Anderen Menschen mit meiner Arbeit zu helfen	24	34	30	28	31	82	92
4	Die gesellschaftliche Anerkennung der Stellung	8	22	13	6	12	17	21
5	Ein gesicherter Arbeitsplatz	35	55	30	46	45	35	25
6	Eine möglichst gehobene Stellung in der Firma/Institution	4	4	6	4	1	5	0
7	Möglichst viel Freizeit	22	17	25	10	11	3	6
8	Viel Verantwortung	17	19	21	15	15	46	46
9	Wenig eigene Planung, klare Vorgaben vom Chef	1	1	1	1	1	0	0
10	Nette Kolleginnen und Kollegen	47	55	43	52	51	55	43

F 45 Was denken Sie über die leibliche und seelische Beschaffenheit des Menschen? (mehrere Antworten möglich)

		Krbg	Mitte	Wan	HuK	HuE	PfW	PfO
1	Wir Menschen sind so, wie wir mit allen guten und schlechten Seiten sind, schon recht	31	34	23	34	32	40	43
2	Am Menschsein gefällt mir, daß die lebensnotwendigen Dinge wie Essen, Trinken, Sexualität auch noch Spaß machen	40	47	46	28	33	67	63
3	Die meisten lebensnotwendigen Verrichtungen sind eher lästig	2	1	4	1	0	0	2
4	Der Mensch ist insgesamt eine Fehlkonstruktion	6	5	7	4	2	2	1
5	Der Mensch hat zu viele zerstörerische Möglichkeiten	39	41	41	26	37	36	29

Fragebogen mit Grundauszählung 249

		Krbg	Mitte	Wan	HuK	HuE	PfW	PfO
6	Es wäre besser, wenn wir Menschen mehr von Instinkten geleitet würden	14	8	13	10	8	4	4
7	Die seelischen Leiden sind die schlimmsten	19	19	27	31	31	35	24
8	Am schlimmsten sind körperliche Gebrechen und das Alter	12	19	18	15	22	5	6
9	Das Leben wäre schön, wenn wir ewig jung blieben	6	9	9	12	8	1	1
10	Daß wir die meiste Zeit unseres Lebens von anderen Menschen abhängig sind, ist nicht gut	10	13	16	13	6	4	3
11	Es ist gut, daß wir Menschen aufeinander angewiesen sind und uns gegenseitig helfen können	31	47	40	56	68	79	91
12	Eigene Angabe	5	7	4	4	3	10	8
99	Keine Angabe	10	4	10	12	1	5	1

F 46 Was bedeutet Ihnen Kleidung? (mehrere Antworten möglich)

		Krbg	Mitte	Wan	HuK	HuE	PfW	PfO
1	In der Kleidung drücke ich aus, wer ich bin	30	26	36	18	26	22	31
2	Mit meiner Kleidung will ich anderen und mir selbst gefallen	38	54	43	54	54	54	40
3	Ich fühle mich nur wohl, wenn ich mich nach meinem Geschmack kleiden kann	46	53	57	46	60	40	38
4	Kleidung hat nur Gebrauchswert; wie ich auf andere wirke, ist mir egal	17	14	15	20	14	17	30
5	Ich richte mich ganz nach der Mode	4	1	2	0	1	0	1
6	Inhaber besonderer Ämter sollten auch durch eine besondere Kleidung gekennzeichnet sein	9	15	4	9	11	19	17
7	Eigene Angabe	5	4	2	4	2	6	9

F 47 Wie würden Sie Ihr Verhältnis zur Natur beschreiben? (mehrere Antworten möglich)

		Krbg	Mitte	Wan	HuK	HuE	PfW	PfO
1	Ich suche und genieße sie, wo ich nur kann	65	63	63	68	69	58	57
2	Ich interessiere mich für alle Vorgänge in der Natur	42	55	44	55	58	47	58
3	Ich habe der Natur gegenüber ein schlechtes Gewissen	31	28	30	23	25	27	37
4	Mich interessiert nicht die reine Natur, sondern die vom Menschen gestaltete Umwelt	4	3	5	7	4	5	3
5	Die Naturgewalten erlebe ich oft als eine große Bedrohung für den Menschen	12	15	16	21	23	15	11
6	Eigene Angabe	7	7	5	1	2	12	10
99	Keine Angabe	8	7	8	12	3	3	2

F 48 Und was denken Sie über die Stellung des Menschen in der Natur bzw. Schöpfung? (mehrere Antworten möglich)

		Krbg	Mitte	Wan	HuK	HuE	PfW	PfO
1	Der Mensch ist der ärgste Feind der Natur	52	42	55	54	54	27	29
2	Es gibt gar keine "reine Natur" um uns herum; alles ist so, wie wir Menschen es gestaltet haben	11	10	11	6	13	15	12
3	Wenn wir Menschen die natürlichen Ordnungen in der Welt nachhaltig stören, rächt sich die Natur an uns	53	73	50	55	64	77	75
4	Der Mensch ist die Krone der Schöpfung und muß deshalb auch verantwortlich in die Ordnungen der Natur eingreifen	8	14	13	27	16	21	39
5	Eigene Angabe	6	8	5	2	3	11	9
99	Keine Angabe	11	4	10	13	10	4	3

F 49 Wie wird es mit unserer Erde insgesamt weitergehen?
Welche der folgenden Aussagen kommen Ihren Gedanken nah? (mehrere Antworten möglich)

		Krbg	Mitte	Wan	HuK	HuE	PfW	PfO
1	Es wird uns Menschen gelingen, mit den uns zur Verfügung stehenden Mitteln diese Erde für uns bewohnbar zu erhalten	21	43	18	28	23	28	30
2	Die Raumfahrttechnik wird andere Planeten erschließen und für uns bewohnbar machen; dahin können wir ausweichen	5	7	6	5	4	0	0
3	Diese Erde soll gar nicht erhalten bleiben, denn nach ihr kommt eine viel bessere Welt von "Gott"	1	0	0	5	2	6	6
4	Mir ist es ganz egal, wie es mit dieser Erde weitergeht	2	1	1	0	0	1	0
5	Irgendwann kommt es zu einem großen Knall; dann wird fast alles Leben vernichtet und aus den Resten etwas Neues werden	23	17	25	17	9	5	4
6	Noch ist nicht entschieden, ob es mit unserer Erde zum Guten oder zum Bösen ausgeht	32	39	36	32	47	57	49
7	"Gott" hat den Lauf der Welt in der Hand und wird dafür sorgen, daß die Welt nicht durch uns zugrundegerichtet wird	11	8	9	38	41	42	43
8	"göttliche" Kräfte kämpfen noch um die Zukunft der Welt	4	2	4	9	2	10	5
9	Eigene Angabe	10	5	6	6	4	12	16
99	Keine Angabe	16	9	15	13	10	3	4

F 50 Meinen Sie, daß es noch Sinn hat, sich für die Umwelt einzusetzen, Geld und Zeit dafür zu opfern? (mehrere Antworten möglich)

		Krbg	Mitte	Wan	HuK	HuE	PfW	PfO
1	Die Rettung der Umwelt fängt bei jedem einzelnen an	71	84	78	89	90	89	95
2	Die Schädigung der Umwelt ist durch Technik zustandegekommen und wird auch durch Technik wieder zu beheben sein	9	17	10	6	6	12	12
3	Ich glaube zwar nicht, daß die Umwelt noch zu retten ist; dennoch setze ich mich energisch für die Umwelt ein	24	19	31	20	26	21	28
4	Nein, es hat keinen Sinn, denn es läßt sich nichts mehr ändern	3	1	4	0	6	2	0
5	Wir brauchen uns gar nicht besonders um die Umwelt zu kümmern, denn sie sorgt von selbst für sich	4	0	2	1	3	2	0
6	Das ist allein Aufgabe der Fachleute und Politiker und geht mich als einzelnen Menschen nichts an	3	2	1	5	1	2	0
7	Ja, damit man das Gefühl hat, etwas getan zu haben	23	30	17	17	15	17	23

F 51 Was denken Sie: Welcher Religion ist das Schicksal der Erde am wichtigsten?

		Krbg	Mitte	Wan	HuK	HuE	PfW	PfO
1	Christentum	2	3	3	5	1	24	29
2	Judentum	3	1	2	1	1	7	1
3	Islam	1	0	1	1	0	0	0
4	Buddhismus / Hinduismus	2	3	6	1	2	3	3
5	Indianische Religionen	2	1	2	1	1	4	4
6	Naturvölker-Religionen	5	2	2	0	2	6	3
7	Keiner Religion	6	8	8	6	4	0	1
8	Sonstige	3	3	5	2	6	1	1
98	Weiß ich nicht	47	59	43	45	65	44	45
99	Keine Angabe	30	20	27	37	19	11	14

Fragebogen mit Grundauszählung 251

F 52 Wie ist das Weltall entstanden? (mehrere Antworten möglich)

		Krbg	Mitte	Wan	HuK	HuE	PfW	PfO
1	Durch einen kosmischen "Urknall"	33	30	39	17	13	35	38
2	Durch Zufall	11	7	9	1	1	4	1
3	Durch planvolle Schöpfung "Gottes"	16	13	15	46	33	66	75
4	Das weiß niemand	26	32	28	18	32	24	20
98	Weiß ich nicht	18	24	13	20	24	10	12

F 53 Mittlerweile gibt es sehr unterschiedliche Formen der Bestattung von Toten. Welche würden Sie für sich wählen?

		Krbg	Mitte	Wan	HuK	HuE	PfW	PfO
1	Die Erdbestattung	32	26	23	63	70	71	72
2	Die Feuerbestattung	21	35	28	11	11	16	9
3	Die Seebestattung	9	2	10	1	0	0	0
98	Weiß ich jetzt noch nicht	32	33	30	16	17	12	16
99	Keine Angabe	7	4	9	9	2	2	3

F 53a Falls Sie eine Erd- bzw. Feuerbestattung wählen würden: Würden Sie ein Grab mit Ihrem Namen oder eine "anonyme Bestattung" (ohne Kennzeichnung des Grabes) wollen?

		Krbg	Mitte	Wan	HuK	HuE	PfW	PfO
	N =	414	193	114	73	100	124	143
1	Ein Grab mit meinem Namen	62	66	54	93	93	83	85
2	Eine "anonyme Bestattung"	18	18	27	3	2	10	6
98	Weiß ich nicht	21	16	19	4	5	7	8

F 54 Seit langem wird über die Frage diskutiert, ob und unter welchen Bedingungen Frauen abtreiben dürfen. Welchen der folgenden Aussagen können Sie zustimmen? (mehrere Angaben zugelassen)

		Krbg	Mitte	Wan	HuK	HuE	PfW	PfO
1	Es gibt medizinische und soziale Gründe, die eine Abtreibung rechtfertigen	36	40	41	37	50	47	64
2	Abtreibung sollte unter keinen Umständen erlaubt sein	5	4	4	13	5	2	6
3	Jede Frau sollte in dieser Angelegenheit allein entscheiden können	63	72	63	22	31	32	34
99	Keine Angabe	10	3	8	13	7	4	3

F 54a Ist für Ihre Antwort Ihre religiöse Überzeugung maßgeblich?

		Krbg	Mitte	Wan	HuK	HuE	PfW	PfO
1	Ja	12	8	15	29	25	72	75
2	Nein	66	70	72	50	64	21	20
99	Keine Angabe	21	22	13	21	11	7	5

F 55 Neuerdings wird häufig darüber geredet, ob der Sonntag seinen bisherigen Feiertagscharakter verlieren soll. Welche Ansicht vertreten Sie? (mehrere Antworten möglich)

		Krbg	Mitte	Wan	HuK	HuE	PfW	PfO
1	Die Geschäfte und Dienstleistungsbetriebe sollten auch am Sonntag geöffnet sein	18	14	18	0	2	3	3
2	Die bisherige Arbeitsruhe sollte geschützt bleiben	50	61	52	73	72	80	75
3	Der Sonntag ist ein Tag der Besinnung und für den Gottesdienst da; er muß geschützt bleiben	16	16	15	52	54	71	83

		Krbg	Mitte	Wan	HuK	HuE	PfW	PfO
4	Der Sonntag ist zum Ausschlafen und für Familien-Unternehmungen da	36	56	41	43	40	24	26
5	Die Sonntagsruhe sollte durch ein allgemeines Fahrverbot auch auf den Straßenverkehr ausgedehnt werden	22	17	36	11	9	21	27

F 56 Ein sehr umstrittenes Thema ist die sogenannte "aktive Sterbehilfe". Welche Meinung vertreten Sie? (mehrere Antworten möglich)

		Krbg	Mitte	Wan	HuK	HuE	PfW	PfO
1	Wer sterben möchte, sollte dazu medizinische Hilfe erhalten dürfen	42	39	53	20	23	16	15
2	Unser Leben gehört nicht uns selbst, darum dürfen wir niemandem aktiv helfen, sein Leben zu beenden	10	7	13	27	20	35	43
3	Es gibt medizinische Diagnosen (gehirnlos Geborene, unter stärksten Schmerzen Leidende etc.), die eine aktive Sterbehilfe human erscheinen lassen	51	67	46	43	60	58	56
4	Wenn die aktive Sterbehilfe freigegeben wird, besteht die Gefahr, daß auch bald alles lästig gewordene Leben als "lebensunwert" getötet wird	31	37	27	31	29	54	45
5	Das Problem sollen die Ärzte allein entscheiden	5	5	4	6	8	0	1
99	Keine Angabe	11	9	8	12	9	2	4

F 57 Ein Gericht hat kürzlich entschieden, daß Menschen ein Recht auf Rauschzustände haben. Welcher der folgenden Aussagen stimmen Sie zu? („stimme zu")

		Krbg	Mitte	Wan	HuK	HuE	PfW	PfO
1	Rauschzustände sind nötig, um das Leben leichter ertragen zu können	23	10	23	7	5	13	11
2	Wenn der Alkoholkonsum nicht strafbar ist, darf auch der Konsum von Rauschgift nicht bestraft werden	43	25	48	6	9	32	21
3	In religiösen Praktiken dürfen Rauschmittel verwendet werden	16	7	16	5	4	11	6
4	Das Verlangen nach Rauschzuständen paßt nicht zum aufgeklärten Menschen	25	41	30	38	45	37	45
5	Alle Rauschmittel sind zu verbieten, weil sie Menschen außer Kontrolle geraten lassen	20	31	11	40	46	16	22
99	Keine Angabe	18	7	13	21	8	12	8

F 58 Was denken Sie über Selbsttötung (bzw. Selbstmord, Suizid)? (mehrere Antworten möglich)

		Krbg	Mitte	Wan	HuK	HuE	PfW	PfO
1	Das Leben ist so schwierig, daß der Gedanke an eine Selbsttötung jedem von uns irgendwann einmal kommen muß	35	27	36	18	21	48	50
2	Selbstmord ist Mord am eigenen Leben	21	14	15	35	26	23	22
3	Eine Selbsttötung belastet die Familie als Schande	8	3	3	16	19	6	5
4	Eine Selbsttötung geschieht immer aus Verzweiflung und verdient Mitgefühl	34	50	42	43	59	72	69
5	An Selbsttötung einzelner Menschen ist immer die persönliche Umgebung schuld	11	15	8	5	11	7	8
6	Jeder hat das Recht, sein Leben zu beenden, wann er will	38	35	44	13	12	6	5
7	Weil uns das Leben nicht selbst gehört, dürfen wir es uns auch nicht nehmen	11	8	10	27	28	46	51
8	Eigene Angabe	4	6	5	2	2	9	10
99	Keine Angabe	10	7	11	11	11	2	1

Fragebogen mit Grundauszählung 253

F 58a War es richtig, daß die Kirchen früher Selbstmörder nicht kirchlich bestattet haben?

		Krbg	Mitte	Wan	HuK	HuE	PfW	PfO
	N =	310	98	94	72	99	125	141
1	Ja	10	2	4	8	2	3	1
2	Nein	75	81	84	82	89	94	94
98	Weiß ich nicht	16	17	12	10	9	3	4

F 59 Wer sagt Ihnen, was gerecht ist? (mehrere Antworten möglich)

		Krbg	Mitte	Wan	HuK	HuE	PfW	PfO
1	Ich selbst	25	23	32	13	4	8	8
2	Ich selbst aus meinem Gewissen heraus	66	74	66	72	76	65	64
3	Die staatlichen Gesetze	15	24	16	15	22	16	16
4	Die religiösen Gesetze meines Glaubens (z.B. 10 Gebote)	19	15	16	39	57	80	80
5	Meine Familie	12	20	7	18	13	9	10
6	Meine Freunde und Gesinnungsgenossen	13	24	21	7	4	12	19
7	Die öffentliche Meinung (was "man" denkt und tut)	7	6	4	4	3	3	1
8	Eigene Angabe	4	4	3	2	2	13	14
99	Keine Angabe	9	4	10	12	6	3	2

F 60 Es wird oft behauptet, daß die reichen Länder auf Kosten der armen (z.B. in der Dritten Welt) leben. Wie denken Sie?

		Krbg	Mitte	Wan	HuK	HuE	PfW	PfO
1	Diese Aussage stimmt	54	65	61	26	26	67	70
2	Diese Aussage stimmt teilweise	31	26	31	44	55	30	28
3	Sie ist falsch	3	2	3	10	8	3	1
99	Keine Angabe	12	7	5	21	11	0	1

F 61 Wer, meinen Sie, ist für das Mißverhältnis wischen armen und reichen Ländern auf der Erde verantwortlich? (mehrere Antworten möglich)

		Krbg	Mitte	Wan	HuK	HuE	PfW	PfO
1	Die Politiker	42	41	39	31	18	24	27
2	Die Rassen- und Kulturunterschiede unter den Völkern	21	23	25	43	53	17	16
3	Das Schicksal	4	2	7	5	2	0	0
4	"Gottes" Weltordnung	3	3	1	4	1	1	1
5	Das Weltwirtschaftssystem	63	71	63	37	50	83	90
6	Der Wille der Reichen, die Armen auszubeuten	38	48	42	33	24	39	43
7	Wir und unser Konsumverhalten	53	60	63	35	43	84	92
8	Eigene Angabe	6	3	7	4	6	6	6

F 62 Hat das, was Sie in Ihrem Leben tun oder unterlassen, Folgen über Ihren Tod hinaus? (mehrere Antw. mögl.)

		Krbg	Mitte	Wan	HuK	HuE	PfW	PfO
1	Ja, denn die nächste Generation hat die Folgen unseres Handelns (teilweise) zu tragen	66	70	72	52	69	98	94
2	Nein, denn mit dem Tod ist alles aus; was danach kommt, interessiert mich nicht	5	3	5	9	2	0	0
3	Da alles vorherbestimmt ist, was im Leben geschieht, ist die Frage überflüssig	5	3	6	7	6	0	0
4	Ja, denn ich muß mich später vor "Gott" verantworten	19	12	13	54	30	71	74
5	Ja, denn ich hoffe, daß man nach meinem Tod gut von mir denkt	18	28	18	33	27	11	16
6	Nein	7	7	2	1	3	0	1
99	Keine Angabe	9	8	10	11	10	1	0

Fragebogen mit Grundauszählung

F 63   Wenn Sie ein Urteil über unsere Welt fällen sollten - was würden Sie sagen können? (mehrere Antw. mögl.)

		Krbg	Mitte	Wan	HuK	HuE	PfW	PfO
1	Unsere Welt ist die beste Welt, die wir uns vorstellen können	8	3	4	5	3	7	6
2	Die Welt könnte wesentlich besser sein	36	45	31	31	14	28	23
3	Die Welt ist eigentlich nicht schlecht; der *Mensch* ist das Problem	52	61	68	67	84	72	77
4	Eigene Angabe	4	7	4	1	2	6	8

F 64   Wer bestimmt die politische Entwicklung in unserem Lande? (mehrere Antworten möglich)

		Krbg	Mitte	Wan	HuK	HuE	PfW	PfO
1	Die Wähler	42	25	46	43	50	44	30
2	Die Regierungen in Bund und Ländern	42	42	40	49	56	50	42
3	Die Parteien	43	45	46	37	45	50	49
4	Die Medien und ihre Besitzer	37	28	46	33	35	64	51
5	"Gott"	4	4	4	9	2	9	16
6	Die Wirtschaft	61	72	68	33	50	86	81
7	Eigene Angabe	5	5	5	4	1	4	8

F 65   Falls Sie sich einer Religion zugehörig fühlen: Würden Sie es wünschenswert finden, wenn die Gesetze Ihrer Religion die staatlichen Gesetze stärker als bisher bestimmten?

		Krbg	Mitte	Wan	HuK	HuE	PfW	PfO
	N =	287	85	91	70	83	124	138
1	Ja	22	21	23	37	23	33	42
2	Nein	56	51	64	44	46	52	49
98	Weiß ich nicht	22	28	13	19	31	15	9

F 66   Krankheit und Tod bestimmen unser Leben auf vielfältige Weise.
Welchen der folgenden Aussagen können Sie zustimmen? (mehrere Antworten möglich)

		Krbg	Mitte	Wan	HuK	HuE	PfW	PfO
1	Krankheit und Tod gehören zum Menschsein einfach hinzu	68	73	72	60	71	95	93
2	Erfahrungen von Krankheit und Todesnähe sind Prüfung und Chance, menschlich zu reifen	41	40	51	43	54	74	75
3	Alle Krankheiten werden eines Tages heilbar sein	3	11	6	4	5	0	1
4	Gegen Krankheit und Tod ist letztlich auch "Gott" machtlos	8	5	5	13	11	1	2
5	Krankheit und Tod haben keinen Sinn, den wir verstehen können	15	16	15	20	8	11	7
6	Eigene Angabe	2	3	2	0	0	6	8

F 67   Krankheit und Tod werden auf unterschiedliche Ursachen zurückgeführt.
Welchen Aussagen stimmen Sie zu? (mehrere Antworten möglich)

		Krbg	Mitte	Wan	HuK	HuE	PfW	PfO
1	Krankheiten werden durch Erreger übertragen	63	77	63	49	50	70	62
2	Krankheit und Tod gehen auf widergöttliche Mächte zurück, gegen die wir mit "Gott" kämpfen müssen	2	1	1	1	1	2	6
3	Unsere Krankheiten verursachen wir in großem Maße selbst durch unsere Lebensweise	65	81	75	62	59	84	84
4	In Krankheit und Tod begegnen wir "Gott"	14	12	13	38	38	47	48
5	Wir Menschen sind sterblich, weil es am Anfang der Menschheitsgeschichte den großen "Sündenfall" gegeben hat	6	4	7	22	10	13	12
6	Eigene Angabe	4	3	2	0	2	8	8
99	Keine Angabe	9	4	11	12	11	4	3

Fragebogen mit Grundauszählung 255

F 67a Eine Zusatzfrage zu "Aids": Was denken Sie?

		Krbg	Mitte	Wan	HuK	HuE	PfW	PfO
1	Aids ist eine "Geißel Gottes"	2	0	2	7	5	2	1
2	Aids ist eine "Geißel des Teufels"	2	0	3	4	4	1	3
3	Aids ist nichts anderes als eine epidemische Krankheit	73	80	70	57	74	78	72
4	Eigene Angabe	4	7	10	6	3	9	9
99	Keine Angabe	16	11	13	23	14	5	9

F 68 Manche sagen: Wir leben in einer "Endzeit" ("Es ist 5 vor 12"; es drohe ein "Weltuntergang").
Wie denken Sie? (mehrere Antworten möglich)

		Krbg	Mitte	Wan	HuK	HuE	PfW	PfO
1	Die Aussage ist falsch, denn Zeiten wie diese hat es auch schon vor uns in der Geschichte gegeben	37	43	34	48	49	58	52
2	Ich stimme der Aussage zu; ein klares Anzeichen dafür ist: (ohne Konkretion)	3	2	3	9	0	2	3
3	Umweltzerstörung	14	19	15	9	15	15	16
4	Krankheiten, Epidemien, Drogen	0	0	1	0	1	0	0
5	Kriege	11	1	4	1	0	1	0
6	Sonstige Angabe	6	4	7	1	4	7	10
99	Keine Angabe	40	32	37	33	31	17	19

F 69 Über das, was Schicksal ist, gibt es unterschiedliche Vorstellungen.
Welchen der folgenden Aussagen können Sie zustimmen? (mehrere Antworten möglich)

		Krbg	Mitte	Wan	HuK	HuE	PfW	PfO
1	Schicksal ist das, was ein Mensch aus seinem Leben gemacht hat	28	38	38	26	36	25	20
2	Jeder kann, wenn er nur will, sein bisheriges Lebensschicksal verändern	24	30	30	22	20	21	18
3	Jedem ist sein Leben vorherbestimmt	20	11	13	33	43	13	10
4	Schicksal als Vorherbestimmung des Lebens gibt es nicht	20	30	18	15	9	29	23
5	"Schicksal" ist ein Wort, das eine schwere Lebenserfahrung meint	18	24	18	24	26	39	52
6	Eigene Angabe	5	6	8	1	2	15	16
99	Keine Angabe	18	14	17	21	6	12	12

F 69a Für viele steht das Schicksal der Menschen in den Sternen.
Welchen Aussagen können Sie zustimmen? (mehrere Antworten möglich)

		Krbg	Mitte	Wan	HuK	HuE	PfW	PfO
1	Weil unser Schicksal in den Sternen steht, hat es Sinn, Horoskope zu lesen	7	4	11	4	3	2	1
2	Horoskope sind abergläubischer Schwindel	32	55	30	37	47	71	78
3	Ich glaube zwar nicht an Horoskope, lese sie aber trotzdem regelmäßig	28	23	28	34	26	5	8
4	Ein schlechtes Horoskop macht mich ängstlich, ein gutes zuversichtlich	7	6	8	4	9	2	1
99	Keine Angabe	34	20	33	29	26	23	16

F 70 Haben Sie schon einmal gelebt?

		Krbg	Mitte	Wan	HuK	HuE	PfW	PfO
1	Ja	8	5	15	10	2	2	1
2	Nein	40	55	44	33	39	72	73
98	Weiß ich nicht	42	31	34	44	50	24	23
99	Keine Angabe	10	9	7	13	9	2	3

F 71 Glauben Sie, daß Sie persönlich zu etwas bestimmt sind?

		Krbg	Mitte	Wan	HuK	HuE	PfW	PfO
1	Ja	19	16	23	29	13	49	65
2	Nein	35	50	31	20	25	16	11
98	Weiß ich nicht	36	27	36	31	46	32	22
99	Keine Angabe	11	7	10	21	16	3	2

F 71a Wenn ja, von wem? (Angaben der Befragten klassifiziert)

		Krbg	Mitte	Wan	HuK	HuE	PfW	PfO
		71	31	24	20	13	58	91
1	Gott / göttliche Fügung	41	39	42	80	62	88	91
2	Überirdische Macht	7	0	4	10	23	5	3
3	Schicksal	11	10	4	0	0	0	0
4	Eigene Person	10	16	29	5	8	2	2
5	Kann ich nicht sagen	31	36	21	5	8	5	3

F 71b Können / Konnten Sie diese Bestimmung in Ihrem bisherigen Leben verwirklichen?

		Krbg	Mitte	Wan	HuK	HuE	PfW	PfO
		115	39	38	30	24	60	97
1	Ja	24	26	16	17	8	20	24
2	Teilweise	49	41	66	40	54	67	62
3	Gar nicht	1	0	3	0	4	2	1
4	Noch nicht, aber ich hoffe noch darauf	10	13	5	10	4	5	3
98	Weiß ich nicht	17	21	11	33	29	7	10

F 72 Glauben Sie, daß Ihr persönliches Schicksal einmalig ist?

		Krbg	Mitte	Wan	HuK	HuE	PfW	PfO
1	Ja	37	37	41	32	26	71	66
2	Nein	26	31	31	18	34	12	11
98	Weiß ich nicht	22	23	16	22	28	13	15
99	Keine Angabe	15	10	13	28	11	5	8

F 73 "Erlösung" brauchen wir Menschen ... (mehrere Antworten möglich)

		Krbg	Mitte	Wan	HuK	HuE	PfW	PfO
1	gar nicht	16	11	16	1	2	0	0
2	von unheilbaren Krankheiten	17	35	24	46	43	27	30
3	von Unfriede und Hunger in der Welt	34	49	43	49	51	51	66
4	von unserer menschlichen Unzulänglichkeit	27	23	23	33	31	54	55
5	von unserem sündigen Wesen	14	11	11	26	17	50	54
6	von unseren Suchten (Alkohol, Drogen, Tabletten etc.)	18	20	21	32	29	32	37
7	vom Streben nach Macht	36	40	33	40	31	55	56
8	von ... (Eigene Angabe)	6	7	6	5	6	18	17
99	Keine Angabe	20	17	19	21	14	5	0

Fragebogen mit Grundauszählung

F 73a Falls Sie sich in irgendeiner Weise als gläubig verstehen, sind hier noch weitere Aussagen:

		Krbg	Mitte	Wan	HuK	HuE	PfW	PfO
	N =	200	73	58	48	73	110	139
1	Dabei glaube ich, daß "Gott" nötig ist für die unter Nr.... genannte Art von Erlösung	42	40	35	69	66	96	94
2	"Gott" ist für keine Form von Erlösung nötig	20	30	36	8	6	1	2
98	Weiß ich nicht	39	30	29	23	29	3	4

F 74 Es ist oft schwer, gut zu handeln. Ich glaube: (mehrere Antworten möglich)

		Krbg	Mitte	Wan	HuK	HuE	PfW	PfO
1	Gut zu sein ist trotzdem nötig, weil wir Menschen Vorbilder brauchen und dem Guten gedient werden muß	44	56	40	52	56	68	64
2	Gutsein und Menschsein gehören zusammen	28	40	31	43	39	54	56
3	Gutsein zahlt sich im Leben irgendwann aus, auch wenn es lange dauert	29	37	28	46	57	27	23
4	Die Welt ist ungerecht, darum lohnt sich das Gutsein nicht	3	3	5	0	1	2	0
5	Erkennbar zahlt sich das Gutsein erst im Jenseits (im nächsten Leben) aus	9	2	5	15	4	6	7
6	Eigene Angabe	6	4	9	2	3	12	14
99	Keine Angabe	23	12	20	18	6	4	3

F 75 Ob auch das Böse zum menschlichen Leben notwendig hinzugehört, ist umstritten. Was denken Sie? (mehrere Antworten möglich)

		Krbg	Mitte	Wan	HuK	HuE	PfW	PfO
1	Das Böse im Menschen ist Zeichen seines sündigen Wesens	12	9	9	27	18	54	66
2	Wenn wir Menschen wirklich "Gottes" Weisung folgten, könnten wir frei werden vom Bösen	11	7	10	39	32	31	30
3	Das sogenannte Böse sind in Wahrheit Aggressionen, die wir brauchen, um uns im Leben behaupten zu können	23	28	33	15	28	17	16
4	Was wir als böse erleben, ist Ergebnis ungerechter Systeme, in denen wir leben; wir müssen politisch dagegen ankämpfen	24	41	19	9	10	31	34
5	Eigene Angabe	11	14	15	5	7	15	10

Zusatz: Ich sehe als besonders böse an: (Antworten klassifiziert)

		Krbg	Mitte	Wan	HuK	HuE	PfW	PfO
1	Krieg, Gewalt gegen Menschen	7	9	11	11	8	8	8
2	Intoleranz, Egoismus, Lüge	4	9	3	5	6	13	14
3	Ideologien, Institutionen	2	3	1	1	1	3	4
4	Sonstiges	2	2	4	6	9	7	
99	Keine Angabe	85	78	81	79	80	67	67

F 76 Eine Seele ... (mehrere Antworten möglich)

		Krbg	Mitte	Wan	HuK	HuE	PfW	PfO
1	haben nur die Menschen	14	9	9	43	9	26	23
2	haben Menschen und (viele) Tiere	24	26	24	18	35	24	22
3	die ganze Schöpfung ist beseelt	28	15	37	26	44	53	45
4	"Seele" ist ein Begriff für Gemüt bzw. Charakter	17	35	18	11	18	9	19
5	von "Seele" zu reden, ist Ausdruck eines überholten Denkens	8	8	7	2	1	2	1
6	Eigene Angabe	5	4	4	1	2	8	12
99	Keine Angabe	18	20	16	16	10	6	6

F 77 Welcher Aussage können Sie zustimmen?

		Krbg	Mitte	Wan	HuK	HuE	PfW	PfO
1	Nach diesem Leben kommt nichts mehr	24	50	25	18	17	5	5
2	Nach diesem Leben kommt ein anderes bzw. nächstes Leben	39	25	38	56	48	78	78
99	Keine Angabe	37	26	37	26	35	17	17

F 77a Falls Sie ein anderes/nächstes Leben erwarten: Wie denken Sie sich den Weg dahin? Durch ... (mehrere Antworten zugelassen)

		Krbg	Mitte	Wan	HuK	HuE	PfW	PfO
	N =	235	69	78	59	63	102	119
1	die Unsterblichkeit der Seele	43	29	36	66	38	17	11
2	die Auferweckung von den Toten durch "Gott"	22	20	13	53	33	83	92
3	eine Seelenwanderung	13	9	14	9	5	2	0
4	eine Wiedergeburt	23	22	23	12	13	5	1
5	das Weiterleben in unseren Kindern und Enkeln	17	42	26	22	40	11	8
6	die Kraft der Ideen, denen wir im Leben folgen	13	16	22	3	6	15	5

F 77b Falls Sie nach diesem Leben noch einmal auf diese Welt kämen, was würden Sie tun? (Angaben der Befragten klassifiziert)

		Krbg	Mitte	Wan	HuK	HuE	PfW	PfO
1	Das Gleiche noch einmal	8	6	4	9	9	16	15
2	Vieles ganz anders	6	3	13	6	9	6	7
3	Bestimmtes wichtiger nehmen / intensiver erleben	6	4	5	7	5	2	2
4	Sonstiges	7	10	14	4	3	9	13
98	Weiß ich nicht	40	39	36	37	51	39	36
99	Keine Angabe	34	39	29	38	24	28	27

F 78 Was glauben Sie im Blick auf das Nebeneinander der Religionen? (mehrere Antworten möglich)

		Krbg	Mitte	Wan	HuK	HuE	PfW	PfO
1	Die Unterschiedlichkeit der Religionen hängt mit der Unterschiedlichkeit der Kulturen auf der Erde zusammen und kann so bleiben	40	56	49	27	43	54	54
2	Da die Kulturen sich vermischen, werden sich auch die Religionen vermischen und irgendwann vereinen	13	13	13	16	20	9	7
3	Mission unter den Religionen sollte grundsätzlich unterbleiben	16	18	23	12	8	16	22
4	Es gibt nur einen "Gott", auch wenn ihn die Menschen unterschiedlich verehren	25	19	24	55	67	60	58
5	Ich könnte auch in den Kultstätten anderer Religionen zu meinem "Gott" beten	12	10	15	29	29	30	27
6	Es wäre gut, wenn meine Religion weltweit befolgt würde	6	1	5	12	3	18	22
7	Die Religionszugehörigkeit eines Menschen sagt nichts über seinen Wert aus	44	73	56	48	59	69	65
8	Eigene Angabe	3	2	3	1	1	10	6

Fragebogen mit Grundauszählung 259

F 79 Was fällt Ihnen zu Jesus Christus ein? (bis zu drei Angaben - klassifiziert)

		Krbg	Mitte	Wan	HuK	HuE	PfW	PfO
1	Kreuz, Erlösung, Vergebung	23	27	26	28	25	39	38
2	Historischer Jesus	15	17	21	9	14	51	62
3	Verkündigung Jesu	10	15	10	11	10	21	21
4	Bezüge zum Kirchenjahr	11	17	8	2	6	9	6
5	Wirkungsgeschichte Christentum	27	31	34	32	43	50	50
6	Hoffnungsträger Jesus	8	7	3	16	7	16	19

F 80 Was fällt Ihnen zu Mohammed ein? (bis zu drei Angaben - klassifiziert)

		Krbg	Mitte	Wan	HuK	HuE	PfW	PfO
1	Islam, Islamischer Kulturkreis	12	21	15	9	12	40	36
2	Mekka und Moschee	3	7	4	1	3	4	10
3	Prophet und Religionsstifter	8	10	11	9	9	41	38
4	Negative Assoziationen (Fanatismus, Krieg usw.)	16	24	15	10	20	46	56

F 81 Was fällt Ihnen zu Buddha ein? (bis zu drei Angaben - klassifiziert)

		Krbg	Mitte	Wan	HuK	HuE	PfW	PfO
1	Buddhismus, Buddhistischer Kulturkreis	9	20	8	4	9	23	8
2	Meditation und Harmonie mit der Welt	6	5	10	4	3	29	29
3	Gestalt Buddhas	10	12	15	7	8	12	13
4	Weisheit, Toleranz, Fatalismus	11	12	13	5	7	56	41
5	Karma und Reinkarnation	4	4	6	4	8	17	21

F 82 Nach der Meinung vieler sind von uns Opfer zu bringen, damit das Leben gelingt. Stimmen Sie dieser Meinung zu?

		Krbg	Mitte	Wan	HuK	HuE	PfW	PfO
1	Ja	37	40	38	52	59	67	79
2	Nein	33	40	40	18	19	25	14
99	Keine Angabe	30	20	22	29	22	8	7

F 82a Falls Sie der Meinung sind, daß von uns Opfer zu bringen sind, damit das Leben gelingt: Glauben Sie, ... („stimme zu")

		Krbg	Mitte	Wan	HuK	HuE	PfW	PfO
1	daß dazu Menschenopfer in Kriegen gehören, um den Frieden zu sichern	5	7	6	6	9	13	7
2	daß dazu Menschenopfer im Straßenverkehr gehören, um die jetzige Form der Mobilität zu sichern	2	1	2	0	1	1	0

F 82b Haben Sie religiöse Gründe für Ihre Antwort?

		Krbg	Mitte	Wan	HuK	HuE	PfW	PfO
1	Ja	10	5	9	17	16	64	56
2	Nein	45	47	49	42	48	14	19
98	Weiß ich nicht	4	3	3	2	8	5	10
99	Keine Angabe	41	45	39	39	28	17	15

F 83 Ein wichtiges menschliches Vorbild ist für mich (bis zu drei Angaben - klassifiziert)

		Krbg	Mitte	Wan	HuK	HuE	PfW	PfO
1	Jesus Christus	2	1	4	5	4	19	22
2	Religiöse Gestalten, Heilige	6	5	7	10	6	47	46
3	Freiheits- und Widerstandskämpfer	8	5	10	9	9	36	36
4	Größen der Geistes- und Kulturgeschichte	19	17	26	16	17	28	30
5	Eltern, Menschen aus dem engeren Umfeld	17	16	11	16	22	20	21

F 84 Was denken Sie:

F 84a Juden und Christen haben

		Krbg	Mitte	Wan	HuK	HuE	PfW	PfO
1	denselben "Gott"	40	36	48	61	74	82	90
2	nicht denselben "Gott"	8	6	4	4	4	2	0
3	teilweise denselben "Gott"	13	16	14	4	9	13	6
4	Weiß ich nicht	19	23	18	9	9	2	2
99	Keine Angabe	20	20	17	23	4	2	2

F 84b Muslime und Christen haben

		Krbg	Mitte	Wan	HuK	HuE	PfW	PfO
1	denselben "Gott"	33	22	42	40	55	47	50
2	nicht denselben "Gott"	14	18	8	7	14	17	17
3	teilweise denselben "Gott"	12	10	9	2	6	27	21
4	Weiß ich nicht	20	29	21	18	15	6	6
99	Keine Angabe	21	20	19	32	10	4	6

F 84c Juden und Muslime haben

		Krbg	Mitte	Wan	HuK	HuE	PfW	PfO
1	denselben "Gott"	32	21	40	40	55	47	49
2	nicht denselben "Gott"	11	13	7	5	10	17	16
3	teilweise denselben "Gott"	11	11	9	2	5	26	23
4	Weiß ich nicht	25	34	24	21	18	6	6
99	Keine Angabe	21	21	19	32	12	6	6

F 85 Wie beurteilen Sie die folgenden Aussage: "Die Existenz (eines) "Gottes" ist durch das Verhalten der Kirchen bzw. Religionsgemeinschaften in der Geschichte unglaubwürdig geworden"?

		Krbg	Mitte	Wan	HuK	HuE	PfW	PfO
1	Diese Aussage trifft für mich zu	36	42	40	10	14	12	14
2	Diese Aussage trifft für mich gar nicht zu	19	10	13	27	25	29	23
3	Ich habe nur manchmal den Eindruck, daß das so ist	16	21	15	29	34	46	58
4	Ich weiß nicht	11	9	11	11	8	4	2
99	Keine Angabe	17	18	21	23	20	9	4

F 86 Welche Erfahrung im Leben hat Sie am meisten berührt? (bis zu drei Anworten - zusammengefaßt)

		Krbg	Mitte	Wan	HuK	HuE	PfW	PfO
1	Der Anfang einer Liebe	43	39	37	29	36	52	53
2	Eine Hochzeit	9	9	5	27	21	13	8
3	Die Geburt eines Kindes	30	46	28	55	54	43	46
4	Eine Prüfung	4	6	6	5	4	5	3
5	Ein unerwartetes Glück	12	7	11	5	8	12	8
6	Der Tod eines Menschen	43	39	36	49	48	30	32
7	Eine "Gottes"erfahrung	6	5	11	13	7	25	32
8	Der Verlust der Arbeitsstelle	3	10	2	2	0	1	0
9	Das Ende einer Liebe	25	15	28	9	9	18	12

Fragebogen mit Grundauszählung 261

		Krbg	Mitte	Wan	HuK	HuE	PfW	PfO
10	Eine Enttäuschung durch einen nahen Menschen	23	18	25	12	19	10	13
11	Schwere Probleme mit Kindern / Eltern	10	6	15	9	9	13	6
12	Eine Naturkatastrophe	4	2	8	4	6	1	1
13	Ein Unfall	8	2	7	2	11	6	6
14	Ein politisches Ereignis	11	41	11	1	4	20	42
15	Eigene Angabe	4	5	7	6	4	16	17

F 86a Falls Sie sich in irgendeiner Weise als gläubig verstehen:
Haben Sie bei den genannten Ereignissen an "Gott" gedacht bzw. zu "ihm" gebetet?

		Krbg	Mitte	Wan	HuK	HuE	PfW	PfO
	N =	324	112	108	62	88	116	138
1	Ja	53	51	50	87	83	90	92
2	Nein	34	38	38	7	6	6	5
98	Weiß ich nicht mehr	12	11	12	7	11	4	3

F 87 Welche Feiertage und Feste im Jahr sind Ihnen wichtig: (bis zu drei Angaben - klassifiziert)

		Krbg	Mitte	Wan	HuK	HuE	PfW	PfO
1	Weihnachten	38	54	38	59	66	64	66
2	Ostern	21	26	23	50	51	79	70
3	Andere religiöse Feiertage	8	13	11	21	31	47	45
4	Silvester / Neujahr	7	11	10	2	1	3	2
5	Geburtstage, Jubiläen	25	42	26	13	19	24	30
6	Politische Feiertage	3	5	2	1	0	3	3

F 88 Können Sie mit dem Begriff "heilig" etwas anfangen?

		Krbg	Mitte	Wan	HuK	HuE	PfW	PfO
1	Ja	47	57	49	61	45	91	94
2	Nein	38	27	38	16	19	3	3
98	Weiß ich nicht	6	11	5	4	26	3	3
99	Keine Angabe	9	5	7	20	9	2	0

F 88a Falls Sie mit dem Begriff "heilig" etwas anfangen können:
Welche der folgenden Aussagen können Sie machen? (mehrere Angaben zugelassen)

		Krbg	Mitte	Wan	HuK	HuE	PfW	PfO
1	Heilig ist mir mein Leben und das Leben naher Angehöriger	23	33	23	32	30	27	21
2	Heilig ist die für meinen Glauben grundlegende Schrift	11	8	8	21	10	30	40
3	"Gott" ist heilig	19	15	17	49	31	76	80
4	Heilig sind vorbildliche Menschen	8	9	7	17	6	12	9
5	Heilig ist meine Nation	1	0	0	0	0	0	0
6	Mein Auto ist mir heilig	1	0	1	1	0	0	0
7	Meine persönliche Freiheit ist mir heilig	14	17	24	7	13	3	4
8	Eigene Angabe	6	7	7	1	1	24	19
99	Keine Angabe	52	44	45	31	42	9	6

F 89 Die Verständigung in Gedanken auch über große Entfernungen hinweg (Telepathie) halte ich ....

		Krbg	Mitte	Wan	HuK	HuE	PfW	PfO
1	für möglich	56	40	65	45	54	64	60
2	für nicht möglich	13	32	13	15	8	12	14
98	Weiß ich nicht	22	22	16	17	26	21	24
99	Keine Angabe	9	7	6	23	12	4	3

F 89a Falls Sie Telepathie für möglich halten: Hat Beten damit etwas zu tun?

		Krbg N = 379	Mitte 123	Wan 122	HuK 47	HuE 69	PfW 97	PfO 109
1	Ja	17	11	20	32	39	19	18
2	Nein	60	54	60	32	28	55	39
98	Weiß ich nicht	23	35	21	36	33	27	42

F 90 Was der Sinn des Lebens ist, ist eine alte Frage der Menschheit.
Womit hängt er Ihrer Ansicht nach vor allem zusammen? Wählen Sie zwei Antworten aus:

		Krbg	Mitte	Wan	HuK	HuE	PfW	PfO
1	Gute Beziehungen zu nahen Menschen	53	57	51	49	63	50	60
2	Arbeit und berufliche Zufriedenheit	11	36	10	16	14	13	6
3	Geld und Besitz	2	3	3	1	2	0	0
4	Gesellschaftliche Ansehen	2	1	3	1	0	2	1
5	Persönliche Freiheit	23	15	29	5	14	8	8
6	Seelisches Gleichgewicht	42	35	42	40	43	32	29
7	Freizeit und Muße	4	2	2	0	2	1	2
8	Glaube an "Gott"	14	12	14	33	32	65	72
9	Eigene Angabe	9	12	9	6	3	17	13
99	Keine Angabe	15	9	16	20	10	4	3

Die Fragen 91 bis 97 wenden sich nur an Sie, wenn Sie sich in irgendeiner Weise als gläubig verstehen:

F 91 Ist die Wiedervereinigung Deutschlands "Gottes" Tat gewesen?

		Krbg N = 324	Mitte 102	Wan 94	HuK 59	HuE 94	PfW 117	PfO 132
1	Ja	10	18	5	19	10	21	42
2	Nein	71	65	76	46	53	43	31
98	Weiß ich nicht	19	18	19	36	37	36	27

F 91a Falls Sie meinen, daß die Wiedervereinigung Deutschlands "Gottes" Tat gewesen ist:
Ist auch die Teilung Deutschlands "Gottes" Tat gewesen?

		Krbg N = 239	Mitte 52	Wan 45	HuK 43	HuE 58	PfW 57	PfO 87
1	Ja	10	25	11	12	10	37	53
2	Nein	65	48	73	51	47	32	29
98	Weiß ich nicht	25	27	16	37	43	32	18

F 92 Was erwarten Sie zuerst von einer Religionsgemeinschaft? (bis zu drei Antworten)

		Krbg	Mitte	Wan	HuK	HuE	PfW	PfO
1	Sie soll sich um Glaubensdinge kümmern	33	27	28	48	60	69	62
2	Sie soll sich um Alte, Kranke und Notleidende kümmern	44	34	51	67	76	72	81
3	Sie soll öffentlich zu Problemen Stellung nehmen, die die Menschen bewegen (und zu denen auch Politiker sich äußern)	29	32	40	57	65	78	85
4	Sie soll mir in meinen Problemen helfen	17	9	16	18	18	27	30
5	Sie soll .... (Eigene Angabe)	8	3	11	7	7	21	23
99	Keine Angabe	46	58	39	21	8	2	2

Fragebogen mit Grundauszählung

F 93 Falls Sie nicht mehr zum Gottesdienst Ihrer (ehemaligen) Religionsgemeinschaft gehen: Was ist der Grund dafür? (mehrere Antworten möglich)

		Krbg	Mitte	Wan	HuK	HuE	PfW	PfO
1	Dort werden die wirklich wichtigen Lebensfragen nicht behandelt	18	10	25	15	10	5	3
2	Die Art der Gottesdienste sagt mir nichts	20	13	30	16	12	4	1
3	Ich halte lieber woanders Zwiesprache mit meinem "Gott"	12	8	19	21	15	0	0
4	Ich habe Probleme mit den Geistlichen	11	6	7	1	5	2	0
5	Eigene Angabe	8	2	8	5	8	4	3

F 94 Was glauben Sie: Könnte es sein, daß "Gott" sich ganz von dieser Welt und uns abwendet und sich anderen Welten zuwendet, weil "er" genug von uns hat?

		Krbg	Mitte	Wan	HuK	HuE	PfW	PfO
1	Halte ich für möglich	7	4	5	7	9	8	4
2	Halte ich nicht für möglich	32	18	26	67	65	76	75
98	Weiß ich nicht	11	11	13	6	19	8	12
99	Keine Angabe	50	67	56	20	8	8	8

F 95 Gibt es Schutzengel für uns Menschen?

		Krbg	Mitte	Wan	HuK	HuE	PfW	PfO
1	Ja	36	23	34	68	59	59	58
2	Nein	10	14	17	1	9	12	11
98	Weiß ich nicht	14	9	15	12	22	21	23
99	Keine Angabe	40	54	34	18	10	9	9

F 96 Was denken Sie zum Verhältnis von "Gottes" Ordnung und der staatlichen Ordnung? (mehrere Antw. mögl.)

		Krbg	Mitte	Wan	HuK	HuE	PfW	PfO
1	Sie haben nichts miteinander zu tun	33	21	34	43	43	24	20
2	"Gott" und die staatlichen Gesetze gehören zusammen	6	6	6	20	19	6	14
3	"Gott" kann sich zur Durchsetzung seiner Ziele auch des Staates bedienen	6	7	5	12	20	53	65
4	Selbst Kriege zwischen Völkern kann "Gott" als Mittel benutzen, um seinen Weltplan durchzusetzen	3	2	5	10	10	13	12
5	Eigene Angabe	4	4	7	2	7	24	15
99	Keine Angabe	53	65	49	26	17	9	5

F 97 Was denken Sie im Blick auf das weibliche Element in Ihrer Religion?

		Krbg	Mitte	Wan	HuK	HuE	PfW	PfO
1	"Gott" ist selbstverständlich ein Mann	6	0	4	17	8	1	1
2	Mir fehlt in unserem Glauben eine weibliche Gottheit	4	0	7	1	2	5	1
3	"Gott" ist immer männlich und weiblich zugleich	20	13	22	15	29	50	40
4	Das ist für mich kein Problem	18	20	19	32	38	30	36
88	Mehrere Angaben	1	0	3	10	13	13	21
99	Keine Angabe	51	67	46	26	10	3	1

# Register

der in der Auswertung behandelten Fragen der Umfrage
»Was die Menschen wirklichen glauben«

F1	38ff. 50. 52. 54ff. 161. 201f. 216f		F36	97f. 122. 126. 219
F1a	48f. 203		F37	134. 219
F2	38. 49ff. 54ff. 161. 201. 214. 216f.		F38	107f
F2a	52ff. 214		F39	153. 218
F3	63f. 220		F39a	153
F3a	64		F40	145f. 149. 213
F4	69ff. 216f		F41	108. 119f. 219
F5	70ff. 85. 121. 163f. 206f. 209. 213f		F42	108. 219
F6	76ff. 83. 203f. 217		F43	120. 212
F7	76ff. 204. 217		F44a	128ff. 212. 216
F8	82ff. 203f. 214		F44b	66f
F9	87ff. 121. 165. 204. 214. 217		F44c	109. 128ff
F9a	87ff. 102. 213		F45	107. 130ff. 206. 209. 213. 217f
F10	80ff. 206ff. 214. 217		F46	98
F11	80ff. 214. 217		F47	120f. 123. 213
F12	95		F48	122f. 213f
F13	95		F49	125f. 205. 215. 214. 218
F14	95		F50	126ff. 214. 218
F15	105		F51	128
F15a	105		F52	123ff. 205. 218
F16	46f. 149ff. 208f. 212. 218		F53	98f
F16a	189f. 212		F53a	99. 219
F17	44f. 118f. 146. 218		F54	153f. 213
F17a	142		F54a	154
F18	45. 96. 106		F55	208f
F19	45. 96. 106. 213		F56	155f. 213. 219
F19a	45. 96		F57	213. 219
F20	45. 96. 106. 213		F58	156f. 213. 219
F21	44		F58a	157. 213
F23	196ff. 219		F59	109. 209. 212. 219
F23a	196ff. 219		F61	214
F26	45. 102ff. 213		F62	148ff. 208f
F27	45. 100ff. 213		F63	148f. 218
F28	45. 103ff. 219		F66	134ff. 213. 219
F29	105f		F67	134ff. 205f. 213. 218
F30	45f. 95f. 213		F67a	137. 218
F31	106f. 213. 218f		F68	126. 214
F32	151ff. 212		F69	161ff. 219
F33	138f. 212f		F69a	164. 214f. 218
F33a	190f		F70	187f. 215

Fragenregister

F71	95ff. 219	F84c	174f
F71a	97	F85	195f. 214
F72	97. 219	F86	110ff. 217f
F73	177ff. 206f. 213. 219	F86a	117. 167f
F73a	179ff. 214	F87	117
F74	144	F88	159
F75	140ff. 205f. 215f. 219	F88a	159ff. 203f. 212
F76	118f. 142f. 205f. 214. 219	F89	164f. 214
F77	177. 181ff. 208. 219	F89a	164f
F77a	47.184ff. 188. 206ff. 215. 219	F90	45. 146ff. 204. 215. 217. 219
F78	169ff. 214	F91	157f. 214
F79	175f	F91a	158. 214
F80	176	F92	192ff. 214
F81	176f. 215	F93	191f. 214
F83	109f. 144f	F94	167. 204
F84a	173ff	F95	53f. 165ff
F84b	174f	F97	168

Sachregister

Abtreibung 153f. 213. 219
Aids 137
ALLBUS-Umfrage 40. 182
Arbeit, Beruf 21f. 45. 66f. 109. 128ff. 219. 223
Atheisten 57. 62ff. 101. 116. 217ff
Auferstehung 184ff. 206ff

Bedrückung, Sorge 97f. 219
Bestattungsart 98f. 219
Bestimmung, persönliche 96f. 162ff
Bibel 159ff. 203ff. 224
Böse, das 140ff. 205f. 214. 219
Buddha 176f. 215

Caritas / Diakonie 192ff. 214

Dogma, Dogmatik 5. 74. 95. 202ff. 208. 210f. 214. 216. 226ff

Ehe 46f, 105. 149ff. 208f. 212. 218. 223f
EKD-Umfrage 1. 5ff. 76. 198. 201f. 211. 215. 230
Engel, Schutzengel 52ff. 165ff
Erde, Welt(all) 21f. 76ff. 80. 123ff. 125f. 148f. 167f. 205. 213f. 218. 221
Erfahrung im Leben, wichtigste 110ff. 117
Erlösung 16. 177ff. 206f. 214. 219. 222

Familie 37. 44. 46ff. 52. 71. 77. 102f. 109. 139. 150ff. 209f. 218. 223f. 229
Feste, Feiertage 117f. 209
Frauenrechte 153. 176. 218
Freiheit 160f. 212. 227
Freunde 100ff. 213

Gebet 87ff. 117. 165. 172. 204. 214. 223f
Geborgenheit 74ff. 207. 210. 221
Geburt eines Kindes 110ff
Gemeindenahe 32. 43
Gerechtigkeit 76ff. 109f. 212. 219

Gesichter »Gottes« 27f. 34ff. 68f. 95. 168. 200ff. 210. 220f
Glaube(n) 1ff. 6f. 29. 56. 101. 169ff. 193f. 222. 226ff. 232
Glaubenstypologie 54ff. 66f. 200ff
Gleichgeschlechtliche Paare 150f. 189f. 212
Glück 107f
Gott, »Gott« 4. 15. 19. 29. 38ff. 54f. 69ff. 159ff. 167f. 169ff. 179ff. 203ff. 214. 216f. 221f. 227
Gottesbeziehung 17. 23f. 34ff. 45. 56ff. 87ff. 103. 114f. 117. 136f. 145f. 158ff
Gottesdienst 191f. 208f. 223ff
Gottgläubige 56. 59f. 70ff. 77f. 90ff. 115. 202ff
Gute, das 144

Heil / Unheil 15ff. 75f. 92. 128. 200. 207. 210. 221ff
heilig 159ff. 203ff. 224
Heiliger Kosmos 12. 23. 47. 63. 101. 161. 217ff
Heimat 108. 119f. 219
Hilfsbereitschaft 106
Himmel / Hölle 80ff. 84f. 203f. 206ff
Hoffnungen, Ängste 100f. 213
Horoskope 164. 214f. 218

Idealer Typ 106f. 213. 218
Identität 100ff

Jesus Christus 175f. 203ff. 232
Juden 173ff
Jüngstes Gericht 72. 206f. 209

Katechismus 5. 227
Kirche, Religionsgemeinschaft 5. 190ff. 195ff. 214. 220ff
Kirchensoziologie 5f. 31. 220ff
Kleidung 98
Krankheit, Leiden 134ff. 180ff. 192ff. 213. 219

Sachregister

Leben nach dem Tod 181ff. 206ff. 219
Leben, Lebensbewahrung 6f. 14ff. 20f.
27. 37. 71. 200. 221. 213. 226f
Lebensbeziehungen, personale 2f. 8.
22. 45f. 91. 93f. 95ff. 101ff. 107f.
148. 204. 209. 221. 223. 231
Luisenstadt 9f. 28

Meditation 90.93. 214
Mensch, Menschenbild 7. 19. 82f. 107.
122f. 127. 130ff. 142f. 145f. 169f.
205f. 213f. 217f
Mohammed, Muslime 174f. 176

Name, Namensgebung 36. 100f. 214
Natur 73f. 79f. 83. 93f. 120ff. 213f.
217
Naturwissenschaft 218

Opfer bringen 103. 227

Partner(beziehung) 100ff. 105. 110ff.
150f
Politische Einstellung 100f. 218ff

Quaternität d. Lebensbeziehungen 18ff.
28ff. 47f. 68f. 95. 199f. 223

Ratgeber 105f
Rechtfertigung des Sünders 7
Religion 1ff. 11ff. 23f. 29. 168f. 200
Religionen 4. 169ff. 226
Religionssoziologie 5f. 11. 20. 220. 227
Religionsunterricht 196ff. 219. 229
Religiosität 4. 23f. 37. 58
Rites de passage 25. 190. 224

Scheidung 151ff. 212
Schicksal 97. 161ff. 219
Schöpfung 123f. 128. 143. 215
Seele 118f. 142f. 184ff. 205f. 208. 214.
219
Seelenwanderung 180ff
Sexualität 138f. 190f. 212f
Sinn (des Lebens) 3. 7. 11ff. 19. 22f.
77ff. 146ff. 204. 215. 217. 219

SPIEGEL-Umfrage 1f. 5. 59f. 82. 94f.
176. 182f. 201. 204
Sterbehilfe, aktive 155f. 213. 219
Sünde, Sündenvergebung 72. 91f. 135.
177ff. 205ff. 222
Suizid 156f. 213. 219
Synkretismus 225f

Telepathie 164f. 214
Theologie 6f. 37. 211. 215. 220ff. 225ff
Tiere, Haustiere 44f. 118f. 142
Tod (eines Menschen) 110ff. 134ff.
206. 213
Transzendente Mächte, Wesen 19.
49ff. 69ff
Transzendenz(erfahrung) 13f. 21. 23f.
158ff
Tranzendenzgläubige 56f. 60f. 72f.
79f. 93f. 115f. 212ff
Träume, Visionen 90f. 93
Trauung 189f. 209

Umfrage, zur 5ff. 8ff. 11ff. 27ff. 30ff.
182. 199f
Umwelt 122. 126f. 213f. 218
Unentschiedene 57. 61f. 73f. 80. 94.
116. 215ff
Urknall-Hypothese 123f. 217

Verlusterfahrungen 26
Vertrauen zu Gott u. Menschen 145f.
204. 221f
Virtualisierung (Gottes) 3f. 27. 229ff
Vorbilder 110. 144f
Vorstudie 8. 28. 95

Werte und Ordnungen 21ff. 130ff
Wiedergeburt 184ff. 187f. 215
Wiedervereinigung u. Teilung Deutschlands 9f. 157f
Wissenssoziologie u. - theologie 11.
13ff
Wohnen 100. 108. 219. 223

Zeit 25
Zufriedenheit 45f. 96